1년 만에 기억력 천재가 된 남자

1년 만에 기억력 천재가 된 남자

전 세계 사람들을 깜짝 놀라게 만든 기억의 위대한 힘

조슈아 포어 지음 · 류현 옮김

옮긴이 류현

영국 워릭대학교에서 국제안보 석사과정을 공부했다. 현재 전문 번역가로 활동 중이다. 옮긴 책으로는 『굿모닝 사이언스』 『중국의 부상과 자본주의 세계경제의 종말』 『빈곤의 경제학』 『찰리 채플린, 나의 자서전』 『이소룡, 세계와 겨룬 영혼의 승부사』 등이 있다.

1년 만에 기억력 천재가 된 남자

초판 1쇄 발행 2016년 4월 21일
초판 23쇄 발행 2023년 6월 19일

지은이 조슈아 포어 **옮긴이** 류현

발행인 이재진 **단행본사업본부장** 신동해
편집장 조한나 **디자인** 이석운 김미연
마케팅 최혜진 이은미 **홍보** 반여진 허지호 정지연
국제업무 김은정 김지민 **제작** 정석훈

브랜드 갤리온
주소 경기도 파주시 회동길 20
문의전화 031-956-7208(편집) 031-3670-1123(마케팅)
홈페이지 www.wjbooks.co.kr
인스타그램 www.instagram.com/woongjin_readers
페이스북 https://www.facebook.com/woongjinreaders
블로그 blog.naver.com/wj_booking

발행처 (주)웅진씽크빅
출판신고 1980년 3월 29일 제406-2007-000046호

한국어판 출판권 ⓒ 웅진씽크빅, 2016
ISBN 978-89-01-20822-0 03180

갤리온은 ㈜웅진씽크빅 단행본사업본부의 브랜드입니다.
이 책은 2011년에 출간된 『아인슈타인과 문워킹을』의 개정판입니다.
이 책의 한국어판 저작권은 EYA(Eric Yang Agency)를 통해 저작권사와의 독점 계약으로 '웅진씽크빅'에 있습니다. 저작권법에 의해 보호를 받는 저작물이므로 무단 전재와 무단 복제를 금합니다.

아내 다이나에게

보통 두뇌로
기억력 챔피언이 되기까지

기억력 천재가 되는 짜릿한 환상

내가 전미 메모리 챔피언십 결승에 진출해 우승까지 거머쥐는 기적 같은 이야기는, 2005년 맨해튼 유니언 스퀘어 근처의 콘 에디슨 본사 건물 19층 대강당에서 시작되었다. 그때 나는 천재들의 슈퍼볼쯤 되는 메모리 챔피언십에 대한 기사를 쓰기 위해 그 자리에 있었다.

타이탄들의 결투라고 하기엔 좀 시시했다고 할까. 대회에 참가한 여성은 드문드문 눈에 띌 뿐이고 공통점이라고는 찾아볼 수 없는 다양한 연령의 남성들이 모여서 종이에 적힌 숫자와 글자를 뚫어져라 쳐다보기만 해서, 그곳이 뭐하는 곳인가 싶을 정도였다. 그들은 자기 자신을 '지력 선수'(mental athletes), 혹은 줄여서 'MA'라고 했다. 그들 중 최고는 낯선 사람 수십 명의 이름을 단 몇 분 만에 외웠고, 무작위로 뽑은 수천 개의 숫자를 한 시간 안에 외웠다. 또 과제로 주어진 어떤 시도 외울 수 있었다.

나는 당시 스물네 살의 영국 출신 메모리 그랜드 마스터인 에드 쿡에게 다가가 자신이 천재라는 것을 언제 깨달았는지 물었다. 그는 세계 메모리 챔피언십을 앞두고 실전 경험을 쌓기 위해 대회에 참가한 것이었다.

"천재요? 저 천재 아니에요." 그가 빙긋 웃으며 말했다.

"그럼, 포토그래픽 메모리는요?"

그는 계속 웃으며 답했다. "포토그래픽 메모리는 신빙성 없는 미신입니다. 그런 게 있을 리 없죠. 사실, 제 기억력은 보통 수준입니다. 여기 있는 사람들도 다 마찬가지고요."

『실낙원』을 통째로 외우는 사람의 대답으로는 영 설득력이 없었다. 나는 바로 전에 그가 252자리 무작위 숫자를 마치 전화번호 외우듯 아무렇지도 않게 해치우는 것을 보았다.

에드 쿡은 "당신이 알아야 할 것은 보통 기억도 적절하게 쓰이면 아주 강력하다는 것이에요." 하고 말했다.

내가 만난 다른 지력 선수들도 누구나 조금만 노력하면 그들처럼 될 수 있다고 주장했다. 내게는 아주 매력적인 환상 같았다.

기억하는 방법을 배울 수만 있다면 나도 쿡처럼 시를 마음대로 암송할 수 있을까. 대화 중에 상대방의 주장을 반박할 수 있는 구절이나 문장을 척척 인용해 남들이 우러러보는 (이를 못마땅하게 여기는 사람들도 있겠지만) 사람이 된 나를 상상해 보니 짜릿했다. 생각해 보면 살면서 나쁜 기억력 때문에 이래저래 손해 본 일이 한두 가지가 아니었기 때문이다.

활용을 제대로 못해서 그렇지 누구나 놀라운 기억력을 가지고 있다는 쿡의 주장을 처음에는 곧이곧대로 듣지 않았다. 하지만 조사해 볼 만한 가치는 있어 보였다. 동년배인 그는 내 코치를 자청했다. 하루아침에 뜻하지 않은 일이 운명처럼 다가왔다고 할까. 그날 이후부터 나는 1년간 기억의 본질을 찾아 수많은 사람을 만나러 다녔고, 쿡을 정신적 스승이자 매니저로 삼아 기억 훈련을 하기 시작했다.

전설 속 고대의 기억법 : 위대한 기억술사의 비밀
- -

훈련을 하면서 알게 된 사실인데, 지력 선수들은 뭔가를 기억하려고 할 때 뇌에서 공간 기억을 담당하는 부분이 다른 부분보다 더 크게 활성화된다. 그게 뭐 대순가 하고 생각할 수 있지만 그렇지 않다. 지력 선수들은 왜 세 자리 숫자들을 기억하면서 머릿속으로 공간을 탐사하는 것일까?

이것은 기원전 5세기 그리스 키오스의 시인 시모니데스가 발견한 것과 관련이 있다. 대연회장 붕괴 참사에서 유일하게 살아남은 시모니데스는 누가 잔해에 깔려 있는지 유족들에게 설명해야 했다. 시모니데스는 눈을 감고 머릿속으로 무너진 건물 더미를 원상태로 복원했다. 그리고 놀라운 사실을 깨달았다. 연회에 초대된 손님들이 각자 어디에 앉아 있었는지 그림처럼 떠올랐던 것이다. 그 모든 일들이 마치 바로 눈앞에서 벌어지고 있는 것처럼.

전해 오는 이야기에 따르면 이때 시모니데스가 기억술로 알려진 기법을 발명했다. 그는 가상으로 건물을 지어 그곳에 기억하고자 하는 대상을 이미지로 만들어 채워 넣으면 세상에 기억하지 못할 것이 없다고 생각했다. 떠올려야 할 것이 있을 때마다 가상의 건물을 그냥 거닐기만 하면 되는 것이다. 이것이 나중에 '기억의 궁전'으로 불리게 된다.

시모니데스가 발명했다고 알려진 기억술은 고대와 중세에서 꽃을 피웠지만 그 후 인류의 기억에서 자취를 감추고 말았다. 이 기억술이 역사의 전면에 다시 등장한 것은 아주 최근의 일이다. 고대 교육에서 기억 훈련은 문법, 논리, 수사와 똑같이 고전 교육의 핵심이었다. 학생들은 무엇을 기억해야 할지가 아니라 그것을 기억하는 방법을 배웠다. 책이 거의 없던 시대에 기억은 모든 문화의 근간이었다.

작년 한 해 동안 새로 출간된 책이 100억 권이 넘는다고 하면 믿기는가? 이렇게 인쇄된 문자의 홍수 속에서 살고 있는 지금, 구텐베르크가 금속활자 인쇄술을 발명하기 이전, 즉 책이 귀한 데다가 책 한 권을 필사하는 데 몇 달씩 걸리던 시절에 '읽는다'는 것이 무엇을 뜻했는지 상상하기란 쉽지 않다. 물론 지금은 문자로 기록할 수 있는 것들을 억지로 기억할 필요가 없어졌지만 중세 말까지만 해도 책은 기억의 보조 수단으로 중요하게 간주되었다. 14세기 말만 해도 책이라고 해 봐야 수십 권이 전부였고, 이마저도 대학 도서관에 대부분 소장되어 있었다. 따라서 소장 권수가 100여 권만 되어도 굉장히 많은 축에 속했다. 만일 여러분이 중세 학자로 도서관에서 책 한 권을 빌려 읽는다고 해 보자. 이 책을 언제 다시 손에 넣을 수 있을지 장담할 수 없다. 따라서 최선의 방법은 책을 통째로 머릿속에 집어넣는 것이었다.

기억의 필수 조건은 집중이다. 시각적 이미지와 기억의 궁전 같은 기억 기법들이 제대로 작동하기 위해서는 평소에 부족한 집중력을 의도적으로 길러야 한다. 기억의 궁전을 영구 기억 저장소로 사용하려면 기억한 이미지들이 희미해져 사라지지 않도록 정기적으로 시간을 내어 기억의 궁전을 둘러보아야 한다. 그러나 너무 걱정할 것은 없다. 기억 술사들도 대회가 끝나면 자신들의 기억의 궁전을 깨끗이 비운다. 그래 야 다시 사용할 수 있기 때문이다.

기억술의 핵심은, 우리 뇌가 잘 기억하지 못하는 것을 기억하기 쉬 운 것으로 바꾸는 것이다. 이 방법은 기억할 내용을 상대적으로 기억 이 잘 되는 시각 이미지로 바꾸어 기억의 궁전에 심는 것이다. 이때 재 미있고, 외설스럽고, 기괴한 이미지가 기억에 더 잘 남는다. "무엇이든 지 사소하고, 익숙하고, 일상적인 것들은 잘 기억하지 못한다. …… 반 대로 아주 비열하고, 치욕스럽고, 놀랍고, 믿기지 않고, 또는 우스꽝스 러운 것들이 기억에 오래 남는 경향이 있다."

위대한 기억술사와 그렇지 않은 기억술사는 어떤 장면을 머릿속에 서 신속하게, 그림 그리듯 떠올릴 수 있느냐 없느냐로 가를 수 있다. 정 상급 기억술사들이 자신들의 기억 능력은 창의력에 많이 기댄다고 말 하는 것도 이 때문이다. 예를 들어, 포커 카드를 암기하는 데 사용하는 가장 흔한 기법 중 하나는 각각의 카드를 유명인이 평범한 물체를 가 지고, 기억하기 쉬운 우스꽝스러운 행동을 하는 이미지로 일일이 전환 하는 것이다. 예를 들어, 내 포커 카드 중 하트 킹은 마이클 잭슨이 흰 장갑을 끼고 문워크 하는 이미지, 클럽 킹은 영화배우 존 굿맨이 햄버 거 먹는 이미지, 다이아몬드 킹은 빌 클린턴이 시가를 피우는 이미지 다. 카드 한 벌을 순서대로 암기한다고 할 경우 각각의 카드에 결합된 이미지가 섞이면서 완전히 새로운, 잊지 못할 장면들의 조합이 만들어 진다. 하트 킹, 클럽 킹, 다이아몬드 킹을 차례로 암기해야 할 경우 나는 마이클 잭슨이 시가를 먹는 이미지를 떠올린다.

과연 나 같은 사람도 기억력 대회에 출전할 수 있을까?

본격적으로 기억 훈련에 돌입하기 전에 나는 내 마음대로 사용할 수 있는 기억의 궁전을 여러 개 준비해 놓아야 했다. 옛 친구들의 집에 다시 찾아가 보았고 유명한 박물관에도 가 보았다. 이를 기초로 완전히 새롭고, 환상적인 건축물을 마음속에 구축했다. 그리고 이 건축물을 조금씩 분할해 기억을 저장해 놓을 작고 아늑한 방들을 만들었다.

쿡은 내게 아주 엄격한 훈련을 주문했다. 그래서 나는 매일 아침, 커피를 마시고 신문을 읽거나 샤워를 하거나 옷을 차려 입기 전에 책상에 앉아 10분에서 15분 정도 시를 암송하거나 낡은 졸업 앨범에 나온 사람들의 이름을 암기했다. 지하철에서도 잡지나 책을 꺼내 읽기보다는 무작위 숫자를 적어 놓은 종이 또는 포커 카드 한 벌을 꺼내 넘겨보며 암기하려고 애썼다. 차량 번호판을 외우려고 핑계 삼아 집 근처로 산책을 나갔으며 사람들 이름표에 집착하기 시작했다. 쇼핑 목록도 암기했다. 어떤 사람이 전화번호라도 건네주면 잊을세라 전화번호를 위해 따로 만든 기억의 궁전 전화부에 저장했다. 이후 몇 달 동안 나는 가능한 한 많은 기억의 궁전을 만들어 낯설고 다채로운 이미지들로 가득 채웠다.

참여 저널리즘의 입장에서 기억술이 뭔지 체험해 보고 싶어 달려든 일이 어느 순간 내 일상의 중요한 부분이 되어 버렸다. 사실 시작했을 때만 해도 별다른 기대를 하지 않았다. 기억 훈련 도중에도 차 열쇠를 어디에 두었는지 까먹기 일쑤였으니 말이다. 숫자의 경우도 1분에 30자리 이상 기억해 본 적이 단 한 번밖에 없었다. 전화번호 역시 기억하기 어려운 것은 마찬가지였다. 더 솔직히 말하자면 핸드폰에 저장해 놓는 것이 더 쉽고 간편했다. 물론 기억술은 제대로 작동했다. 단지 매번 사용하지 않았을 뿐이다. 종이가 있고, 컴퓨터가 있고, 핸드폰이 있는데 굳이 머릿속에 기억하고 다닐 이유가 없지 않은가.

하지만 전미 메모리 챔피언십 날짜가 다가오자 대회에 출전하면 혹시 잘 할 수 있지 않을까 하는 기대감이 들기 시작했다. 대결 종목 가운데 시와 스피드 넘버(5분 동안 얼마나 많은 무작위 숫자를 암기할 수 있는지를 측정하는 종목)를 제외하면 다른 종목들에서 내 기록들은 2005년 전미 메모리 챔피언십에서 나온 최고 기록들에 근접해 가고 있었다. 암기를 끝낸, 무작위 숫자들이 인쇄된 종이가 책상 서랍에 수북이 쌓여 갔다. 시 암송에 이용한 『노튼 현대 시선』은 암송했다는 표시로 귀퉁이를 접은 쪽이 한둘이 아니었다. 내 용기를 북돋아 주려고 했는지 쿡은 이소룡이 한 말이라며 다음과 같은 문구를 메일로 보내주었다. "한계란 없다. 정상만 있을 뿐이다. 하지만 거기에 안주해서는 안 된다. 그것을 넘어서려고 노력해야 한다." 나는 이 문구가 마음에 들어 포스트잇에 옮겨 적어 눈에 잘 띄는 곳에 붙여 놓았다. 그러다가 아예 머릿속에 암기하고 포스트잇은 찢어 버렸다.

방콕, 멜버른, 함부르크 같은 도시에서 개최되는 각 국의 메모리 대회들은 지력 10종 경기라 불리기도 한다. 10가지 모두 참가자들의 지력을 측정하는 종목이기는 하지만 방법은 약간씩 다르다. 참가자들은 몇 페이지에 달하는 미간행 시, 몇 페이지에 달하는 무작위 단어(기록: 15분,

280단어), 2진수 목록(기록: 30분, 4,140자리), 순서를 뒤섞어 놓은 포커 카드, 역사적 날짜 목록, 그리고 얼굴과 이름을 가능한 한 많이 암기해야 한다. 일부 스피드 종목들, 예를 들어 스피드 넘버 같은 종목은 참가자들이 5분 동안 얼마나 많은 숫자를 암기할 수 있는지 시험한다(기록: 480개). 그리고 1시간 동안 얼마나 많은 포커 카드와 무작위 숫자를 암기할 수 있는지 시험하는 마라톤 종목도 있다(기록: 27벌과 2,080개). 이 중 가장 박진감 넘치는 스피드 카드의 경우 기억술사들은 순서를 섞어 놓은 포커 카드 한 벌을 가능한 한 빨리 암기해야 한다.

전미 메모리 챔피언십에서 신기록 보유자가 되다

2006년도 전미 메모리 챔피언십에 출전하면서 나는 스피드 카드 종목에서 착용할 검게 칠한 고글을 들고 갔다. 웬만한 기억술사들은 모두 방음용 귀덮개를 착용한다. 심한 경우에는 시선이 분산되는 것을 막기 위해 곁눈가리개까지 하는 이들도 있다.

　대회장 정면에 서 있던 전직 해군 훈련 교관 출신의 주심이 "시작!" 하고 크게 소리쳤다. 내 앞에 앉아 있던 부심이 스톱워치를 눌렀다. 나는 앞에 놓인 카드 한 벌을 번개같이 집어 들고 위에서부터 한 번에 세 장씩 넘겨가며 신속하게 암기하기 시작했다. 나는 각 카드의 이미지를 어렸을 때 내가 자란 워싱턴에 있는 집을 기초로 구축한, 개인적으로 가장 친숙하다고 할 수 있는 기억의 궁전에 하나둘 저장해 나갔다. 현관문 바로 뒤쪽에 인크레더블 헐크가 귓불이 축 늘어질 정도로 커다란 고리 귀고리를 하고 헬스용 자전거를 타고 있는 이미지(클럽 3, 다이아몬드 7, 스페이드 잭)를 내려놓았다. 계단 밑에 있던 거울 옆에는 테리 브래드쇼가 휠체어 위에 올라가 몸의 균형을 잡고 있는 모습(하트 7, 다이아몬드 9, 하트 8)을, 그리고 그의 등 뒤로 챙이 넓은 솜브레로를 쓴 난쟁이 기수가 우산을 낙하산 삼아 비행기에서 뛰어내리는 이미지(스페이드 7, 다이아몬드 8, 클럽 4)를 심어놓았다. 복도에는 제리 세인펠트가 람보르기니 보닛 위에서 피를 흘리며 큰 대자로 뻗어 있는 이미지(하트 5, 다이아몬드 에이스, 하트 잭)를, 부모님 침실문 아래에는 내가 아인슈타인과 문워크 하는 모습(스페이드 4, 하트 킹, 다이아몬드 3)을 내려놓았다.

　스피드 카드에서 주의할 것은 카드를 신속하게 넘기면서 이미지를 떠올리는 작업이 완벽하게 조화를 이뤄야 한다는 것이다. 귀중한 시간을 낭비하지 않으면서 기억한 이미지를 쉽게 재구성할 수 있도록 최대한 자세하면서도 다채롭게 만들어야 한다. 마지막 카드 세 장을 넘겼을 때 나는 재빠르게 스톱워치를 누르고 두 손을 책상 위에 올려놓았다. 굉장히 빨리 끝냈다는 것을 알았지만 얼마나 빨랐는지는 알 수 없었다.

　맞은편에 앉아 있던 부심이 내게 스톱워치를 살짝 보여 주었다. 1분 40초였다. 연습 때보다도 좋은 기록이었을 뿐만 아니라 종전에 1분 55초였던 미국 기록을 뛰어 넘는 기록이었다. 비록 역사에 길이 남을 위업을 이룬 것은 아니었지만 나는 눈을 감고 책상에 머리를 댄 채 미국 신기록을 세웠다는 사실에 잠시 동안 속으로 쾌재를 불렀다.

　내가 달성한 기록이 대회장 안에 알려지면서 카메라와 방청객들이 내 주변으로 모여들기 시작했다. 부심이 섞지 않은 포커 카드 한 벌을 꺼내 내 앞으로 내밀었다. 그 카드를 내가 기억한 순서대로 다시 배열할 차례였다.

카드를 부채꼴로 펼쳐 놓고 숨을 크게 한 번 들이쉬었다. 그러고는 기억의 궁전을 따라 걷기 시작했다. 두 이미지를 제외하고 나머지는 내가 내려놓은 곳에 그대로 있었다. 물에 흠뻑 젖은 축축한 상태로 샤워장에 있어야 할 두 이미지가 온데간데없고 베이지색 타일만 눈에 들어왔다.

"보이지 않는다." 나는 속으로 중얼거렸다. "보이지 않는다." 다시 빠르게 기억의 궁전을 돌아다니면서 이미지를 하나씩 살폈다. 거대한 발가락이 사라졌을까? 스카프 모양의 넥타이를 맨 멋쟁이가 사라졌을까? 파멜라 앤더슨의 큰 가슴? 시리얼 요정 럭키 참스? 터번을 쓴 시크교도 군? 아니다. 절대 아니다.

나는 펼쳐 놓은 카드를 검지를 이용해 기억한 순서대로 골라 책상에 배열하기 시작했다. 맨 위쪽에 자전거를 타고 있는 헐크를 가져다 놓았다. 그리고 그 옆으로 테리 브래드쇼를 그의 휠체어와 함께 놓았다. 주어진 5분이 거의 다 됐을 때 카드 세 장이 남았다. 샤워장에서 사라진 이미지를 구성하는 세 장, 즉 다이아몬드 킹, 하트 4, 클럽 7이었다. 빌 클린턴이 농구공과 성교하는 이미지였다. 어떻게 이 이미지가 기억의 궁전에서 감쪽같이 사라질 수 있었지?

나는 기억한 순서대로 죽 늘어놓은 카드를 갈무리해 맞은편 부심에게 건넸다. 그러고 나서 귀덮개와 귀마개를 뺐다.

카메라 한 대가 좋은 각도를 잡기 위해 다시 위치를 잡았다. 극적 효과를 위해 부심이 내가 재배열한 카드를 순서대로 한 장씩 책상에 내려놓으면 나는 그 옆에다가 내가 원래 기억했던 카드를 역시 순서대로 한 장씩 빼서 펼쳐놓았다.

하트 2, 하트 2. 다이아몬드 2, 다이아몬드 2. 하트 3, 하트 3. 이렇게 한 장씩 맞춰가다가 마지막 한 장이 남았을 때 그 한 장을 책상에 내던지며 주먹을 불끈 쥐었다. 내가 스피드 카드에서 새로운 미국 기록 보유자가 된 것이었다. 열두 살짜리 꼬마 아이가 앞으로 나와 펜과 종이를 내밀며 사인을 부탁했다.

Contents

| **Prologue** | 보통 두뇌로 기억력 챔피언이 되기까지 - - - - - - - - - - - - - - - - - - - 7

기억력 천재가 되는 짜릿한 환상 • 007 | 전설 속 고대의 기억법 : 위대한 기억술사의 비밀 • 009 | 과연 나 같은 사람도 기억력 대회에 출전할 수 있을까? • 012 | 전미 메모리 챔피언십에서 신기록 보유자가 되다 • 014

chapter 1

나는 왜 기억을 잘 못하는 걸까 - 27

전미 메모리 챔피언십 결승전 • 029 | 세상에서 가장 똑똑한 사람을 찾아서 • 031 | 기억력 대회에 참가한 사람들의 공통점 • 035 | 2,500년 전 그들이 기억력을 중요하게 생각한 까닭 • 037 | 마인드맵의 창시자인 토니 부잔에게 묻다 • 039 | 세계 최고 기억술사들의 세계 • 043 | 나는 왜 기억을 잘 못하는 걸까? • 045 | 나도 훈련을 하면 기억력을 높일 수 있을까? • 046 | 1년의 도전 끝에 깨달은 것들 • 048

chapter 2

모든 것을 기억하는 남자가 알려 주는 기억의 비밀 - - - - - - - - - - 51

모든 것을 기억하는 남자 • 053 | 우리의 기억력은 생각보다 훌륭하다 • 056 | 그런데도 뇌가 모든 것을 기억하지 못하는 이유 • 060 | 인간의 기억에 대한 가장 흔한 오해 • 063 | 초인적인 기억력에 숨어 있는 비밀 • 065 | 뇌는 어떤 방식으로 기억을 저장하는 걸까? • 068 | 모든 것을 기억하는 남자가 겪은 불편함에 대하여 • 070 | 똑똑하다고 기억력이 좋은 것은 결코 아니다 • 073 | 기억력 대회 참가자들의 비밀 조직 • 077 | 괴짜 기억술사 에드와의 만남 그리고 도전 • 082

chapter 3

타고난 기억력이란 없다 ------------------------------ 87

내가 병아리 성 감별사들을 주목한 이유 • 089 | 한 분야의 뛰어난 전문가들이 보여 주는 놀라운 기억력 • 092 | 인간이 '매직 넘버 7'의 한계를 넘을 수 있을까? • 094 | 기억력 시험을 치르면서 생각한 것들 • 099 | 고수들의 기억법 : 청킹 기법 • 102 | 체스의 달인과 기억력의 상관관계 • 105 | 우수한 기억은 전문 지식의 정수다 • 108

chapter 4

세상에서 가장 기억력이 나쁜 사람을 만나다 ------------- 113

자신의 기억상실증조차 기억하지 못하는 남자 • 115 | 기억을 잃어버린다는 것의 의미 • 118 | 왜 나이 들수록 시간은 빨리 흐르는가 • 122 | 기억상실증 환자에게 '배움'이 의미가 있을까 • 126 | 똑같은 일에 대한 그때의 기억과 지금의 기억이 다른 이유 • 131 | 우리의 자아정체성은 기억에 달려 있다 • 133

chapter 5

전 세계 기억력 고수들이 사용하는 기억법, 기억의 궁전 ---- 139

기억법을 배우기 전에 반드시 알아야 할 것 • 141 | 기억법의 핵심 1 : 기억은 시각 이미지를 좋아한다 • 143 | 기억법의 핵심 2 : 공간을 활용하라 • 146 | 내가 처음 지은 기억의 궁전 • 151
★ 기억 훈련 1 | 기억의 궁전 만들기 • 161

chapter 6

시를 암송하는 법 — 구비문학과 기억법의 관계 --------------- 165

왜 사람들은 오래전부터 시와 산문을 암송했을까 • 167 | 기억력의 대륙, 유럽을 가다 • 172 | 세계 메모리 챔피언십의 전설, 벤 프리드모어 • 176 | 세계 메모리 챔피언십의 첫 종목, 시 암송 • 182 | 외우고 외워도 자꾸만 단어를 까먹는 이유 • 185 | 『오디세이아』에 똑같은 수식어가 반복되는 까닭 • 188 | 암송의 기술 1 : 운율이 기억을 돕는다 • 192 | 암송의 기술 2 : 외설적인 이미지로 만들어라 • 194 | 고대의 기억법이 칭송받는 유일한 곳 • 198

chapter 7

기억의 종말 — 굳이 기억할 필요가 없어지는 세상의 등장········· 201

왜 소크라테스는 글을 불신했을까 • 203 ┃ 중세 후기까지 독서는 기억의 보조 수단일 뿐이었다 • 205 ┃ 찾아보기의 발명 : 머릿속에 기억해둘 필요성이 줄어들다 • 210 ┃ 인쇄술의 발명 : 정독에서 다독으로 • 212 ┃ 인류의 모든 지식을 저장할 수 있는 기억의 극장 • 216 ┃ 마크 트웨인의 기억 증진기 놀이 • 221 ┃ 디지털 기억의 등장 : 그 어떤 것도 절대 잊어버리지 않는다 • 224

chapter 8

나의 전미 메모리 챔피언십 도전기 — 기억력 훈련 ·········· 233

나만의 기억 시스템을 개발하다 • 235 ┃ '오케이 플래토'라는 함정에 빠지다 • 241 ┃ 나의 슬럼프 극복법 • 246 ┃ 벤 vs. 에드 : 세계 기록 보유자들의 카드 외우기 대결 • 252 ┃ 한계란 없다 — 풋내기 기억술사에서 촉망받는 선수로 • 258

★ 기억 훈련 2 ┃ 숫자 외우기―메이저 시스템, PAO 시스템 • 263

chapter 9

기억이 없다면 창조도 없다 ······························· 267

기억 훈련은 과연 쓸모가 있는가 • 269 ┃ 기억법을 배워 우등생이 된 슬럼가 고등학생들 • 271 ┃ 교육계의 오래된 논쟁 : 암기는 정말 백해무익한가 • 274 ┃ 토니 부잔과의 인터뷰 • 280 ┃ 마인드맵의 탄생 : 기억이 없다면 창조도 없다 • 287 ┃ 기억 훈련이 여전히 필요하고 중요한 이유 • 291

chapter 10

서번트 증후군, 불가사의한 기억력 천재를 찾아서 ·········· 297

전 세계적으로 유명한 자폐 천재, 대니얼 태멋 • 299 ┃ 기억력 대회 선수와 서번트의 차이 • 308 ┃ 영화 〈레인맨〉의 실존 인물 킴 피크를 만나다 • 310 ┃ 누구에게나 서번트의 능력이 잠재되어 있다 • 315 ┃ 선천적 능력인가, 훈련의 결과인가 • 318 ┃ 대니얼 태멋의 진실 혹은 거짓 • 325

chapter 11

새로운 챔피언이 되다 - 331

전미 메모리 챔피언십을 위한 막바지 훈련 • 333 | 강력한 우승 후보 모리스와의 신경전 •
337 | 드디어 선수로 대회에 입성하다 • 339 | 얼굴과 이름 기억하기 그리고 스피드 넘버 •
342 | 스피드 카드에서 미국 신기록을 달성하다 • 345 | 본선 진출 • 350 | 첫 번째 경기, 에드의
전략이 먹히다 • 351 | 두 번째 경기에서 거둔 행운의 승리 • 353 | 드디어 결승, 새로운 챔피언이
되다 • 355
★ 기억 훈련 3 | 이름 외우기–베이커 베이커 역설 • 359

| Epilogue | 내가 1년 동안 기억력 훈련을 하며 얻은 것들 - - - - - - - - - - - - - - - - - 361

기자에서 챔피언으로 • 361 | 미국 대표로 세계 메모리 챔피언십에 출전하다 • 364 | 1년 동안
기억력 훈련을 하며 얻은 것들 • 371

감사의 말 ⋯ 376

주석 ⋯ 378

참고문헌 ⋯ 388

부록 『헤렌니우스에게 바치는 수사학』에 소개된 기억 훈련 • 397

옮긴이의 말 ⋯ 407

찾아보기 ⋯ 412

일러두기

- 본문의 괄호 안에 있는 글 중 옮긴이 주 표시가 없는 것은 저자의 글이다.
- 부록, 「『헤렌니우스에게 바치는 수사학』에 소개된 기억 훈련」은 한국어판 편집 과정에서 새로 번역해 넣은 것이다. 번역 저본으로 삼은 것은 로엡 고전 라이브러리(Loeb Classical Library) 시리즈로 출간된 *Rhetorica ad Herennium*(Cambridge: Harvard Univ. Press, 1954 /1968)이고, 라틴어 원문 감수는 김기훈(서울대학교 서양고전학 전공) 씨의 도움을 받았다.

1년 만에 기억력 천재가 된 남자

다른 생존자는 없었다. 기원전 5세기쯤 그리스에서 대연회장 한 곳이 붕괴하는 참사가 일어났다. 참사 소식을 접하자마자 달려온 피해자 가족들이 어디엔가 묻혀 있을 가족의 시신을 찾으려고 무너진 건물 더미를 파헤치기 시작했다. 혹시나 하는 마음에 반지, 옷가지, 신발 등 신원을 확인할 수 있는 것이라면 무엇이든 찾아내려고 혈안이었다.

참사가 일어나기 바로 몇 분 전, 대연회장에서는 키오스의 시인 시모니데스가 자리에서 일어나 테살리아의 귀족 스코파스를 찬양하는 시를 읊고 있었다. 시모니데스가 자리에 앉자 심부름꾼이 다가와 그의 어깨를 두드렸다. 말을 타고 온 젊은이 두 명이 급히 전할 말이 있는지 다급한 표정으로 밖에서 기다리고 있었다. 시모니데스가 자리에서 일어나 밖으로 나가려고 문지방을 넘어선 순간, 갑자기 쿵 하면서 대연회장 지붕이 내려앉았다. 대리석 파편이 우수수 떨어져 내리면서 대연회장은 순식간에 아수라장이 되었다.

시모니데스는 사람들이 매몰된 사고 현장을 멍하니 바라보며 서 있었다. 조금 전까지만 해도 떠들썩한 웃음소리가 넘쳐 나던 곳에 희뿌연 연기와 적막만 가득했다. 구조대가 건물 잔해를 파헤치며 구조 작업을 벌였다. 잔해 더미에서 찾은 시신들은 형체를 알아볼 수 없을 만큼 심하게 손상되어 있었다. 엎친 데 덮친 격으로 누가 매몰되어 있는지를 확실하게 아는 사람이 없었다.

　바로 이때 당시 사람들의 기억에 대한 인식을 영원히 바꿔 놓는 놀라운 일이 일어났다. 시모니데스가 눈을 감고 숨을 고른 뒤 붕괴 사고가 일어나기 직전으로 기억을 더듬어 올라갔다. 먼저 산산이 조각난 대리석 파편을 짜 맞춰 기둥을 올리고, 폭삭 주저앉은 벽면을 일으켜 세웠다. 곳곳에 널브러진 그릇 파편을 모아 원래 모양대로 해 놓았다. 또 무너진 건물 잔해 사이로 튀어나온 나뭇조각을 조립해 탁자를 만들었다. 그리고 이런 참사가 일어날 줄은 꿈에도 모른 채 대연회장을 찾은 손님들이 앉아 있던 자리를 둘러봤다. 탁자 윗자리에 앉아 즐겁게 웃는 스코파스, 그의 맞은편에 앉아 수프에 빵을 찍어 먹는 동료 시인, 능글맞게 웃고 있는 귀족이 눈에 선했다. 창 쪽으로 눈길을 돌리니 심부름꾼들이 말을 타고 황급히 다가오는 것이 보였다.

　기억이 여기에 이르자 시모니데스는 감고 있던 눈을 떴다. 그리고 가족의 생사를 몰라 안절부절못하는 유족들을 데리고 무너진 건물 잔해 위로 올라가 사고가 일어나기 직전에 고인들이 앉아 있던 자리로 안내했다.

　전하는 이야기로는 바로 이때 기억술이 태어났다.

chapter 1

나는 왜 기억을 잘 못하는 걸까

전미 메모리
챔피언십 결승전

지금 나는 유명한 뚱뚱이(클럽 5) 코미디언 돔 드 루이즈가 망측하게 물리학자 알베르트 아인슈타인의 하얗게 센 머리(다이아몬드 3)에 침을 뱉고(클럽 9) 교황 베네딕토 16세(다이아몬드 6)의 허벅지를 발로 차는(스페이드 5) 장면을 떠올리고 있다. 한편에서는 팝의 황제 마이클 잭슨(하트 킹)이 연어 버거(클럽 킹)에 큰 일(클럽 2)을 보고 엉덩이에 풍선을 대고 방귀를 뀌는 등 더럽고 민망하게 굴고 있다. 다른 한편에서는 NBC의 인기 시트콤 〈치어스〉에서 웨이트리스(스페이드 퀸)로 열연한 레아 펄만이 키가 231센티미터인 수단 출신 농구 스타 마누테 볼(클럽 7)과 키 차이 때문에 불가능할 텐데도 마주 서서(클럽 3) 차마 보기 힘든 장면을 연출한다.

별로 내키지 않지만 이렇게 비상식적이고 저속한 상상으로 글을 시작하는 데는 이유가 있다. 그것을 말하기에 앞서 지금 내가 앉아 있는 현장부터 둘러보자. 내 왼편에는 버지니아 리치먼드에서 온 스물다섯 살짜리 비즈니스 컨설턴트 램 콜리가 앉아 있다. 면도를 안 해서 수염이 덥수룩한 그는 2005년 전미 메모리 챔피언십 우승자다. 오른편에는 경기를 중계하느라 케이블방송의 카메라가 설치되어 있다. 뒤에서는 100명쯤 되는 관람객이 둘러서서 지켜보고 있다. 다행히 이들을 등지고 있어서 크게 신경 쓰이지는 않는다. 방송 해설자 두 명도 뒤에서 경기 내용을 실시간 중계하고 있다. 한 사람은 복싱 중계 전문 아나운 서로 유명한 케니 라이스인데, 중계에 별로 흥이 안 나는지 목소리가 심드렁하다. 다른 한 사람은 노스캐롤라이나 파예트빌 출신으로 전미 메모리 챔피언십의 펠레라고 불리는 스콧 해그우드다. 수염이 덥수룩한 마흔세 살의 화공(化工) 기술자인 그는 전미 메모리 챔피언십에서 네 번 연속 우승했다.

장내 한구석에는 조금 조잡해 보이는 2단 트로피가 놓여 있다. 아랫단은 받침대라 특색이 없고, 윗단에는 로열 플러쉬(포커에서 같은 무늬의 에이스, 킹, 퀸, 잭, 10 등 다섯 장을 가리킨다.—옮긴이)를 쥐고 있는 은빛 손 장식이 놓여 있다. 그 손은 손톱만 금박을 입혔다. 그리고 애국심을 고취하려는 듯 독수리 세 마리가 날개를 활짝 펼친 장엄한 모습으로 있다. 크기는 갓 두 살 된 조카보다 조금 크고, 무게는 그 애가 잘 가지고 노는 동물 인형보다 가볍다.

사진기자가 아닌 관람객은 장내에서 절대 사진을 찍을 수 없고 무조건 정숙해야 한다. 물론 램이나 나나 아무 소리도 들을 수 없다. 둘 다 소음을 막기 위해 귀마개를 했고, 나는 그것도 모자라 항공모함 갑판 승무원들이 쓰는 고성능 방음 귀덮개까지 쓰고 있다. 이렇게 중무장을 하고 있는 것은 경쟁이 치열한 메모리 챔피언십에서 귀를 완전히 막는 것만큼 집중력을 높이는 데 효과적인 방법이 없기 때문이다. 눈은 지그시 감고 얼굴은 아래로 숙인 채 두 손으로 머리를 감싸고 있다. 책상에는 순서를 뒤섞어 놓은 포커 카드 두 벌이 놓여 있다. 잠시 뒤에 심판이 초시계를 누르면 5분 안에 포커 카드 두 벌을 순서대로 외워야 한다.

세상에서
가장 똑똑한
사람을 찾아서

내가 옴짝달싹 못하고 손에 땀을 쥐게 하는 전미
메모리 챔피언십 결승에 진출해 우승까지 거머쥐는 기적 같은 이야기
는 2005년 펜실베이니아를 관통하는 하얗게 눈 내린 고속도로에서 시
작한다. 당시 나는 『디스커버』에 기고할 기사 때문에, 실험 장치이기
는 해도 팝콘을 튀긴다면 세상에서 가장 크게 튀길 수 있는 진공실 장
치를 개발한 쿠츠타운대학의 이론물리학자를 인터뷰하려고 차를 몰아
집이 있는 워싱턴 D. C.에서 펜실베이니아의 리하이 밸리로 가고 있
었다. 펜실베이니아에 접어들어 요크를 지나는데, 거기에 역도 명예의
전당이 있었다. 어떤 계시였는지, 명예의 전당을 보자마자 살아 있을
때 한 번은 그곳에 들러 봐야 할 것 같다는 묘한 느낌이 들었다. 또 인
터뷰 약속 시간까지는 한 시간이나 남아 있었다.

명예의 전당은 미국에서 가장 큰 바벨 제조 업체가 입주한 건물의 1
층에 있었다. 낡은 사진과 기록물들이 전시되어 있었는데, 명예의 전당
치고는 너무 빈약했다. 하지만 거기에서 '철완 아톰'이라고 불린 조 그
린스타인의 흑백사진을 처음으로 볼 수 있었다. 폴란드 태생의 유대계
미국인으로 키는 165센티미터밖에 되지 않았지만 힘이 장사였던 그는,
1920년대에 25센트짜리 동전을 물어뜯어 반 토막 내고 뾰족한 못이 빼
곡하게 박힌 침대에 누워 열네 명으로 구성된 재즈밴드가 자기 가슴 위
에 올라가 연주하게 하는 등 보통 사람들은 꿈도 꿀 수 없는 별난 공연
으로 철완 아톰이라는 별명을 얻었다. 한번은 연장 없이 맨손으로 자동
차의 타이어 네 개를 교체하는 깜짝쇼를 하기도 했다. 그의 사진이 들

어 있는 액자 옆에는 '세상에서 가장 힘센 남자'라는 설명이 있었다.

그 사진을 보면서 나는 세상에서 가장 힘센 사람이 세상에서 가장 똑똑한 사람과 만나면 꽤 흥미로울 거라고 생각했다. 철완 아톰과 아인슈타인의 만남, 즉 세기의 근육과 두뇌가 만나 서로 보듬고 서 있는 모습. 내 책상머리에도 이런 자세로 찍은 사진이 걸려 있다. 나는 이런 역사적 만남이 실제로 있었는지 궁금했다. 인터뷰를 마치고 집으로 돌아오자마자 검색하기 시작했다. 세계에서 가장 힘센 사람은 바로 찾을 수 있었다. 1977년에 태어난 마리우스 푸지아노스키라는 사람으로, 폴란드 비알라에 살고 있었다. 그는 맨손으로 약 419킬로그램을 들어 올릴 수 있었다. 이건 두 살 된 내 조카 또래 아이를 한 번에 서른 명이나 들어 올리는 것과 같은 엄청난 힘이다.

그런데 세상에서 가장 똑똑한 사람을 찾기는 쉽지 않았다. '지능지수가 가장 높은 사람', '지능 챔피언', '세상에서 가장 똑똑한 사람' 등 갖가지 단어로 검색해 보았다. 검색해 보니, 뉴욕 시에 지능지수가 228인 사람이 있었고, 52명과 동시에 눈가리개 경기(눈을 가린 체스 기사 한 명이 눈을 가리지 않은 여러 명과 동시에 대결을 벌이는 경기―옮긴이)를 한 헝가리 출신 체스 기사도 있었다. 또 200자리나 되는 수의 23제곱근을 암산으로 50초 만에 푼 인도 여성, 4차원 루빅큐브를 빠르게 맞춘 사람도 있었다. 그 밖에도 영국 물리학자 스티븐 호킹처럼 천재라고 불려도 전혀 손색없는 사람이 수없이 많았다. 똑똑한 정도는 힘의 세기보다 계량화하기 쉽지 않은 것이 분명하다.

그런데 검색하다가 아주 흥미로운 사람을 찾아냈다. 2004년 세계 메모리 챔피언십 우승자인 벤 프리드모어다. 영국인인 그는, 세상에서 가장 똑똑한 사람은 아닐지 몰라도 보통 사람은 절대 아니었다. 그는 한 시간 동안 무작위 숫자 1,528개를 순서대로 암기할 수 있었다. 더 인상 깊은 것은, 그가 어떤 시든 가뿐하게 암기할 수 있다는 사실이었다.

그 뒤 며칠 동안 내 머릿속에서는 벤 프리드모어가 사라지지 않았다. 내 기억력은 기껏해야 평균 정도인 데다가 건망증이 심하다. 차 열쇠를 어디 뒀는지 까먹고, 심한 경우 주차한 자리도 잊어버린다. 오븐에 음식 넣어 둔 걸 깜박하고, 소시지와 소세지 중 뭐가 맞는지도 헷갈린다. 아내의 생일·결혼기념일·밸런타인데이를 무심결에 지나치고, 친한 사람 휴대전화 번호도 곧잘 까먹는다. 냉장고 문을 연 순간 왜 열었는지 까먹기 일쑤고, 휴대전화를 충전해야 하는 것을 깜박하기도 한다. 부시 대통령의 수석 보좌관이 누구였는지, 뉴저지를 관통하는 고속도로에 있는 휴게소 순서가 어떻게 되는지, 워싱턴 레드스킨스가 슈퍼볼에서 최근 우승한 게 몇 년이었는지 헷갈리고 소변본 뒤 변기 시트 내려놓는 것을 까먹는 등 기억력이 형편없다.

하지만 벤 프리드모어는 달랐다. 그는 순서를 뒤섞은 포커 카드 한 벌을 32초 만에 순서대로 암기할 수 있었다. 5분 안에 아흔여섯 가지 역사적 사실을 날짜대로 암기하기도 했다. 또 원주율 값을 5만 자리까지 알고 있었다. 부러운 능력이 아닐 수 없다. 보통 사람이 평소에 깜박 잊어버리는 것을 다시 찾거나 만회하느라 1년 365일 중 40일을 낭비한다는 글을 읽은 적이 있다. 벤 프리드모어가 잠시 실업자였다는 것을 접어 두고 본다면, 그는 보통 사람들보다 생산적인 삶을 사는 것이 분명하다.

이름, 비밀번호, 약속 시간 등 갈수록 기억해야 하는 것이 늘고 있다.

그래서 벤 프리드모어처럼 좋은 기억력이 있으면 삶이 지금과는 많이 다르지 않을까 하고 생각해 보았다. 아마 질적으로 더 좋아질 것이다. 우리 주변에는 새로운 정보가 계속 넘쳐 나지만, 뇌가 받아들이고 기억하는 것은 매우 제한적이다. 독서라는 것이 단지 지식을 습득하는 방편이라고 한다면, 나처럼 한나절 만에 책 한 권 뚝딱 읽고 내용이나 요점을 깊이 새겨 보지도 않은 채 그대로 책꽂이에 꽂아 두는 것만큼 쓸데없이 시간 낭비하는 일도 없을 것이다. 물론 책을 읽다 보면 새롭고 흥미로운 것이 있고, 기억해 두면 유용한 것도 있다. 하지만 이것도 잠깐이지, 며칠 지나면 쥐도 새도 모르게 잊어버리는 것이 사실이다. 책꽂이를 보면 읽었는지 안 읽었는지도 모를 책이 수두룩하다.

한번 기억한 지식을 쉽게 까먹지 않고 다른 모든 일에 써먹을 수 있다면 얼마나 좋을까? 그럴 수만 있다면 지금보다 더 설득력 있고, 더 자신 있고, 더 영리해질 수 있지 않을까? 정말 그럴 수만 있다면 지금보다 더 훌륭한 남편, 아들, 친구, 기자가 될 수 있을 것이다. 그뿐이랴. 벤 프리드모어처럼 기억력이 좋다면, 지금보다 훨씬 더 사려 깊고 훨씬 더 현명한 사람이 될 수 있을 것이다. 지혜가 경험의 합이고 경험이 기억의 합이라고 할 때 기억력이 좋다는 것은, 이 세상뿐만 아니라 자신에 대해 더 많이 안다는 것을 뜻할 것이다. 물론 알던 것을 잊는다는 것이 괴롭고 골치 아프기는 하지만, 때로는 정신 건강을 위해 필요하기는 하다. 창피했던 일이나 실수나 잘못을 잊지 못한다면, 그만큼 괴로운 일도 없을 것이다. 심한 경우, 그것 때문에 신경쇠약에 걸릴 수도 있다. 그런데 좋지 않은 기억력 때문에 그동안 중요한 정보와 지식이 얼마나 많이 무의식중에 기억에서 사라졌을까?

벤 프리드모어가 어떤 신문사와 한 인터뷰 기사를 읽은 적이 있는데, 그가 기자한테 한 말 중 이상할 만큼 머릿속에서 사라지지 않은 게있다. "중요한 것은 기술이고, 기억이 작동하는 법을 이해하는 겁니다. 누구나 할 수 있습니다." '누구나 할 수 있다'는 그의 말 때문에 나는 그의 기억력과 내 기억력은 어떻게 다를지를 곰곰이 생각해 봤다.

기억력 대회에 참가한 사람들의 공통점

역도 명예의 전당에 다녀오고 나서 2주 뒤에 나는 맨해튼 유니언 스퀘어 근처에 있는 에너지 기업 콘 에디슨 본사 건물 19층 대강당에서 열린 2005년 전미 메모리 챔피언십을 보러 갔다. 벤 프리드모어한테 자극받은 것도 있고 평소에 두뇌 슈퍼볼이라고 생각한 이 대회를 직접 보고 『슬레이트』에 기사를 쓰려고 한 것이다.

그런데 대회는 내가 예상한 것과 달라도 한참 달랐다. 나는 미국의 내로라하는 최고 두뇌들이 한자리에 모여 치열한 두뇌 싸움을 벌일 것으로 예상했다. 그런데 전미 메모리 챔피언십이 열린다는 사실을 모르고 갔다면 그곳이 뭐하는 곳인지 의아해했을 정도로 정적이 감돌았다. 여성은 드문드문 눈에 띌 뿐이고 공통점이라고는 찾아볼 수 없는 다양한 연령의 남성들이 잔뜩 모여 종이에 적힌 숫자와 글자를 뚫어져라 쳐다보기만 해서, 그곳에 모인 사람들이 뭐하는 사람들인가 싶을 정도였다. 그들은 자기 자신을 '지력 선수'(mental athletes)라고 하거나 줄여서 'MA'라고 했다.

그들은 다섯 종목을 치러야 했다. 먼저 「나의 태피스트리」라는 50행짜리 미발표 시를 암송해야 했다. 그 다음 15분 동안 99명의 얼굴 사진을 이름과 함께 암기해야 했다. 세 번째 15분 동안에는 무작위로 뽑은 단어를 300개나 외워야 했고, 네 번째로는 한 행에 마흔 자리씩 총 25행이나 되는 1,000자리 무작위 숫자를 5분 동안 암기하는 것이었다. 그리고 마지막인 다섯 번째 종목은 뒤섞어 놓은 포커 카드 한 벌을 역시 5분 동안 순서대로 기억하는 것이었다. 참가자 36명 중에는 세계 메모리 그랜드 마스터도 두 명 있었다. 1995년부터 선정한 메모리 그랜드 마스터는 1,000자리 무작위 숫자와 순서가 뒤섞인 포커 카드 열 벌을 각각 한 시간 안에 순서대로 외우고 또 다른 포커 카드 한 벌을 2분 안에 외운 사람을 가리키며 이 분야에서는 영예로운 칭호다.

이런 비상한 재능이 얼핏 보기에는 그냥 재미있는 속임수처럼 보일 수 있다. 즉 이게 뭔가 싶기도 하고 다소 우스꽝스럽게 보일 수도 있다. 하지만 막상 참가자들과 이야기를 나눠 보니 이 세계에도 어떤 심오함이 있다는 것을 알 수 있었다. 이들에 대해 가졌던 생각이 얼마나 편협했는지 반성하지 않을 수 없었다.

나는 영국 출신 메모리 그랜드 마스터로 여름에 열릴 세계 메모리 챔피언십을 앞두고 실전 능력을 쌓기 위해 대회에 참가했다는 에드 쿡에게 다가가 자신이 천재라는 것을 언제 깨달았는지 물었다. 참고로, 에드는 미국인이 아니기 때문에 그의 기록은 대회 공식 기록으로 집계되지 않았다.

"천재요? 저 천재 아니에요." 그가 히죽 웃으며 말했다.

"그럼, 사진처럼 정확히 기억한다는 포토그래픽 메모리는요?"

그는 계속 히죽거리며 답했다. "포토그래픽 메모리는 신빙성 없는 미신입니다. 그런 게 있을 리 없죠. 사실, 제 기억력은 보통 수준입니다. 여기 있는 사람들도 다 마찬가지고요."

하지만 그가 252자리 무작위 숫자를 전화번호처럼 쉽게 외우는 것을 직접 목격한 마당에 그의 말에 쉽게 수긍할 리 없었다.

"기억력이 보통이라고 해도 제대로 활용하기만 하면 대단한 능력을 발휘할 수 있다는 걸 아셔야 합니다." 그가 말했다. 절대 곱상하다고 할 수 없는 각진 얼굴에 고불고불한 금발을 어깨까지 길게 늘어뜨린 에드는 대회 참가자들 가운데 외모에 가장 무신경한 사람 같았다. 정장 차림이긴 해도 넥타이는 풀어 헤쳐져 있었고, 영국 국기가 그려진 샌들을 신고 있었다. 당시 스물네 살밖에 안 됐지만 외모는 영락없는 애늙은이였다. 더구나 스스로 '승리를 부르는 막대기'라고 부르는 지팡이를 짚고 있었는데, 최근에 도진 만성 소아 관절염 때문에 어쩔 수 없다고 토로했다. 에드도 그랬고 그곳에서 만난 다른 지력 선수들도 이구동성으로 벤 프리드모어가 인터뷰에서 밝힌 것처럼 누구든 노력만 하면 자기들처럼 될 수 있다고 했다. 키오스의 시모니데스가 붕괴된 대연회장 잔해 앞에서 고안했다고 전해지니까 2,500년이나 된 '기억의 궁전'이라는 '정말 간단한' 기술로 어떤 것을 '좀 더 기억하기 쉬운 방식으로 생각하는' 방법만 연습하면 된다는 것이었다.

2,500년 전 그들이 기억력을 중요하게 생각한 까닭

여정법이나 장소법이라고도 하지만 흔히 '아르스 메모라티바', 즉 기억술로 불리는 기억의 궁전은 고대 로마의 철학자 키케로와 교육자 퀸틸리아누스 같은 학자들이 규칙을 만들고 교범을 제작했다. 이런 기술은 중세에 꽃을 피워 『성경』을 포함한 종교 서적, 설교문, 기도문 등을 암송하는 데 널리 이용됐다. 그보다 앞서 로마의 정치가들은 연설문을 암기하는 데 활용했다. 무엇보다 대단한 것은 그리스 아테네의 정치가 테미스토클레스가 기억의 궁전으로 2만 명이나 되는 아테네 시민들의 이름을 다 외웠다는 점이다.

대회 참가자들은 자기 자신을 오래전에 자취를 감춰 버린 기억 훈련의 전통을 되살리려고 하는 '아마추어 리서치 프로그램 참가자'라고 생각한다고 에드가 말했다. 그의 말로는 기억이 모든 것인 시대가 있었다. 그때는 훈련된 기억은 세속화된 정신의 핵심적인 측면이자 유용한 도구였다. 게다가 분별력, 넓게 말해 윤리 의식 함양을 목표로 하는 인격 형성 방식으로 여겨지기도 했다. 기억화를 통해서만 신념을 정신에 결합시키고 그 가치를 완전히 흡수할 수 있다고 생각했다. 기억술은 순서를 뒤섞어 놓은 포커 카드같이 쓸데없는 정보를 외우는 데 활용될 뿐만 아니라 중요한 글과 생각을 뇌에 아로새기는 데도 널리 쓰였다.

하지만 15세기에 독일의 요하네스 구텐베르크가 금속활자 인쇄술을 발명하면서 책을 대량생산할 수 있게 되자, 책에 인쇄된 내용을 암기하는 것이 더는 중요한 일로 생각되지 않게 되었다. 한때 고대와 중세 문화의 중추였던 기억술이, 르네상스 시기에 비술(秘術)이던 연금술에 흡수되었다가 계몽주의 시대에는 아예 축제의 부대 행사용 재주로 전락했다. 이렇게 기억술은 우리 기억에서 사라졌다. 그러다 1980년대에 메모리 챔피언십 같은 대회를 통해 부활의 신호가 보이기 시작했다.

마인드맵의 창시자인
토니 부잔에게 묻다

기억술을 부흥시킨 인물은 일흔두 살의 영국 교육자이자 혁신적인 필기법인 마인드맵을 개발한 토니 부잔이다. 그는 자신의 '창조 지수'가 세상에서 가장 높다고 주장한다. (비꼬는 말은 아니니까 오해 없길 바란다.) 나는 전미 메모리 챔피언십을 보러 간 날 콘 에디슨 본사 건물의 카페테리아에서 그를 만났다. 그는 금테가 둘러진 커다란 단추가 다섯 개 달린 짙은 감색 정장에 깃이 없는 흰색 셔츠를 받쳐 입고 있었다. 특히 셔츠 목 부위에 달려 있는 커다란 단추가 도드라졌는데, 그것 때문에 꼭 동방에서 온 성직자같이 보였다. 정장 옷깃에는 우리 몸의 신경 단위인 뉴런같이 생긴 핀이 꽂혀 있고, 차고 있던 시계에는 살바도르 달리의 〈기억의 지속〉이 그려져 있었다. 그는 대회 참가자를 '정신의 용사'라고 불렀다.

하얗게 센 머리와 얼룩덜룩한 반점과 주름 탓인지 부잔은 실제 나이보다 10년은 더 늙어 보였지만 다른 면에서는 30대 젊은이로 생각될 만큼 활기가 넘쳤다. 매일 아침 템스 강에서 6~10킬로미터 정도 요트를 타고, 식사 때는 '뇌 건강'에 좋은 채소와 생선을 주로 먹는다고 했다. "나쁜 음식을 먹으면 뇌도 나빠지고, 건강한 음식을 먹으면 뇌도 건강해집니다." 그가 말했다.

걸음걸이는 에어하키 퍽이 미끄러져 나아가는 것처럼 가뿐했는데 나중에 들은 말로는 40년 동안 익힌 알렉산더 기법(호주 배우 프레드릭 마티아스 알렉산더가 근육을 효과적으로 써서 인체의 자세와 동작을 개선하려고 고안한 운동 기법—옮긴이) 덕분이라고 했다. 말할 때는 적절히 몸짓을 섞어

가며 명료한 화법을 구사했다. 이런 화법은 거울 앞에 서서 오랫동안 갈고닦아야 완벽하게 구사할 수 있다. 또 말하다가 강조하고 싶은 부분이 있으면, 살짝 쥐고 있던 주먹을 활짝 폈다.

부잔은 1991년에 세계 메모리 챔피언십을 창립한 이후 중국, 남아프리카공화국, 멕시코 등 10여 개국에서 국가별 메모리 챔피언십을 개최했다. 그는 전도사의 마음으로 1970년대 이후 기억 기법을 세계 각지의 학교에 보급하려고 노력하고 있다. 그리고 이것을 '학습법 훈련에 초점을 둔 글로벌 교육 혁명'이라고 부른다. 물론 그는 이런 보급 활동을 통해 많은 돈을 벌었다. 언론 보도로는 마이클 잭슨이 죽기 직전까지 부잔에게 정신력 향상 훈련을 받았고, 그 대가로 34만 3,000달러를 지급했다.

부잔은 학교가 잘못된 방식으로 학생들을 가르친다고 주장한다. 학교가 학생들에게 방대한 지식을 주입하기만 할 뿐, 그것을 기억할 방법은 가르치지 않는다는 것이다. 암기는 시험에 합격하기 위해 시험 전날까지 닥치는 대로 외우는 것이라는 그릇된 인식에 사로잡혀 있다. 그러나 부잔이 보기에 문제의 본질은 암기가 아니다. 그는 서구 교육을 재미없고 지루한 암기 위주의 학습 전통이 망쳤다며 비판한다. "지금까지 우리는 기억을 부정확하게 정의했고, 불완전하게 이해했고, 부적절하게 적용했으며, 재미도 없고 효과도 없다는 이유로 비난만 했습니다." 종래의 암기 중심 반복 학습이 단순 반복으로 뇌에 지식을 새겨넣는 기계적 암기라면, 기억술은 좀 더 세련되게 지식을 기억하는 방법이다. 그는 기억술이 기억을 좀 더 신속하고, 덜 고통스럽고, 더 오래 지속할 수 있는 방법이라고 했다.

"뇌는 근육과 같습니다." 그의 말대로라면 기억 훈련은 지력 운동의 한 형식이라고 할 수 있을 것이다. 근력 운동과 마찬가지로 지력 운동도 일정한 시간이 지나면 뇌를 더 건강하고, 더 빠르고, 더 민첩하게 만들 것이다. 기억 훈련의 역사는 오래됐다. 고대 로마의 연설가들은 지식을 순서대로 기억하는 방법인 기억술을 새로운 아이디어를 떠올리는 중요한 수단으로 생각했다. 요즘 '지력 운동'이 일반인 사이에서 인기몰이 중이다. 뇌 체조와 정신력 함양을 위한 훈련 캠프들이 성행하고 있고, 두뇌 훈련 관련 소프트웨어의 시장 규모가 2008년 한 해에만 2억 6,500만 달러에 달했다.[1] 이렇게 지력 운동이 인기를 끄는 이유로 낱말 퍼즐이나 체스가 뇌를 활성화해 노인성 치매 예방에 효과가 있다는 연구 결과를 들 수도 있지만, 가장 큰 이유는 2차 세계대전 이후 태어난 베이비 붐 세대이자 대중 소비사회를 이끈 세대가 치매에 걸릴 수 있다는 불안감에 사로잡혀 있기 때문이다. 뇌 활성화가 치매 예방에 효과가 있다는 사실을 뒷받침하는 과학적 증거는 많다. 하지만 '뇌 운동'이 같은 효과를 낼 수 있다는 부잔의 당찬 주장은 다소 회의적이다. 그렇다고 속단하지는 말자. 마흔일곱 살의 전미 메모리 챔피언십 참가자가 조금 전에 본 무작위 단어 100개를 무리 없이 순서대로 암송하는 것을 내가 직접 눈으로 확인했기 때문이다.

부잔은 자기 기억력이 해를 거듭할수록 좋아진다는 것을 나한테 이해시키려고 했다. "사람들은 기억력 감퇴가 인간의 타고난 본질이라서 자연스럽다고 가정합니다. 하지만 이것은 논리적으로 맞지 않습니다. 정상적이라고 해서 꼭 자연적인 것은 아니죠. 나이가 들면서 기억력이 감퇴하는 것처럼 보이는 이유는 우리가 평소에 안티 올림픽 훈련을 하기 때문입니다. 뇌를 올림픽에 출전하려고 훈련하는 사람이라고 가정해 봅시다. 그런데 이 사람이 매일 맥주 열 캔에 담배 50개비를 피우고 직장까지 차를 몰고 다닙니다. 그리고 어쩌다 시간이 나면 맹렬히 훈련합니다. 나머지 시간에는 소파에 누워 텔레비전을 보고요. 그런데도 우리는 이 사람이 올림픽에서 좋은 성적을 내지 못하는 것을 의아해합니다. 지금 우리가 꼭 이렇게 기억을 대합니다."

나는 기억 기법을 배우는 것이 얼마나 어려운지 부잔에게 물었다. 대회 참가자들은 어떻게 훈련했습니까? 그들의 기억력은 얼마나 빨리 향상됐습니까? 그들은 일상생활에서도 기억 기법을 씁니까? 말씀하신 대로 정말 간단하고 효과적이라면, 왜 저는 들어 본 적이 없을까요? 왜 우리는 이것을 사용하지 않았을까요?

이렇게 추궁하듯 묻자, 그가 대답하는 대신 물었다. "내게 묻지 말고 직접 해 보는 건 어떻습니까?"

"그럼, 저 같은 사람이 전미 메모리 챔피언십에 나가려면 어떻게 준비해야 합니까?" 나도 물었다.

"전미 메모리 챔피언십에서 3위 안에 들고 싶다면 하루에 한 시간, 1주일에 6일을 투자해야 합니다. 이 정도 시간만 투자하면 좋은 성적을 낼 수 있을 겁니다. 또 세계 메모리 챔피언십에 나가고 싶다면 대회를 앞두고 6개월 정도는 하루에 서너 시간씩 투자해야 합니다. 조금은 부담스럽죠."

전미 메모리 챔피언십 참가자들이 한창 「나의 태피스트리」를 암기하고 있던 늦은 오전, 부잔이 나를 따로 불러내더니 어깨에 손을 얹으며 말했다.

"아까 한 말 기억하죠? 생각해 봐요. 아마 다음 전미 메모리 챔피언
십에서는 당신도 저 사람들처럼 이 자리에 앉을 수 있을 겁니다."

세계 최고
기억술사들의
세계
시 암송을 끝낸 뒤 '얼굴과 이름 기억하기'를 앞두
고 쉬는 시간에 나는 갑갑한 대회장을 빠져나와 콘 에디슨 빌딩 밖으
로 나왔다. 밖에는 더벅머리에 지팡이를 짚은 에드 쿡과 그의 친구 루
카스 암쉬스가 잎담배를 말고 있었다. 호리호리하고 키가 큰 루카스는
오스트리아 출신으로 에드처럼 세계 메모리 그랜드 마스터였다.

심리학과 철학을 전공한 에드는 작년 봄에 옥스퍼드대학교를 우등
으로 졸업한 뒤 파리대학교 인지과학 박사과정에 있으면서 틈틈이
『성찰의 기술』이라는 책을 쓴다고 했다. '사람들이 자기 몸이 평소보
다 10분의 1로 줄어든 것 같은 느낌을 갖게 하는 것'이라는 그의 박사
논문 주제가 아주 특이했다. 그는 새로운 색(色)을 발명하는 일도 하고
있었는데, '새로운 색뿐만 아니라 색을 전혀 다르게 바라보는 방식'을
연구한다고 했다.

빈대학교 법대생인 루카스는 건물 벽에 몸을 기대고 있다가 자기
가 『지금의 지능지수보다 세 배 더 똑똑해지는 법』이라는 책을 쓴 사
람이라고 소개했다. 그는 무작위 단어 300개 외우기에서 결과가 좋지
않았는지 에드한테 오스트리아 억양이 섞인 딱딱한 영어로 투덜댔다.
"'yawn'(하품), 'ulcer'(궤양), 'aisle'(통로) 같은 단어는 난생처음 들어 본
다니까! 어떻게 해야 잘 외울 수 있지?"

당시 에드와 루카스는 세계 메모리 순위가 각각 11위, 9위였다. 전미 메모리 챔피언십에 참가한 그랜드 마스터는 이 둘밖에 없는데, 그들은 흥미롭게도 다른 선수들과 달리 정장을 입고 출전했다. 그들은 메모리 그랜드 마스터라는 이력을 이용해 옥스퍼드 마인드 아카데미라는 '메모리 체육관'을 설립해 돈 벌 궁리를 하고 있었다. 기업 임원들을 주요 고객으로 삼아 그들에게 지력 운동을 도와줄 개인 트레이너를 붙여 주고 대가를 받는 것이었다. 그들은 지력 운동이 효과가 있다는 것이 알려지기 시작하면 하늘에서 돈벼락이 떨어질 거라는 기대에 부풀어 있었다. "궁극적으로 우리가 추구하는 것은 서구 교육의 복원입니다." 에드가 말했다.

"지금 서구 교육은 많이 퇴보한 상태입니다." 루카스가 옆에서 거들었다.

에드는 자기가 인간의 기억에 감춰진 비밀을 밝혀내기 위해 메모리 챔피언십에 참가한다고 했다. "저는 뇌가 어떻게 작동하는지 알아내는 방법이 두 가지라고 보는데, 그중 하나는 경험심리학입니다. 경험심리학은 여러 사람들을 직접 관찰하고 실험하면서 뇌의 작동 방식을 알아내는 방법이지요. 다른 하나는 어떤 시스템이 최적의 성능을 낼 때 비로소 그 시스템의 기본 구조를 이해할 수 있다는 논리입니다. 이 논리대로라면 인간의 기억을 이해할 수 있는 최선의 방법은 그것을 가능한 한 완벽하게 활용하는 겁니다. 물론 정확하고 객관적인 피드백을 얻을 수 있는 조건에서 똑똑한 사람들과 함께할 수 있다면 이상적이겠지요. 기억술사들의 세계가 바로 그런 곳입니다."

나는 왜
기억을 잘
못하는 걸까?

대회는 마치 대학입학자격시험(SAT) 현장 같았다. 책상 앞에 가만히 앉은 참가자들이 시험지를 받아 정해진 시간 동안 암기한 뒤 답을 적어 심판에게 제출했다. 각 종목이 끝나면 그 자리에서 점수가 산정돼 장내 전면에 설치된 전광판에 표시됐다. 하지만 대회에 관한 기사를 써야 하는 기자로서는 전미 메모리 챔피언십이 예상과 너무 달라서 황당했다. 솔직히 '경기'가 미국인들 사이에서 대중적 인기가 있는 프로 농구처럼 공방을 주고받으며 박진감 넘치게 전개되기는커녕 애들이나 하는 숫자 맞히기나 글자 맞히기 같은 철자 시합처럼 시시해 보였다. 참가자들이 생각에 잠긴 건지 잠을 자는 건지 분간이 안 되는 경우도 많았다. 물론 무의식적으로 관자놀이를 만지거나 발을 톡톡 두드리거나 멍하니 천장을 보는 사람들이 있기는 했다. 하지만 기본적으로 머리로 하는 자기 자신과의 싸움이다 보니, 관람객은 잠자코 지켜볼 수밖에 없었다. 이래서야 남의 머리에서 무슨 일이 일어나는지 도저히 알 길이 없지 않은가.

겉으로는 평온해 보이지만 속으로는 치열한 지력 대결을 펼치고 있을 선수들을 콘 에디슨 대강당 뒤편에 서서 보고 있자니 문득 이런 생각이 들었다. 내 기억은 어떻게 작동할까? 나 나름대로 궁리해 보았지만 속 시원한 해답을 얻을 수 있는 질문은 아니었다. 뇌에 기억을 관장하는 장소가 따로 있나? 그때까지 한 번도 품지 않았던 의문들이 갑자기 물밀듯이 밀려왔다. 기억이란 정확히 무엇인가? 기억은 어떻게 창조되는가? 그리고 어떻게 저장되는가? 지금까지 35년을 살아오면서 기억에 큰 문제가 없었기 때문에, 아니 그렇게 믿었기 때문에 기억이 작동하는 방식에 대해 별다른 의문을 가져 보지 않았다. 하지만 이제 다르다. 잘 생각해 보니, 기억이 원활하게 작동한 적이 별로 없었다. 어떤 분야에서는 더없이 잘 작동하는 기억이 다른 분야에서는 꽝이었다. 그리고 통 이해할 수 없는 엉뚱한 면도 많았다. 한번은 아침에 지하철을 타고 출근하는데, 좋아하지 않는 브리트니 스피어스의 노래가 떠오르더니 머릿속에서 좀체 떠나지 않았다. 그래서 그 노래를 떨쳐 버리려고 지하철을 타고 가는 동안 내내 유대교 축제일인 봉헌절 음악을 중얼거렸다. 도대체 이건 뭐였을까? 며칠 전에는 친구한테 내가 존경하는 저자에 대해 얘기해 주려고 했는데, 성(姓)만 생각나고 이름은 도무지 떠오르지 않았다. 어떻게 이런 일이 일어날 수 있을까? 그리고 왜 세 살 이전의 기억은 하나도 남아 있지 않을까? 더구나 비행기 두 대가 쌍둥이 건물과 충돌했다는 소식을 들은 2001년 9월 11일 아침에 시리얼, 커피, 바나나를 먹은 것은 정확히 기억하면서 그 전날 아침에 먹은 것은 왜 하나도 기억하지 못할까? 또 냉장고 문을 열고도 왜 열었는지를 항상 까먹는 이유는 뭘까?

나도 훈련을 하면 기억력을 높일 수 있을까?

전미 메모리 챔피언십을 참관하고 나오면서 나는 에드와 루카스가 어떻게 메모리 그랜드 마스터가 될 수 있었는지 반드시 알아내고 싶었다. 그들은 아주 특별한 사람, 그러니까 우리 중 정말 극소수인 어마어마한 천재일까? 아니면 우리도 그들의 뛰어난 재능을

따라 할 수 있을까? 토니 부잔한테 신뢰가 가지 않았는데, 이 두 사람
도 수상쩍기는 마찬가지였다. 뭔가 수상쩍거나 냄새가 나면 뒤를 캐야
직성이 풀리는 기자의 직업 정신 때문일까? 자칭 기억술 분야의 구루
라며 '자기 계발' 분야에서 엄청난 부를 쌓은 점이 수상했다. 그가 거짓
을 팔고 있는지 과학을 팔고 있는지 분명하지 않았지만, '글로벌 교육
혁명' 운운하는 데서 진심 같은 것을 전혀 느낄 수 없었다.

누구나 많은 정보를 빠르게 암기하는 방법을 배울 수 있다는 말이
사실일까? 정말 누구나? 나는 어떤 사람이든 기억력을 어느 정도 높일
수 있다는 부잔의 말은 믿었다. 하지만 얼간이 바보도 순서를 뒤섞어
놓은 포커 카드나 수많은 이진수를 통째로 암기하는 방법을 배울 수
있다는 그나 에드의 말은 곧이곧대로 들리지 않았다. 차라리 에드와
그의 동료들이 전설의 레슬러 앙드레 더 자이언트(본명은 앙드레 르네 루
시모프로 키가 224센티미터였다.—옮긴이)의 큰 키와 남자 육상 100미터 세
계기록 보유자인 우사인 볼트의 긴 다리에 버금가는 기억력을 타고났
다고 말하는 편이 훨씬 더 그럴듯하지 않을까?

요즘 자기 계발 분야의 권위자들이 기억력 향상에 대해 쓴 글을 보
면 진정성보다는 장삿속 냄새가 물씬 풍긴다. 집 근처에 있는 대형 서
점 반스앤노블의 자기 계발 코너에 가 보니 '전화번호나 날짜를 절대
잊지 않는' 또는 '순간 기억력을 증진할 수 있는' 비법이 담겨 있다는
홍보 문구가 적힌 책들이 빼곡히 꽂혀 있었다. 심지어 뇌의 '나머지
90퍼센트'를 활용할 확실한 방법을 가르쳐 주겠다는 책도 있었다. 이
런 사이비 과학적 주장은 손발을 100퍼센트 활용할 방법이 있다고 말
하는 것만큼이나 무의미하다.

물론 잇속에 관심이 있는 부잔과 달리 순수한 마음으로 오랫동안 기억력 증진을 연구한 사람들이 있다. 이들의 연구는 당연히 동료 연구자들이 평가한다. 실험심리학의 선구자로 알려진 독일 출신의 심리학자 헤르만 에빙하우스가 최초로 실험실에서 인간의 기억을 연구하기 시작한 이래 많은 심리학자들이 인간의 기억력을 증진하는 데 관심을 두고 꾸준히 연구해 왔다.

1년의 도전 끝에
깨달은 것들

이 책은 내가 기억력을 높이기 위해 직접 훈련하면서 그것의 작동 방식, 고유한 한계, 숨겨진 잠재력을 이해하기 위해 땀 흘리며 보낸 1년간의 기록이다. 나는 노력에 따라 기억력이 어느 정도 향상될 수 있고, 따라서 누구나 에드와 루카스처럼 될 수 있다는 것을 스스로 입증했다. 또 이 책은 기억력 향상에 대한 연구가 어떻게 진행되고 있는지에 대해서도 다룬다. 많은 연구자들은 지력 선수들이 뇌를 훈련하는 방식에 착안해 기억력 증진에 접목할 수 있는 일반 원리를 찾고 있다. 이 책을 자기 계발서로 기획하지는 않았다. 하지만 기억력을 어떻게 향상시킬지, 기억술을 일상생활에서 어떻게 활용할지에 대해 참고할 수 있는 책으로 써도 괜찮을 것이다.

앞에서 살펴본 것처럼 기억술의 역사는 깊고 오래됐다. 특히 기억술은 서양 문화의 발전에 중요한 구실을 했다. 하지만 지성사에서 어느 정도 비중 있게 다룰 뿐, 다른 분야에서는 기억술이 거의 알려지지 않았다. 시모니데스가 활용한 기억의 궁전 같은 기억 기법은 고대에서 중세를 거쳐 르네상스 시기에 이르기까지 사람들이 세상을 바라보는 방식에 중대한 영향을 미쳤다. 하지만 그 뒤 자취를 감춰 버렸다.

한때 기억은 모든 문화의 뿌리였다. 오늘날에는 책, 사진, 산더미 같은 서류 뭉치가 인류의 문화유산을 저장하고 기억하는 데 쓰인다. 클릭 한 번으로 문제의 답을 찾을 수 있는 인터넷, 우리의 일상을 지배하는 스마트폰도 빼놓을 수 없다. 3만 년 전 인류가 동굴 벽에 기억을 그림으로 남기기 시작한 이래 인간은 외부 저장 장치에 의존해 기억하기 시작했다. 그리고 이런 추세가 요즘 들어 기하급수적으로 확산되고 있다.

생리학적으로 볼 때 현대인은 인류 초기의 문화유산인 프랑스 라스코동굴 벽화를 그린 선조들과 다르지 않다. 우리 뇌는 그들의 뇌보다 크지도 복잡하지도 않다. 시간을 거슬러 올라가 당시 태어난 아이를 지금 뉴욕의 어떤 가정에서 입양한다고 해 보자. 아마 이 아이는 지금의 여느 아이들과 다르지 않게 자랄 것이다.

우리와 선조를 구별하는 것은 기억이다. 물론 지금 말하는 기억은 우리 뇌에 남아 있는 기억이 아니라 책, 사진, 박물관과 상대적으로 최근에 발명된 디지털 미디어 등 뇌가 아닌 외부 보조 기억 장치에 저장된 기억이다. 3만 년 전에 태어난 아이든 오늘날에 태어나는 아이든 뇌는 태어났을 때 백지 상태와 같기 때문이다. 바로 내일 아침에 세계의 모든 기록이 사라진다고 가정해 보자. 아마 세상은 아수라장이 될 것이다. 문학, 음악, 법, 정치, 과학, 수학 등 인류의 모든 문화가 외부 보조 기억 장치에 의지해 세워진 구조물이다.

기억이 가치 있다고 여겨지는 것들을 고이 간직하는 수단이기는 해도, 그것을 인생의 덧없음과 뗄 수는 없다. 우리가 죽으면 기억도 죽는다. 이런 측면에서 보면, 외부 보조 기억 장치에 의존해 기억하는 것은 기억이 사라지는 것을 막는 최선의 방법이다. 외부 보조 기억 장치에 저장된 기억은 시간과 공간을 초월해 다음 세대로 이어질 수 있다. 하지만 우리 기억을 뇌에서 곧장 뇌로 전할 수는 없다.

기억의 외부화는 인간의 사고방식을 바꿨다. 그리고 지적(知的)이란 것은 무엇인가에 대한 인식도 바꿔 놓았다. 그래서 전적으로 뇌에 의존하는 내부 기억의 가치가 평가절하되기 시작했다. 예전에는 머리에 많은 지식을 담고 있는 사람을 박식하다고 했는데, 지금은 미로처럼 복잡한 외부 보조 기억 장치에서 그때그때 필요한 지식을 쉽고 빠르게 찾을 수 있는 사람을 박식하다고 한다. 이제 세계 메모리 챔피언십이나 12개국에서 개최되는 국가별 메모리 챔피언십에나 가야 기억술을 쓰는 사람을 볼 수 있다. 한때 서구 교육의 초석이던 것이 이제 호기심의 대상에 지나지 않는다. 이렇게 문화가 뇌 내부의 기억에 의존하던 것에서 뇌 외부에 저장된 것에 의존하는 것으로 옮겨 가고 있다. 이것이 인류에게 뜻하는 것은 무엇일까? 기억을 외부 보조 저장 장치에 의존해서 얻는 이익이 분명히 있을 것이다. 하지만 잃는 것도 있지 않을까? 그렇다면 기억을 잃는다는 것은 무엇을 뜻할까?

chapter 2

모든 것을 기억하는 남자가
알려 주는 기억의 비밀

모든 것을
기억하는 남자

        1928년 5월 어느 날, 젊은 기자 S가 러시아의 신경 심리학자 알렉산드르 R. 루리야의 연구실에 찾아가 자신의 기억력을 시험해 달라고 정중히 부탁했다. 물론 자진해서 찾아가지는 않았고, 직장 상사가 보내서 간 것이다. 신문사 편집장이던 그의 상사는 매일 아침 편집회의에서 취재를 위해 접촉해야 하는 사람들의 명단과 연락처를 기자들에게 속사포처럼 불러 줬다. 모든 기자가 수첩에 받아 적느라 정신 없었지만, 딱 한 사람은 예외였다. S는 멀뚱히 듣기만 한 것이다.

  하루는 편집회의 중에 S의 무심한 태도를 참다 못한 편집장이 그를 따로 불러 제발 소명 의식을 갖고 일하라고 충고했다. 내 목소리가 꾀꼬리 소리라서 아침부터 목청껏 사람들 이름과 주소를 불러 준다고 생각하나? 관련 인물을 취재하지도 않고 기사를 쓸 수 있다고 생각하나? 주소도 없이 어떻게 찾아가겠나? 텔레파시로 접촉할 생각인가? 언론계에서 성공하고 싶다면 받아 적는 습관부터 들이라며 대놓고 나무랐다.

  S는 자신을 꾸짖는 편집장을 우두커니 쳐다보면서 말이 끝나기를 기다렸다가 아침 회의에서 그가 한 말을 토씨 하나 틀리지 않고 그대로 읊었다. 기겁한 편집장이 입을 다물지 못했다. S는 나중에 자기 자신이 편집장보다 더 놀랐다고 고백했다. 그때까지만 해도 그는 누구나 자기처럼 모든 것을 기억할 수 있다고 생각한 것이다.

 루리야의 연구실에 도착할 때까지도 그는 자신이 남들과 다르지 않다고 생각했다. 그의 기억력을 시험한 루리야는 '그는 자신이 특별하다는 것을 전혀 몰랐고 무엇보다 자신의 기억력이 남다르다는 것을 생각조차 못 하고 있었다'고 했다. 루리야는 S에게 숫자 목록을 주고 암기해 보라고 했다. 놀랍게도 S는 70자리나 되는 숫자를, 그것도 앞뒤로 자유자재로 되뇔 수 있었다. 루리야는 이렇게 기록했다. "단어나 아무 뜻도 없는 음절, 숫자나 소리를 말로 불러 주든 종이에 써 주든 뭔가를 기억하는 것은 그에게 일도 아니었다. 내가 어떤 것을 제시하든 그는 3, 4초 정도 있다가 별 어려움 없이 있는 그대로 되뇌었다." S의 기억력을 계속 시험해 보았지만 결과는 매번 똑같았다. 실험을 계속 하는 것이 무의미해 보이기까지 했다. "그동안 심리학자로서 많은 실험을 했지만 S 같은 사람은 처음이다. 갑자기 나 자신이 혼란스러웠다. 솔직히 누가 보면 심리학자에게는 일도 아니라고 생각할 수 있는 기억력 실험을 그에게는 도저히 수행할 수 없었다." 루리야의 기록이다.

 그래도 루리야는 그 뒤로 30년 동안 S를 연구해 이상심리학에서 불후의 명저로 꼽히는 『모든 것을 기억하는 남자: 한 기억술사의 삶으로 본 기억의 심리학』을 썼다. S는 수학에 관해 문외한이었는데도 복잡한 수학 공식을 암기할 수 있었고, 이탈리아어를 할 줄 몰랐는데도 이탈리아어로 된 시를 암송할 수 있었으며, 아무 뜻도 없는 음절까지 쉽게 기억할 수 있었다. 그런데 그가 암기할 수 있는 정보의 양보다 더 놀라운 것은 세월이 흘러도 그의 기억력이 결코 감퇴하지 않았다는 사실이다.

 기억력은 시간이 지나면서 감퇴하기 마련이고, 이것을 '망각의 곡선'이라고 한다. 뇌에 새로 입력된 정보는 입력된 순간부터 서서히 희미해지기 시작해 어느 순간 자취를 감춘다. 앞에서 말한 헤르만 에빙하우스가 기억의 망각 과정을 실험을 통해 계량화했다. 그는 시간이 지나면서 기억이 흐려지는 과정을 밝혀내기 위해 아무 뜻도 없는 GUF, LER, NOK 등 세 글자의 조합을 2,300개 외웠다. 몇 년에 걸쳐 진행한 실험에서, 일단 일정 기간 동안 얼마나 많이 기억에서 사라졌는지를 알아보았다. 그리고 그 결과를 그래프로 나타냈는데 다음과 같은 곡선 모양이 나왔다.

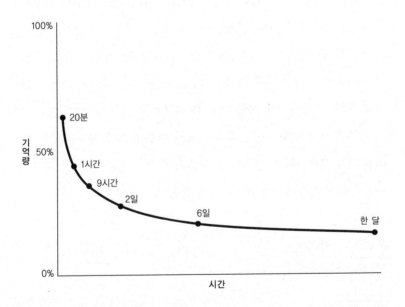

실험을 수없이 반복했지만 매번 결과가 비슷하다는 것이 흥미로웠다. 아무 뜻도 없는 글자 조합을 죽 외우고 나서 한 시간 뒤에는 절반 이상이 기억나지 않았다. 하루가 지나면 그중 10퍼센트를 또 잊었다. 한 달 뒤에는 14퍼센트가 또 기억에서 사라졌다. 그 뒤로 남아 있는 기억은 장기 기억으로 굳어지면서 아주 서서히 머릿속에서 사라졌다.

하지만 S의 기억력은 망각의 곡선을 따르지 않았다. 어떤 것을 외우든, 얼마나 많이 외우든, 얼마나 오래전에 외웠든 그는 방금 외운 것처럼 정확하게 되뇌었다. 그는 16년 전에 외운 것까지 고스란히 기억하고 있었다. 루리야는 이렇게 기록했다. "그는 눈을 감고 앉아 잠시 머뭇거리다가 이렇게 말했다. '아, 예……. 이건 제가 당신 아파트에 갔을 때 암기하라고 준 자료네요……. 당신은 탁자에 앉아 있었고…… 갈색 정장을 입고 있었지요…….' 그러고는 마치 바로 전 실험에서 암기하라고 준 자료를 되뇌듯 그때 외운 것을 정확하게 되뇌었다."

이 기록대로라면 S는 다른 행성에서 온 외계인이었는지도 모른다. 이상심리학에서 S는 아주 독특한 예외로 취급된다. 하지만 직접 기억술을 익힌 나로서는 S의 이야기를 다르게 볼 수도 있다고 생각한다. 그가 아주 특이하긴 하지만, 그와 반대로 평범하고 쇠약하고 잘 잊는 우리의 뇌가 그로부터 배울 점이 있지 않을까? 나는 그의 비상한 재능이 우리 모두에게 잠재되어 있다고 굳게 믿는다.

우리의 기억력은
생각보다 훌륭하다

기자 수칙대로라면 뉴욕에서 전미 메모리 챔피언십 취재가 끝났으면 회사로 돌아가 취재 내용을 정리해 기사를 작성한 뒤 다른 사건의 취재를 준비하는 게 정상이다. 하지만 나는 그렇게 하지 않았다. 회사가 있는 워싱턴으로 가는 기차를 타는 대신 맨해튼의 어퍼이스트사이드에 있는 한 공립 고등학교 강당으로 발걸음을 옮겼다. 이곳에서 에드 쿡이 기억 기법을 활용해 시험에서 A학점을 받는 비법을 학생들에게 선보일 예정이었다. 그날 내가 모든 일정을 취소하고 그를 따라간 것은, 그가 자신을 종일 따라다니면 자신과 루카스가 어떻게 S처럼 뛰어난 기억력을 갖게 되었는지 설명해 주겠다고 했기 때문이다. 그런데 본격적으로 비법을 배우기 전에 거쳐야 하는 기본 시험이 있었다. 에드는 인간의 기억이 적어도 특정 정보를 습득하는 데 뛰어나다는 것을 확인시켜 주고 싶어 했다. 그래서 그는 양자택일 이미지 인식 시험으로 알려진 기억력 실험을 했다.

"저는 친구를 만나는 것보다 뭔가 계속 암기하면서 시간 보내는 것을 좋아하는 영국인입니다." 에드가 이렇게 자조 섞인 농담으로 자신을 소개하고 나서 70자리나 되는 숫자를 거의 1분 만에 암기해 보였다. 이것은 S의 암기 속도보다 세 배나 빠른 것이었다. 그리고 바로 이어서 학생들의 기억력을 시험했다.

에드는 웅성대는 학생들의 이목을 끌려고 큰 소리로 말했다. "이제 여러분에게 이미지를 여러 장 보여 줄 텐데, 속도가 아주 빠를 겁니다. 가능한 한 많이 암기하려고 노력하세요." 그가 들고 있던 리모컨 단추를 누르니까 강당의 조명이 꺼지면서 정면에 설치된 스크린에 슬라이드 이미지가 나타났다. 슬라이드는 0.5초도 채 안 되는 사이에 곧바로 다음 것으로 넘어갔다. 첫 번째 슬라이드는 무하마드 알리가 소니 리스턴을 녹아웃시키는 장면이었다. 다음은 역도 바벨이 담긴 슬라이드였고, 그 다음 것은 달에 새겨진 닐 암스트롱의 발자국이었다. 그리고 바로 프리드리히 니체가 쓴 『도덕의 계보학』의 표지가 나타나더니 곧 빨간장미 한 송이로 넘어갔다.

이미지는 모두 30개였는데 너무 빨리 지나갔기 때문에 전부 기억하는 것은 엄두도 낼 수 없었다. 더구나 처음 해 보는 시험이라 하나라도 제대로 기억할 수 있을지 긴장됐다. 그래도 각 이미지의 특징을 잡아내 최대한 많이 암기하려고 했다. 염소 사진을 끝으로 스크린이 어두워지면서 다시 조명이 들어왔다.

"어때요, 전부 외울 수 있을 것 같습니까?" 에드가 물었다.

내 앞에 앉아 있던 여학생이 투정하듯 "말도 안 돼!" 하자 모두 낄낄댔다.

"그래도 노력하세요!" 에드는 큰 소리로 말하며 차고 있던 시계를 보고는 시간을 적어 놓았다. 이 실험의 목적은 보여 준 슬라이드 이미지를 모두 기억할 수 있는지 알아보는 것이었다. 그가 달리 의도한 것이 있었는지는 모르겠다. 아무튼 나도 그 여학생처럼 모두 외울 자신은 없었다.

에드는 망각의 곡선이 작동하기를 기다렸는지 30분 뒤에 새 슬라이드를 보여 줬다. 이번에는 이미지 두 개가 동시에 나타났다. 하나는 앞서 본 것이고, 다른 하나는 새 이미지였다. 예를 들면, 왼쪽에는 앞에 본 무하마드 알리의 사진이 있고 오른쪽에는 물에 녹아내리고 있는 소화제 알카셀처의 사진이 있는 식이었다.

에드는 어느 쪽이 앞에 본 사진인지 맞혀 보라고 했다. 어렵지 않았다. 모두 무하마드 알리의 사진을 가리켰다. 에드는 "이렇게 쉽게 기억할 수 있다니 놀랍지 않나요?" 하고 물으며 다음 슬라이드로 넘어갔다. 다음에는 왼쪽에 사슴 사진, 오른쪽에 니체의 『도덕의 계보학』 표지가 있었다.

역시 모두 쉽게 맞혔다. 사실 나를 포함해 강당에 있던 모든 학생이 슬라이드 30개에서 먼저 본 이미지를 어렵지 않게 골랐다. 에드는 예상하고 있었다는 듯이 강당 앞으로 걸어가면서 말했다. "흥미로운 사실이 있습니다. 슬라이드 1만 개를 두고 해도 거의 모두 맞힐 수 있다는 겁니다. 이미지에 관한 한 여러분의 기억력은 이렇게 훌륭합니다." 그는 이날 우리가 한 것과 같은 이미지 인식 실험으로 1970년대에 수행한 기억력 실험을 자주 인용했다. 이날 우리가 암기한 이미지가 30개였는데, 당시에는 실험 대상자들에게 이미지를 1만 개나 보여 주고 암기하게 했다는 차이가 있을 뿐이었다. 당시 실험을 마치기까지 1주일이 꼬박 걸렸다고 한다. 이미지가 너무 많았기 때문에 암기에 집중하기가 힘들었을 것이다. 더구나 모든 이미지를 딱 한 번밖에 볼 수 없었다. 사정이 이런데도 그 실험에 참가한 사람들은 한 번 본 이미지를 80퍼센트 이상 기억했다.[1] 최근에 이미지 2,500개[2]로 같은 실험이 진행되었다. 이날 내가 한 것처럼 무하마드 알리와 소화제같이 확연히 다른 이미지 중에서 먼저 본 것을 고르는 시험이 아니라, 5달러 지폐 뭉치와 1달러 지폐 뭉치, 녹색 열차 칸과 빨간색 열차 칸, 손잡이가 좁은 종과 넓은 종 등 이미지가 비슷해서 집중하지 않으면 구별하기 어려운 시험이었다. 솔직히 무하마드 알리와 소화제는 알리가 입에 거품을 물고 있어도 차이가 너무 확연하기 때문에 먼저 본 것을 고르기가 쉽다. 흥미로운 것은, 이렇게 사소한 차이 때문에 분간이 힘들었을 텐데도 실험에 참여한 사람들이 먼저 본 이미지 중 90퍼센트를 제대로 기억했다는 사실이다.

정말 놀라운 수치다. 하지만 알고 보면 우리의 기억력이 꽤 좋다는 것을, 어쩌면 우리가 본능적으로 알고 있는 것을 실험으로 증명했을 뿐이다. 열쇠를 어디에 두었는지 깜박하고 이름을 잊고 단어가 혀끝에서 뱅뱅 맴돌 뿐 생각나지 않아 애태우는 등 평소에 기억력이 안 좋았던 상황만 떠올려서 그렇지, 사실 인간의 기억력은 아주 훌륭하다. 오히려 우리가 잘 잊지 않는다는 사실을 까마득히 잊고 있다는 것이 더 큰 문제가 아닐까?

에드가 힘주어 말했다. "여러분이 오늘 치른 시험에 놀랄 만한 비밀이 있습니다. 몇 년 뒤에 여러분에게 오늘 본 이미지들을 보여 주고 다시 시험해도 거의 정확하게 골라낼 수 있다는 것입니다. 즉 여러분 뇌의 어디엔가 지금까지 본 모든 것의 자취가 남아 있다는 뜻입니다."

그의 말을 확신할 수는 없지만 귀담아 들었다. 인간의 기억력은 정확히 얼마나 좋은 것일까? 몹시 궁금했다. 모든 것을 기억할 능력이 있을 수 있을까?

그런데도
뇌가 모든 것을
기억하지 못하는 이유

사실 뇌가 잘 잊지 않는다는 생각은 우리가 기억에 대해 말하는 방식에서 분명하게 묻어 난다. 우리는 기억력을 사진기, 녹음기, 거울, 컴퓨터에 비유해 묘사하는 경우가 많다. 이것들은 우리가 경험한 것을 거의 곧이곧대로 필사할 수 있는 기계적 정확성이 뇌에 있다는 것을 뜻한다. 실제로 나는 최근까지도 대다수 심리학자들이 뇌가 완벽한 기록 장치처럼 작동하는 것이 아닌지 의심했다는 것을 알아냈다. 그들은 기억이 뇌 어디엔가 분명히 저장되는데도 발견되지 않는 것은, 자취를 감췄기 때문이 아니라 아주 엉뚱한 곳에 저장되어 있기 때문이라고 생각했다. 미국의 심리학자이자 기억 전문가인 엘리자베스 F. 로프터스는 1980년에 쓴 논문에서 동료들을 대상으로 진행한 설문 조사 결과, 응답자의 84퍼센트가 '우리가 학습하는 모든 것이 뇌에 영구히 저장되지만 간혹 접근하지 못하는 일이 발생한다. 최면이나 다른 특별한 방법을 통해 이렇게 접근할 수 없었던 기억을 회복시킬 수 있다'[3]는 주장에 동의했다고 했다.

로프터스는 1934년에서 1954년까지 캐나다 출신 신경외과 의사 와일더 펜필드가 수행한 일련의 실험 때문에 이렇게 확신한다고 했다. 펜필드는 의식이 멀쩡한 간질 환자의 두개골을 절개한 뒤 전자 탐침으로 뇌를 자극하는 실험을 했다. 간질을 일으키는 지점을 정확히 찾아내 치료할 요량이었다.

하지만 전자 탐침으로 측두엽의 특정 부위를 건드리는 순간 예상치 못한 일이 일어났다. 환자가 오래전에 잊어버린 기억을 꼭 방금 전에 경험한 것처럼 생생하게 묘사하기 시작한 것이다. 흥미롭게도 같은 지점을 다시 자극하면 같은 기억을 계속 끌어낼 수 있었다. 이 실험에 기초해 펜필드는 뇌가 어느 정도 의식적으로 집중한 것은 모두 기억할 수 있으며 이 기억은 영구적이라는 결론을 내렸다.

독일의 심리학자 빌렘 A. 바게나르도 같은 생각에 도달했다.[4] 1978년부터 1984년까지 6년 동안 그는 매일 자신이 겪은 일 중 가장 기억에 남을 만한 사건 한두 가지를 일기장에 기록했다. 사건별로 카드를 만들어 어떤 일이 일어났는지, 누가 관여했는지, 어디에서 언제 일어났는지를 상세히 기록했다. 그리고 나서 1984년에 그동안 기록한 것을 얼마나 기억할 수 있는지 알아보기 위해 시험에 나섰다. 아무 카드나 꺼내들고 그 카드에 적힌 사건에 대한 기억이 있는지 떠올렸다. 흥미롭게도 몇 가지 실마리만으로도 그날 있었던 일을 거의 다 기억해 낼 수 있었다. 물론 기록한 시기가 가까울수록 더 많은 것이 기억났다. 아주 오래된 일 중 20퍼센트는 기억나지 않았다. 이 기억들은 일기장에 분명히 기록되어 있는데도 너무 낯설어서 그런 일들이 정말 자신에게 있었는지조차 미심쩍을 정도였다.

그렇다면 이 기억들은 어디로 갔을까? 바게나르는 도저히 알 수 없었다. 그는 기억에서 사라졌다고 생각되는 일 중 다른 사람이 관여한 것으로 보이는 일 열 가지를 골랐다. 그리고 이 기억들을 되살리기 위해 그들을 찾아가서 그날 무슨 일이 있었는지를 물었다. 그들로부터 당시 무슨 일이 있었는지를 들은 그는 나머지 기억을 살릴 수 있었다. 결과적으로 그의 기억 중에 정말로 사라진 것은 없었다. 그래서 '이런 측면에서 볼 때 아무도 기억을 모조리 잊었다고 말할 수는 없다'는 결론을 내렸다.

하지만 지난 30년 동안 대다수 심리학자들은 인간의 뇌가 언제 되살아날지도 모르는 과거의 기억을 완벽하게 간직할 수 있다는 것에 회의적이었다. 신경과학자들이 기억이 정확히 무엇인지 연구해 그 신비를 조금씩 벗겨 내면서 시간이 지날수록 기억이 흐려지거나 사라지는 것은 뇌의 세포 단위에서 일어나는 물리적 현상이라는 것이 밝혀졌다. 따라서 이제 많은 신경과학자들이 펜필드의 실험이 이끌어 낸 것은 과거에 잊어버린 기억이 아니라 단순한 환각, 즉 진짜 기억이라기보다는 데자뷰나 꿈 같은 것이라고 본다.

인간의 기억에 대한
가장 흔한 오해

　　　　　　그래도 오랫동안 잊고 있던 과거의 기억이 어느 날 갑자기 떠오르는 일은 일상적으로 일어나는 익숙한 경험이다. 그래서 뇌에 한번 주입된 정보는 다시 끄집어낼 수 있다는 생각이 널리 퍼져 있다. 에드는 그냥 웃어넘기고 말았지만, 인간의 기억에 관해 가장 널리 퍼진 미신은 사진처럼 정확한 기억력, 즉 포토그래픽 메모리를 가진 사람이 있다는 믿음이다. 내가 이에 대한 생각을 물었을 때 에드는 어느 날 사진 같은 기억력을 가진 사람이 세계 메모리 챔피언십 기사를 읽고 불쑥 나타나 자신과 동료들을 처참하게 짓밟을 수도 있다는 생각에 자다가도 벌떡 일어날 때가 있다고 털어났다. 대다수 과학자들이 그런 기억력은 현실적으로 불가능하다고 주장한다니까 안도하는 눈치였다. 자기한테 포토그래픽 메모리가 있다고 주장하는 사람이 많지만, 눈으로 본 것을 사진 찍듯이 찍어서 뇌에 저장했다가 있는 그대로 되될 수 있다는 것을 입증할 증거는 없다. 그런데 이런 포토그래픽 메모리를 가진 사람에 대한 이야기가 딱 한 번 과학 잡지에 실렸다.[5]

　1970년에 하버드대학의 시각 과학자 찰스 스트로메이어 3세가 세계적 권위를 자랑하는 과학지 『네이처』에 비상한 재능이 있는 여대생 엘리자베스에 대한 논문을 실었다.[6] 그는 무작위 점 1만 개로 된 문양을 준비해 그녀로 하여금 왼쪽 눈은 가리고 오른쪽 눈으로만 보게 했다. 그리고 다음 날 다시 연구실에 불러 이번에는 오른쪽 눈을 가리고 왼쪽 눈으로만 새로 준비한 문양을 보게 했다. 그런데 놀랍게도 그녀가 1990년대에 유행한 무작위 점 입체화인 '매직 아이'를 보듯이 머릿속으로 두 문양을 합치해 냈다. 엘리자베스는 수많은 점으로 이루어진 두 문양이 서로 겹쳐지면서 새로운 이미지가 보였다고 했다. 그녀는 사진과 같은 기억력이 있을 수 있다는 결정적 증거를 제공한 첫 번째 인물이다. 하지만 마치 멜로드라마의 한 장면처럼 두 사람이 결혼하면서 엘리자베스에 대한 연구는 더 진행되지 못했다.

그러다 1979년에는 존 메리트라는 연구자가 스트로메이어의 주장이 맞는지 검증에 나섰다. 그는 전국의 신문과 잡지에 포토그래픽 메모리를 시험하기 위한 광고를 실었다. 이 광고는 수많은 무작위 점으로 그린 그림 두 개였다. 메리트는 엘리자베스와 비슷한 능력이 있는 사람이 나타나 그녀가 특별하지 않다고 입증해 줄 수 있기를 기대했다. 약 100만 명이 이 시험에 응했다. 30명이 정답을 써 냈고, 그중 15명이 메리트의 연구에 참여하겠다는 뜻을 밝혔다. 하지만 연구 결과, 아무도 엘리자베스처럼 뛰어난 재능을 발휘하지는 못했다.[7]

물론 엘리자베스에 대한 연구는 의심스러운 정황이 한둘이 아니다. 연구자와 피연구자가 결혼한 것, 추가 실험이 진행되지 않은 것, 그녀와 비슷한 능력이 있는 사람이 전혀 나타나지 않은 것이 그렇다. 그래서 어떤 심리학자는 스트로메이어의 실험은 신빙성이 떨어진다고 했다. 그래서 스트로메이어에게 전화를 걸어 그의 의견을 들어 봤다. "데이터에는 아무 문제가 없습니다." 그는 일각의 비판과 의심을 일축했다. 하지만 그도 한 여성을 대상으로 한 연구가 '다른 사람들도 포토그래픽 메모리를 가지고 있다는 강력한 증거는 아니'라고 솔직히 말했다.[8]

어렸을 때 나는 총 63책 5,422쪽에 달하는 방대한 바빌로니아 탈무드를 통째로 암기한다는 초정통파 유대교도에 대한 이야기에 매료된

적이 있었다. 이들은 몇 번째 책 몇 쪽에 무슨 말이 있는지 토씨 하나 틀리지 않고 암송할 수 있었다. 처음에 나는 이들에 대한 이야기가 공중 부양하는 랍비나 남자의 음경 포피로 만들었다는 지갑 겸 서류 가방 이야기처럼 유대인 학교에 떠도는 전설일 거라고 생각했다. 하지만 잘 알려진 대로 극소수의 탈무드 편집자만 역도 명예의 전당에 이름을 올린 철완 아톰처럼 합법적으로 유대 신전에 이름을 올릴 수 있다. 1917년에 조지 M. 스트래튼이라는 심리학자가 『심리학 리뷰』에 학문적 엄격성으로 명성이 높던 샤스 폴락(글자 그대로 해석하면 '폴란드인 탈무드'를 뜻한다.)으로 알려진 폴란드 탈무드 학자들에 대한 논문을 한 편 실었다. 그가 각주에 밝힌 것처럼 샤스 폴락은 놀라운 기억력이 있었는데도 "아무도 학계에서 명성을 얻지 못했다."[9] 샤스 폴락은 탈무드를 통째로 암기했지만 포토그래픽 메모리는 없었다. 보통 사람들도 마음먹고 평생을 투자한다면 바빌로니아 탈무드를 통째로 암기할 수 있을 것이다.

포토그래픽 메모리가 미신일 뿐이라면 러시아 기자인 S에 대해서는 뭐라고 해야 할까? 그가 자신이 보는 것을 사진 찍듯이 찍어 기억하지 않았다면 도대체 뭘 어떻게 한 것일까?

초인적인 기억력에 숨어 있는 비밀

사실 S는 뇌에 이상한 점이 있었다. 그는 공감각이라는 감각 정보가 이상하게 뒤엉키는 희귀한 지각 장애를 앓았다. S에게는 모든 소리가 고유의 색깔, 질감, 간혹 맛까지 있는 것처럼 들렸다. 그래서 '아주 복잡한 감각'이 생겼다. 어떤 단어는 '분필같이 하얗게'

보였고, 다른 단어는 '오렌지색의 뾰족한 화살표'처럼 보였다. 루리야의 동료였던 심리학자 레프 S. 비고츠키의 목소리는 '무른 노란색'으로 보였고, 영화감독 세르게이 에이젠슈타인은 '불붙은 섬유 불꽃'처럼 보였다.

S는 어떤 단어건 보거나 듣는 순간 자동으로 그것에 관한 이미지를 떠올렸다. '코끼리'라는 단어가 있다고 하자. 물론 우리도 코끼리 이미지를 떠올리는 것이 어렵지는 않다. 하지만 나나 여러분이나 코끼리라는 단어를 읽거나 들었다고 해서 항상 그에 해당하는 이미지를 떠올리지는 않는다. 그냥 글자 그대로 받아들이거나 묵직한 다리와 크고 긴 코를 가진 육중한 후피(厚皮) 동물로 이해하고 넘어간다. 하지만 S는 달랐다. 보거나 듣는 모든 단어가 즉각 이미지로 떠올랐다. 지각 장애를 앓던 그로서는 어쩔 수 없는 일이었다. 그의 머릿속은 항상 이미지로 들끓었다. "저는 녹색이라는 단어를 들으면 녹색 화분이 떠오릅니다. 빨강이라는 단어를 들으면 빨간 셔츠를 입은 사람이 저한테 다가오는 것이 보입니다. 파랑이라는 단어를 들으면 어떤 사람이 창밖으로 파란색 작은 깃발을 흔드는 모습이 그려집니다." 그가 루리야한테 한 말이다. 어떤 단어를 듣건 그 단어에 관한 공감각적 이미지가 떠오르고, 때로는 맛과 냄새가 동시에 떠올랐기 때문에 S는 현실이 제거된 백일몽 상태에서 살았다. 그를 둘러싼 세계는 분명히 현실이었지만 머릿속에서는 또 다른 이미지의 세계가 살아 숨 쉬고 있었다.

S의 뇌에 들어찬 이미지들은 간혹 현실과 분간되지 않을 정도로 강력했다. 루리야는 '솔직히 그에게 어느 쪽이 더 현실이라고 말해 주기 어려웠다. 그는 상상의 세계와 현실의 세계를 끊임없이 넘나들었다'고

썼다. S는 숨이 차도록 기차 꽁무니를 쫓아가는 자신을 상상하거나 뜨거운 오븐에 손이 끼어 점점 뜨겁게 달아오르는 모습을 떠올릴 수밖에 없었다. 그는 이미지를 이용해 고통을 없앨 수 있다고 주장하기도 했다. "치과에 치료받으러 간다고 합시다. …… 치료가 시작되면서 통증이 느껴지기 시작합니다. …… 통증은 가는 주황색 실입니다. 저는 이 실이 계속 굵어져 커다란 덩어리로 바뀐다는 것을 알기 때문에 당황스러워합니다. …… 그래서 실을 계속 잘게 잘라 아주 조그만 점으로 만듭니다. 그러면 통증이 가십니다."

S에게는 숫자에도 인격이 있었다. "1은 당당하고 체격이 좋은 남성입니다. 2는 콧대 높은 여성, 3은 우울해 보이는 남자인데 왜 그렇게 보이는지 저도 모릅니다. 6은 발이 부풀어 오른 남자, 7은 콧수염을 기른 남자, 8은 헐렁한 옷을 겹겹이 걸쳐 입은 아주 뚱뚱한 여성입니다. 그래서 87이라는 수를 보면 뚱뚱한 여성과 콧수염을 배배 꼬고 있는 남자가 같이 보입니다." S가 한 말이다. S의 공감각 때문에 숫자가 생명을 얻기는 했지만 이미지화하기 어려운 추상적인 개념과 비유를 이해하기는 어려웠다. "저는 머릿속에 그릴 수 있는 것만 이해할 수 있습니다." 이렇게 말한 그는 '무한'(無限)이나 '아무것' 같은 단어는 이해하지 못했다. "'어떤 것'이라는 말을 예로 들면, 이 말은 잿빛 뭉게구름으로 보입니다. '아무것'이라는 단어를 들어도 구름이 보이기는 하지만, 너무 엷어서 거의 투명합니다. 그래서 '아무것'이라는 단어에 대해 어떤 이미지를 떠올리고 싶어도 떠오르는 게 없습니다." S는 비유해서 생각할 줄을 몰랐다. '장부일언중천금'이라는 표현을 들으면 신중함에 관한 이미지 대신 무게나 척도에 관한 이미지가 떠올랐다. 그래서 비

유적 표현이 많은 시를 읽는 것은 사실상 불가능했다. 간단한 이야기도 이해하기 어렵기는 마찬가지였다. 기본적으로 모든 단어를 이미지화하거나 연상 이미지를 찾거나 다른 기억과 관련지어 생각했기 때문에 짧은 이야기도 이해하기 어려운 경우가 있었다.

뇌는 어떤 방식으로
기억을 저장하는 걸까?

인간의 모든 기억은 S의 기억처럼 연상의 거미줄에 얽혀 있다. 비유적 표현이 아니라 실제로 뇌의 물리적 구조가 그렇다. 인체의 척추 맨 꼭대기에 자리 잡고 있는 뇌는 평균적으로 약 1.3킬로그램의 무게에 뉴런 1천억 개로 이루어져 있다. 각 뉴런은 신경세포의 자극 전달부인 시냅스를 통해 최소 5,000개에서 최대 1만 개에 이르는 다른 뉴런들과 이어져 신호를 주고받는다. 가장 기본적인 생리 수준에서 볼 때 기억은 뉴런 간 연결 패턴[10]이다. 우리가 기억하는 모든 감각, 우리가 떠올리는 모든 생각은 이 거대한 네트워크에 존재하는 뉴런의 연결을 바꿈으로써 뇌를 바꾼다. 이 문장 끝에 이를 때쯤 여러분의 뇌도 물리적으로 바뀌어 있을 것이다.

'커피'라는 단어를 떠올리면 자연스럽게 검은색, 아침, 쓴맛 등이 함께 연상되는 것은 뇌에 있는 물리적 경로를 따라 엄청난 전기 자극이 뉴런에서 뉴런으로 순식간에 전달되기 때문이다. 커피라는 단어를 부호화하는 뉴런들이 검음, 아침, 쓴이라는 개념을 포함한 다른 뉴런들과 결합한다. 이것은 과학적으로 밝혀진 엄연한 사실이다. 하지만 뉴런들이 어떻게 기억을 '저장해 놓을' 수 있는지는 아직까지 신경과학의 미스터리로 남아 있다.

　지난 수십 년 동안 신경과학이 많이 발전했는데도 인간의 뇌에서 기억의 실체를 본 사람은 없다. 영상 기술의 발달로 뇌의 기본 구조에 대해 많이 알게 됐고, 신경 연구가 활발히 진행되면서 뇌세포들 사이에서 어떤 일이 일어나는지 정확히 알게 됐다. 하지만 미래의 계획을 세우고 나눗셈을 하고 기억의 대부분을 저장하는, 뇌의 가장 바깥쪽에 있는 주름진 층인 대뇌 피질의 회로에서는 대체 무슨 일이 일어나고 있는지 아직 실마리조차 파악하지 못하고 있다. 현재 우리가 뇌에 대해 알고 있는 것은 높이 나는 비행기에서 도시를 내려다보는 것과 크게 다르지 않다. 공항은 어디에 있는지, 산업 단지와 주거 단지는 어떻게 나뉘어 있는지, 주요 도로는 어떻게 나 있는지, 도시와 주변 지역의 경계는 어떻게 되는지 이야기할 수 있을 뿐이다. 도시에서 살아가는 사람들, 뇌에 비유하면 신경들이 어떤 모습을 하고 있는지도 그런대로 알 수 있다. 하지만 사람들이 어디로 향하는지, 언제 배고파하는지, 생계는 어떻게 해결하는지, 어떤 교통수단을 선호하는지는 알 길이 없다. 이렇게 뇌는 손에 닿을 듯 말 듯 하면서 아직 미지의 영역으로 남아 있다. 뇌는 미스터리로 가득 찬 중개자, 즉 사유와 기억의 덩어리다.

　그래도 하나는 분명하다. 뇌는 기본적으로 비선형 구조나 방사선 구조로 되어 있기 때문에, 기억을 순차적인 방식으로 찾는다는 것은 불가능하다. 어떤 일을 또렷이 기억한다는 것은 그것이 다른 생각이나 지각, 즉 거미줄처럼 연결되어 있는 뇌 신경망을 통해 다른 기억과 연상 작용을 하고 있다는 것을 뜻한다. 따라서 기억이 나지 않거나 이름이 혀끝에서 맴돌 뿐 잘 떠오르지 않는 경우 억지로 기억을 짜낸다고 해서 잊은 기억이 바로 떠오르지는 않는다. 이런 경우에는 기억의 실마리를 찾기 위해 손전등을 들고 어둠 속을 헤치고 나가야 한다. 예를 들면, 이런 식이다. [그녀의 이름은 'L'로 시작해 …… 그녀는 화가야 …… 나는 그녀를 2년 전 그 파티에서 만났어.] 이렇게 하나씩 기억의 실마리를 찾다 보면 잊었던 기억이 다시 떠오른다. [아, 맞아. 그녀의 이름은 리자 대!] 인간의 기억은 선형 논리를 따르지 않기 때문에 기억을 순차적으로 찾을 수 없다.

모든 것을 기억하는 남자가 겪은 불편함에 대하여

하지만 S는 달랐다. S의 기억은 잘 정리해 놓은 카드 목록처럼 순차적이고 질서 정연했다. 그가 기억하는 각 정보는 뇌에서 고유 주소를 배정받았다.

내가 여러분에게 맥주, 트럭, 대학, 신발, 드라마, 쓰레기, 수박을 외워 보라고 했다고 하자. 아마 여러분은 일곱 단어를 곧잘 암기할 것이다. 하지만 왠지 모르게 순서대로 외우는 것이 쉽지 않을 것이다. 하지만 S는 모든 것을 순서대로 외울 수 있었다. 그는 목록에 적혀 있는 첫 번째 정보를 다음에 오는 정보와 밀접하게 연관 지었고, 두 번째 정보는 그 다음에 오는 정보와 연관 지어 기억했다. 이런 능력 때문에 그에게 단테의 『신곡』을 암송하거나 복잡한 수학 공식을 외우는 것은 문제가 되지 않았다. 그의 기억은 항상 사슬처럼 순차적으로 꼬리에 꼬리를 무는 식으로 저장됐다. 그가 시를 별 어려움 없이 앞뒤로 암송할 수 있었던 것도 이런 특별한 기억력 때문이다.

S는 기억을 자신이 잘 아는 건축물이나 장소에 지도처럼 그려 넣어 체계적으로 간직했다. "S에게는 어떤 단어를 보든 그것이 그래픽 이미지로 다가왔다. 단어가 많지 않으면 상관없지만, 많은 단어가 길게 나열되면 머릿속으로 열이나 줄을 그려 이미지를 분류하는 방식을 사용했다." 루리야의 기록이다. "종종…… 그는 머릿속으로 떠올린 도로나 거리를 따라가며 이미지들을 '분류'했다."

S는 기억할 것이 있으면 머릿속으로 모스크바의 고리키 거리나 러시아 서부 트베르 주에 있는 토르조크 마을의 자택, 또는 그가 가 본 곳을 떠올려 그곳을 거닐면서 생각한 이미지들을 곳곳에 내려놓았다. 이미지들을 어떤 집의 현관문, 가로등 근처, 울타리 위, 정원, 상점의 창문 난간 등에 하나씩 내려놓는 것이다. 그는 실제 거리를 따라 걸어가면서 진짜 물건을 내려놓는 것처럼 별 어려움 없이 상상만으로 그 일을 할 수 있었다. 내가 앞에 제시한 일곱 단어를 암기하라고 하면, 그는 각 단어에서 연상되는 이미지를 떠올리고 머릿속에 있는 여러 장소 중 한 군데를 골라 길을 따라 걸어가면서 하나씩 내려놓을 것이다.

S가 어느 날, 어느 달, 어느 해, 또는 10년 전의 기억을 떠올리고 싶으면 이렇게 특정 기억을 저장해 둔 경로를 따라 다시 걸어가면서 내려놓은 이미지를 눈으로 확인하기만 하면 그만이다. 아주 드물지만 S도 잊을 때가 있었다. 루리야에 따르면 "이런 실수는…… 기억 장애가 아니라, 지각 장애였다." 예를 들어, S가 암기해야 하는 단어 목록에 있는 '연필'이라는 단어를 잊었다고 하자. 그는 '연필'을 잊은 이유를 이렇게 설명했다. "저는 연필 이미지를 거리 아래쪽에 있는…… 울타리 근처에 뒀습니다. 그런데 연필의 이미지가 울타리의 이미지와 비슷해

서 눈치채지 못하고 그냥 지나쳤습니다." 한번은 '달걀'이라는 단어를 잊었는데, 흰색 벽 앞에 뒀는데 배경 색하고 뒤섞여서 잘 보이지 않았다고 했다.

S의 기억력은 눈에 보이는 것이라면 무엇이든 닥치는 대로 집어삼키는 괴물 같았다. 그래서 굳이 기억하지 않아도 되는 사소한 것까지 모두 기억하는 불편을 겪었다. S에게 가장 큰 과제는 루리야가 '망각의 기술'이라고 부르는 것을 익히는 것이었다. 감각과 지각은 계속 새 이미지를 만들어 내는데, 안타깝게도 이것을 기억에서 지울 방법이 S에게는 없었다. 예를 들어, 쓸데없는 이미지를 뇌에서 지워 버리기 위해 갖가지 방법을 시도했다. 그는 쓸데없는 이미지를 기억할 필요를 더는 느끼지 않기를 바라며 기억을 공책에 옮겨 적기도 했다. 하지만 별로 소용이 없었다. 혹시나 싶어 적은 것을 불에 태우기까지 했지만 타다 남은 종이에 적힌 숫자들이 계속 아른거렸다. 그래도 방법이 전혀 없지는 않았다. 뜻밖에 간단했다. 어느 날 저녁, 전에 암기한 숫자 목록이 계속 떠올라서 괴로워하다가 우연히 망각의 비밀을 알아냈다. 기억하고 싶지 않은 정보가 있으면 그것이 자신에게 의미 없다는 것을 스스로 각인하는 것이었다. "암기한 어떤 목록이 떠오르는 것을 원치 않으면 떠오르지 않습니다. 이것만 깨달으면 됐던 거죠!" S의 주장이다.

그가 진공청소기 같은 기억력 덕분에 기자로서 명성을 얻지 않았을까 궁금한 이들이 있을 것 같다. 나도 받아쓰지 않고도 S처럼 모든 것을 기억할 수 있다면, 새로 입수한 정보를 기억했다가 필요할 때마다 꺼내 쓸 수 있다면, 일을 정말 잘할 수 있지 않을까 하고 상상했다. 아니, 아주 잘하지는 못해도 지금보다는 훨씬 잘할 수 있을 것이라고 생각했다.

그런데 기대와 달리 S는 직장 생활에 잘 적응하지 못했다. 그는 얼마 지나지 않아 신문사를 그만뒀다. 그 뒤에도 안정된 직장은 얻지 못했다. 루리야는 그가 '언젠가 좋은 날이 오겠지 하며 하루하루를 연명한 정처 없는 사람'이라고 설명했다. 남다른 기억력을 가진 S는 결국 알프레드 히치콕의 영화 〈39계단〉에서 남다른 기억력을 무기로 무대에 올라 기억술 쇼를 펼치던 기억술사 '미스터 메모리'처럼 사람들 앞에서 기억술 쇼를 하며 생계를 꾸렸다. 세계 최고의 기억력을 가진 사람이 할 수 있는 것이라고는 많이 외우는 것밖에 없었던 것이다.

호르헤 루이스 보르헤스는 단편 「기억의 천재 푸네스」에서 실존 인물은 아니지만 S처럼 대단한 기억력을 가진 푸네스라는 인물을 그린다. 푸네스는 기억을 지우고 싶어도 지울 능력이 없기 때문에 사소한 것과 중요한 것을 구별하지 못한다. 즉 중요도에 따라 기억의 우선순위를 정할 줄 몰랐고, 그래서 생각을 어떻게 정리해야 할지 몰랐다. "사실상 그는 생각을 일반화하지도 추상화하지도 못했다." S처럼 푸네스는 기억력이 아주 뛰어났다. 아마 보르헤스는 이 단편에서 망각하는 것이야말로 인간을 인간답게 만든다는 점을 이야기하려고 했을 것이다. 세상을 의미 있게 하려면 기억을 걸러 내야 한다. 보르헤스는 '생각하는 것은 잊기 위한 것'이라고 썼다.

똑똑하다고 기억력이 좋은 것은 결코 아니다

S의 기억력이 보통 사람들보다 뛰어나기는 했지만, 사실 그는 인간이면 누구나 가지고 있는 잘 발달된 공간 기억

을 효과적으로 활용했을 뿐이다. 런던에 가면 길을 지나다가 간혹 스쿠터를 탄 젊은 남자들이 핸들에 지도를 붙여 놓고 요리조리 살펴 가면서 운전하고 다니는 것을 볼 수 있다. 이들은 택시 기사가 되려고 런던 지리를 익히고 다니는 것이다. 런던에서 택시 기사가 되려면 대중운송국이 발행하는 면허가 있어야 하는데, 이 면허를 취득하는 데 2년에서 4년 정도가 걸린다. 이렇게 긴 시간이 걸리는 것은 런던이 대도시인 데다 교통이 혼잡한 런던 시내의 도로 경로 2만 5,000개와 교통 흐름을 한눈에 꿰고 있어야 할 뿐만 아니라 주요 지형지물 1,400개의 위치를 완벽히 숙지해야 하기 때문이다. 그리고 마지막으로 '지식'(the Knowledge)이라는 어렵기로 악명 높은 시험을 통과해야 면허를 취득할 수 있다. 이 시험은 런던 시내에서 임의의 두 지점을 잇는 최단 경로를 찾아내고, 그 구간에 있는 주요 지형지물의 이름을 대는 것이다. 보통 응시자 열 명 중 세 명만 면허를 취득한다.

2000년에 유니버시티 칼리지 런던의 신경과학자 엘리너 매과이어는 미로 같은 런던의 도로가 택시 기사들의 뇌에 어떤 영향을 끼쳤는가에 관심을 기울였다. 그녀가 택시 기사 열여섯 명을 연구실로 데려가 자기공명영상법(MRI)으로 뇌를 촬영했는데, 보통 사람들의 뇌와 뚜렷이 구분되는 중요한 차이가 있었다. 이들은 뇌에서 공간 탐지를 담당하는 오른쪽 후방 해마가 보통 사람들보다 7퍼센트쯤 더 컸다. 사소한 것 같지만 아주 중요한 차이다. 매과이어는 비좁고 복잡한 런던 시내를 운전하고 다닌 것이 뇌의 구조를 물리적으로 바꾸는 데 결정적 영향을 미쳤을 것이라고 결론 내렸다.[11] 택시 기사로 일한 경력이 길수록 그 영향은 더 컸다.

제한적이기는 해도 뇌는 스스로 재구조화할 수 있을 뿐만 아니라 새로운 감각 정보에 언제든 순응할 준비가 되어 있고 변형할 수 있는 기관이다. 이런 특성을 신경 가소성이라고 한다. 성인의 뇌는 새로운 신경을 생산할 수 없다는 생각이 오랫동안 지배적이었다. 학습을 통해 시냅스를 재배치하고 뇌세포들 사이의 새로운 연관을 형성할 수는 있어도 뇌의 해부학적 구조는 변경할 수 없다는 것이 정설로 받아들여진 것이다. 하지만 매과이어의 연구는 이 오래된 정설을 정면으로 반박했다.

런던의 택시 기사들에 대한 연구를 통해 인간의 뇌 구조에 대해 새로운 사실을 발견한 매과이어는 지력 선수들에게 관심을 돌렸다. 그녀는 「월등한 기억력」이라는 논문을 함께 쓴 런던대학교 심리학과 교수인 엘리자베스 밸런타인, 존 와일딩과 팀을 짜 세계 메모리 챔피언십에서 순위권에 이름을 올린 지력 선수 열 명을 대상으로 연구를 진행했다. 그들은 이 기억술사들도 런던의 택시 기사들처럼 보통 사람들과 뇌의 구조가 다르지는 않은지, 우리 모두가 가지고 있는 기억력을 조금 더 잘 활용하는 다른 비결이 있는지 그 단서를 찾아내려고 했다.

먼저, 지력 선수들과 같은 수의 통제군을 MRI 스캐너에 함께 들인 뒤 세 자리 숫자 목록, 얼굴 흑백사진, 눈송이를 확대한 사진들을 암기하게 하고 뇌를 스캔했다. 연구 팀은 이 실험에서 세계 메모리 챔피언십에 출전한 선수들의 뇌가 통제군의 뇌와 구별되는 해부학적 차이, 즉 집중적으로 암기 훈련을 하는 과정에서 그들의 뇌가 재구조화된 증거를 찾을 수 있을 것으로 기대했다.

하지만 예상과 달리, 스캔한 이미지 데이터에서는 구조적 차이가 전혀 보이지 않았다.[12] 즉 지력 선수들의 뇌와 통제군의 뇌는 전혀 다르지 않았다. 더구나 일반 인지 능력 시험에서도 지력 선수들의 점수는 정상 범위를 넘지 않았다. 이들이 다른 사람들보다 특별나게 똑똑하거나 특수한 뇌를 가진 게 아니었다. 에드와 루카스를 처음 만났을 때 그들은 나에게 자신의 지능지수가 평균이라고 말했는데, 겸손해서 한 말이 아니었던 것이다.

그래도 지력 선수들의 뇌와 통제군의 뇌 사이에 두드러진 차이가 하나 있었다. 지력 선수들이 과제를 암기할 때 뇌에서 환하게 불이 들어오는 부위를 확인한 결과 통제군에서는 볼 수 없는 전혀 다른 회로가 활성화되는 것을 알 수 있었다. 활성화된 뇌 부위에 나타나는 혈류 증가를 보여 주는 기능성자기공명영상법(fMRI)으로 다시 촬영해 보니 통제군의 뇌에서는 그다지 활성화되지 않은 부위가 지력 선수들의 뇌에서는 지나치게 활성화되는 것을 확인할 수 있었다.

놀랍게도 지력 선수들이 새로운 정보를 학습할 때 두 가지 특수한 임무, 즉 시각 기억과 공간 탐지 기능을 담당하는 곳으로 알려진 뇌의 여러 부위가 눈에 띄게 활성화됐다. 게다가 매일 복잡한 런던 시내 곳곳을 누비고 다니는 택시 기사들의 뇌에서 조금 더 컸던 오른쪽 후방의 해마도 함께 활성화되는 것이 확인됐다. 얼핏 대수롭지 않게 보일수도 있다.[13] 왜 지력 선수들은 세 자리 숫자를 암기하면서 머릿속으로 이미지를 그리려고 할까? 그들은 왜 눈송이 사진을 암기할 때 런던의 택시 기사들처럼 공간을 탐사할까?

매과이어와 연구 팀은 지력 선수들에게 암기할 때 머릿속에서 무슨일이 일어나는지 정확하게 설명해 달라고 했는데, 이들의 이야기는 S가 자기 뇌에서 일어나는 일이라고 말한 것과 거의 일치했다. S처럼 공감각을 타고나지는 않았지만, 이들은 기억해야 하는 정보를 이미지로 바꾸고 익숙한 상상 속 공간을 이동하면서 떠올린 이미지를 내려놓거나 심어 놓을 수 있었다. fMRI에 나타난 예상 밖의 신경 활동 패턴은 훈련과 연습의 결과였다. 지력 선수들은 S처럼 기억하는 방법을 학습을 통해 터득했다.

기억력 대회
참가자들의 비밀 조직

나는 에드와 그의 과묵한 친구 루카스가 자신들의 기억력을 최대한 끌어올릴 놀라운 계획을 구상하고 있다는 사실에 흥미를 느꼈다. 물론 그들도 난생처음 듣는 잡지에 자신들에 대한 이야기를 쓰고 싶다는 동년배 기자인 나한테, 그렇게만 된다면 기억술사로서 이름을 알릴 절호의 기회가 되지 않을까 하는 기대에서 호의를 갖는 것 같았다. 에드는 맨해튼의 한 고등학교에서 강의한 뒤 루카스와 나를 데리고 근처에 있는 바에 갔다. 나는 거기에서 영화 제작자의 꿈을 키우고 있는 에드의 고등학교 친구를 만났다. 그는 8미리 무비카메라를 들고 두 사람을 따라다니면서 일거수일투족을 담고 있었다. 그중에는 1층에서 전망대까지 53초밖에 걸리지 않는 엠파이어스테이트 빌딩 엘리베이터 안에서 순서를 뒤섞어 놓은 포커 카드 한 벌을 암기하는 루카스를 촬영한 것도 있었다. 에드가 무덤덤한 표정으로 말했다. "세계에서 가장 빠른 엘리베이터가 오스트리아의 스피드 카드 챔피언보다 빠른지 확인하고 싶었는데 못 했네."

맥주를 몇 잔 마시고 나서 에드가 지력 선수들이 주축이 되어 결성한 비밀 조직에 대해 말하기 시작했다. 그는 루카스와 함께 2003년에 쿠알라룸푸르 챔피언십에서 결성한 '기억술사 비밀 협회'의 주요 의식에 대해 이야기했다. 흔히 'KL7'로 불리는 이 조직은 이름만 거창하게 비밀 협회지, 솔직히 그다지 은밀한 조직은 아니었다.

"KL은 쿠알라룸푸르의 첫 글자를 딴 건가?" 내가 물었다.

"아니, 학습 기사(Knights of Learning)의 앞 글자를 딴 KL이야. 7은 창립 회원 일곱 명을 뜻하고. 우리 협회는 교육 발전을 목표로 삼은 국제 조직이야." 웨이트리스에게 포커 카드 한 벌을 순서대로 암기하는 묘기를 보여 주고 공짜로 얻은 맥주를 마시던 루카스가 대답했다.

"협회 회원이 된다는 건 대단한 영예지." 에드가 거들었다.

에드는 1,000달러가 조금 넘는 협회 기금이 루카스 명의의 통장에 있지만, KL7이 메모리 대회가 있을 때마다 저녁에 모여 맥주를 마시는 것 말고는 여태 한 일이 없다고 솔직히 고백했다. (이들은 요상한 맥주 통을 따로 들고 다녔다. 루카스가 고안한 것이었는데, 접으면 서류 가방으로 감쪽같이 변하는 나무 맥주 통이었다.) 내가 협회에 대해 더 설명해 달라고 조르니까, 에드는 협회가 가장 소중하게 생각하는 의식에 대해 이야기해 줬다.

에드는 "그냥 악마의 의식이라고 하는데⋯⋯." 하더니 영화 제작자를 꿈꾼다는 친구 조니한테 손목에 차고 있는 시계의 타이머를 맞춰 달라고 했다. "우리는 정확히 5분 동안 맥주 두 잔을 마시고, 세 여자한테 키스하고, 마흔아홉 자리 무작위 숫자를 외워. 왜 마흔아홉 자리일까? 7의 제곱이 49이기 때문이야."

"처음에는 이게 생각보다 어렵더라고." 루카스가 말했다. 번들거리는 검은색 정장에 그것보다 더 번들거려서 눈에 확 띄는 넥타이를 매고 있던 루카스는 이미 포커 카드 암기하는 것을 보여 준 웨이트리스의 뺨에 별 어려움 없이 키스를 세 번 했다.

"성에 차지는 않지만 한번 보여 주지." 에드가 턱 밑으로 줄줄 흘러내리는 맥주를 닦아 내며 말했다. 그는 호주머니에서 숫자가 인쇄된 종이를 꺼내 몇 번 접어 찢은 뒤 손가락으로 숫자를 따라가며 암기하다가 49자리에서 딱 멈췄다. 그리고 자리에서 일어나면서 "음, 됐어!" 하고 혼자 주절거리더니 시끄러운 바에서 즐길 나이는 한참 지나 보이는 은발 여성 세 명이 앉아 있는 옆자리로 가서 사정을 이야기했다. 일단 시간이 계속 흐르고 있었기 때문에 그들이 흔쾌히 허락하지 않았는데도 그는 탁자 위로 몸을 기울여 그들의 홀쭉한 볼에 기습 뽀뽀를 했다. 그들이 몹시 당혹스러워했다.

반면 의기양양하게 돌아온 에드는 손을 치켜들고 우리와 일일이 손바닥을 마주 쳤다. 그리고 미안했는지 그들에게 맥주를 한 잔씩 돌렸다.

나는 에드가 어떤 사람인지, 무슨 생각을 하는지 전혀 알 수 없었다. 하지만 계속 대화를 나누다 보니, 그가 오스카 와일드 못지않은 심미주의자라는 사실을 알게 됐다. 내가 지금까지 만난 사람 중 에드가 가장 삶을 예술처럼, 특히 일부러 태평하고 무심하게 사는 것 같았다. 그가 가치 있게 생각하는 것은 우리가 보통 유용하다고 여기는 것과는 전혀 달랐다. 또 그의 삶을 지배하는 철칙은 어떤 경우에든 구속 없이 자유분방하게 사는 것이었다. 내가 아는 한 그는 진정한 도락가였다. 그래도 자기 박사 학위 논문의 주제인 기억과 지각의 관계에 대해서만큼은 아주 엄격하고 진지했다. 이 분야에서 새로운 것을 발견할 수 있

지 않을까 하고 기대하는 눈치였다. 그는 일반적으로 통하는 미남은
아니라도 매력적인 인물이었다. 그날 밤 늦게 바에서 나온 우리는 에
드가 어떤 여자한테 접근해 담배를 구걸하더니 그새 어떻게 알아냈는
지 그녀의 전화번호를 중얼거리며 걸어가는 뒷모습을 봤다. 그는 자기
가 '바에서 가끔 쓰는 기술'이라며 여자들의 호감을 사는 방법을 가르
쳐 줬다. 일단 마음에 드는 여자를 찾은 뒤 슬그머니 접근해 자기 기억
력을 자랑하고, 그 여자가 못 믿겠다는 반응을 보이면 이때다 하고 '아
무 숫자나 적어 주면' 간단히 외워 보일 테니 성공할 경우 맥주 한 잔
사라며 환심을 사는 방식이었다.

그날 저녁 내내 에드는 무용담을 풀어 놓으며 나를 즐겁게 해 주었
다. 뉴질랜드의 바에서는 출구를 지키고 있던 사람을 피해 맨발로 창
문에서 뛰어내린 적이 있고, 런던에서는 슈퍼모델이 연 파티에 초대받
지도 않았는데 막무가내로 들어가기도 했다. ("별로 어렵지 않았어. 그
때 휠체어를 타고 있었는데, 그대로 돌진해 들어갔지. 곡예가 따로 없
더라고.") 게다가 파리 주재 영국 대사관에서 열린 파티에 숨어 들어간
적도 있다. ("내 신발이 더러워서 이상했는지, 대사가 나만 졸졸 따라
다녔어.") 또 로스앤젤레스 도심에서는 버스 탈 돈이 없어서 열두 시간
동안 돈을 구걸하며 돌아다녔다고 했다.

그때 나는 자신을 신비화하는 것 같은 에드의 무용담에 시큰둥한 반
응을 보였는데, 그것은 그가 그런 짓들이 신중하지 못한 행동인 줄도
모르는 철부지라고 오해했기 때문이다. 다행히 그도 그런 행동이 잘한
짓은 아니라는 것을 잘 알고 있었다. 이렇게 난생처음 보는 두 사람과
늦게까지 술을 마시며 정신없이 보내고 있었는데, 이들이 그때까지 내

이름을 한 번도 부르지 않았다는 사실이 퍼뜩 뇌리를 스쳤다. 분명히
처음 만났을 때 그들에게 내 소개를 하면서 이름을 말해 줬다. 그나마
에드는 웨이트리스 앞에서 나를 '우리 기자 친구'라고 부르기라도 했
지만, 루카스는 나에 대해 아무 언급도 하지 않았다. 나는 그들이 내 이
름을 잊고 에둘러 부른다는 걸 눈치챘다. 그날 오전에 에드를 만났을
때 자기가 지금까지 만난 모든 여자의 이름과 전화번호를 외우고 있다
고 자랑처럼 말했기 때문이다. 그때 나는 그의 그런 능력이 평생 없어
질 리 없는 엄청난 재능이라고 생각하고 속으로 부러워했다. 미국의
전 대통령 빌 클린턴도 한번 외운 사람의 이름은 절대 잊지 않는다는
소문이 있었는데, 에드도 한번 만난 사람의 이름을 모두 '외울 수 있다'
고 자신만만해했다. 하지만 내 이름을 기억하지 못한다는 사실에 석연
치 않은 구석이 느껴졌다. 그래서 마음만 먹으면 '100만 단위 숫자를
거꾸로 외울 수도 있다'는 그의 말도 믿지 않았다. 결국 에드한테 내
이름을 기억하는지 물었다.

"물론이지. 조쉬."

"성은?"

"뭐, 언제 성을 알려 줬어?"

"그럼. 포어, 조쉬 포어. 너도 별수 없는 인간이구나!"

"아, 뭐……."

"난 네가 사람들 이름을 모두 기억할 수 있는 엄청난 재능의 소유자
라고 생각했는데."

"이론적으로는 그렇지. 하지만 재능은 섭취한 알코올 양에 반비례해
드러나지."

  그러고 나서 에드는 이름을 외우기 쉽게 바꾸는 자기만의 비법을 알려 줬다. 이것은 그가 세계 메모리 챔피언십에서 얼굴과 이름을 동시에 기억하는 종목에서 아흔아홉 명의 얼굴과 이름을 외우기 위해 실제로 쓴 방법이다. 그는 이 방법을 쓰면 파티나 모임에서 많은 사람의 이름을 쉽게 기억할 수 있을 거라고 장담했다. "이 기술은 거짓말같이 간단해. 어떤 사람의 이름을 상상할 수 있는 다른 이미지와 연결하는 거야. 예를 들면, 머릿속으로 그 사람의 얼굴에 대한 시각 기억을 이름과 연관된 시각 기억과 묶어 둘 제3의 이미지를 만드는 거지. 그러면 며칠 뒤에 그 사람한테 연락할 일이 생겨서 이름을 생각해 내야 할 때 이렇게 만든 이미지가 멋지게 떠오르지. …… 음, 이름이 조쉬 포어라고 했지." 그는 이렇게 말하며 즐거워했다. 그리고 바로 눈썹을 치켜세우고 턱을 쓰다듬더니 조용한 목소리로 말했다. "오늘 대회가 열린 콘 에디슨 건물 밖에서 너를 처음 만났을 때 나는 네가 날 놀리고(josh) 있다고 생각했어. 그래서 내가 넷으로 쪼개지는 상상을 했지. 넷(four), 포어 Foer. 알겠지? 사실 내 기준으로는 이렇게 사소한 이미지가 네 밋밋한 이름보다 재밌어. 그 덕에 기억도 더 잘 되고." 나는 그의 설명을 듣고 이런 게 바로 학습을 통해 후천적으로 익힌 공감각이라는 것을 알아챌 수 있었다.

괴짜 기억술사
에드와의 만남
그리고 도전

  기억 기술이 어떻게 작동하는지 이해하려면 먼저 심리학자들이 '베이커 베이커Baker baker 역설'[14]이라고 이름 붙인 조금

생소한 망각에 대해 좀 더 알아봐야 한다. 이 역설은 이렇다. 한 연구자가 두 사람에게 한 사람의 얼굴 사진을 보여 주면서 한 사람에게는 그의 이름이 빵 굽는 사람을 뜻하는 베이커라고 설명하고, 다른 사람에게는 그의 성이 베이커라고만 일러 준다. 이틀 뒤에 연구자가 두 사람에게 앞서 보여 준 사진을 다시 보여 주면서 어떤 단어가 연상되는지 물어본다. 흥미롭게도, 그 사람의 직업에 빗댄 이름을 들은 사람은 그냥 성만 들은 사람보다 더 많은 것을 기억했다. 왜 그럴까? 같은 사진. 같은 단어. 하지만 다른 결과.

사진 속 인물이 빵 굽는 사람인 베이커라고 들은 경우 베이커와 연관된 다양한 것들이 떠오르면서 연상 작용이 일어난다. 빵 굽는 모습과 희고 큰 모자가 떠오르고, 어디에선가 구수한 빵 냄새가 나는 것 같기도 하다. 반면, 이름뿐인 베이커는 사진 속 얼굴에 한정되어 연상 작용을 일으키지 않는다. 사진을 처음 봤을 때 쉽게 합치되던 얼굴과 이름이 시간이 지나면서 희미해지다가 결국 흔적도 없이 사라진다. 연상 이미지가 없는 이름은 뇌에서 혼자 떠돌다 망각의 늪에 빠져 영영 돌이킬 수 없는 지경에 이르는 것이다. (어떤 단어가 혀끝에서 맴돌 뿐 확실히 생각나지 않는 것은 그 단어를 '포함하고 있는' 신경이나 신경망에 전부 접속해야 하는데 그러지 못하고 일부에만 접속하기 때문일 가능성이 높다.) 그러나 빵 굽는 사람 베이커는 기억을 되살릴 실마리가 다양하다. 사진을 다시 봤을 때 그 사람이 빵 굽는 사람이라는 것을 바로 기억해 내지는 못해도, 얼핏 그가 빵과 관련된 사람이라는 것이나 그의 얼굴과 희고 큰 모자 사이에 어떤 관련이 있다는 것을 알아채거나 동네 빵집에 대한 기억이 살아날 수도 있다. 이렇게 뒤엉켜 있는 많은 매듭을 하나씩 풀다 보면 그의 직업이 생각날 수 있다. 얼굴과 이름 암기 종목에서 성공할 수 있는 비결, 게다가 일상생활에서 사람들의 이름을 잘 기억할 수 있는 비결은 바로 이름 베이커Baker를 빵 굽는 사람 베이커baker로, 또는 이름 포어Foer를 숫자 포four로 간단히 바꾸는 것이다. 레이건스Reagans라는 이름을 광선총을 뜻하는 레이 건스ray guns로 바꾸는 것도 마찬가지다. 그리고 이것은 간단한 기술이지만 아주 효과적이다.

나는 바로 그 자리에서 영화 제작자를 꿈꾸는 에드의 친구 이름을 암기하는 데 이 방법을 써먹어 보았다. 그의 정식 이름은 조니 론데스였다. "우린 파운즈 론데스라고 불러. 고등학교 때 한 체격 했거든." 에드가 끼어들었다. 형의 어린 시절 별명이 조니였기 때문에 나는 눈을 감고 두 사람이 팔짱을 끼고 케이크를 먹는 모습을 떠올렸다.

에드는 "이런 기술을 더 가르쳐 줄 수도 있어. 그러면 아마 오늘 밤 안에 전미 메모리 챔피언십 우승자가 되는 것도 문제없을걸." 하며 재미있다는 듯 루카스를 쳐다봤다.

"미국 사람을 얕잡아 보는 말 같은데." 내가 대꾸했다.

"그건 아니야. 제대로 가르쳐 줄 만한 사람이 없다는 뜻이지. 난 네가 하루에 한 시간씩만 연습하면 내년에 전미 메모리 챔피언십에서 우승할 수 있을 거라고 장담해." 그가 나를 돌아보며 말했다. 그리고 다시 고개를 돌려 루카스에게 "그렇게 생각하지 않아?" 하고 물었다.

루카스는 말없이 고개를 끄덕였다.

"너하고 토니 부잔이 같이 지도해 주면 또 모르지." 내가 말했다.

그러자 에드가 시큰둥하게 반응했다. "아, 그 지체 높으신 양반. 혹시 그가 뇌도 근육이라며 말도 안 되는 소리를 지껄이지 않았어?"

"맞아. 어떻게 알았어?"

"뇌와 근육의 특징이 다른데 어떻게 그런 뻔한 거짓말을 하는지 모르겠어." 이때 나는 에드가 부잔과 꽤 불편한 관계라는 것을 처음으로 눈치챘다. "다른 건 필요 없고 날 그냥 네 코치, 트레이너, 매니저, 그리고 저 뭐더라? 아, 영적 스승으로 받들기만 하면 돼."

"그럼 그렇게 해 주는 대가는?" 내가 물었다.

"그냥 즐거움. 네가 기자니까 오늘 일을 기사로 쓰면서 내가 억만금을 주고라도 부자 동네 햄프턴스에 있는 네 딸의 가정교사로 고용하고 싶을 만큼 뛰어난 사람이라고 한 줄 정도 써 주면 고맙고." 에드가 웃으며 말했다.

나도 웃으면서 에드한테 내 생각을 말했다. 사실 나는 '지력 선수'가 되기 위해 반드시 거쳐야 하는 과정이라고 해도 아무 의미 없는 포커 카드나 숫자를 암기하면서 내 소중한 시간을 낭비하고 싶지는 않았다. 퀴즈 맞히는 것을 좋아하고 계산을 잘해 고등학교 때 퀴즈 볼 팀 주장을 맡기도 했지만, 지력 선수가 되는 것은 내게 조금 벅찬 일 같아 보였다. 그래도 내 기억력이 어느 정도인지 궁금하던 차에 에드가 옆에서 호기심을 자극해 한번 도전해 볼까 하는 생각이 들었다. 내가 만난 지력 선수들은 하나같이 내 기억력을 높일 수 있다고 장담했다. 노력하지 않아서 그렇지 S 같은 능력이 우리 안에 있다는 것이다. 일단 나는 그 말이 사실인지 알아보고 싶었다. 그날 밤 집에 와서 메일을 확인해 보니 에드가 보낸 짧은 메일이 있었다. "암튼, 내가 가르쳐 줄까?"

chapter 3

타고난 기억력이란 없다

내가
병아리 성 감별사들을
주목한 이유

애초에 병아리로 태어나지 않는 것이 최선
이지만 행여 병아리로 태어나도 수평아리로 태어나는 것은 최악 중의
최악이다.

농부로서 볼 때 수평아리는 쓸모가 없다. 알을 낳지 못하는 데다 고
기가 질겨서 상품 가치가 없다. 우리 밥상의 영양 공급원인 암탉[1]에 비
해 수탉은 눈엣가시다. 부화를 전문으로 하는 축산 농가에서는 수평아
리를 작업 공정에서 어쩔 수 없이 나오는 섬유 조각이나 금속 조각 정
도로 본다. 가능한 한 빨리 처리해 버리는 것이 최선이다. 그래서 수평
아리는 다른 가축의 먹이로 많이 쓰인다. 하지만 오랫동안 농부들이
수평아리 때문에 골머리를 앓은 이유는 다른 데 있다. 바로 비용이다.
갓 부화한 병아리는 4~6주 정도 지나야 깃털 색깔이 변하고, 볏 같은
2차 성징이 나타나야 암수를 구별할 수 있게 된다. 그때까지는 암수 구
별 없이 똑같은 병아리로 사육되는데, 선호하지 않는 수평아리를 기르
는 데 들어가는 비용이 만만찮다.

이런 비용 문제를 해결할 방법이 1920년대에 발견되었다. 일본의 수
의학 연구 팀이 태어난 지 하룻밤에 안 된 병아리의 항문 안쪽에 난 주
름, 자국, 얼룩, 혹으로 성별을 감별할 방법을 찾아낸 것이다. 이 방법
은 1927년 캐나다 오타와에서 열린 세계가금학회 학술 대회에서 정식

으로 발표돼 세계 양계 산업에 일대 혁신을 불러일으켰고, 달걀 값을 낮추는 데 크게 기여했다. 하지만 전문교육을 받지 않은 사람이 이 방법으로 병아리의 성별을 감별하기는 쉽지 않았다. 그래서 전문교육을 받은 감별사들이 양계 농가들한테 귀한 대접을 받았다. 특히 2년제인 전일본병아리감별사양성소 출신 감별사가 가장 좋은 대우를 받았는데, 교과과정이 너무 엄격해서 수강생 중 5~10퍼센트만 자격증을 취득할 수 있었다. 하지만 자격증을 취득하면 최고급 비즈니스 컨설턴트 못지않은 대우와 하루 500달러의 고수입을 보장받았다. 세계적으로 일본인 병아리 감별사들의 발길이 닿지 않은 부화장이 없을 정도로 호황을 누렸다.

병아리 성 감별은 아주 섬세한 작업으로 참선에 필요한 고도의 집중력과 뇌 외과의에게 필요한 정교함을 갖춰야 한다. 병아리를 손에 올려놓고 살짝 쥐면 창자가 항문 밖으로 약간 삐져나온다. 이때 너무 세게 쥐면 창자가 빠져나와 감별은 고사하고 병아리가 죽을 수도 있기 때문에 조심해야 한다. 이 상태에서 감별사는 엄지와 검지로 병아리의 꽁무니를 들춰 생식기와 항문이 있는 배설강을 드러내 그 안쪽을 조심스럽게 검사한다. 이 작업을 제대로 하려면 손톱 손질이 잘 되어 있어야 한다. 일차적으로 감별사가 찾는 것은 '구슬'이라고 불리는, 가는 핀 머리만 한 작은 돌기다. 이 돌기가 볼록하면 병아리는 수컷이고, 오목하거나 평평하면 암컷이다. 생각보다 어렵지 않다고 생각할 수 있는데, 실제로 아마추어도 간단한 훈련만으로 구슬을 분간할 수 있다고 한다. 하지만 문제는 갓 부화한 병아리 중 80퍼센트가량이 구슬이 또렷하지 않으며 성별을 구별할 수 있는 다른 특징이 없다는 것이다. 그래서 병아리 감별사는 '구슬'뿐만 아니라 배설강 안쪽에 나 있는 점, 선, 주름 등을 종합적으로 판단해 성별을 추정한다.

병아리 감별사가 눈으로 익혀야 하는 항문의 형태가 어림잡아 1,000 가지 정도라고 한다. 하지만 감별사를 더욱 곤란하게 하는 것은 항문을 보자마자 성별을 감별할 수 있어야 한다는 것이다. 생각하고 말고 할 시간이 없다. 4초만 머뭇거려도 손에 쥐고 있는 병아리의 항문이 부풀어 올라 그냥 수평아리처럼 보이게 된다. 실수는 곧 비용이다. 1960년대에 어떤 부화장은 정확하게 감별한 병아리에 대해서는 마리당 1페니를 지급하고, 잘못 감별한 경우에는 마리당 35센트를 삭감했다고 한다. 이 분야에서 실력 있다는 감별사들은 보통 시간당 1,200마리를 감별하고, 정확도는 98~99퍼센트에 달한다. 일본에는 한 번에 두 마리를 동시에 감별할 만큼 대단한 실력을 보유한 감별사들이 여럿 있는데, 이들은 시간당 1,700마리까지 감별한다.

병아리 성 감별이 철학자들과 심리학자들 사이에서 매력적인 연구 주제인 이유, 그리고 나도 기억술에 대해 조사하면서 관심을 가진 이유는 전문가라고 평가받는 병아리 성 감별사들조차 성 감별이 애매한 상황에서 마지막 판단을 어떻게 내리는지에 대해 자기 자신도 이해할 만한 설명을 못 한다는 역설이다. 병아리 감별 기술에는 말로 설명할 수 없는 뭔가가 있다. 그들은 3초 안에 병아리가 암컷인지 수컷인지 알 수 있다고 말하면서도 어떻게 알 수 있는지는 제대로 설명하지 못한다. 연구자들이 교차 심문을 통해 감별사들에게 왜 어떤 것은 암평아리고 다른 것은 수평아리인지 설명해 달라고 부탁했지만 납득할 이유를 대지 못했다. 그들은 그냥 직관적으로 알 수 있다고만 대답했다. 그들이 우리와 전혀 다른 방식으로 세계를 인식하거나, 적어도 병아리의 은밀한 부위를 볼 수 있는 남다른 혜안이 있는 게 틀림없다. 그들은 병아리의 항문을 보면서 일반인들이 보지 못하는 어떤 것을 본다. 그렇다면 병아리 성 감별은 인간의 기억과 어떤 관련이 있을까? 뜬금없이 왜 병아리 이야기를 하는지 의아해하는 이들이 있겠지만 병아리 성 감별과 기억은 아주 밀접한 관련이 있다.

한 분야의
뛰어난 전문가들이
보여 주는 놀라운 기억력

나는 기억술에 대해 알아보기 전에 기억과 관련한 문헌부터 찾아보았다. 인간의 기억력이 토니 부잔이나 내가 만난 지력 선수들이 말한 대로 훈련을 통해 정말 향상될 수 있는지 확실한 물증을 찾고 싶었다. 그런데 뜻밖에 쉽게 찾을 수 있었다. 과학 문헌을 몇 편 뒤적이다 보니 K. 안데르스 에릭손이라는 심리학자의 이름이 계속 등장했다. 플로리다주립대학 심리학과 교수인 에릭손은 「비범한 기억술사들: 타고난 것이 아닌 만들어진 것」[2]이라는 논문을 썼다.

토니 부잔이 1980년대 말에 '우리의 기억력을 완벽하게 활용하기'라는 아이디어를 설파하고 다니기 전부터 에릭손은 인간의 기억이 어떻게, 왜 향상될 수 있는지를 보여 주는 '숙련 기억 이론'이라는 기억술에 대한 과학적 연구를 진행하고 있었다. 1981년에 그는 동료 빌 체이스와, SF로 알려진 카네기멜론대학 학생을 대상으로 1주일에 몇 시간씩 반복적으로 간단한 기억력 실험을 진행했다. 이 실험은 루리아가 S에게 한 것과 비슷했다. SF는 의자에 앉아 두 사람이 초당 하나씩 불러 주는 숫자를 가능한 한 많이 암기해야 했다. 처음에는 한 번에 일곱 자 릿수를 기억할 수 있었다. 그런데 2년 동안 총 250시간의 실험을 진행 한 결과, 그는 처음보다 열 배나 많은 자리의 수를 기억할 수 있게 되 었다. 이 실험은 기억력이 고정불변이라는 오래된 통념을 깼다. 에릭 손은 SF를 통해 지력 선수에서 체스 그랜드 마스터와 병아리 감별사에 이르기까지 전문가라 불리는 사람들의 기본적 인지 과정을 밝혀낼 수 있을 것이라고 기대했다.

누구나 한 가지 또는 한 분야에 대해 남다른 기억력이 있다. 앞서 런 던 택시 기사들의 기억력을 연구한 논문에서 본 것처럼 '우수한 기억 력'을 가진 웨이터, 대본 암기에 능숙한 배우, 그 밖에 여러 분야의 전 문가들이 보여 주는 놀라운 기억력을 연구한 논문이 수도 없이 많다. 현재 많은 연구자들이 뛰어난 기억력을 보유한 의사, 야구팬, 바이올 리니스트, 축구 선수, 스누커 선수, 발레 무용수, 주판을 쓰는 사람, 낱 말 퍼즐을 푸는 사람, 배구 수비수[3] 들에 대해 연구하고 있다. 나는 여 러분이 어떤 분야를 정해 주든 그 분야의 전문가라 불리는 사람들이 지닌 남다른 기억력을 다룬 논문을 바로 소개할 수 있다.

왜 노련한 웨이터는 손님의 주문을 받아 적지 않을까? 정상급 바이 올리니스트는 어떻게 그처럼 쉽게 악보를 암기할 수 있을까? 벌써 연 구를 통해 입증되긴 했지만, 어떻게 프로 축구 선수는 텔레비전으로 중계되는 경기를 보고 단번에 경기 전체를 재구성해 낼 수 있을까? 식 사 주문을 잘 기억하는 사람은 요식업으로 진출해 성공할 가능성이 높 고, 선수들의 위치와 움직임을 잘 파악하는 축구 선수는 프리미어리그 로 이적할 가능성이 크며, 병아리 감별을 잘하는 사람은 전일본병아리 감별사양성소에 입학할 확률이 높다고 생각할 수 있다. 하지만 실제 사정은 그렇지 않다. 오히려 그 반대로 생각하는 것이 더 현실적이다. 어떤 분야에서 남다른 기억력을 기르려면 그 분야에 정통해야만 하는 어떤 것이 있다. 그런데 그 어떤 것이라는 게 무엇일까? 그것을 일반화할 수 있고, 누구나 습득할 수 있을까?

에릭손이 소속 대학의 연구자들과 운영하는 인간행동연구소에 각 분야의 전문가들이 찾아가서 기억력 시험을 받는다. 에릭손은 전문가들에 대한 전문가라 할 수 있다. 실제로 그는 어떤 분야에서건 세계 정상급 전문가라고 하는 사람들은 그 지위에 오르기까지 적어도 1만 시간 이상 꾸준히 노력했다는 것을 보여 주는 연구로 대중적 명성을 얻었다. 그에게 전화해 기억력 향상 훈련을 받고 싶다고 했더니 벌써 시작한 것은 아닌지 물어봤다. 당연히 시작하기 전이었다. 그는 기억 훈련을 받은 적이 없는 사람이 훈련을 통해 기억력 전문가로 거듭나는 과정을 연구할 기회가 아직 없었다며 조금 흥분한 것 같았다. 그는 나한테 정말 굳건한 생각이 있다면, 나를 연구해 보고 싶다고 했다. 플로리다로 나를 초청한 그는 이틀에 걸쳐 몇 가지 시험을 진행했다. 본격적인 훈련을 시작하기 전에 내 기억력에 대한 기본 수치를 확보해 놓으려는 것이었다.

인간이 '매직 넘버 7'의
한계를 넘을 수 있을까?

인간행동연구소는 플로리다 주 북부 탤러해시 외곽에 자리 잡고 있다. 에릭손의 연구실에 들어가 보니 벽면을 따라 배치해 놓은 책꽂이에 『음악적 감수성』, 『발 수술』, 『일터에서 최고가 되는 법』, 『현대 체스 전략의 비밀』, 『달리기에 관한 모든 것』, 『병아리 감별사』 등 그의 연구와 관련된 것으로 보이는 제목의 책들이 빼곡히 꽂혀 있었다.

이곳의 연구원인 데이비드 로드릭은 연구소를 '장난감 궁전'이라고 불렀다. 에릭손과 통화하고 2주 뒤에 찾아갔을 때 연구소 중앙 홀에 가로 9인치, 세로 14인치의 대형 스크린이 설치되어 있었다. 경찰의 정지신호를 받는 차량을 실제 크기로 보여 주는 동영상이 나오고 있었는데, 정차한 차량에 조심스럽게 다가가는 경찰의 시점에서 찍은 것 같았다.

내가 찾아가기 몇 주 전부터 에릭손과 연구 팀은 탤러해시 소속 특수기동대원들과 이제 갓 경찰학교를 졸업한 학생들을 연구실에 데려와 공포탄이 장전된 베레타 권총을 허리에 채우고 스크린 앞에서 어떤 실험을 하고 있었다. 에릭손과 연구 팀은 이들에게 아주 위급한 영상을 잇달아 보여 주면서 어떻게 반응하는지를 관찰했다. 어떤 영상은 가슴에 폭탄을 숨기고 있는 것으로 보이는 수상한 사람이 학교로 걸어가는 장면이었는데, 에릭손과 연구 팀은 이 장면을 보고 경험이 다른 경찰관들이 각각 어떻게 대응하는지 알아보려고 했다.

실험 결과는 놀라웠다. 경험 많은 특수기동대원들은 즉각 권총을 뽑아 들고 그 수상한 사람에게 걸음을 멈추라고 반복해서 명령했다. 그가 명령에 불복하면 학교에 진입하기 전에 권총을 발사했다. 하지만 경찰학교를 갓 졸업한 학생들은 권총을 발사하지 못해서 그 사람이 학교에 들어가는 것을 막지 못했다. 그들에게는 상황을 판단하고 적절히 대응하는 경험이 아직 부족했다. 그런데 경험이란 정확하게 무엇일까? 선임 경찰관들은 후임 경찰관들이 보지 못한 것을 봤을까? 이런 상황에서 그들의 눈에 무엇이 보이고 무슨 생각이 스쳐 갔으며, 이렇게 보고 생각한 것을 어떻게 처리했을까? 그들은 경험이나 기억에서 무엇을 끄집어냈을까? 병아리 감별사처럼 경험 많은 특수기동대원에게는 말로 설명하기 힘든 능력이 있었다. 에릭손의 연구 프로그램은 우리가 전문적이라고 말하는 어떤 것을 기억에서 끄집어내 분석해서 그것의 인지적 토대를 밝혀내려는 작업이다.

에릭손과 연구 팀은 경찰관들에게 영상이 시작되면 생각나는 것들을 있는 그대로 말해 달라고 했다. 에릭손은 그가 다른 분야의 전문가들을 연구하면서 발견한 것을 경찰관들에게서도 발견할 수 있기를 기대했다. 그는 오랜 연구를 통해 전문가들은 보통 사람들과 다르게 세상을 본다는 것을 알아냈다. 그들은 비전문가들은 보지 못하는 것을 볼 수 있다. 그들은 자신이 알고 있는 가장 중요한 정보를 기초로 해 그것과 관련이 있는 다른 것들을 거의 자동적으로 인식한다. 그리고 가장 중요한 것은, 대개 전문가들이라고 하는 사람들이 자신들의 감각기관을 따라 뇌로 전달되는 엄청난 양의 정보를 아주 정교하게 처리한다는 사실이다. 그들은 뇌의 가장 기본적인 구속 요인으로 알려진 매직 넘버 7을 극복할 수 있다.

1956년에 하버드대학 심리학과 교수였던 조지 밀러는 기억 연구사에 고전으로 남을 논문을 발표했다. 이 논문의 서론은 이렇게 시작한다.

문제는 내가 정수 하나 때문에 너무 골머리를 앓는다는 것이다. 7년 동안 머릿속에서 이 숫자가 떠난 적이 없다. 개인적인 연구 자료는 말할 것도 없고, 각종 저널에 발표한 논문도 온통 이 숫자로 도배되어 있다. 이 숫자는 평소보다 커졌다 작아졌다 하면서 갖가지 모습을 보인다. 하지만 쉽게 인식할 수 있을 만큼 많이 변하지는 않는다. 그것이 경우에 따라 다양한 모습을 띠기 때문에 골머리를 썩이는 것도 아니다. 어떤 유명 정치인이 말한 것처럼 이런 다양한 모습도 그 이면에는 그것을 지배하는 일정한 패턴이나 규칙 같은 것이 있게 마련이다. 이 숫자에 특별한 무엇이 있든 없든 나는 이 숫자의 마력에서 헤어나오지 못하고 있다.

사실 밀러만 이 정수 때문에 괴로워하는 것은 아니다. 사실 우리 모두가 이 정수 때문에 괴롭다. 그의 논문 제목은 「매직 넘버 7±2: 인간의 정보 처리 능력의 몇 가지 제약」이다. 밀러는 인간의 정보 처리 능력이나 의사 결정 능력에 한계가 없지 않다는 사실, 즉 기껏해야 한 번에 일곱 가지 정도만 생각하고 처리할 수 있을 뿐이라는 놀라운 사실을 알아냈다.

새로운 아이디어나 지각이 뇌에 입력되면 뇌가 그것을 곧바로 장기 기억으로 저장하는 것이 아니다. 현재 우리 의식에 들어와 있는 정보를 간직하고 있는 뇌 신경계의 집합으로서 작업 기억이라고 불리는 임시 저장소에 둔다.

아래 문장을 딱 한 번 눈으로 읽고 바로 되뇌어 보자.

뒤돌아보지 않기.

별로 어렵지 않을 것이다.

이제 눈을 다른 데로 돌린 상태에서 같은 문장을 떠올려 보자. 혹시 처음보다 조금이라도 어렵게 느껴졌다면 그것은 이 문장이 벌써 작업 기억으로 넘어갔기 때문이다.

작업 기억은 지각과 장기 기억 사이에서 불필요하거나 중요하지 않은 지각을 걸러 내는 구실을 한다. 모든 생각이나 지각이 곧장 장기 기억으로 저장된다면, 뇌는 S의 뇌처럼 쓸모없는 정보로 가득 찰 것이다. 우리 뇌를 통과하는 것 중 대부분은 지각하는 순간이나 지각에 반응해야 하는 동안만 기억하고 있으면 되는 것이다. 사실 단기 기억과 장기 기억을 나누는 것은 컴퓨터의 정보 처리 방식과 같다. 컴퓨터의 하드디스크는 장기 기억을 저장하고, 중앙처리장치의 캐시나 램 메모리는 컴퓨터가 실행 중일 때 필요한 작업 기억을 저장한다.

컴퓨터처럼 인간의 능력도 한 번에 처리할 수 있는 정보의 양에 좌우된다. 그런데 정보를 반복적으로 쓰지 않으면 기억에서 희미해진다. 누구나 작업 기억이 불충분하다는 것을 알고 있다. 밀러의 논문을 보면 작업 기억은 한정된 범위 안에서 작동한다는 것을 알 수 있다. 어떤 사람은 작업 기억으로 일정한 시간 동안 다섯 가지를 기억할 수 있고, 어떤 사람은 아홉 가지를 기억할 수 있다.

하지만 '매직 넘버 7'이라는 이름으로 알 수 있듯이 대개는 일곱 가지를 기억한다. 그런데 더 문제가 되는 것은 일곱 가지마저 기억하고 있는 시간이 몇초 밖에 되지 않아 시선을 다른 데로 돌리는 순간 작업 기억에서 자취를 감춘다는 것이다.

기억력
시험을 치르면서
생각한 것들

내 기억력 시험은 인간행동연구소에 설치된 대형 스크린 앞에서 진행되지 않았다. 허리에 권총을 차지도 않았고, 머리에 안구 운동 추적 장치를 쓰지도 않았다. 그 대신 플로리다주립대학 심리학과가 있는 건물의 218호에서 진행되었다. 얼룩진 양탄자에 낡은 지능 검사 장비들이 널려 있고 창문도 없는 작고 허름한 사무실이었다. 조금 심하게 말하면 작은 창고나 벽장 같았다.

내 시험을 맡은 사람은 에릭손의 지도를 받고 있는 박사 3년 차 대학원생 트레스 로링이었다. 오클라호마 남부 출신이라는 게 믿기지 않을 정도로 가벼운 샌들에 금발의 레게 머리를 하고 있었고, 아버지는 석유 업종에서 일한다고 했다. 열여섯 살에 오클라호마 체스 주니어 챔피언이었다는 그의 정식 이름은 로이 로링 3세였다.

나는 트레스와 218호에서 꼬박 사흘 동안 기억력 시험을 치렀다. 낡은 테이프리코더가 부착된 묵직한 헤드폰을 쓰고 시험에 응했고, 트레스는 내 옆에 다리를 꼬고 앉아 초시계로 시간을 재면서 결과를 살폈다.

나는 숫자를 앞뒤로 기억하는 시험, 단어 기억 시험, 사람 얼굴 기억 시험, 기억력과는 아무런 관련이 없어 보이는 온갖 종류의 시험을 치렀다. 예를 들면, 회전하는 정육면체를 머릿속으로 떠올릴 수 있는지, 이런저런 단어의 뜻을 아는지 대답해야 했다. 다차원 종합 적성 검사로 알려진 선다형 시험으로 내 퀴즈 풀이 능력을 측정하기도 했다. 문제는 다음과 같았다.

공자는 어느 시대에 살았는가?

① 기원후 1650

② 기원후 1200

③ 기원후 500

④ 기원전 40

가솔린 엔진에서 카뷰레터의 주요 기능은?

① 가솔린과 공기 혼합

② 배터리 방전 방지

③ 연료 점화

④ 피스톤 운동

⑤ 연료 엔진 주입

트레스가 내게 낸 시험 중 시 암송, 얼굴과 이름 기억, 무작위 단어 암기, 무작위 숫자 기억, 순서를 뒤섞은 포커 카드 순서대로 암기하기 등 많은 것이 전미 메모리 챔피언십에서 채택한 대결 종목과 같거나 비슷했다. 그 밖에도 세계 메모리 챔피언십에서만 채택한 무작위 이진수 외우기, 역사적 사건과 날짜 동시에 암기하기, 말로 들려주는 숫자들을 순서대로 암기하기 같은 시험도 있었다. 마지막 날, 트레스는 나중에 에릭손을 비롯해 다른 대학원 동료들과 분석할 일곱 시간 분량의 오디오테이프를 따로 수집했다. 나는 이 실험이 인간의 기억력 연구에 조금이라도 도움이 되기를 바랐다.

그리고 나서 역시 에릭손의 대학원 제자인 케이티 낸더고펄의 인터

뷰에 응했다. 타고난 기억력이 좋다고 생각하세요? (좋은 편이지만 특
별히 뛰어나지는 않습니다.) 어렸을 때 기억력 놀이를 해 보신 적이 있
나요? (아니, 없습니다.) 보드게임은요? (할머니와 해 봤습니다.) 수수
께끼 좋아하세요? (그럼요.) 루빅큐브를 맞추실 수 있나요? (아니요.)
노래 부르시나요? (샤워할 때 가끔 해요.) 춤은요? (그것도 샤워할 때
만.) 운동은 하시나요? (좀 뜨끔하네요.) 운동용 비디오테이프를 이용
하세요? (운동도 안 하는데요…….) 봉사 활동을 하시나요? (무료 급
식소에서 두 번 해 봤습니다.) 전기 배선 작업에 대해 잘 아시나요?
(글쎄요?)

　자기가 어떤 시험을 치렀는지 나중에라도 다른 사람에게 말해 주고
싶어서 안달하는 사람과 대체로 비밀리에 진행되는 과학 연구를 하는
것도 고역일 것이다.

　"왜 이런 시험을 치러야 하는 거죠?" 내가 트레스한테 물었다.

　"지금은 아무것도 알려 줄 수 없습니다." (그는 내가 나중에 어떤 시
험을 치를지에 대해서도 아무런 언질이 없었다. 그는 내가 아는 것을
원하지 않았다.)

　"지난 시험 결과는 어떻게 나왔습니까?"

　"시험이 다 끝나면 말씀 드리겠습니다."

　"개인적인 생각 정도는 말해 줄 수 있지 않나요?"

　"지금은 그럴 수 없습니다."

　"제 지능지수는 얼마나 되나요?"

　"모릅니다."

　"높은가요?"

고수들의 기억법 :
청킹 기법

　　　　　　　　　카네기멜론대학 학생이던 SF가 2년 동안 250시
간에 걸쳐 반복적으로 받은 기억력 시험인 숫자 암기 시험은 아주 단
조롭고 지루한데, 숫자에 대한 작업 기억 능력을 측정하는 면에서 공
신력이 높다. 이 시험을 처음 치르는 사람들의 작업 기억은 크게 다르
지 않다. SF도 그랬다. 보통 7±2개, 즉 적게는 다섯, 많게는 아홉 개까
지 숫자를 기억할 수 있다. 대다수 사람들이 7±2개의 숫자를 기억하
는 것은 '음운 저장소'에 저장된 숫자를 계속 반복해서 되뇌기 때문이
다. 음운 저장소란 시각 정보가 자기 자신한테 말할 때 뇌에서 들리는
작은 목소리의 소리 정보로 전환되어 저장된 것이다. 쉽게 말해, 음운
저장소는 메아리 같은 것으로 2초쯤 소리를 저장했다가 사라지는 단
기 기억 공간이다. 물론 같은 소리를 계속 반복하면 2초보다 오래 저
장된다. 에릭손과 체이스의 실험에 참가한 SF도 숫자 정보를 저장하는
데 음운 저장소를 이용했다. 하지만 오랫동안 시험 결과에 별다른 변
동이 없었다. 그러다가 어느 순간 놀라운 일이 벌어졌다. SF의 시험 결
과가 조금 상승하기 시작한 것이다. 하루는 숫자를 열 개까지 기억했
다. 다음 날은 열한 개를 기억했다. 그 뒤로 기억할 수 있는 숫자의 개
수가 나날이 증가했다. SF는 단기 기억의 제약을 건너뛰어 뇌에 입력
되는 정보를 곧장 장기 기억으로 저장할 수 있는 방법을 알아낸 것이
다. 바로 덩이 짓기라는 뜻을 가진 청킹 기법이다.

　청킹은 기억해야 하는 항목의 부피를 늘려서 전체 개수를 줄이는 방
식이다. 청킹이 뭔지 감이 잘 안 잡힌다면, 세 덩이로 되어 있는 휴대전

화 번호나 네 덩이로 되어 있는 신용카드 번호를 떠올리면 쉽게 이해할 수 있을 것이다. 청킹을 이해하면 전문가들의 기억력이 남다른 이유도 어느 정도 이해할 수 있다.

청킹은 언어 분야에 처음 접목됐다. HEADSHOULDERSKNEESTOES 라는 스물두 글자를 기억해야 한다고 하자. 뜻은 고사하고 눈에 잘 들어오지도 않는 글자를 외우자니 난감할 것이다. 하지만 이것을 네 덩이, 즉 HEAD·SHOULDERS·KNEES·TOES로 나눠 보자. 일단 눈에 확 들어오고 암기하기도 더 쉽다. 동요를 잘 아는 사람이라면, '머리 어깨 무릎 발' 같은 동요의 한 마디로 묶어서 암기할 수 있을 것이다. 이제 이것을 숫자에 적용해 보자. 열두 자리 숫자 120741091101이 있다. 언뜻 봐도 암기 자체가 무리다. 우선 이 숫자를 120, 741, 091, 101 등 네 덩어리로 나누자. 처음보다 눈에 잘 들어온다. 이제 두 덩어리, 즉 날짜 형식인 12/07/41·09/11/01로 나눠 보자. 확실히 눈에 쏙 들어오면서 기억하기도 쉽다. 이 두 날짜를 한 덩어리로 묶어서 '미국 본토가 공격당한 역사적 사건 두 가지'로 기억할 수 있다. 1941년 12월 7일은 일본이 진주만을 공습한 날이고, 2001년 9월 11일은 테러리스트들이 뉴욕 세계무역센터를 공격한 날이다.

그런데 청킹은 얼핏 보기에 무의미할 것 같은 정보를 뇌의 어디엔가 저장되어 있는 장기 기억을 토대로 재처리하는 과정이라는 것을 알아둬야 한다. 말 그대로 일본이 진주만을 공격한 날짜나 9·11테러가 일어난 날짜를 몰랐다면 열두 자릿수를 몇 덩이로 나눌 수 없었을 것이다. 또 앞의 스물두 글자도 영어나 동요를 모른다면 정말 아무 의미 없는 글자의 나열에 지나지 않을 것이다. 다시 말해, 청킹은 우리가 벌써 알고 있는 것이 학습할 수 있는 것을 결정한다는 것을 보여 준다. 기억력 향상도 마찬가지다.

SF는 청킹 기법을 따로 배운 적이 없는데 혼자 힘으로 깨쳤다. 달리기 경주를 좋아한 그는 무작위 숫자들의 배열을 경주 기록으로 바꿔서 기억하기 시작했다. 예를 들어, 3,492는 '육상 1마일 남자 세계 기록에 근접한 3분 49초 2'(세계 기록은 3분 43초 13이다.)로 바꿨고, 4,131도 '1마일 기록 중 하나인 4분 13초 1'로 바꿔서 기억했다. SF는 자신이 기억해야 하는 무작위 숫자들이 뭘 나타내는지 전혀 몰랐지만 달리기 경주에 대해서는 아는 것이 많았다. 그는 무의미한 정보를 자신이 아는 정보를 토대로 걸러서 의미 있는 것으로 바꾸면 기억하기가 훨씬 쉽다는 것을 깨달았다. 과거의 경험을 끄집어내 현재의 경험을 재구성하는 데 쓴 것이다. 장기 기억에서 연상되는 것을 토대로 무작위 숫자를 다르게 볼 수 있었다.

이 방법은 전문가라는 사람들이 일반적으로 쓰고 있다. 그들은 자기 기억을 토대로 세계를 다르게 본다. 오랫동안 쌓은 경험을 기반으로 새 정보를 지각하고 구성하고 판단한다. 경험 많은 특수기동대원들은 학교로 들어가는 수상한 남자를 본 것이 아니다. 그들은 수상한 사람의 팔에서 미세한 경련이 이는 것을 보고 경찰 생활을 하면서 목격한 경련들을 떠올렸다. 수상한 사람을 전에 거쳐 간 다른 용의자들과 같은 선에 놓고 바라봤다. 현재 맞닥뜨린 상황을 과거의 비슷한 상황에 견주어 인식하고 판단한 것이다.

오랜 훈련으로 날카로운 지각 능력을 기른 전일본병아리감별사양성소 출신 병아리 감별사들은 병아리의 꽁무니를 들춰 보는 순간 생각하고 말고 할 것 없이 바로 암컷인지 수컷인지 판별한다. 경험 많은 특수기동대원에게서도 엿볼 수 있는 이런 자동적인 지식은 하루아침에 습득할 수 있는 것이 아니다. 병아리 감별사 자격증을 취득하려면 적어도 25만 마리의 병아리와 오랫동안 씨름해야 한다. 병아리 감별사가 병아리의 성별을 '직관적'으로 알 수 있다고 말했지만, 사실 그것도 오랜 시간에 걸쳐 쌓은 경험의 소산이다. 병아리 배설강에 대한 경험치를 머릿속에 많이 가지고 있기 때문에 보는 즉시 패턴을 인식할 수 있다. 이런 능력은 의식적인 생각이나 추론이 아닌 자동적인 패턴 인식의 결과다. 이것은 분석이 아니라, 전적으로 지각과 기억의 산물이다.

체스의 달인과
기억력의 상관관계

기억이 전문가들의 지각에 어떤 영향을 미치는지 알아볼 수 있는 예가 있다. 직관과는 거리가 멀어 보이는 체스다. 15세기에 등장한 체스는 인간의 인지 능력을 시험해 볼 수 있는 가장 좋은 대상이다. 1920년대 러시아 과학자들이 세계 정상급 체스 기사 여덟 명을 대상으로 기본적인 인지·지각 능력을 시험해 그들의 지적 능력을 계량화했다. 그런데 예상과 달리 이 여덟 명의 인지·지각 능력이 보통 사람들의 그것과 크게 다르지 않았다. 여덟 명 중에 어느 누구도 인지 및 지각 능력에서 이렇다 할 특징을 가지고 있지 않은 것이다.

종합적으로 볼 때 다른 체스 기사들보다 뛰어나다고 할 수 있는 이 여덟 명이 인지·지각 능력 면에서 보통 사람들과 다르지 않았다면, 이들이 체스 그랜드 마스터에 오를 수 있었던 비결은 무엇일까? 1940년 대에 체스 열혈 애호가였던 네덜란드 심리학자 아드리안 데 그루트가 이런 의문을 가졌다. 수준급 체스 기사와 그랜드 마스터로 불리는 세계 정상급 체스 기사를 가르는 기준이 무엇일까? 그랜드 마스터들이 더 많은 수를 읽는 것일까? 더 가능성 있는 수를 생각할까? 이런 수를 분석하는 능력이 더 뛰어난가? 경기의 흐름을 파악할 수 있는 직관이 더 뛰어난가?

체스를 하면서 많은 생각을 해야 하는 이유 중 하나는 한 선수가 옮겨 놓은 회심의 말이 미처 읽지 못한 상대의 수에 허를 찔려 사면초가에 빠질 수 있다는 점이다. 이렇게 체스는 직관보다는 신중한 분석을 요구한다. 이런 점에 착안해 데 그루트는 체스 마스터끼리 벌인 주요 경기 중 사면초가에 빠져 말을 움직일 수 있는 경우의 수가 단 하나밖에 없거나 아예 없다고 생각되는 경우를 몇 개 골라서 체스 판에 복기해 놓고 그랜드 마스터들과 클럽에 소속된 정상급 선수들에게 어떤 말을 어떻게 움직여야 하는지 보여 달라고 했다.

그 결과는 앞서 러시아 과학자들이 발견한 것보다 더 놀라웠다. 예상과 달리 체스 전문가들은 수를 더 많이 읽거나 보지 않았다. 심지어 더 가능성 있는 수를 생각하지도 않았다. 오히려 병아리 감별사들과 비슷하게 행동했다. 그들은 어떤 말을 어디로 움직여야 하는지 직관적으로 바로 아는 것 같았다. 체스 판을 보여 주자마자 생각할 겨를도 없이 어떤 말을 움직여야 하는지 바로 알았기 때문이다.

그들은 아무 생각도 않고 즉각 반응하는 것 같았다. 그들이 어떻게 그럴 수 있는지 잠자코 듣고 있던 데 그루트는 그들의 사고 체계가 일반 체스 기사들의 사고 체계와는 전혀 다르다는 것을 깨달았다. 그들은 '폰 구조'(체스에서 폰은 졸(卒)을 가리킨다. 폰 구조란, 폰을 이용해 공격 및 방어 진영을 짜는 것을 말한다.—옮긴이) 같은 말의 위치나 배치에 대해 말했고, 상대에게 노출된 룩(장기로 치면 차(車)다.—옮긴이)처럼 죽은 것과 다름없는 말들을 바로 알아챘다. 그들은 체스 판에 놓인 말 서른두 개를 각각 독립적인 것으로 보지 않고 여러 덩어리로 묶어 판단했다.

글자 그대로 체스 그랜드 마스터들은 체스 판을 전혀 다르게 바라본다. 그들의 안구 운동을 연구한 자료를 보면, 그들은 말이 움직이는 각 칸보다 칸을 이루고 있는 테두리를 평범한 선수들에 비해 더 주시한다는 것을 알 수 있다. 이것은 그들이 한 번에 여러 칸에서 동시에 정보를 얻는다는 것을 뜻한다. 게다가 상대편의 깊숙한 곳까지 눈 깜짝할 사이에 둘러보고, 한 곳을 주시해야 하는 경우에도 찰나만 할애한다. 그들은 체스 판에서 보일 듯 말 듯 한 특별한 지점들에 주목하는데, 이 지점들은 말을 어느 칸으로 옮겨야 하는지 전략을 세우는 데 아주 중요하다.

하지만 체스 전문가들에 대한 초기 연구에서 가장 눈에 띄는 것은 이런 직관보다 그들의 남다른 기억력이다. 이들은 슬쩍 한 번만 보고도 체스 판을 통째로 기억할 수 있었다. 그리고 오래전에 두었던 게임도 기억에서 끄집어내 그대로 복기할 수 있었다. 말의 위치를 기억하는 능력을 체스 기사의 기억력이 얼마나 우수한지 가늠하는 최상의 지표로 볼 수 있다는 점이 나중에 연구를 통해 밝혀졌다. 체스 전문가들은 말의 위치를 단기 기억이 아닌 장기 기억으로 기억해서 몇 시간, 몇 주, 심지어 몇 년 동안 유지할 수 있다. 사실 체스 전문가들에게 말의 위치를 기억하는 것은 식은 죽 먹기라서 그들은 순전히 상상만으로, 즉 눈을 가리고도 한 번에 여러 명과 대적할 수 있다.[4]

그런데 체스에 관한 한 놀라운 기억력을 자랑하는 체스 마스터도 다른 것에 대한 기억력은 평범했다. 그들에게 실제 경기를 통해, 즉 두 사람이 한 수씩 주고받으며 만들어진 체스 판 대신 임의로 말을 배치한 체스 판을 보여 줬더니 체스를 시작한 지 얼마 안 된 사람들과 차이가 없는 기억력을 보였다. 이런 경우 그들은 말의 위치를 일곱 개 이상은 기억하지 못했다. 같은 말에 같은 체스 판인데 어떻게 이처럼 상반된 반응을 보였을까? 왜 이들은 갑자기 매직 넘버 7의 마술에 걸려들었을까?

우수한 기억은 전문 지식의 정수다

앞의 체스 실험은 기억에 대해 다음과 같은 사실을 보여 준다. 우리는 어떤 사실을 개별적으로 기억하기보다는 맥락에 따라 기억한다. 체스 판에 아무렇게나 배열한 말에는 맥락이 전혀 없다. 전에 둔 경기나 기억에 간직하고 있는 경기 중 비교할 만한 비슷한 경기가 없을 뿐만 아니라 따로 덩이 지을 방법도 보이지 않는다. 제아무리 날고 기는 체스 그랜드 마스터라도 이런 상황에서는 맥을 못 춘다.

앞에서 열두 자리 숫자를 우리가 아는 역사적 사건과 날짜에 기초해 덩이를 지은 것처럼 체스 마스터들도 체스 판의 말을 덩이 짓기 위해 장기 기억에 저장된 수많은 체스 패턴을 쓴다. 이것은 체스 달인들이 가진 체스 경기에 대한 경험과 지식이 그만큼 풍부하다는 것을 반증한다. 어느 분야든 마찬가지겠지만, 체스에서 세계 정상급 선수로 발돋움하기가 어려운 이유가 바로 이것이다. 경험은 하루아침에 쌓이는 게 아니기 때문에 많은 시간과 노력을 투자해야 얻을 수 있다. 미국 출신으로 여섯 살에 체스에 입문해 1972년부터 1975년까지 4년 연속 세계 체스 챔피언십에서 우승해 역사상 가장 위대한 체스 기사로 기억되는 보비 피셔도 열일곱 살에 그랜드 마스터로 인정받기까지 9년 동안 피나는 노력을 했다.

체스가 분석에 기초한 지적 활동이라는 오래된 통념과 달리 체스 마스터들은 대부분 체스 판을 보자마자 어떤 말을 어느 칸으로 움직여야 하는지 직관적으로 알아차린다. 병아리의 꽁무니를 보자마자 성별을 판단하는 병아리 감별사처럼, 환자의 혈색만 보고도 병을 진단하는 의사처럼, 거동이 수상한 사람이 몸에 지니고 있는 것이 폭탄인지 아닌지 바로 눈치채는 특수기동대원처럼 체스 마스터는 체스 판을 보고 어떤 말을 움직여야 최선인지를 바로 판단한다. 보통 5초 안에 이런 판단을 하는데, 뇌 뢴트겐 촬영법으로 이때 뇌에서 어떤 일이 일어나는지 확인할 수 있다. 뇌가 방출하는 미세한 자기장을 검출하는 기술인 뇌 뢴트겐 촬영법을 통해 세계 정상급 체스 기사들이 체스 판을 응시하고 있을 때 그들의 전두(前頭) 피질과 두정(頭頂) 피질이 더 활성화되는 것을 알 수 있다. 이것은 그들이 체스 판을 보면서 장기 기억에 저장된 정보를 떠올린다는 것을 뜻한다. 이와 달리 평범한 체스 기사들의 경우 내관자엽(內貫子葉)이 더 활성화되는데, 이것은 그들이 새로운 정보를 수집한다는 것을 나타낸다. 체스 달인들이 눈앞에 놓인 체스 판을 이미 축적된 다량의 정보를 토대로 해석하는 것과 달리 일반 선수들에게 체스 판은 매번 새롭고 낯설 뿐이다.

　심리학자로서는 체스를 연구 대상으로 삼는 것이 시시했을 수도 있지만, 데 그루트는 자신의 실험이 뜻하는 바가 크다고 확신했다. 그는 '구두, 도색, 건축, 과자 제조 분야'의 전문 지식은 '경험 고리'가 쌓여 형성된 결과물이라고 주장했다. 에릭손에 따르면 전문 지식이란 '관련 분야에서 오랫동안 일하며 획득한 광범위한 지식, 패턴에 기초한 검색, 계획 체제'다. 다른 말로 하면, 우수한 기억이란 전문 지식의 부산물이 아니라 전문 지식의 정수다.

　의식하든 안 하든 우리는 체스 마스터나 병아리 감별사처럼 경험을 토대로 현재를 인식하고, 해석하고, 판단하고, 예측한다.

　우리는 기억을 새 정보를 저장해 놓았다가 필요할 때 꺼내 쓸 수 있는 은행에 비유한다. 그런데 이런 비유는 기억이 실제로 어떻게 작동하는가에 대해 아무것도 보여 주지 않는다. 한번 저장된 기억은 고정 불변하는 것이 아니다. 기억은 감각기관을 통해 새로 들어오는 정보를 토대로 항상 새롭게 재구성된다. 우리가 지금 보고, 듣고, 냄새 맡고 있는 것은 과거에 보고, 듣고, 냄새 맡은 것의 영향을 받는다.

　병아리 성 감별만큼 모호하고 질병 진단만큼 심오한 인간의 사고와 행동 방식은 기억 작용과 밀접한 관련이 있다. 하지만 외부 세계를 해석하고 그 안에서 행동하는 것이 기억 행위에서 비롯한다면, 내가 만난 에드나 루카스나 다른 지력 선수도 마찬가지일까? 그들은 어떤 분야의 전문가가 아닌데도 어떻게 기억의 궁전이라는 '간단한' 기법을 활용해 기억의 달인이 될 수 있었을까?

　에릭손과 대학원생들이 내가 꼬박 사흘 동안 치른 시험의 결과를 알려 주지 않았지만, 내 기본 능력이 어느 정도인지 나름대로 가늠해 볼 생각으로 내가 따로 적어 둔 것이 있다. 그걸 보면, 일단 숫자는 아홉 개 정도 기억할 수 있었다. 평균 이상이기는 해도 자랑할 만한 수준은 아니다. 시 암송 능력은 최악이었고, 공자가 어느 시대에 살았는지는 알 길이 없었다. 그래도 카뷰레터의 용도는 잘 알고 있다. 탤러해시에 서 시험을 치르고 집에 와 보니 에드의 메일이 와 있었다.

안녕, 스타 제자. 플로리다에 가서 시험을 치를 거라고 해서 훈련을 게 을리 하지는 않겠지. 많이는 못 해도 매일 조금씩은 훈련해야 해. 본격적 인 훈련을 앞두고 시험 치를 생각을 한 건 잘했어. 하지만 다음 대회까지 시간이 얼마 남지 않았으니까 서둘러 준비해야 해. 이렇게 미적거리고 있을 시간이 없어. 플로리다는 그냥 시험이라고 생각하고 잊어버려.

chapter 4

세상에서 가장
기억력이 나쁜 사람을 만나다

자신의
기억상실증조차
기억하지 못하는 남자

기억력이 좋다는 사람들을 만나면서 다음에는 기억력이 정말 나쁜 사람들을 만나 보기로 마음먹었다. 기억의 본질과 의미를 이해하는 데 기억을 잊어버린 사람을 만나는 것만큼 좋은 방법이 있을까?

나는 다시 인터넷에 접속해 세계 메모리 챔피언십 우승자인 벤 프리드모어와 정반대로 세상에서 기억력이 가장 나쁜 사람을 검색해서 『신경과학 저널』에 실린 논문을 하나 찾아 읽었다. EP라고 불리는 여든네 살의 은퇴한 연구 보조원1에 관한 것이었다. 그 논문에 따르면, 그는 최근에 일어난 일이나 생각만 기억했다. 지금까지 알려진 기억상실증 환자 중 가장 심각한 경우라고 할 수 있다.

전미 메모리 챔피언십이 끝나고 몇 주 뒤에 나는 캘리포니아대학 샌디에이고 캠퍼스의 정신의학과 교수이자 샌디에이고 VA 메디컬센터 연구원인 래리 스콰이어에게 전화해서 EP를 만나 볼 수 있는지 물었다. 10년 넘게 EP를 연구 관찰하고 있는 그는 샌디에이고 교외에 있는 EP의 집에 방문할 때 동행하도록 허락했다. 스콰이어, 그의 연구 코디네이터로 EP를 정기적으로 찾아가 인지 능력 실험을 하는 젠 프래스치노, 나. 이렇게 셋이서 EP의 집에 찾아갔다. 프래스치노가 100번도 넘게 찾아갔는데도 EP는 그녀를 처음 맞는 손님처럼 대했다.

가운데 가르마를 한 백발의 EP는 키가 188센티미터나 됐고 양쪽 귀가 유달리 컸다. 성격은 친절하고 상냥했으며 웃음이 많았다. 그의 첫인상은 여느 이웃집 할아버지와 별로 다르지 않았다. 주방으로 가서 식탁을 사이에 두고 마주 앉아 간단히 인사를 나눈 뒤 바로 프래스치노가 그의 기본 지식과 상식을 알아보기 위해 몇 가지를 물었다. 질문은 브라질이 어느 대륙에 있는지, 1년이 총 몇 주인지, 물의 끓는점은 몇 도인지 등 간단한 것이었다. 그간 진행한 인지 능력 시험으로 입증된 사실, 즉 EP가 일반 상식은 기본적으로 숙지하고 있다는 것을 보여 주려는 형식적인 질문인 셈이다.

그의 지능지수는 103이고, 단기 기억만큼은 정상인과 결코 다르지 않았다. 그는 낯선 사람들이 집에 찾아와서 진지한 표정으로 물의 끓는점이 몇 도인지 묻는 것이 이상했을 텐데도 당황하지 않고 침착하게 성실히 대답했다.

"길에서 주소가 적혀 있고 우표도 붙은 봉투를 발견하면 어떻게 하시겠어요?" 프래스치노가 물었다.

"어떻게 하긴요? 다들 우편함에 넣지 않나요?" 그는 이렇게 말하며 '이 사람들이 내가 바보인 줄 아나?' 하고 생각하는 것처럼 허허 웃으면서 나를 슬쩍 쳐다봤다. 하지만 무례하다고 판단했는지 바로 프래스치노를 쳐다보며 이렇게 덧붙였다. "정말 재미있는 질문입니다. 정말로요." 그는 자신이 그 전에 같은 질문을 수도 없이 받았다는 것을 기억하지 못했다.

"음식을 왜 조리하죠?"

"날것이라 그렇지 않나요?" 확신에 찬 대답은 아니었어도 날것이라는 단어에는 힘을 주어 말했다.

나는 EP에게 전 대통령이 누구인지 아느냐고 물었다.

"아, 잠깐만요. 생각날 듯 말 듯 한데요."

"빌 클린턴이라는 이름을 들어 보셨나요?"

"클린턴이요. 아, 압니다. 제 오랜 친구로 과학자예요. 좋은 녀석이죠. 같이 일한 적이 있습니다."

내가 조금 의아해하는 눈치를 보이자 다시 대답했다.

"아니면, 혹시 염두에 둔 다른 클린턴이라도……."

"예, 전 대통령 이름이 빌 클린턴입니다."

"그를 말하는 것이었나요? 저는……!" 그가 자신의 무릎을 치며 허허 웃었는데 당황하는 기색은 없었다.

"전 대통령 중 기억에 남는 사람이 있으세요?"

그가 기억을 더듬는지 잠깐 뜸을 들이다 말했다. "글쎄요. 프랭클린 루스벨트였나……."

"존 F. 케네디에 대해 들어 본 적 있으세요?"

"케네디요? 잘 모르겠는데요."

프래스치노가 끼어들어 다른 질문을 던졌다. "왜 역사를 공부할까요?"

"음, 과거에 일어난 일을 알기 위해 공부합니다."

"그런데 왜 과거에 일어난 일을 알고 싶어 할까요?"

"뭐, 흥미롭기 때문이죠."

기억을
잃어버린다는
것의 의미

1992년 11월, EP가 감기 증세를 보이며 앓았다. 닷새 동안 고열과 혼수상태에서 침대에 누워 있었는데, 그냥 감기겠거니 하고 심각하게 받아들이지 않았다. 하지만 그의 머릿속에서는 단순 포진으로 알려진 악성 바이러스가 사과의 속을 갉아 먹듯이 뇌를 파먹고 있었다. 이때 바이러스가 EP의 양쪽 내관자엽을 갉아 먹으면서 호두 두 개만 한 뇌가 사라졌다. 이 일로 그의 기억이 대부분 사라졌다.

이 바이러스는 이상하다 싶을 정도로 정확히 내관자엽만 파고들었다. 뇌의 좌우에 하나씩 있는 내관자엽은 지각을 장기 기억으로 전환하는 인간의 기억에서 아주 중요한 일을 맡은 해마를 포함하고 있다. 해마는 기억을 저장하는 곳이 아니다. 잘 알려진 대로 기억은 뇌의 외곽을 이루는 주름진 신피질 어딘가에 저장된다. EP의 뇌는 해마가 파괴되었기 때문에, 굳이 비유하자면 캠코더에서 데이터를 기록하는 헤드를 떼어 낸 것과 같았다. 그는 지각할 수는 있지만, 지각한 것을 기록할 수는 없었다.

EP는 두 가지 기억상실증을 앓고 있었다. 하나는 순행성 기억상실증으로, 새로운 기억을 만들어 낼 수 없는 것이다. 다른 하나는 오래된 기억, 즉 대략 1950년도 이후 기억은 되뇌지 못하는 역행성 기억상실증이다. 따라서 그의 기억에 휘발유 값은 1950년 값인 갤런당 25센트이고, 인류 역사에 한 획을 그은 1969년의 달 착륙은 당연히 기억하지 못했다.

EP가 15년 동안 기억상실증을 앓았고, 상태가 호전되지도 악화되지도 않았는데도 스콰이어와 그의 연구 팀은 그로부터 기억상실증에 대해 많은 사실을 밝혀낼 수 있을 거라는 기대가 컸다. 당사자와 가족에게는 고통스럽고 안타까운 일이지만, EP처럼 완벽한 실험 조건을 갖춘 사람은 아직까지 많은 의문에 휩싸여 있는 뇌 과학 분야에 하늘이 준 기회나 다름없었다. 뇌의 다른 부위는 온전한데, 해마와 인접한 주요 부위에만 문제가 있는 사람은 세계적으로 얼마 되지 않는다. 그중 EP처럼 심각한 기억상실증을 앓는 사람이 또 있는데, 바로 클라이브 웨어링이다. BBC 음악 프로듀서였던 그는 1985년에 뇌염을 앓고 나서 EP처럼 뇌에 구멍이 났다. 그는 아내를 볼 때마다 20년 만에 처음 만난 사람처럼 낯설어한다. 그리고 매일 아침 아내한테 전화해 자신이 기거하고 있는 요양원에서 빼내 달라고 간청하는 메시지를 남긴다. 그는 자신의 고통스러운 나날을 하루도 빠짐없이 일기장에 기록한다. 하지만 이렇게 일과를 기록해도 바로 기억에서 사라지기 때문에 소용이 없다. 일기장을 들춰 봐도 적어 놓은 내용에 대한 기억이 전혀 없다. 그의 일기장을 보면 죄다 줄이 쳐 있다.

오전 8시 13분: 이제 정말 완전히 잠에서 깸.

오전 9시 06분: 이제 정말 진짜 잠에서 깸.

오전 9시 34분: 이제 정말 뭐라고 해도 잠에서 깸.

일기장에 쓰고 지운 흔적은 다행히 웨어링이 EP와 달리 자신이 어떤 상황에 처해 있는지 인식하고 있다는 것을 반증한다. 스콰이어가 EP에게 요즘 기억력이 어떤지 물었다.

"그저 그래요. 좋다고 말하기도 뭐하고, 나쁘다고 말하기도 뭐하네요."

EP는 왼쪽 손목에 의료 경보용 금속 팔찌를 차고 있었다. 용도를 알지만 왜 차고 있는지 물어봤다. 그는 손목을 올려 팔찌에 적힌 문구를 천천히 읽었다.

"음, 기억상실이라고 적혀 있네요."

EP는 자기 기억에 문제가 있다는 것조차 기억하지 못했다. 그에게는 매사, 매 순간이 새로웠다. 그리고 자신이 잊는다는 것까지 잊기 때문에 평범한 다른 사람들처럼 나이가 들어서 기억력이 떨어지니까 성가시다고만 생각한다.

"그이는 기억에 문제가 있다는 생각을 전혀 못 합니다. 이것도 축복이라면 축복이겠죠. 그래도 저는 그이가 자신한테 무슨 문제가 있는지 알아야 한다고 생각해요. 하지만 그럴 조짐이 전혀 안 보입니다. 대화를 나눠도 그렇고, 일상생활도 그렇고. 좀 알아야 하는데……." 나중에 EP의 부인 비벌리가 속상했는지 나와 따로 있을 때 한 말이다.

그녀의 말을 들은 나는 기억을 잃는다는 것은 그냥 기억만이 아니라 어떤 소중한 것을 잃는 것임을 깨달았다. EP의 부인도 그가 어떤 생각을 하는지, 기억은 없어도 감정은 남아 있는지 통 감을 잡지 못했다. 물론 그가 감정이나 생각이 없다는 말은 아니다. 그도 자기 생각을 말하고 감정의 변화도 보였다. 손자, 손녀가 태어났다는 소식을 들을 때마다 기뻐하며 감격의 눈물을 흘렸다. 하지만 잠시뿐이었다. 돌아서면 잊어버리는 그는 손자, 손녀가 있다는 것을 기억하지 못했다. 더구나 오늘 기분과 어제 기분을 비교할 수 없기 때문에 자기 자신이나 주변 사람들에 대해 일관된 생각과 태도를 보이지 못했다. 가족과 친구들이 그의 감정 상태를 종잡지 못하는 것은 당연했다. 다시 말해, EP는 바로 눈앞에 있는 사람이나 눈앞에서 벌어지는 사건에만 관심을 나타냈다. 대화를 나누다가 주의가 조금이라도 흐트러지면 대화를 처음부터 다시 시작해야 했다. EP에게는 가족과 주변 사람들과의 관계가 언제나 현재형이었다.

기억상실증을 앓으면서 EP에게 공간은 눈앞에 펼쳐지는 협소한 범위로 한정됐다. 인간관계도 같은 시간, 같은 장소에 있는 사람들로 국한됐다. 그는 어둠으로 둘러싸인 불빛 한 점 밑에서 살았다. 매일 아침 눈을 뜨면 자리에서 일어나 식사를 하고 다시 침대로 돌아가 라디오를 들었다. 하지만 침대로 돌아가 누우면 곧 자신이 아침을 먹었는지, 방금 일어났는지 항상 헷갈려 했다. 그래서 때로는 다시 아침을 먹고 침대로 돌아가 라디오를 들었다. 아마 그러고도 배가 부르지 않으면 아침을 여러 번 먹었을 것이다. 텔레비전을 봐도 아주 잠깐씩 흥미를 느낄 뿐, 자신이 한 프로그램을 계속 보고 있다는 사실을 전혀 알지 못했다. 역사 채널을 좋아했는데, 2차 세계대전에 대한 프로그램을 특히 즐겼다. 산책도 좋아해서 보통 오전에 짧게 여러 번 동네를 돌고, 가끔 45분 정도 되는 거리까지 가기도 했다. 뜰에 나가 신문을 읽지만, 지난 일에 대한 기억이 없는 그로서는 기사가 생뚱맞기 그지없었을 것이다. 아마 타임머신을 타고 딴 세상에 와 있는 것은 아닌지 착각할 정도였을 것이다. 기사 한 편을 끝까지 읽어도 내용을 기억하지 못했을 것이다. 그는 신문을 다 보고 나면, 대개는 신문에 실린 사진에 수염을 그려 넣거나 수저를 올려놓고 테두리를 따라 그리는 등 낙서를 즐겼다. 부동산 시세를 볼 때면 매번 놀라워했다.

기억이 없는 EP는 시간관념도 없었다. 그에게 의식은 물줄기가 아니라 생기자마자 증발해 버리는 빗방울 같았다. 손목에 찬 시계를 벗기거나 시간을 바꿔 놓으면, 그는 정말 모든 기억을 잃어버렸을 것이다. 다행인지 불행인지 모르겠지만, 기억나지 않는 과거와 상상할 수 없는 미래 사이에 존재하는 망각의 늪에 빠져 영원한 현재를 사는 그에게는 근심거리, 걱정거리도 없었다. 이웃에 사는 딸 캐럴은 이렇게 말했다. "아버지는 항상 행복해하세요. 정말 행복하시죠. 스트레스 받을 일이 없기 때문에 그러신 것 같아요." EP는 오히려 만성 기억상실증 덕에 일상의 번뇌에서 벗어나 불교에서 말하는 해탈의 경지에 이른 것 같았다.

"지금 연세가 어떻게 되십니까?" 스콰이어가 물었다.

그는 뭔가 계산이라도 하는 듯 눈썹을 치켜세우더니 잠시 뒤에 말했다. "음, 쉰아홉인가 예순인가. 잘 모르겠습니다. 기억이 가물가물하네요. 기억력은 괜찮은데 가끔 사람들이 뜬금없는 질문을 해요. 당신도 제 나이 또래 같아 보이는데, 아닌가요?"

스콰이어는 그의 나이를 알면서도 그냥 "예, 맞습니다." 하고 넘어갔다.

왜 나이 들수록
시간은 빨리 흐르는가

시간이 없다면 기억이라는 것은 필요 없을 것이다. 그런데 기억이 없어도 시간 같은 것이 있을 수 있나? 물론 지금 말하는 시간은 물리학에서 말하는 4차원, 독립변수, 빛의 속도에 가까워질수록 질량이 무한대로 늘어나는 속성이 있는 시간이 아니다. 내가 말하는 시간은 심리적 시간, 즉 우리가 인생을 살아가면서 경험하는 삶의 속도다. 간략히 말하면 정신적 구성물인 시간. 나는 자기 나이를 계산하려고 애쓰는 EP를 보면서 전미 메모리 챔피언십에서 에드 쿡을 만났을 때 그가 파리대학에서 하고 있다는 연구에 관해 잠깐 한 말이 떠올랐다.

"제가 주관적 시간을 연장하는 작업을 하고 있는데, 이것 때문에 더 오래 살 수 있지 않을까 싶습니다. 무슨 말인가 하면, 한 해가 저물어갈 때 허망한 느낌이 있잖아요. 도대체 한 해 동안 뭘 했지 하는 느낌을 갖지 않게 하는 겁니다." 에드가 콘 에디슨 본사 건물 밖 인도에서 담배를 물고 한 말이다.

"어떻게 그렇게 할 수 있죠?" 내가 물었다.

"더 많이 기억하고, 인생에 아주 오래 남을 추억을 차곡차곡 쌓고, 시간의 흐름을 더 확실하게 각인하는 거죠."

나는 "그럴듯한데요." 하면서 갑자기 떠오른 풍자 소설가인 조지프 헬러의 『캐치-22』에 나오는 파일럿 던바에 대해 이야기했다. 던바는 인생이 즐거울수록 시간이 빨리 흐른다고 생각해서, 인생의 속도를 늦추는 가장 확실한 방법은 삶을 지루하게 만드는 것이라고 했다.

에드가 어깨를 으쓱하며 말했다. "저는 정반대입니다. 인생을 기억으로 채우면 채울수록 시간은 더디게 흘러갑니다."

시간에 대한 경험은 사람마다 다르다. 우리는 하루가 한 주, 한 달, 한 해처럼 획 지나갈 수 있다는 것을 안다. 반대로, 한 달이나 한 해가 영원히 이어지는 것처럼 느낄 수도 있다.

우리의 삶은 사건에 대한 일련의 기억으로 구조화되어 있다. 사건 X가 파리 휴가 직전에 발생했다. 나는 운전면허를 딴 해 여름에 Y를 하고 있었다. 사건 Z는 내가 첫 직장을 잡은 주말에 일어났다. 우리는 한 사건을 다른 사건과 연결해 상대적 시간에 두고 기억한다. 인간은 사실에 대한 기억을 네트워크에 통합해 축적하듯이 인생의 경험도 연대기적 기억의 네트워크에 통합해 저장한다. 네트워크가 조밀해질수록 시간 경험도 조밀해진다.

이것을 실험으로 직접 입증한 사람이 있다. 프랑스의 시간생물학자인 미셸 시프레가 과학사에서 좀체 찾아보기 힘든 자기(自己) 실험을 통해 시간과 유기체의 상관관계를 연구한 것이다. 1962년, 시프레는 지하 동굴에서 외부와 철저히 단절한 채 두 달을 지냈다. 시계와 달력이 없었고, 해를 볼 수도 없었다. 몸이 시키는 대로 졸리면 자고 배가 고프면 먹으면서 '시간을 초월해' 사는 것이 인간의 생체 리듬에 어떤 영향을 미칠지 알아보려고 했다.

그런데 시프레의 기억력이 아주 빠르게 감퇴했다. 지루하기 짝이 없는 캄캄한 동굴에서 밤과 낮의 구별이 무의미해지니까, 시간은 연속적이고 분간할 수 없이 아련한 것이 되었다. 대화를 나눌 사람이 없고 할 일도 없기 때문에, 특별히 기억에 남을 새로운 것도 없었다. 연대기적 시간의 흐름을 가늠할 만한 사건이 없었다. 전날 무슨 일을 했는지도 기억하지 못하는 때가 있었다. 고립된 생활이 그를 기억상실증을 앓는 EP와 다를 바 없는 사람으로 만들었다. 시간의 흐름이 무뎌지면서 사실상 기억상실과 같은 상태가 됐다. 곧이어 수면 패턴이 무너졌다. 시계가 없기 때문에 정확히 잴 수는 없었지만, 어떤 날은 서른여섯 시간 동안 멀뚱히 깨어 있는가 하면 어떤 날은 여덟 시간만 깨어 있기도 했다. 그의 연구 지원 팀이 실험을 끝내기로 약속한 9월 14일에 그를 데리러 갔는데, 그의 일지에 기록된 날짜는 8월 20일이었다. 그는 실험을 시작한 지 한 달밖에 안 됐다고 생각하고 있었다. 그는 외부와 차단된 캄캄한 동굴에서 시간이 두 배나 압축적으로 흘러 버린 것을 경험했다. 단조로움이 시간을 줄인다. 시간을 늘리는 것은 새로움이다. 매일 운동하고 몸에 좋다는 음식을 먹고 장수를 누려도 시간은 짧게만 느껴진다. 하는 일 없이 골방에 앉아 신문이나 들춰 보며 하루하루를 지내다 보면 특별히 기억에 남는 것 없이 세월만 허송하는 것이다. 틀에 박힌 일상을 바꾸고 이국적인 곳으로 여행을 떠나고 가능한 한 기억에 남을 새로운 경험을 많이 하는 것이 중요하다. 새로운 기억의 창조가 심리적 시간을 늘리고 삶에 대한 인식과 태도를 바꾼다.

　미국의 심리학자이자 철학자인 윌리엄 제임스는 1890년에 쓴 『심리학 원리』에서 심리적 시간의 연장과 수축에 대해 이렇게 썼다. "젊어서 우리는 의도하든 의도하지 않든 매일 매 시간 아주 색다른 경험을 한다. 이런 경험은 생생하게 오래 기억에 남는다. 그래서 젊을 때 기억은 흥미진진한 여행지의 추억처럼 다채롭고 이색적이고 오랫동안 남는다. 하지만 나이가 들수록 이런 색다른 경험은 틀에 박힌 일상으로 바뀌어 진부한 것이 되기 때문에 별 의미 없는 것으로 기억에 남고, 그래서 해가 바뀔수록 기억에서 하나씩 자취를 감춘다." 해가 갈수록 시간이 빨리 가는 것처럼 느껴지는 것은 나이가 들수록 새로 기억할 만한 일이 줄어들기 때문이다. "기억하는 것이 인간적인 것이라면, 더 많은 것을 기억하는 것은 더욱더 인간적으로 되는 것입니다." 에드가 말했다.

  자기 삶을 잊지 못할 기억으로 가능한 한 가득 채우겠다는 에드의
목표가 허황된 것처럼 들릴 수도 있지만, 우리 주변에 별의별 수집에
열을 올리는 사람이 있는 것처럼 이것도 어떤 취미로 생각한다면 얼토
당토않은 말은 아니다. 오히려 더 그럴듯해 보이는 면이 있다. 윤리학
개론 시간에 가끔 학생들이 갑론을박하게 되는 오래된 철학적 수수께
끼가 있다.

  19세기에 의사들이 수술 중 환자의 고통을 줄이기 위해 투여하는 마
취제가 진짜 효과가 있는지 의심하기 시작했다. 즉 마취제가 의도와
달리 수술 기억을 지우지도 않고 환자를 잠들게 하지도 않는다고 생각
한 것이다. 그렇다면 마취제를 쓴 의사들이 잘못했다고 비난할 수 있
을까? 알아주는 이 하나 없이 혼자 쓰러져 가는 숲속의 고목처럼 기억
나지도 않는 경험이 과거에 있었다고 한들 무슨 의미가 있을까? 소크
라테스는 반성 없는 삶은 살 가치가 없다고 했다. 그렇다면 기억나지
않는 삶에 대해서도 똑같이 말할 수 있지 않을까?

기억상실증 환자에게
'배움'이 의미가 있을까

              현재 인류가 기억에 대해 아는 것은 대부
분 EP같이 뇌가 손상된 사람을 통해 얻은 것이다. 기억상실증을 앓던
헨리 몰래슨도 기억 연구에 많이 공헌했다. HM으로 불린 그는 거의 평
생을 코네티컷 주에 있는 요양원에서 지내다가 2008년에 세상을 떠났
다. (의학 문헌에 거론되는 환자는 신원 보호를 위해 항상 머리글자로
표기한다. HM의 이름은 그가 죽은 뒤에 일반에 공개됐다.) HM은 아

홉 살 때 자전거 사고를 당한 뒤 간질을 앓았다. 스물일곱 살쯤에는 하루가 멀다 하고 의식을 잃어 거의 아무것도 할 수 없었다. 그를 담당했던 코네티컷 주 하트포드 병원의 신경외과 의사 윌리엄 스코빌은 그의 뇌에서 간질을 일으키는 것으로 의심되는 부위를 도려내는 실험 시술로 증세를 완화할 수 있다고 보았다.

1953년, HM의 의식이 멀쩡히 깨어 있는 상태에서 두피만 마취한 채 스코빌이 양쪽 눈 위로 구멍을 하나씩 뚫었다. 작은 압설자로 HM의 뇌 앞쪽을 들어 올린 뒤 의료용 금속 빨대로 내관자엽을 감싸고 있는 해마를 추출했다. 수술 뒤 HM의 발작 증세는 눈에 띄게 줄었다. 하지만 예상치 못한 심각한 부작용이 생겼다. 그의 기억이 사라진 것이다.

그 뒤 50여 년 동안 HM은 무수한 의학 실험의 대상이 되어 뇌 과학 역사상 가장 많이 연구된 환자로 기록됐다. 사람들은 HM이 해마를 추출당해 기억을 잃은 유일한 사례일 것이라고 생각했다. EP가 이런 생각을 뒤집었다. 물론 EP와 HM은 한 가지 차이가 있다. HM이 스코빌의 수술 때문에 인위적으로 기억을 잃었다면, EP는 단순 포진 탓에 자연적으로 기억을 잃었다. EP의 뇌 손상 부위가 조금 더 넓기는 해도 두 사람의 MRI 결과는 놀랄 만큼 비슷했다. 뇌가 어떻게 생겼는지 본 적이 없는 사람이라면 감이 잘 안 오겠지만, 두 사람의 뇌는 시커먼 눈동자처럼 보이는 커다란 구멍 두 개가 좌우에서 응시하는 것같이 생겼다.

HM은 EP처럼 그때그때 생각하고 말한 것은 그럭저럭 기억할 수 있었지만 주의를 조금만 다른 데로 돌리면 좀 전에 무슨 일이 있었는지 전혀 기억하지 못했다. 캐나다 맥길대학 신경학과와 부설 몬트리올신경학연구소의 교수인 브렌다 밀너는 HM을 대상으로 한 유명한 실험에서 그에게 숫자 584를 가능한 한 잊지 말고 기억하라고 했다. 그는 다음과 같은 방식으로 584를 기억했다.

쉽습니다. 8을 기억해 두세요. 5와 8과 4를 더하면 17입니다. 17에서 기억하고 있는 8을 빼면 9가 남습니다. 9를 둘로 나누면 5와 4가 나오는데, 그럼 584가 됩니다. 간단하죠.

HM은 몇 분 동안 숫자 584를 잊지 않기 위해 집중했다. 하지만 관심이 다른 데로 가자마자 숫자를 잊었다. 브렌다가 뭘 기억하라고 했는지도 기억하지 못했다. 과학자들이 장기 기억과 단기 기억 사이에 차이가 있다는 것을 19세기 후반에 알았지만, 두 기억이 뇌의 다른 부분에서 처리되고 해마가 손상되면 단기 기억이 장기 기억으로 전환될 수 없다는 것은 HM을 통해 비로소 알아냈다.

더구나 그를 통해 기억에 대한 다른 사실도 많이 밝혀졌다. 그가 아침 식사로 무엇을 먹었는지, 대통령이 누구인지는 기억하지 못해도 몇 가지는 기억해 낼 수 있었다. 밀너는 그에게 복잡한 과제를 낼 경우, 그가 그 과제를 이해하지는 못해도 학습할 수는 있다는 것을 알아냈다. 1962년에 수행한 놀라운 실험에서 HM은 거울에 반사된, 종이에 그린 별 그림의 윤곽을 그대로 따라 그릴 수 있다는 것을 보여 줬다. 밀너는 HM에게 매번 같은 과제를 냈는데, 그때마다 그는 새 과제를 수행하는 것처럼 새로워했다. 그래도 과제를 수행할 때마다 조금씩 발전하는 모습을 보여 줬다. 기억상실증이 있지만 전에 학습한 것을 무의식적으로 나마 기억한다는 증거였다.

EP를 포함해 기억상실증 환자들을 대상으로 진행된 후속 연구들을 통해서 기억을 잃은 사람이 기억은 못 해도 학습은 할 수 있다는 사실이 드러났다. 스콰이어가 EP를 대상으로 실험하면서 스물네 단어를 주고 외우라고 한 적이 있다. 예상대로 EP는 몇 분 만에 기억했던 단어를 다 잊어버렸다. 그런 단어들을 외웠다는 것도 기억하지 못했다. 단어를 하나씩 보여 주면서 본 적이 있는지 물어보면 절반 정도만 본 적이 있다고 했다.

스콰이어는 EP를 컴퓨터 화면 앞에 앉혀 놓고 다른 실험도 진행했다. 이번에는 마흔여덟 단어를 전부가 아닌 일부만 인지할 수 있도록 0.025초에 하나씩 나타났다 사라지게 했다. 우리가 눈을 깜박이는 속도가 0.1~0.15초니까, 이것이 엄청나게 빠른 속도라는 것을 알 수 있다. 마흔여덟 단어 중 절반은 전에 기억했다 잊어버린 것이었고, 나머지 절반은 새로운 것이었다. 스콰이어는 EP에게 화면에 나오는 단어를 보이는 대로 읽어 보라고 했다. 놀랍게도 EP는 새 단어들보다 전에 기억한 단어들을 훨씬 더 쉽게 읽었다. 그것들을 암기했다는 기억은 없지만, 그의 뇌 한구석에 그것들에 대한 흔적이 남은 것이다.

점화 효과로 알려진 이 무의식적 기억 현상은 우리 의식의 이면에 아직까지 밝혀지지 않은 기억 세계가 있다는 것을 반증한다. 뇌에 얼마나 많은 기억 체계가 존재하는지 과학자들 사이에서 의견이 분분하지만, 대체로 서술적 기억과 비서술적 기억이 존재하는 것으로 본다. 이것들은 명시적 기억과 암묵적 기억으로 불리기도 한다.

이 중 서술적 기억은 차량 색상이나 어제 오후에 일어난 일 등 우리가 알고 있는 통상적 기억이다. EP와 HM은 서술적 기억을 새로 만드는 능력을 잃어버린 것이다. 비서술적 기억은 자전거를 타는 방법이나 거울에 비친 물체의 모양을 그대로 따라 그리는 방법이나 컴퓨터 화면에서 빠르게 나타났다 사라지는 단어의 의미 등 무의식적으로 아는 것이다. 이 기억은 서술적 기억과 달리 단기 기억으로 처리되지 않을 뿐만 아니라 해마에 의존해 기억으로 저장되지도 않는다. 기본적으로 뇌의 다른 부분이 작용하는 기억이다. 예를 들면, 운동 기능 학습은 소뇌, 지각 학습은 신피질, 습관 학습은 기저핵에서 주로 일어난다. EP와 HM이 분명하게 보여 준 것처럼 뇌는 일부가 손상돼도 나머지는 정상적으로 작동한다. 우리가 누구인지, 어떻게 사유하는지 등 인격을 결정하는 핵심 요소는 의식적인 뇌에게는 출입 금지 구역이나 다름없는 암묵적 기억과 관련된다.

심리학자들은 서술적 기억을 더 세분화해서 의미 기억 또는 사실 및 개념 기억과 일화 기억 또는 생활에서 얻는 경험 기억으로 나눈다. 어제 아침에 삶은 달걀을 먹었다고 하자. 이것을 기억하는 것이 일화 기억이다. 반대로, 아침 식사가 세끼 중 가장 먼저 하는 식사라고 아는 것이 의미 기억이다. 일화 기억은 시공간 안에 있다. 그래서 어디와 언제가 꼭 따라다닌다. 그런데 의미 기억은 자유롭게 유영하는 지식처럼 시공을 초월해서 존재한다. 두 기억 모두 기본적으로 내관자엽에 있는 해마와 그 밖의 다른 조직들에 의존하지만, 신경 경로가 다르고 저장 장소도 다르다. EP는 두 가지 기억을 모두 잃었지만 흥미롭게도 단순 포진을 잃기 전의 기억은 남았다. 그의 기억력은 나이가 들수록 하향 곡선을 그리면서 쇠약해졌다.

똑같은 일에 대한 그때의 기억과 지금의 기억이 다른 이유

기억과 관련한 많은 미스터리 중 하나는 EP 같은 기억상실증 환자가 히로시마에 원자폭탄이 언제 떨어졌는지는 기억하면서도 베를린 장벽이 붕괴한 시점은 기억하지 못한다는 사실이다. 대다수 기억상실증 환자들에게는 최근 기억이 가장 먼저 사라지고 오래전 기억은 또렷하게 남는다. 이런 현상은 이것을 처음 발견한 19세기 프랑스의 심리학자 테오듈 A. 리보의 이름을 따서 리보의 법칙이라고 한다. 이 현상은 알츠하이머 환자들도 흔히 보인다. 이런 사실은 기억이 정적인 것이 아니라는 점을 시사한다. 기억은 시간이 흐름에 따라 변하는 성질이 있다. 어떤 기억을 떠올릴 때마다 그 기억은 다른 기억과 연결된 네트워크에 깊이 통합되고, 그래서 전보다 더 또렷한 기억이 된다.

그런데 이 과정에 기억의 내용도 바뀐다. 어떤 기억도 처음부터 끝까지 똑같지는 않다. 처음 기억과 유사성을 유지할 뿐이다. 신경과학자들이 뇌에서 일어나는 이런 과정을 최근에야 알아냈지만, 심리학자들은 오래된 기억과 새로운 기억의 질적 차이에 대해 오래전부터 잘 알고 있었다.

정신분석학자 프로이트가 오래된 기억은 제3자가 찍은 사진처럼 기억되고, 새로운 기억은 자신의 눈으로 직접 본 것처럼 기억된다는 사실을 처음으로 지적했다. 자아에게 일어난 일이 시간이 지나면서 모든 사람에게 보편적으로 일어나는 일로 바뀐다. 즉 시간이 지나면서 뇌는 자연스럽게 개인의 일화를 보편적 사실로 바꾼다.

이런 과정이 신경 단위에서 어떻게 일어나는지는 아직 수수께끼다. 그래도 가장 그럴듯한 가설은 기억이 유목민처럼 이리저리 떠돌아다닌다는 것이다. 뇌에 새로운 정보가 입력되면 그 정보는 해마를 거쳐 신피질에 장기 저장된다. 그리고 시간이 지나면서 수정을 거쳐 사라질 염려가 없는 장기 기억으로 굳어 간다. 이제 신피질에 저장된 장기 기억은 해마와는 별개로 존재한다.

그런데 이런 가설이 야기하는 문제가 있다. EP가 잊어버린 1950년 이후 기억은 단순 포진이 내관자엽을 갉아 먹어서 없어진 것일까, 어디엔가 남아 있는데 접근하지 못하는 것일까? 단순 포진이 기억의 집을 파괴했을까, 그 집을 여는 열쇠를 잃어버린 것일까? 답은 아직 아무도 모른다.

기억을 체계화하고 그것에 의미를 부여하는 과정에서 수면이 중요한 구실을 한다. 한 시간 동안 쳇바퀴를 돈 쥐는 잠결에도 똑같이 한 시간 동안 쳇바퀴를 돈다. 쳇바퀴를 돌 때 나타나는 신경 발화 패턴이 잘 때도 똑같이 나타나는 것이다. 꿈은 실제 생활에서 겪은 일을 초현실적으로 재구성한 것 같은 이상한 느낌을 주는데, 이것은 경험이 장기 기억으로 서서히 굳어 가면서 나오는 부산물이 바로 꿈이라는 것을 증명한다.

나는 EP가 꿈을 꾸는지 궁금했다. 물론 나는 그가 어떤 대답을 할지 알고 있었다. 그래도 그가 어떻게 대답할지 궁금했기 때문에 거실 소파에 앉아 있는 그에게 다가가 조심스럽게 물어봤다. 그가 조금 퉁명스럽게 대답했다. "가끔 꿈을 꾸지만 기억하지는 못합니다."

우리의 자아정체성은
기억에 달려 있다

우리는 기억상실증에 걸린 상태로 세상에 태어난다. 어떤 사람들은 그 상태에서 벗어나지 못한다. 한번은 세 살 된 조카에게 두 살 생일 파티에 대해 물었다. 1년 넘게 지난 일이었는데 조카의 기억은 놀랄 만큼 정확했다. 조카는 생일을 축하하러 온 친구들을 위해 기타를 치며 노래해 준 젊은 기타리스트의 이름은 물론이고 그와 함께 부른 노래까지 기억하고 있었다. 내가 선물로 미니어처 드럼 세 개를 준 것도 기억하고, 케이크와 아이스크림을 먹은 것도 알고 있었다. 하지만 10년 정도 지나면 조카는 이 중 아무것도 기억하지 못할 것이다.

성인이 되면 세 살이나 네 살 이전에 겪은 일은 거의 기억하지 못한다. 서너 살 때의 기억이 남아 있다고 해도 대부분 단편적이고 또렷하지 않기 때문에 정확도가 떨어진다. 일생 중 그 어느 때보다 학습 속도가 빠른 시기, 즉 걷고 말하고 세상을 알아 가는 시기에 겪는 일이 기억에 거의 남아 있지 않다는 것은 좀 의아하다.

프로이트는 유년기에 품은 과도한 성적 환상을 성인이 된 뒤에 부끄럽게 여겨서 속으로 억누르려고 하는 심리 때문에 유아기에 대한 기억상실증이 나타난다고 보았다. 이런 해석을 지지하는 심리학자가 얼마나 될지는 잘 모르겠다. 이보다 좀 더 그럴듯한 설명은, 뇌가 생후 2년 동안 사용하지 않는 신경 연결을 잘라 내고 새로운 연결을 만들면서 빠르게 성장하기 때문에 유년기 기억이 남을 수 없다는 주장이다. 대뇌의 신피질은 아이들이 장기 기억을 저장하기 시작하는 서너 살이 되어

서야 완전히 발달한다. 하지만 이런 해부학적 설명도 완전하지는 않다. 유아는 세계를 해석하고 현재와 과거를 연결하는 도식 능력이 없다. 별다른 경험이 없고, 그것을 조직화할 수 있는 언어를 습득한 상태도 아니기 때문에 기억을 나중에 성인이 된 뒤에 되뇔 수 있게 의미의 관계망에 새겨 넣을 능력이 없다. 이런 구조가 발전하려면 어느 정도 시간이 필요하고, 세상과 끊임없이 접촉해야 한다. 유년기의 주요 학습은 상당히 암묵적이고 비서술적이다. 다시 말해, 모든 인간이 EP가 보이는 증세를 어느 정도 안고 세상에 태어난다. 다만 EP처럼 의식하지 못할 뿐이다.

나는 EP의 무의식적이고 비서술적인 기억이 어떻게 작동하는지 보고 싶어서 함께 산책하자고 부탁했다. 그는 내키지 않는지 별로라고 했다. 그래서 2분 정도 기다렸다가 다시 부탁했다. 이번에는 순순히 응낙했다. 우리는 해가 중천에 뜬 오후에 밖으로 나와 오른쪽으로 방향을 잡았다. 오른쪽으로 방향을 잡은 것은 내가 아니라 EP였다. 나는 왜 왼쪽으로 가지 않느냐고 물었다.

"저는 그쪽으로 가지 않습니다. 이쪽이 제가 가는 방향입니다. 이유는 모르겠어요." 그가 말했다.

EP에게 매일 다니는 산책로를 그려 달라고 하면 아마 그리지 못할 것이다. 그는 자기 집 주소도 기억하지 못했다. 더구나 미국 서부 해안의 군항 도시인 샌디에이고 출신이라면 누구나 알 바다가 있는 방향도 몰랐다. 하지만 오랫동안 같은 산책로를 오갔기 때문에 그의 무의식에는 산책로가 뚜렷이 각인된 게 분명했다. 이걸 아는 비벌리는 남편이 조금만 방향을 잘못 잡아도 길을 잃을 수 있는데도 혼자 산책 나가는

것을 막지 않았다. 어떤 때는 산책하다가 둥근 조약돌, 강아지, 지갑 등
을 주워 오기도 했다고 한다. 하지만 EP는 그것들이 어떻게 자신의 수
중에 들어왔는지 기억하지 못했다.

비벌리가 내게 말했다. "그이가 스스럼없이 다가가 말을 걸기 때문
에 동네 사람들은 다 좋아합니다." EP로서는 매번 처음 보는 사람들이
었겠지만 무의식적으로 반복된 습관 때문에 그들에게 친근감을 느끼
게 됐고, 그래서 산책하다가 마주치는 사람이 있으면 가던 길을 멈추
고 인사를 나눴다.

EP가 그들이 누군지도 모른 채 친근감을 느꼈다는 것은 우리의 일상
행동이 서술적 기억과는 무관한 암묵적 가치와 판단에 많이 이끌린다
는 것을 뜻한다. 나는 EP가 무의식적인 습관을 통해 더 학습한 것은 없
는지 궁금했다. 1992년에 단순 포진으로 서술적 기억을 잃은 이후 15
년 넘게 비서술적 기억이 형성된 것은 아닐까? 기억을 잃었어도 욕구,
두려움, 감정, 갈망 같은 느낌은 정상인과 다르지 않았다. 느낌이 기억
에 남지 않기 때문에 말로 표현하지 못했을 뿐이다.

나는 15년 전 내 모습을 떠올리면서 그동안 얼마나 많이 변했는지
생각해 보았다. 얼핏 보면 15년 전이나 지금이나 큰 차이가 없는 것 같
지만 외모부터 너무 많이 달라졌다. 머리 모양이 바뀌었고, 허리 굵기
도 천양지차를 보인다. 사실 이름만 똑같지 전혀 다른 사람 같다. 당시
의 나와 지금의 나를 하나로 이어 주는 것, 시간이 흘러도 내가 나라
는 환상을 심어 주는 것은 내 안에서 서서히 진화하고 있는 어떤 것 때
문이다. 그것을 영혼이나 자아나 신경망의 부산물이라고 하자. 어떻게
부르든 이런 연속성은 전적으로 기억에 달렸다.

우리의 정체성이 기억에 달렸다고 해서 기억이 없는 EP가 영혼 없이 움직이는 골렘이라는 것은 아니다. 기억을 잃기는 했지만, 그도 사람이고 인격이 있다. 그의 인격은 그만의 것이다. 단순 포진이 그의 기억을 깨끗이 갉아 먹기는 했지만, 그의 개성마저 갉아 먹은 것은 아니다. 보통 사람들과 다른 점이 있다면, 그의 자아는 비어 있어서 더는 성장할 수도 바뀔 수도 없다는 것뿐이다.

우리는 길을 건너서 부인 비벌리, 딸 캐럴과 떨어진 채 단둘이 걸었다. 그는 내가 누군지, 왜 자기와 걷는지 몰랐을 것이다. 그래도 나를 멀리하거나 떼어 놓지 않고 걷는다는 것은 나에 대해 우호적인 감정이 있다는 것을 뜻했다. EP는 나하고 단둘이 걷기가 어색했는지 잠깐 나를 보며 입을 오물거렸는데 얘깃거리를 찾는 것 같았다. 나는 침묵을 깨는 대신 그 어색한 분위기가 어디로 튈지 잠자코 지켜보기로 했다. 예고하지 않은 상황을 그가 어떻게 받아들이고 대응할지 보고 싶었던 것이다. 하지만 그는 별 반응을 보이지 않았다. 아니, 일부러 내색하지 않았을 수도 있다. EP는 자신이 살아가는 현실 세계를 깨닫지 못하는 실존적 공포에 사로잡혀 있었다. 아주 잠깐이라도 그가 공포에서 벗어날 수 있도록 돕고 싶다는 충동이 일었다. 그를 잡고 흔들면서 말해 주고 싶었다. "당신은 아주 희귀한 기억 장애를 앓고 있습니다. 지난 50년의 기억이 모조리 지워졌어요. 아마 채 1분도 안 돼서 이 대화도 잊을 거예요." 나는 그를 엄습할 공포, 찰나의 깨달음, 눈앞에 잠깐 나타났다 사라질 공허감을 떠올렸다. 그리고 이 공허감은 옆을 지나는 차들과 멀리서 들려오는 새 울음소리로 다시 채워질 것이다. 하지만 나는 그렇게 하지 못했다.

　내가 그에게 걸어온 방향을 가리키며 말했다. "너무 멀리 왔습니다."
우리는 그 자리에서 뒤돌아 그의 기억에서 벌써 사라졌을 도로와 손을
흔들어 주는 동네 주민들을 지나쳐서 역시 그의 기억에 존재하지 않을
집으로 돌아왔다. 집 앞에 선팅을 한 차가 한 대 있었다. 우리는 창에
비친 각자의 모습을 쳐다봤다. 내가 그에게 뭐가 보이는지 물었다.
　"늙은이가 보이는군요." 그가 대답했다.

chapter 5

전 세계 기억력 고수들이 사용하는 기억법, 기억의 궁전

기억법을
배우기 전에
반드시 알아야 할 것

나는 에드가 영국으로 돌아가기 전에 한 번 더 만나기로 약속했다. 약속 장소는 그가 미국에 오면 꼭 들러 보고 싶어 한 곳으로, 그의 미국 체류 일정 중 마지막 방문지인 센트럴파크였다. 호수 주변에 조성된 트랙에서 조깅하는 사람들을 보면서 앙상한 가지를 드러낸 숲길을 따라 걷다 보니 어느새 리츠칼튼 호텔이 정면으로 보이는 공원 남단에 있었다. 춥고 바람이 많이 부는 오후라 밖에서 진지한 대화를 나누기는 힘들었다. 그런데 에드는 어디든 안으로 들어갈 생각을 전혀 하지 않았다. 그는 나한테 지팡이를 주더니 만성 관절염 때문에 다리가 아플 텐데도 근처에 있던 커다란 바위에 기어 올라갔다. 바위에 올라 한동안 주변을 둘러본 그는 "완벽한데!" 하고 감탄하더니 나도 올라오라고 했다. 그 전에 그가 한 시간 동안 몇 가지 기억 기법들을 가르쳐 주겠다고 약속했는데, 날씨가 너무 추워서 한 시간 동안 밖에 서 있을 수 있을지 걱정부터 앞섰다.

바위에 책상다리를 하고 자리 잡은 에드가 말했다. "충고 하나 할게. 지금은 초기라 기억력이 뛰어난 사람들이 존경스러워 보이겠지만, 그것도 아주 잠깐이야. 얼마 안 있으면 속으로 '그냥 속임수야!' 하게 될걸." 그는 내 반응을 기다리는 것처럼 잠시 뜸을 들이다가 곧 머리를 뒤로 젖히며 말을 이었다. "미리 말하지만 그건 잘못된 생각이야. 하지만 한 번쯤은 그런 생각을 꼭 하게 될 거야."

에드는 기억술의 가장 기본적인 원리라고 할 수 있는 '정교한 부호화'에서 이야기를 시작했다. 그의 설명에 따르면 인간의 기억은 현대 사회의 산물이 아니다. 인간의 시각 능력, 언어 능력, 직립보행 능력, 그 밖의 다른 생물학적 능력과 마찬가지로 기억도 지금과는 전혀 다른 환경에서 자연선택을 통해 진화했다.

선행 인류의 원시적인 뇌가 언어 능력, 상징 능력, 복잡한 신경 회로 등을 가진 고등 뇌로 진화하기까지는 약 180만 년 전부터 1만 년 전까지 해당하는 지질시대인 홍적세를 지나야 했다. 이 시기에 인류는 지금 일부 오지에 있는 부족처럼 수렵 채집 활동을 주로 했는데, 그 덕에 지금과 같은 뇌로 진화 발전할 수 있었다.

영양이 부족한 시절에 단것과 기름진 것을 좋아하는 식습관 때문에 그럭저럭 버티기는 했지만 패스트푸드가 만연한 현대 세계에 아직 완전히 적응하지 못한 우리 기억은 정보화 시대에도 적응하지 못하기는 마찬가지다. 오늘날 우리가 기억에 의존하는 일들은 초기 인간의 뇌가 진화한 환경과는 아무 관련이 없다. 우리 조상은 전화번호를 외울 필요도, 사사건건 상사의 지시를 받을 일도, 대학에 들어가기 위해 공부할 일도, 소규모 집단생활을 했으니까 굳이 칵테일파티 같은 데 가서 난생처음 보는 사람들의 얼굴을 기억할 필요도 없었다.

초기 인류와 유인원이 기억해야 하는 것은 어디에 먹을 것이 있는지, 잘 만한 곳은 어디인지, 먹을 수 있는 식물은 어떤 것이고 독이 있는 식물은 어떤 것인지 등이었다. 이것들은 살기 위해 반드시 알고 있어야 했고, 인간의 기억력도 이에 발맞춰 진화 발전했다.

기억법의 핵심 1:
기억은 시각 이미지를
좋아한다

모든 기억 기법의 근간이 되는 핵심 원리는 우리의 뇌가 모든 종류의 정보를 동등하게 기억하지 않는다는 것이다. 에드가 맨해튼의 어퍼이스트사이드에 있는 공립 고등학교 학생들을 대상으로 한 양자택일 이미지 인식 실험에서 엿볼 수 있는 것처럼 우리 뇌는 시각 이미지는 그런대로 잘 기억하지만 단어나 숫자 같은 추상적인 것은 잘 기억하지 못한다. 기억 기법의 핵심은 공감각 장애를 앓던 S가 본능적으로 한 것을 그대로 따라 하는 것이다. 즉 뇌가 잘 기억하지 못하는 성질의 기억을 잘 기억하는 성질의 기억으로 바꿔 주는 것이다.

에드는 손이 시린지 호호 입김을 불면서 이렇게 말했다. "기억술의 요점은 뇌에 입력되는 지루하고 재미없는 정보를 다채롭고, 흥미롭고, 예전에 본 것과는 전혀 다른 것으로 바꿔서 까먹지 않도록 하는 거야. 정교한 부호화가 바로 이거야. 이따 단어를 가지고 한번 해 볼 텐데, 기억술을 익힐 때 연습 삼아 하는 가장 흔한 방법이라고 보면 돼. 그 다음에 숫자, 포커 카드, 추상적인 개념을 가지고 차례로 해 보자고. 일단 해 보면 감이 올 거야."

에드는 전에 루카스와 오스트리아 빈에 갔을 때 겪은 일을 이야기해 줬다. 루카스가 가장 중요한 시험을 하루 앞둔 날 둘이 파티에 가서 새벽까지 진탕 마신 뒤 동트기 직전에 비틀거리며 숙소로 돌아왔다고 했다. "점심때가 돼서야 정신을 차린 루카스가 부리나케 공부하더니 시험에 통과했어. 기억 기법 덕이었지. 열심히 공부한 학생들을 생각하면 미안하지만, 시험이 코앞이라 남 신경 쓸 겨를이 없었던 거야. 루카스도 스스로 찔리는 구석이 있는지 크게 기뻐하지는 않더라고."

에드는 곱슬머리를 귀 뒤로 넘기면서 내게 어떤 걸 먼저 암기하고 싶은지 물었다. 그가 몇 가지를 제안했다. "조금 유용한 것부터 시작할까? 이집트 파라오들의 재위 기간이나 역대 미국 대통령의 재직 기간도 좋고, 낭만주의 시 한 편은 어때? 지질시대를 암기하는 것도 괜찮고."

"정말 유용하게 들리네!" 내가 웃으며 대답했다.

"지난 100년 동안 슈퍼볼 우승 트로피를 거머쥔 팀이나 농구 스타들의 평균 득점을 외워 보는 것도 괜찮을 것 같은데."

이때까지만 해도 나는 에드를 놀람과 의심의 눈초리로 바라보고 있었다. 물론 추운데 밖에서 덜덜 떨며 수업하려니, 의심의 눈초리가 더 크기는 했다. "슈퍼볼 우승 팀을 모두 기억해?"

"아니, 그럴 리가. 난 크리켓이 좋아. 그런 걸 하면 좋지 않을까 싶어서 그냥 말해 본 거야. 기억술을 써서 뭐든 빨리 기억할 수 있다는 게 중요해. 해 볼래?"

"음, 물론." 나는 약간 뜸 들이다 대답했다.

"좋아. 평소에 할 일 목록을 적어서 갖고 다니나? 지금 내가 가르쳐 주려는 기법을 할 일 목록에 써먹으면 딱 좋을 것 같은데."

"집에서 생각날 때마다 적어서 가지고 다니기는 해."

"그렇군. 난 할 일 목록을 항상 머릿속에 넣고 다니는데. 내 오늘 할 일 목록으로 한번 해 볼까?

에드가 나한테 종이를 달라더니 그 위에 뭔가를 끼적였다. 그리고 잠시 뒤 장난기 가득한 미소를 띠며 돌려줬다. 열다섯 가지가 적힌 목록이었다. "친구가 파티를 여는데, 출발하기 전에 여기에서 구해 가야 하는 것들이야."

내가 큰 소리로 읽었다.

마늘 피클

코티지치즈

연어(가능하면 훈제된 것으로)

백포도주 6병

양말(세 켤레)

훌라후프 3개

스노클

드라이아이스 제조기

소피아에게 이메일 보내기

피부 톤의 고양이 복장

폴 뉴먼 주연의 영화 〈상처뿐인 영광〉을 구할 것

엘크 소시지

메가폰과 감독 의자

패러글라이딩용 멜빵 의자와 밧줄

기압계

"이걸 다 외우고 있다고?" 내가 조금 놀란 목소리로 물었다.

"응, 내 머릿속에 있는 것들이야. 이걸 기억해 보자." 에드가 말했다.

"그건 그렇고. 이걸 다 구해서 가져가야 해?"

"내 생각에도 다 구할 수 있을 것 같진 않아. 뉴욕에서 코티지치즈를 구할 수 있을까?"

"난 엘크 소시지랑 피부 톤의 고양이 복장이 더 구하기 힘들 것 같은데. 그리고 내일 영국으로 돌아가잖아?" 내가 말했다.

에드는 별로 신경 쓰지 않는 것처럼 말했다. "구할 수 없으면 굳이 구하지 않아도 되는 것들이 대부분이라 괜찮아. 여하튼 이 목록을 네 머릿속에 집어넣어야 한다는 게 중요해."

기억법의 핵심 2 :
공간을 활용하라

에드는 내가 그한테 기억 기법을 배운다는 것은 '자랑스러운 기억술사들의 전통'에 본격적으로 발을 들이는 것을 뜻한다고 했다. 앞에서 여러 번 말한 것처럼, 전하는 이야기에 따르면 이 전통은 기원전 5세기에 시모니데스가 갑자기 붕괴한 대연회장 잔해 더미 위에 선 순간 시작되었다. 시모니데스는 눈을 감고 머릿속으로 산산조각 난 건물의 잔해를 맞춰 원래 모양대로 되돌리던 중 놀라운 경험을 한다. 연회에 초대된 손님들이 건물이 무너지기 직전에 어디에 앉아 있었는지 똑똑히 생각난 것이다. 손님들의 자리 배치를 일부러 기억하려고 한 적은 없다. 시모니데스는 이때 경험으로 나중에 기억술의 토대가 되는 기억 기법을 개발했다. 그는 역으로 이렇게 생각해 봤다. 만일 연회에 일반인이 아니라 당대 최고라고 할 수 있는 극작가들처럼 좀 특별한 사람들이 모두 참석해 나이순으로 앉아 있었다면 그대로 기억하지 않았을까? 혹시 식탁에 손님들 대신 자신의 시가 한 수 놓여 있었다면? 또는 그날 해야 할 일 목록이 적혀 있었다면? 그는 공간 기억을 활용하면 무엇이든 마음에 떠올릴 수 있고, 기억에 새겨 넣을 수도 있으며, 오랫동안 간직할 수도 있다고 확신했다. 시모니데스의 기법은 숫자, 포커카드 한 벌, 쇼핑 리스트, 『실낙원』같이 암기하기 힘든 것을 시각 이미지로 바꾸거나 가상의 공간에 배열하는 것이었다. 그렇게 하면 쉽게 잊을 수 있는 것도 기억에 오래 남는다.

고대의 기억 훈련에 관한 기록 가운데 가장 오래된 것은 기원전 86~82년에 집필된 것으로 추정되는 라틴어 수사학 책 『헤렌니우스에게 바치는 수사학』[1]이다. 분량이 길지는 않지만 이 책에 소개된 기억 훈련은 지금도 지력 선수들이 애용한다. 이 책은 시모니데스가 발명한 기억 기법을 다룬 유일한 책으로 중세까지 명맥이 이어졌다. 2,000년이라는 긴 세월이 흐르면서 기억술에도 몇 가지 혁신이 일어났지만, 기본적인 방법은 『헤렌니우스에게 바치는 수사학』에 기록된 것과 크게 다르지 않다. 에드가 말했다. "이 책이 우리 『성경』이야."[2]

에드는 아마추어 고전학자라고 해도 될 만큼 라틴어와 고대 그리스어 실력이 수준급이다. 게다가 불어와 독어도 유창하게 한다. 『헤렌니우스에게 바치는 수사학』은 그가 내게 꼭 읽어 보라고 추천한 고대 저술 가운데 가장 먼저 손꼽은 책이다. 토니 부잔의 비싼 책들이나 세계 정상급 지력 선수들이 추천하는 자습서를 읽기 전에 고전을 탐독해 보라고 권했다. 『헤렌니우스에게 바치는 수사학』뿐만 아니라 키케로가 쓴 『연설가에 대하여』와 교육자이자 수학자 퀸틸리아누스가 쓴 『연설교수론』의 발췌 영역본도 추천했다. 또 중세를 대표하는 신학자 토마스 아퀴나스, 알베르투스 마그누스, 성 빅토르 위그, 라벤나의 피터 등이 쓴 기억에 대한 저술도 꼭 읽어 보라고 했다.

『헤렌니우스에게 바치는 수사학』에 소개된 기법들은 고대에 널리 활용된 것들이다. 실제로 키케로는 기억술에 관한 자신의 저술에서 이 기법들은 너무 유명해서 따로 설명하는 것은 시간 낭비라고 했을 정도다. 에드가 왜 『헤렌니우스에게 바치는 수사학』을 기억술사들의 『성경』이라고 하는지 알 수 있는 대목이다. 한때는 모든 식자(識者)가 에드가 내게 가르치려고 한 기법에 정통했다. 기억 훈련이 언어 과목에 속하는 문법, 논리, 수사와 똑같이 고전 교육의 핵심으로 여겨졌다. 학생들은 기억해야 하는 것이 아니라 기억하는 방법을 공부했다.

책이 드문 시절에 기억은 신성불가침의 영역이었다. 로마의 박물학자 플리니가 쓴 『박물지』를 한번 보자. 이 책은 수학, 지리학, 인류학, 식물학, 동물학에서부터 당대 선술집에서 유행한 내기 게임에서 이길 수 있는 기상천외한 방법에 이르기까지 잡다한 지식을 망라한 백과사전이다. 흥미로운 것은, 이 책에 당대에 널리 알려진 비범한 기억력에 대한 일화도 있다는 것이다. 예를 들면, 이런 것들이다. '키루스 대왕은 자기가 거느린 장병들의 이름을 다 기억할 수 있었다. 고대 로마의 군인이자 정치가인 루키우스 스키피오는 모든 로마 시민의 이름을 암기하고 다녔다. 에피루스의 왕인 피루스의 특사 시네아스는 로마에 도착한 지 하루도 안 돼 로마 상원과 기병대원 들의 이름을 모두 외웠다……. 카르마다스라는 그리스의 철학자는 자기가 읽은 책에서 사람들이 인용해 달라는 문구가 있으면 바로 술술 읊었다.' 하지만 플리니의 말을 액면 그대로 받아들일 이유는 없다. 『박물지』를 보면, 인도에 개의 머리를 하고 있는 종족이 있다는 등 사실과 다른 허황된 기록도 많기 때문이다. 그래도 『박물지』는 고대 세계의 비범한 기억력에 대한 일화를 그럭저럭 있는 그대로 기록했다. 로마의 수사학자 세네카 Seneca the Elder는 2,000명의 이름을 들은 순서대로 기억할 수 있었다. 기독교 초기 교부 성 아우구스티누스는 자기 친구 심플리치오가 고대 로마의 시인 베르길리우스의 시를 거꾸로 암송할 수 있다고 했다. (그가 앞에서부터 암송할 수 있었는지는 언급하지 않았다.) 기억력이 좋다는 것은 외부 세계의 지식을 내면화할 수 있다는 것을 의미했기 때문에 대단한 장점으로 여겨졌다. 기억술사에 관한 책을 두 권 쓴 더럼대학교 고등학술연구소 메리 캐루더스 교수는 이렇게 주장한다. "고대와 중세의 사람들은 기억에 대해 경외심을 품었다. 그들이 생각한 진짜 위대한 천재는 기억력이 뛰어난 사람들이다." 성인(聖人)이라고 불린 사람들의 가장 뚜렷한 공통점은 그들에게 대단한 기억력이 있었다는 것이다.

앞서 말한 대로 『헤렌니우스에게 바치는 수사학』에서 기억을 다루는 부분은 열 쪽 안팎으로 아주 짧다. 이마저도 따로 독립적으로 다루지 않고 상대적으로 분량이 많은 수사학, 연설술과 뒤섞여 있다. 그런데도 기억을 '발견이 제공하는 생각거리의 보고이자 수사학의 수호자'라고 당차게 표현한다. 『헤렌니우스에게 바치는 수사학』은 기억을 타고난 기억과 기술적 기억으로 나눈다. "타고난 기억은 생각과 동시에 태어나는 것으로 우리의 정신에 내재한 기억이다. 기술적 기억은 훈련과 수련 과정을 통해 강화된 기억이다." 즉 타고난 기억은 선천적으로 가지고 태어난 하드웨어이고, 기술적 기억은 하드웨어에서 실행되는 소프트웨어다.

『헤렌니우스에게 바치는 수사학』에 따르면, 기술적 기억은 이미지(모상)와 장소라는 두 가지 기본 구성 요소를 가지고 있다. 이미지는 어떤 사람이 기억하려고 하는 것의 내용이고, 장소는 이미지가 저장되는 곳이다. 따라서 기술적 기억은 가상의 공간, 즉 이미 잘 알고 있어서 머릿속으로 쉽게 떠올릴 수 있는 장소를 만드는 것이다. 그리고 이렇게 만든 가상의 공간에 기억하려고 하는 대상의 이미지를 저장한다. 로마인들이 '장소법'이라 한 이 가상의 건물이 나중에 '기억의 궁전'으로 불린 것이다.

기억의 궁전이라고 해서 진짜 궁전이거나 건물일 필요는 없다. S의 것처럼 어떤 마을을 지나는 도로일 수 있고, 철로를 따라 늘어서 있는 역사일 수 있으며, 천문학의 12궁이나 신화에 나오는 동물일 수도 있다. 크든 작든, 실내든 실외든, 실존하는 것이든 가상의 것이든 상관없다. 중요한 것은, 한 장소가 다음 장소와 잇닿아 있어야 하고, 눈에 선할 만큼 아주 친숙한 곳이어야 한다는 점이다. 전미 메모리 챔피언십에서 네 번 연속 우승을 차지한 스콧 해그우드는 기억 저장소로 건축 전문 잡지 『건축 다이제스트』에 소개되는 호화 주택을 썼다. 말레이시아의 기억술사인 입 스위 추이 박사는 5만 7,000단어를 수록한 1,774쪽짜리 『옥스퍼드 중영사전』을 통째로 암기하기 위해 자기 몸의 각 부위를 기억의 궁전으로 썼다. 기억의 궁전은 기억해야 하는 것의 종류에 따라 원하는 만큼 지을 수 있다.

오스트레일리아의 원주민과 미국 남서부의 아파치 인디언들은 독특한 장소법을 발명했다. 그들은 문명 세계의 건축물 대신 자연의 지형지물에 자신들의 이야기를 심어 놓았고, 그곳을 오갈 때 노래로 되뇌며 자손들에게 전수했다. 주위의 언덕, 바위, 개울 중 그들의 이야기를 간직하지 않은 것들이 없었다. 기억과 구전 문화를 연구하는 미주리대학의 언어인류학자 존 폴리는 '신화와 지리가 하나가 됐다'고 한다. 하지만 이야기를 자연에 심어 두는 기억법은 미국 정부가 인디언의 삶터를 강제로 빼앗으면서 비극을 맞이했다. 인디언들은 삶의 터전을 잃으면서 전설과 신화까지 잃어버렸다.

내가 처음 지은
기억의 궁전

"조쉬, 인간의 공간 학습 능력이 얼마나 뛰어난지 알아야 해. 네가 여태 한 번도 가 보지 않은 집에 5분 동안 혼자 있게 됐다고 해 봐. 그리고 집 안이 어떻게 생겼는지 궁금해. 이 짧은 시간 동안 그 집에 대해 얼마나 많이 기억할 수 있을 것 같아? 놀랍게도, 각 방이 어디에 있고 서로 어떻게 이어지는지는 물론이고 방의 크기와 장식, 살림살이, 창문 위치까지 파악할 수 있어. 의식적으로 그렇게 한 것이 아닌데도 무엇이 어디에 있는지 기억나는 거야. 모든 것을 종합하면, 단편소설 한 편쯤은 거뜬히 쓸 수 있을걸. 여하튼 억지로 기억하려고 한 게 아닌데도 기억나는 거야. 인간은 공간 정보를 아주 쉽게 받아들이는 능력이 있어." 에드가 말했다.

에드는 기억의 궁전이 조금 무질서해 보이는 정보를 순서대로 정렬하고 저장하는 데 인간의 정교한 공간 기억을 활용하는 것이라는 말도 덧붙였다. 그리고 자신의 할 일 목록을 예로 설명했다. "이 집의 구조가 혼동될 리 없는 것처럼 내 할 일 목록을 훌라후프 세 개, 스노클, 드라이아이스 제조기, 그리고 이어서 친구 소피아에게 메일 쓰는 것으로 정하면 덜 혼란스러워. 어떤 뜻인지 알겠지?"

기억의 궁전에서 중요한 것은 내게 가장 친숙한 공간을 선택하는 것이다. "첫 번째 기억의 궁전으로 어린 시절을 보낸 집이 좋을 것 같아. 보통 어린 시절을 보낸 집이 가장 친숙한 공간이거든." 에드가 말했다. "네가 어린 시절을 보낸 집 곳곳에 내 할 일 목록에 있는 것을 하나씩 놓을 거야. 할 일 목록을 떠올려야 할 때면 그냥 머릿속으로 집 안을 돌아다니면 돼. 물론 집 안을 거닌다고 해서 모든 기억이 순간적으로 떠오른다는 보장은 없어. 자, 어린 시절 집이 단층 목조 건물이었나?"

"2층짜리 벽돌집이었어." 내가 대답했다.

"집 앞에 우편함은 있었고?"

"아니. 왜?"

"안타깝네. 우편함은 할 일 목록 맨 처음에 나오는 항목의 이미지를 내려놓을 최적의 장소거든. 그래도 괜찮아. 우편함 대신 차고 앞에서 시작하자. 자, 눈을 감고 차고 오른쪽에 커다란 마늘 피클 한 병이 놓인 것을 가능한 한 자세하게 떠올려 봐."

나는 뭘 떠올려야 할지 종잡을 수 없었다. "마늘 피클이 뭐야? 영국 요리인가?"

"아니. 마늘을 식초와 간장에 담가 숙성시킨 음식이야." 에드가 그것도 모르냐는 식으로 장난스럽게 웃으며 말했다. "이 이미지를 다양한 감각을 활용해서 기억하는 게 중요해." 아무리 새로운 정보라고 해도 연관 고리가 많으면 많을수록 기존 정보의 네트워크에 끼워 넣기가 쉽다. 또 기억에 오래 남을 가능성도 그만큼 커진다. S가 무의식적으로 귀에 들어오는 모든 소리에 색깔과 냄새를 덧입혀 기억한 것처럼 『헤렌니우스에게 바치는 수사학』의 저자도 기억하려고 하는 이미지에 다양한 감각 정보를 덧씌우라고 했다.

에드가 계속 말했다. "이미지를 세밀하게 처리해야 하는데, 그렇게 하려면 관심을 기울여야 해. 관심을 받은 것은 기억에 남을 가능성이 더 크거든. 물론 관심만으로는 안 돼. 세밀하게 다가가야 해. 어떤 이미지를 자세히 생생하게 머릿속으로 떠올릴 수 있으면, 그만큼 뇌가 그것을 또렷하게 기억할 가능성이 높지. 마늘 피클이 바로 코앞에 있다고 생각하고 진짜 냄새 맡는 시늉을 해 보고 맛보는 것처럼 입맛도 다셔 봐. 차고 앞에서 이런 일을 하고 있는 자기 모습도 떠올릴 수 있어야 해." 하지만 나는 마늘 피클이 뭔지 몰랐기 때문에 어떤 맛이 나는지 실감할 수 없었다. 그래도 차고 앞에 놓인 커다란 마늘 피클 병을 떠올렸다.

(나는 여러분도 나와 함께 해 볼 것을 권한다. 차고 앞에 놓인 마늘 피클 병을 떠올려 보자. 꼭 차고일 필요는 없다. 차고가 없다면 집 밖 어느 곳이든 상관없다. 그곳에 내려놓은 마늘 피클을 떠올려 보자.)

"마늘 피클 이미지에 갖가지 감각 정보를 보태고 차고 앞에 내려놓았어. 이제 현관으로 걸어가서 다음 항목인 코티지치즈를 떠올려 보자고. 눈을 감고 사람이 들어가 헤엄치고 놀아도 될 만큼 커다란 통에 코티지치즈가 듬뿍 담긴 모습을 떠올려 봐. 어때, 떠올려져?"

"음, 그런 것 같아."

(확실히 떠올렸어?)

"이제 통 안에서 클라우디아 쉬퍼가 옷을 홀딱 벗고 목욕하는 모습을 떠올려 봐. 온몸에 치즈가 뒤범벅되어 있어. 떠올렸어? 사소한 것 하나라도 놓치면 안 돼."

『헤렌니우스에게 바치는 수사학』은 기억의 궁전에 저장하려고 만드는 이미지가 재밌고, 색다를수록 기억에 더 잘 남는다는 점을 누차 강조한다. "우리는 삶 속에서 무엇이든지 사소하고, 익숙하고, 일상적인 것들은 잘 기억하지 못한다. 왜냐하면 정신은 기이하지 않고 놀랍지 않은 것에는 움직이지 않기 때문이다. 반대로 아주 비열하고, 치욕스럽고, 놀랍고, 믿기지 않고, 또는 우스꽝스러운 것들이 기억에 오래 남는 경향이 있다."

이미지가 생생할수록 기억의 궁전에 확고하게 자리 잡을 가능성이 커진다. 내가 아는 한 위대한 기억술사는 이런 이미지들을 수없이 많이 떠올릴 수 있고, 전에 보지 못한 장면을 잊지 않게 머리에 새겨 넣는 능력이 있는 사람이다. 그것도 순식간에. 토니 부잔이 세계 메모리 챔피언십은 기억력이 아니라 창의성을 시험하는 장[3]이라고 강변하는 이유가 바로 이것이다.

머릿속으로 이미지를 떠올리다 보면 엉큼한 상상도 한다. 인간의 뇌는 농담과 성(性), 특히 성에 대한 농담을 좋아하도록 진화했다. 이 두가지가 기억력을 높이는 데 도움이 된다. (1장 첫머리에 등장하는 배우 레아 펄만과 농구 선수 마누테 볼이 어떤 행동을 하고 있었는지 기억하는 독자가 있을 것이다.) 상대적으로 금욕을 중시한 중세의 기억술 책도 이 점을 강조한다. 15세기의 가장 대표적인 기억술 책을 쓴 라벤나의 피터는 고결한 성직자들에게 정중히 양해를 구한 뒤 말했다. "내가 오랫동안 혼자 간직한 비밀이 하나 있다. 뭔가를 즉시 기억하려고 한다면, 아름다운 처녀들을 함께 떠올려 보라. 어떤 것이든 아주 또렷하게 기억날 것이다."[4]

하지만 커다란 코티지치즈 통에 들어가 알몸으로 목욕하는 클라우디아 쉬퍼의 모습이 가슴에 확 와 닿지는 않았다. 바람이 차서 코와 귀가 얼얼했다. "에드, 어디든 들어가서 하면 안 될까? 이 근처에 스타벅스가 있을 거야." 내가 말했다.

에드는 단호했다. "안 돼. 찬 공기가 머리에 좋아. 자, 집중하자고. 이제 현관문을 열고 안으로 들어가서 왼쪽을 봐. 왼쪽에 뭐가 보여?"

"거실. 거실에 피아노가 놓여 있어."

"좋아. 할 일 목록의 세 번째 항목은 훈제 연어야. 피아노 줄 밑에서 토탄 연기가 피어오르는 장면을 상상해. 그리고 피아노 줄에는 헤브리디스 산(産) 연어가 올려 있어. 우……, 맛있는 훈제 연어 향이 나?" 그가 찬 공기를 들이마시며 말했다.

(여러분의 집에 피아노가 없다면 출입문의 왼쪽 어디엔가 훈제 연어를 둬도 된다.)

다음 항목은 백포도주 여섯 병이다. 우리는 이것을 피아노 옆에 있는 꾀죄죄한 흰색 소파에 놓기로 했다.

"포도주 병은 의인화하는 게 좋아. 생기 있는 이미지는 그렇지 않은 이미지보다 기억하기 쉽거든." 에드가 힘주어 말했다. 이것도 『헤렌니우스에게 바치는 수사학』에 나온다. 이 책은 독자에게 '아주 아름답거나 추한' 이미지를 떠올리고, 그것에 생기를 불어넣고 독특하게 꾸미라고 가르친다. '피로 붉게 물들이거나 진흙을 바르거나 빨간 염료를 칠하고' '희극적인 효과를 더해 기억하기 쉽게' 만들 수 있다.

"포도주들이 저마다 특징에 대해 말하는 모습을 떠올려 볼 수 있겠지." 에드가 좋은 생각을 했다.

"예를 들면, 메를로 씨가……."

"조쉬, 메를로는 백포도주가 아니야. 적포도주지." 에드가 웃으며 말을 잘랐다. "자, 샤르도네가 쇼비뇽 블랑이 재배되는 포도밭의 질이 나쁘다고 깎아내리고, 옆에서는 게뷔르츠트라미너가 리슬링을 같은 이유로 걸고넘어지는 장면을 떠올려 보자고."

재미있는 상상이라서 그런지 머릿속에 쏙 들어왔다. 왜 그럴까? 의인화한 여섯 가지 포도주 병이 이름만 붙은 '포도주 여섯 병'보다 기억하기 쉬운 이유가 뭘까? 이유는 몰라도, 글자를 읽을 때보다 이미지를 떠올릴 때 뇌가 더 활성화되는 것은 분명하다. 집중력이 높아지기 때문에 이미지를 부호화하는 신경들의 연결이 더 오래 지속된다. 하지만 더 중요한 것은 말하는 포도주 병들이 생소한 이미지라서 기억에 더 남는다는 사실이다. 지금까지 살면서 수많은 포도주 병을 봤지만 말하는 포도주는 본 적이 없다. '포도주 여섯 병'의 이름을 글자 그대로 외우려고 하면 내 기억에 남아 있는 다른 포도주 병과 뒤섞여 버릴 것이다.

이렇게 생각해 보자. 지난주에 점심을 몇 번이나 먹었는지 떠올릴 수 있는가? 오늘 점심에 뭘 먹었는지 기억나는가? 나는 기억난다. 어제는? 바로 떠오르지는 않아도 그럭저럭 기억난다. 그럼 엊그저께는? 1주일 전은? 생각이 잘 안 난다고 해서 지난주에 먹은 점심이 기억에서 사라졌다고 단정할 수는 없다. 어디에서 먹었는지 누구와 먹었는지 실마리를 찾다 보면 기억날 수도 있다. 또는 지금까지 먹은 점심이 뒤죽박죽 떠올라 어떤 점심이 지난주에 먹은 점심인지 생각날 듯 말 듯할 수도 있다. '점심'이나 '포도주'같이 일상에서 흔한 것들은 기억에 남아 있다고 해도 비슷한 기억들이 혼재하기 때문에 원하는 것을 딱

집어 기억해 내기가 쉽지 않다. 지난주 수요일에 먹은 점심이 기억에서 사라진 것은 아니다. 기억의 바다에서 원하는 기억을 건져 올릴 적절한 수단이 없을 뿐이다. 그렇다면 말하는 포도주는? 그 자체가 독특하기 때문에 다른 포도주와 헷갈릴 리 없다.

에드가 계속 물었다. "다음 항목으로 넘어갈까? 다음은 양말 세 켤레야. 소파 부근에 양말을 걸어 놓을 램프 같은 것이 있나?"

"응, 소파 오른쪽에 램프가 있어." 내가 대답했다.

(여러분 중에 여기까지 따라온 분은 포도주 여섯 병과 양말 세 켤레를 거실 어딘가에 두면 된다.)

"좋아. 시선이 양말에 꽂히게 하는 두 가지 방법이 있어. 하나는 낡고 해지고 쾨쾨한 냄새가 나는 더러운 양말을 떠올리는 거고, 다른 하나는 정반대로 이 세상에 존재할 것 같지 않을 만큼 화려하고 고급스러운 양말을 떠올리는 거야. 여기에서는 두 번째 방법을 쓰자. 화려하고 고급스러운 양말이 램프에 매달려 흔들리는 모습을 떠올려 봐. 어떤 초자연적 현상이 일어나고 있다고 생각하면 더 좋겠지. 자, 양말 안에 아리따운 요정이 들어가 꿈틀거리고 있어. 떠올릴 수 있지? 부드러운 양말이 이마에 스칠 때 느낌을 떠올리는 거야."

나는 에드가 이끄는 대로 어렸을 때 살던 집을 떠올린 상태로 여기저기 다니면서 곳곳에 이미지를 심었다. 식당에서는 식탁에 올라가 훌라후프를 돌리는 여성들을 상상했다. 싱크대에서는 스노클을 한 남자가 다이빙하는 것을, 조리대에서는 드라이아이스 제조기에서 연신 드라이아이스가 뿜어져 나오는 것을 떠올렸다. (계속 따라 하고 있겠죠?) 그리고 서재로 이동했다. 할 일 목록의 다음 항목은 '소피아에게 이메일 보내기'였다.

그런데 '소피아에게 이메일 보내기'는 이미지가 잘 떠오르지 않았다. 에드에게 도움을 청하려고 살짝 눈을 떠 보니 방금 잎담배를 말았는지 종이 끝에 침을 바르고 있었다. "'소피아에게 이메일 보내기'는 뭘 어떻게 떠올려야 할까?"

에드가 물고 있던 담배를 빼며 말했다. "쉽지 않지? 알다시피 이메일은 그 자체로 기억하기가 쉽지 않아. 단어가 추상적일수록 기억하기가 어렵거든. 이메일을 어떤 구체적인 것으로 바꿔야 해." 그리고 뭘 생각하는지 잠깐 뜸을 들이다 말했다. "이메일을 보내는 트랜스젠더를 떠올려 보면 어떨까? 할 수 있겠어? 소피아를 트랜스젠더라고 생각하는 거야. '소피아'라는 말을 들었을 때 가장 먼저 떠오르는 이미지가 뭐야?"

"불가리아의 수도." 내가 답했다.

"역시 조쉬는 교양이 풍부해. 하지만 기억에 쏙 들어오지는 않네. 배우 소피아 로렌은 어때? 소피아 로렌이 컴퓨터 앞에서 이메일을 쓰는 트랜스젠더의 무릎에 앉아 있다. 상상이 돼? 다시 강조하는데, 이미지가 바로 눈앞에 있는 것처럼 생생해야 해."

우리는 속도를 높여 빨리 진행했다. 내가 서재에서 나와 복도에서 피부 톤의 고양이 복장을 한 미모의 여성이 가르랑거리는 모습을 그렸다. 폴 뉴먼은 복도의 후미진 구석에, 엘크 소시지는 지하로 내려가는 계단 입구에 심어 놓았다. 계단을 따라 내려간 나는 차고로 향했다. 차고에서는 에드가 커다란 메가폰을 쥐고 감독 의자에 앉아 영화를 찍는 모습을 상상했다. 그 다음, 차고 문을 열고 뒤뜰로 나갔다. 뒤뜰에는 패러글라이딩용 멜빵 의자를 착용한 등산가가 밧줄을 이용해 커다란 참나무를 오르고 있었다. 마지막 이미지인 기압계는 뒤뜰 울타리를 따라 나란히 내려놓았다. "기압계는 영어로 바로미터잖아. 바로미터의 '바'에 강세를 둬 봐. '바'는 막대기를 뜻하니까 온도계처럼 생긴 기둥 위에 막대기 모양 과자를 올려놓은 모습을 떠올려 보라고." 에드가 말했다. 이렇게 어렸을 때 살던 집을 떠올리고 구석구석 돌아다니며 이미지를 심은 뒤에야 눈을 떴다.

"잘했어." 에드가 천천히 박수를 치며 축하해 줬다. "이제 이 기억을 거의 직관적으로 떠올릴 수 있을 거야. 기억은 보통 의미의 관계망이나 연상의 거미줄에 무작위로 저장돼. 그런데 너는 이 기억들을 통제된 맥락 속에 저장했어. 기억을 떠올리고 싶으면 기억의 궁전을 따라 걷기만 하면 돼. 물론 네가 심어 놓은 이미지들이 그 근처를 지날 때 짠 하고 나타나기를 바라야겠지. 그리고 이 이미지들을 원래 외우려고 했던 할 일 목록으로 되돌리면 돼."

다시 눈을 감고 차고 앞에 서 있는 내 모습을 떠올렸다. 커다란 마늘 피클 병이 내가 내려놓은 곳에 그대로 있다. 현관으로 발걸음을 옮긴다. 그곳에는 알몸의 클라우디아 쉬퍼가 코티지치즈 통 안에서 스펀지로 몸을 문지르고 있다. 현관문을 열고 들어가 왼쪽을 보니 피아노 줄 위에 놓인 훈제 연어가 맛있게 익어 간다. 입에 침이 고인다. 피아노 옆에 있는 소파에서는 포도주 병들이 서로 잘났다고 핏대를 세우며 재잘대고, 램프에 걸어 놓은 비싼 양말 세 켤레가 이마에 부드럽게 스치는 게 느껴진다. 나는 기억의 궁전이 실제로 작동하리라고는 꿈에도 생각하지 못했다. 나는 에드의 할 일 목록에 나오는 다섯 가지 항목을 순서대로 읊었다. "마늘 피클! 코티지치즈! 훈제 연어! 포도주 여섯 병! 양말 세 켤레!"

"대단해!" 에드가 크게 소리쳤다. "대단해! 이게 바로 KL7이 추구하는 거야!"

전에 플로리다에 가서 치른 시험 결과가 있어서 그렇게 대단하다는 생각은 들지 않았지만, 어떤 성과를 낸 것 같아 기분이 좋았다. 나는 발걸음을 계속 옮기면서 앞서 내려놓은 이미지를 차례로 주워 담았다. "부엌 식탁에 올려놓은 훌라후프 세 개! 싱크대에 내려놓은 스노클! 조리대 위의 드라이아이스 제조기!" 열다섯 가지 이미지가 내가 심어 놓은 곳에 그대로 있다는 사실이 놀랍고 기뻤다. 하지만 나는 이 기억들이 지워지지 않고 남아 있을지 궁금했다. 1주일 뒤에도 에드의 할 일 목록을 그대로 기억할 수 있을까?

"인사불성이 되도록 술을 마신 기억이 머릿속에서 잘 지워지지 않는 것처럼 이 이미지들도 생각보다 훨씬 오래 기억에 남을 거야. 이따 저녁에 집에 가서 기억의 궁전을 다시 거닐어 보고 내일 오후에 걷고 1주일 뒤에 다시 거닐어 보면, 기억에서 절대 사라지지 않을걸. 오늘은 처음이라 열다섯 단어로 했지만, 기억의 궁전이 컸다면 1,500단어도 거뜬히 해냈을 거야. 무작위 단어를 완수하고 나면 포커 카드와 하이데거의 『존재와 시간』같이 더 어렵고 흥미로운 대상으로 옮겨 갈 수 있어." 에드가 말했다.

🔴 기억 훈련 1
기억의 궁전 만들기

기억의 궁전은 고대 로마의 철학자 키케로와 교육자 퀸틸리아누스 같은 학자들이 규칙을 만들고 교범을 제작했다. 이런 기술은 중세에 꽃을 피워 『성경』을 포함한 종교 서적, 설교문, 기도문 등을 암송하는 데 널리 이용되었다. 그보다 앞서 로마의 정치가들은 연설문을 암기하는 데 활용했고, 아테네의 정치가 테미스토클레스는 기억의 궁전으로 2만 명이나 되는 아테네 시민들의 이름을 다 외웠다고 한다.

기억의 궁전이라고 해서 진짜 궁전이거나 건물일 필요는 없다. 어떤 마을을 지나는 도로, 철로를 따라 늘어서 있는 역사, 천문학의 12궁이나 신화에 나오는 동물도 괜찮다. 크든 작든, 실내든 실외든, 실존하는 것이든 가상의 것이든 상관없다. 건축 전문 잡지에 소개되는 호화 주택이나 몸의 각 부위를 기억의 저장소로 사용하는 사람도 있다. 중요한 것은, 한 장소가 다음 장소와 잇닿아 있어야 하고, 눈에 선할 만큼 아주 친숙한 곳이어야 한다는 점이다. 궁전은 기억해야 하는 것의 종류에 따라 원하는 만큼 수십, 수백 채도 지을 수 있고, 깨끗이 치우고 다른 내용을 저장할 수도 있다.

❶ **나에게 친숙한 공간 선택하기:** 첫 번째 기억의 궁전으로는 어린 시절을 보낸 집이 좋다. 가장 친숙하고, 그 만큼 세세하게 기억할 수 있기 때문이다. 기억 훈련을 본격적으로 시작한다면 자유자재로 사용할 수 있는

기억의 궁전을 여러 개 준비해 놓아야 한다.

❷ 기억해야 할 단어의 이미지 만들기: 이미지는 기억할 대상과 같거나 비슷하면 좋다. 단, 재미있고, 외설스럽고, 색다르게 만들어야 한다. 모호하지 않고 동적이면 더 좋다. 뇌는 항상 새로운 것을 갈망하기 때문에 기이한 이미지일수록 기억에 오래 남는다. 거기에 다양한 감각 정보를 결합하면 금상첨화.

❸ 기억의 궁전에 저장하기: 공간을 머리에 떠올리면서 구석구석에 이미지를 심어 둔다. 이때 각 장소는 너무 밝아도 너무 흐릿해서도 안 된다. 또 그림자가 이미지를 흐려서도 번쩍거리게 해서도 안 된다. 이미지 사이의 간격은 서른 걸음 정도가 좋다.

❹ 심어 놓은 이미지 찾기: 아침에 궁전을 만들었다면 저녁에 궁전을 거닐어 보고, 다음날 오후에, 또 1주일 뒤에 거닐어 보라. 그림을 그리듯 선명하게 각인될 것이다. 머릿속에 공간이 새겨지면, 저장된 내용을 떠올리고 싶을 때는 언제든 기억의 궁전을 따라 걷기만 하면 된다.

예) 기억의 궁전으로 장보기 목록 기억하기

❶ **장보기 목록:** 마늘 피클 / 코티지치즈 / 훈제 연어 / 백포도주 6병 / 양말 / 홀라후프 / 스노클 / 드라이아이스

❷ **장소:** 차고 / 탕 / 거실 피아노 / 피아노 옆 소파 / 소파 오른쪽 램프 / 식당의 식탁 / 싱크대 / 조리대

❸ **각 장소에 이미지 놓아두기:** 차고 앞에 커다란 마늘 피클 병을 두고, 코티지치즈가 뒤범벅인 탕 안에서 클라우디아 쉬퍼가 옷을 홀딱 벗고 목욕하고 있고, 거실에 있는 피아노 줄 위에 향긋한 훈제 연어가 올려 있다.

피아노 옆에 있는 꾀죄죄한 소파 위에서 샤르도네가 쇼비뇽 블랑이 재배되는 포도밭의 질이 나쁘다고 깎아내리고, 옆에서는 게뷔르츠트라미너가 리슬링을 같은 이유로 걸고넘어진다(백포도주 6병을 각각 의인화하기). 소파 오른쪽에 화려하고 고급스러운 양말이 램프에 흔들리고 있고, 식당에서는 여자들이 식탁에 올라가 훌라후프를 돌리고, 싱크대에서는 스노클을 한 남자가 다이빙하고 있고, 조리대에서는 드라이아이스 제조기에서 연신 드라이아이스가 뿜어져 나온다.

chapter 6

시를 암송하는 법

– 구비문학과 기억법의 관계

왜 사람들은
오래전부터 시와
산문을 암송했을까

내 첫 번째 과제는 기억의 궁전으로 활용할 건축물을 수집하는 것이었다. 본격적인 훈련에 앞서 기억의 궁전을 가능한 한 많이 확보해야 했다. 나는 밖으로 나가 주변을 돌아다녔다. 친구 집, 근처의 놀이공원, 볼티모어 오리올스의 홈구장 오리올 파크, 워싱턴의 내셔널갤러리 동관에도 가 보았다. 추억을 되살리며 전에 다닌 학교들과 네 살 때까지 살던 워싱턴 레노 가(街)에 있는 집에도 가 보았다. 나는 벽지와 가구 배치에 시선을 두었고, 바닥재도 눈여겨봤다. 그리고 건물 곳곳에 서려 있는 어릴 때 추억도 떠올렸다. 각 건물을 기억의 궁전으로 활용할 장소로 각인시켰다. 굳이 이렇게 하는 것은, 에드가 설명한 것처럼 각 건물을 구석구석 상세히 알고 있어야 빠른 걸음으로 기억의 궁전을 거닐면서 새로 습득한 지식을 가능한 한 빨리 이미지로 바꾸어 저장할 수 있기 때문이다. 건물을 속속들이 알수록, 집같이 느낄수록, 이미지를 심기가 쉽고 나중에 재구성하기도 쉽다. 본격적인 훈련에 들어가려면 기억의 궁전을 열두 채 정도 가지고 있어야 했다. 에드는 기억의 궁전을 수백 채도 넘게 가지고 있다.

이 자리에서 전부 밝힐 수는 없지만, 기억 훈련을 막 시작했을 때 내 일상이 어땠는지 한두 마디 정도는 이야기하고 넘어가는 것이 예의일 것 같다. 당시 나는 대학을 갓 졸업하고 기자로 일하고 있었다. 그래서 독립은 생각지도 못하고 부모님께 얹혀살았다. 부모님 집은 내가 자란 곳이라서 내 방에는 어릴 때부터 쓴 침대를 비롯한 물건들이 고스란히 남아 있었다. 창문 위에는 볼티모어 오리올스의 페넌트 두 개가 나란히 걸려 있고, 책꽂이에는 시카고 태생의 시인이자 음악가인 셸 실버스타인의 시집이 꽂혀 있었다. 그리고 지하실을 임시 사무실로 꾸며서 사용했는데, 구석에 쌓아 놓은 상자 더미와 아버지의 운동기구 사이에 놓은 책상에 가족사진들이 있었다.

사무실 책상머리에는 사적으로나 공적으로 처리해야 하는 일을 적어 놓은 포스트잇이 여기저기 어지럽게 붙어 있었다. 센트럴파크에서 찬바람에 덜덜 떨며 에드에게 받은 수업으로 자신감이 생긴 나는 급하게 처리해야 하는 용무들을 추려 이미지로 바꾸고 기억의 궁전 중 하나인 할머니 농장에 하나씩 저장했다. '차량 점검'은 애니메이션 주인공인 가제트 형사가 낡은 자동차를 타고 농장 도로에서 회전 묘기를 부리는 이미지로 바꿨다. '아프리카 왕들에 대한 책을 찾아볼 것'은 현관에서 아프리카의 나폴레옹으로 불린 줄루 왕국의 왕 샤카 줄루가 긴 창을 던지는 모습을 떠올렸다. '영화 〈피닉스〉 예매'는 농장 거실을 사막과 협곡으로 바꾼 뒤 잿더미로 변한 낡은 찬장에서 피닉스가 사막과 협곡 사이로 날아오르는 장면을 떠올렸다. 의외로 이미지가 잘 떠올랐고 재미도 있었지만, 에너지 소모가 상당했다. 겨우 열 개 정도 기억했을 뿐인데 피로가 몰려왔고 머리가 무뎌지기 시작했다. 기억의 궁전은 보기보다 어려운 데다 생각만큼 효율적이지도 않았다. 그리고 이미지로 전환하기가 쉽지 않아 보이는 메모들 때문에 난감했다. 전화번호를 어떻게 이미지로 전환할 수 있을까? 이메일 주소는? 나는 의자에 앉아 조금 전까지 포스트잇이 덕지덕지 붙어 있던 벽을 쳐다봤다. 포스트잇이 붙어 있던 곳은 페인트가 변색돼 도드라졌다. 이런 생각이 들었다. 뭔가 중요한 것을 기록하는 데 포스트잇도 나름대로 쓸모 있지만, 기억술이 좀 더 유용한 수단이라는 것이 확실하다.

책꽂이로 가서 『노튼 현대 시선』을 꺼내 들었다. 1,800쪽이나 되는 두꺼운 책으로 헌책방에서 산 뒤 지금까지 딱 두 번 들춰 본 게 전부다. 고대 기억술로 무엇이든 기억할 수 있다면 당연히 시를 암송할 수도 있을 것이다. 시모니데스가 자신의 할 일 목록을 기억하는 효과적인 방법을 발견하기는 했는데, 그것 때문에 어디에서 영웅 대접을 받지는 않았다. 그의 발견은 인간적이었지 절대 초월적인 것이 아니었다. 시 암송보다 더 인간적인 것이 있을까?

에드는 한시도 쉬지 않고 계속 뭔가를 암기했다. 그는 오래전에 『실낙원』을 통째로 암기했고, 꾸준히 셰익스피어를 암기하고 있었다. 『실낙원』은 시간당 200줄씩 외웠다고 한다. "내가 생각하는 영웅은 10년 정도 한 가지 일에만 묵묵히 전념하는 사람이야. 한 시간 동안 꼬박 외워 봐야 고작 10분짜리 시 한 편 암송하는 게 전부야. 그래도 이 10분을 위해 하루가 정말 바삐 돌아간다면, 시를 암송하는 매 시간이 즐거울 거야. 당연히 꾸준하게 매진해야 가능한 이야기지만." 에드가 말했다.

에드가 이렇게 생각하게 된 데는 그가 내게 꼭 읽어 보라고 누누이 강조한, 기억에 관한 고대와 중세 문헌들의 힘이 크다. 이 문헌들을 보면, 훈련된 기억은 지식 습득을 쉽게 하기도 하지만 기본적으로는 도덕심과 판단력을 기르는 것과 밀접한 관련이 있다. 과거에 훈련된 기억은 '판단력, 시민권, 신앙심'[1] 배양의 핵심이었다. 무엇을 기억하는 가는 인격과 직결됐다. 체스 그랜드 마스터가 되는 비결이 지난 경기 들을 학습하고 숙지하는 것이듯 삶의 그랜드 마스터가 되는 비결은 옛 문헌들을 학습하는 것이었다. 난처한 상황에 빠졌을 때 대처할 방법에 대해 기억 말고 믿고 의지할 데가 있을까? 내가 책을 머릿속에 집어넣 으려고 할 때마다 드는 생각은 독서와 학습이 다르다는 것이다. 어떤 문헌을 제대로 학습하려면 기억하는 수밖에 없다. 18세기 초 네덜란드 의 시인 얀 루이켄은 '머리에 새겨 넣은 책 한 권이 책꽂이에 쌓아 둔 책 1,000권과 맞먹는다'[2]고 했다.

고대와 중세의 독서 방법은 지금의 독서 방법과 천양지차가 있다. 그때는 책을 기억하는 데서 그치지 않고 계속 되새겼다. 책을 씹어 먹 고 소처럼 되새김질했다는 표현이 더 적절할지도 모른다. 그리고 이런 과정을 통해 책과 자신을 하나로 만들어 갔다. 이탈리아의 시인 프란 체스코 페트라르카는 친구에게 쓴 편지에서 이런 문장을 남겼다. "나 는 아침에 먹고 저녁에 소화한다네. 어린애처럼 먹고 늙은이처럼 되새 김질을 하지. 나는 책을 완전히 빨아들여서 내 기억뿐만 아니라 뼛속 에까지 심어 둔다네." 아우구스티누스는 『구약』 시편에 심취한 나머지 그의 저술에서 시편은 라틴어만큼이나 중요한 언어였다[3]고 한다. 시편 을 통째로 외워 자신의 저술에서 자유자재로 인용한 것이다.

나는 시모니데스처럼 기억술을 익힐 수만 있다면 무수한 시를 암송 할 수 있지 않을까 하는 생각에 전율을 느꼈다. 그렇게만 할 수 있다면, 어떤 시든 물 흐르듯이 술술 읽으면서 완전히 내 것으로 만들 수 있을 것이다. 나는 대화 중에 필요하다면 언제든 관련 문구를 인용하는 내 모습을 상상했다. 더구나 다른 사람들이 우러러보는, 걸어 다니는 시의 보고가 된 내 모습도 떠올렸다.

일단 나는 뭔가를 기억하는 일을 아침에 이를 닦는 것처럼 일상생활의 일부로 만들어 실천에 옮기겠다고 마음먹었다. 매일 아침 잠에서 깨 커피를 한 잔 마신 뒤에, 신문을 읽거나 샤워를 하거나 외출 준비를 하기 전에 책상에 앉아 10~15분 정도 시를 읽고 암기하는 습관을 길렀다.

그런데 문제는 습관이 아니라 내 소질이었다. 영국 동화 작가 루이스 캐럴이 1871년에 쓴 『거울 나라의 앨리스』에 나오는 유명한 28행 난센스 시 「재버워키」를 기억의 궁전에 집어넣으려고 했지만 특이한 단어 몇 가지를 이미지로 전환할 방법이 도저히 생각나지 않아서 그냥 평소 하던 방식대로 시를 암송하고 책을 덮어 버렸다. 그 뒤에는 평소 좋아해서 잘 아는 영국 시인 T. S. 엘리엇의 「J. 알프레드 프루프록의 연가」를 암송했다. "여자들이 방에서 오가며 / 미켈란젤로에 대해 이야기하네." 어떻게 이 시를 잊을 수 있을까? 아니, 그보다는 어떻게 암기해야 할까? 오가며 미켈란젤로에 대해 이야기하는 여성들의 이미지를 아저씨 댁의 욕실에 둘까? 이런 경우 어떤 이미지를 떠올려야 할까? 여성들의 이미지, 오는 이미지, 가는 이미지, 미켈란젤로의 이미지를 각각 따로 떠올려야 할까? 머릿속이 어수선했다. 물론 이런 혼란은 나중에 무엇을 기억하려고 하든 부딪히는 딜레마다. 센트럴파크 남쪽 바위에 앉아서 에드와 연습할 때는 잘 되던 기억술이 혼자 하려니 제대로 되지 않았다. 몸에 맞지 않은 옷을 걸친 것처럼 거북했다. 내가 무엇을 놓치고 있는 것이 분명했다.

나는 입수한 지 얼마 안 된 『헤렌니우스에게 바치는 수사학』 사본을 꺼내 단어 기억을 다룬 부분을 펼쳤다. 내 기억 방식에 문제는 없는지 알아보고 문제가 있다면 해결법을 찾을 수 있기를 기대했지만, 뾰족한 수는 없었다. 그래도 2,000년 전에 출간된 이 책의 저자도 시나 산문을 암송하는 것이 쉽지 않다는 점을 분명히 지적하고 있어서 위안이 되었다. 그런데 역설적이게도, 바로 이것이 문제 해결의 실마리였다. 이 책의 저자는 시와 산문의 암송이 쉽지 않고 어렵기 때문에 가치 있는 것이라고 설명한다. 즉 그는 '어렵고 힘든 일을 겪어 본 사람이 다른 일을 쉽게 할 수 있다'고 썼다.

기억력의 대륙,
유럽을 가다

기억 훈련을 본격적으로 시작하기는 했어도 어디까지 파고들지에 대한 계획이 없었다. 이때까지만 해도 나는 기억 훈련을 진지하게 받아들이기보다는 그냥 맛이나 본다는 심정이었다. 정말 훈련을 통해 기억력을 높일 수 있을지, 높인다면 과연 얼마나 높일 수 있을지 알고 싶을 뿐이었다. 그래서 열심히 훈련해 전미 메모리 챔피언십에 나가 보라는 토니 부잔의 말은 허투루 들었다. 매년 3월 뉴욕에서 열리는 이 대회에 출전하려고 준비하는 전문 선수만 해도 서른여섯 명이 넘었다. 가끔 주민등록번호도 까먹는 기자가 미국 정상급 기억술사들과 대결을 벌인다는 것이 가당찮아 보였다. 그런데 기억술사들의 세계에서 미국인의 위상은 국제봅슬레이연맹에서 자메이카인의 위상과 별반 다르지 않다는 것을 얼마 있다 알게 되었다. 어느 대회에서든 아주 침착하고 멋지기로 정평이 나 있지만, 기술과 훈련 방식은 국제 수준에서 한참 뒤처져 있다.

미국인 기억술사 중에도 한 시간에 무작위 숫자 수백 개를 암기할 수 있는 실력자가 있기는 한데, 그 수가 유럽인들에 비해 아주 초라하다. 세계 메모리 챔피언십을 3개월 앞두고 술을 끊으면서까지 독하게 준비하거나 부잔이 권고하는 대로 체력 훈련을 열심히 하는 미국인은 없다. 건강을 생각해 대구 간유나 오메가3을 먹는 사람도 없다. 세계 메모리 챔피언십에서 여덟 번이나 우승한 영국의 도미니크 오브라이언은 대회 3개월 전부터 술을 끊고 체력 훈련을 하는 등 준비가 철저했다고 한다. 부잔이 나한테 전미 메모리 챔피언십에 출전해 보라며 등 떠밀며 해 준 충고 중 하나가 체력 훈련을 열심히 하라는 것이었다. 단 한 사람, 전미 메모리 챔피언십에서 네 번 연속 우승한 스콧 해그우드는 미국 기억술사 중 예외적인 인물이었다.

미국이 오래전부터 전미 메모리 챔피언십을 열고 있지만, 미국인이 세계 메모리 챔피언십에서 5위 안에 이름을 올린 대회는 1999년의 대회 딱 한 번뿐이다. 지금까지 미국이 세계 최정상의 기억술사를 배출하지 못한 이유가 무엇일까? 아마 민족성과 관련이 있을 것이다. 미국인은 독일인만큼 섬세하지 못하고, 영국인만큼 꼼꼼하지 않으며, 말레이시아인만큼 근면하지도 않다. 술자리에서 만난 유럽인이 지적한 것처럼 과거에 집착하는 유럽인과 달리 미국인들은 미래 지향적이라서 기억을 경시하는 경향이 있기 때문인지도 모르겠다. 이유야 어찌됐든, 기억술을 더 깊이 파고들고 세계 정상급 기억술사들에게 배우려면 유럽으로 가야 할 것 같았다.

기억의 궁전에 시를 집어넣기 위해 몇 주 동안 고군분투한 나는 다음 단계로 넘어가려면 다른 사람의 도움을 받는 게 좋겠다는 생각이 들었다. 해마다 열리는 기억 대회 중 최고봉으로 꼽히는 세계 메모리 챔피언십이 여름에 영국 옥스퍼드대학에서 열릴 예정이었다. 대회를 참관하고 싶었던 나는 『디스커버』에 관련 기사를 쓰는 조건으로 출장 허가를 받았다. 에드한테 전화해서 신세를 져도 되냐고 물었다. 옥스퍼드는 그가 태어나 자란 고향이자 대학까지 다닌 곳이고, 지금도 근교에 있는 밀 이라는 이름의 17세기 석조 주택에서 부모님과 함께 산다.

나는 세계 메모리 챔피언십을 며칠 앞둔 어느 화창한 날 오후에 밀에 도착했다. 에드는 밀팜을 줄여 밀프라고 불렀다. 나를 반갑게 맞아준 그는 짐을 받아 들고 어렸을 때부터 자기가 썼다는 2층 침실로 안내했다. 남자가 사는 방이라 그런지 벗어 놓은 옷이 여기저기 널브러져 있고, 책꽂이에는 90년 치 크리켓 연감이 가지런히 꽂혀 있었다. 짐을 내려놓자마자 에드는 지은 지 400년이 넘어 그 집에서 가장 유서 깊은 곳이라는 석조 헛간으로 나를 데려갔다. 헛간 구석에는 피아노가 있고, 천장에는 형형색색의 천들이 예쁘게 드리워져 있었다. 아마 오래전에 파티를 위해 장식했다가 치우지 않고 그대로 둔 것 같았다. 안쪽 벽을 따라 나무로 만든 긴 탁자가 놓여 있었고, 그 위에 포커 카드 여덟 벌이 있었다.

"내가 훈련하는 곳이야." 에드가 헛간 위로 불쑥 튀어나와 있는 발코니를 가리키며 말했다. "저기 오른쪽으로 계단 보이지? 저기에 이진수 이미지들을 막 쏟아부어. 제 버릇 남 못 준다고, 그렇지?"

저녁 식사 전에 에드의 오랜 친구인 티미가 근처에 왔다가 들렀다고 해서 인사를 나눌 겸 아래층으로 내려갔다. 그는 식탁에 앉아 에드의 부모님과 얘기하고 있었고, 막내 여동생 피비는 조리대에서 채소를 다 듬는 중이었다. 티미는 온라인 애플리케이션 개발 회사를 운영하고 있었다. BMW를 몰고 나타난 그는 잘 다린 폴로셔츠를 입고 있었다. 얼굴은 일부러 햇볕에 태웠는지 짙은 갈색이었다.

에드의 어머니는 뭐가 못마땅한지 시큰둥한 표정으로, 당신 아들에게 기억 훈련을 받는 사람이라며 나를 티미에게 소개했다. 티미는 에드가 아직도 기억술에 빠져 지낸다는 말이 믿기지 않았는지 "기억 대회에 참가한다고 생난리를 치며 쿠알라룸푸르에 다녀온 지도 제법 시간이 지난 것 같은데요?" 하고 물었다.

"에드워드, 네 제자가 너보다 잘하면 어쩌려고 그러니? 그런 건 걱정도 안 되니?" 에드의 어머니가 일부러 놀리듯 물어봤다.

"그런 걱정은 안 하셔도 됩니다." 내가 말했다.

"그러면, 여기저기 소문이 나고 난리겠죠." 에드가 굴하지 않고 받아쳤다.

"에드한테 자리 하나 만들어 줄 생각 없니?" 에드의 아버지가 티미를 보며 물었다.

"직원들에게 기억술은 가르칠 수 있겠죠?" 에드가 웃으면서 말했다.

"프로그래밍을 해야지." 에드의 어머니가 거들었다.

"할 줄 모르는 거 아시잖아요."

"아버지가 가르쳐 주실 거야."

에드의 아버지는 1990년대에 컴퓨터 소프트웨어 개발로 성공을 거두자 여가 생활을 위해 과감히 직장을 그만두고 색다른 취미를 즐기고

계셨다. 양봉을 하고, 정원을 가꾸고, 집 근처를 흐르는 냇가에 수력발
전기를 설치해서 밀팜의 전력을 자체 조달했다. 열혈 독서가이자 테니
스 선수인 에드의 어머니는 지역 학교에서 장애아들을 가르치고 있었
다. 그녀는 아들이 뭘 하든 크게 개의치 않았지만, 그의 재능을 사회적
으로 유용한 일에 쓰기를 바라는 마음이 컸다.

"에드워드, 법은 어떠니?" 그녀가 물었다.

"제 생각에 법은 제로섬게임이에요. 법은 배워 봐야 소용이 없어요.
아무리 변호를 잘해도 부정(不正)만 키우는 꼴이거든요." 에드가 대답
했다. 그리고 고개를 돌려 나를 보며 말했다. "열여덟 살 때만 해도 난
촉망받는 젊은이였어."

"기대로 치면 열세 살 때가 더 컸지." 피비가 갑자기 끼어들었다.

나는 에드가 화장실에 간 틈에 그의 아버지에게 아들이 토니 부잔
같은 자기 계발 분야의 구루가 되는 건 어떤지 물어봤다. 턱을 어루만
지며 잠시 생각에 잠긴 그는 이렇게 말했다. "난 아들이 변호사가 되길
바라네."

세계 메모리 챔피언십의 전설,
벤 프리드모어

다음 날 아침, 나는 에드와 함께
전 세계 기억술사들을 맞이할 옥스퍼드대학교 이그제미네이션 홀로
갔다. 에드가 노란색 모자에 가슴에는 '에드가 혼낸다-220'이라는 굵
은 글씨가 새겨져 있고 그 아래로 험상궂은 표정을 한 자기 얼굴 사진,
가라테 발 차기 동작이 그려진 그림, 여자 엉덩이 사진이 찍힌 티셔츠

를 입고 가죽 소파에 쭉 뻗고 드러누웠다. (그는 다른 경쟁자들에게 으름장을 놓으면서 티셔츠에 새긴 문구는 숫자 220을 기억하기 위한 기호라고 했다.) 다른 기억술사들과 달리 체력 훈련을 중요하게 생각하지 않는 에드는 입에 담배를 문 채 입구로 들어오는 경쟁자들을 일일이 반갑게 맞이했다. 그는 지난번 뉴욕에서 본 뒤로 '다른 프로젝트'를 진행하기 위해 박사 논문을 무기한 연기했다고 알려 줬다. 그리고 루카스와 추진하고 있던 옥스퍼드 마인드 아카데미 계획도 전미 메모리 챔피언십이 끝나고 얼마 지나지 않아 루카스가 불을 내뿜는 묘기를 부리다 폐에 화상을 입어서 일시 중단했다고 했다.

메모리 챔피언십은 출전 선수들 간의 심리전이 아주 치열하다. 에드는 '참가자들 간의 도전 의식, 특히 독일인들과의 경쟁심을 고취'하기 위해 '협박 아닌 협박'으로 그런 티셔츠를 입었다고 했다. 그리고 집에서 챙겨 온 한 장짜리 알림 쪽지를 기자와 선수 들에게 나눠 줬다. 알림 쪽지에는 제3자가 보기에 에드 자신의 성격이 '불손하고 쾌활하고 (특히 최근에) 철두철미'하다고 적혀 있었고, '이른 기상 시간, 요가, 줄넘기, (블루베리와 대구 간유를 포함한) 건강식, 맹훈 네 시간, (포타슘 함량이 풍부한 프랑스 남부 랑그독 루시용 산(産)) 포도주 두 잔, 해질 녘의 명상 30분, 온라인 일기 쓰기' 등을 훈련 내용으로 밝혔다. 또 명석몽(明晳夢)과 탄트라 섹스 치료법을 자신의 '독특한 능력'으로, 토니 부잔을 '세계 정상급 댄스스포츠 선수이자 사춘기 내내 정신적 스승'이던 사람으로 소개했다. 끝에는 '공감각 장애와 치매로 은퇴할 시점으로 잡고 있는 2020년이 오기 전에 메모리 챔피언십이 올림픽 정식 종목으로 채택되길 기대하며'라고 인쇄돼 있었다.

에드 옆자리에 벤 프리드모어가 앉아 있었다. 그때까지만 해도 구글과 풍문을 통해서만 알고 있던 세계 메모리 챔피언십의 전설로 통하는 인물이었다. (그는 포커 카드 한 벌을 내려놓기 무섭게 순서대로 줄줄 외울 수 있다.) 벤은 닥터 수스의 동화책 제목인 '물고기 하나, 물고기 둘, 빨간 물고기, 파란 물고기'가 박힌 낡은 티셔츠를 옷깃이 구겨진 채로 입고 있었고, 허리춤에는 지퍼 달린 주머니를 차고 있었다. 챙이 넓은 검은색 중절모 같은 것도 쓰고 있었는데, 그의 말로는 지난 6년 동안 하루도 빠짐없이 그 모자를 쓰고 다녔다고 한다. "제 비법이자 영혼의 일부입니다." 그가 조용히 말했다. 발밑에는 분홍색과 검은색이 섞인 배낭이 놓여 있었는데, 그 뒤쪽을 보니 '펌프 잇 업'Pump It Up이라는 낙서가 있었다. 그 안에 든 포커 카드 스물두 벌을 다음 날 대회에서 한 시간 안에 암기해 보일 거라고 했다.

대머리에 짙은 수염, 얼굴의 반을 가리는 커다란 안경, 크고 매서운 눈매를 하고 있는 벤은 만화가 로버트 크럼을 쏙 빼닮았다. 어깨를 으쓱하는 모양이나 약간 젠체하는 것까지 아주 비슷했다. 얼마나 오래 신었는지 낡아 빠진 구두는 바닥이 떨어져서 걸을 때마다 샌들을 신은 것처럼 딱딱 소리를 냈다. 그는 차분하지만 비음이 섞인 목소리로 요크셔 사투리를 썼다. 그래서 말할 때마다 모음의 발음이 뭉개졌다. 지난 몇 주 동안 통화가 잘 안 된 이유를 설명할 때도 마찬가지였다. 옥스퍼드에 가기 전에 벤과 통화하고 싶어서 몇 주 동안 계속 전화를 걸었는데 그와 통화를 못 했다. 그는 급하거나 중요한 일이 아닌 이상 전화를 잘 받지 않는다고 했다. 그와 얘기하다 보니, 그는 자신이 영국에서 대학을 가장 어린 나이에 중퇴한 사람일 거라고 확신하고 있었다. "제

가 열일곱 살에 킹스턴-온-템스대학에 들어갔다가 여섯 달 만에 중퇴
했습니다. 지금은 스물여덟 살인데 조금 암울하네요. 저도 이제 한물
간 것 같습니다. 한때는 신성이었는데 말이죠."

　최근 벤한테 불운이 있었다. 원래 그는 세계 메모리 챔피언십에 참
가할 계획이 없었다. 그 대신 세계 메모리 챔피언십이 끝나고 1주일 뒤
에 열리는 보드게임 잔치인 마인드 스포츠 올림피아드에 출전할 생각
으로 지난 6개월 동안 원주율의 첫 5만 자리를 암기하는 데 전념했다.
계획대로 된다면 세계 신기록이었다. 그런데 불행하게도, 한 달 전에
아키라 하라구치라는 한 일본 기억술사가 갑자기 나타나 원주율 8만
3,431자리를 암송하는 일이 생겼다. 소요 시간은 16시간 28분이었다.
인터넷으로 관련 기사를 접한 벤은 어쩔 수 없이 계획을 수정했다. 신
기록을 세우기 위해 3만 3,432자리를 더 외우느니 세계 메모리 챔피언
십에 출전해 타이틀을 방어하는 편이 낫겠다 싶었기 때문이다. 그리고
지난 6주 동안 대회를 위해 시간 나는 대로 원주율을 암기하는 데 이용
한 기억의 궁전을 비우는 작업을 했다.

　지력 선수들은 대개 나와 같은 경로를 통해 기억 스포츠에 입문했
다. 남다른 기억력을 발휘하는 사람을 보고 멋지다고 생각한 그들은
그 자리에서 몇 가지 기술을 배우고 집으로 돌아가 혼자 연습한다. 그
리고 한두 번 해 보다 재미를 붙여 그 길로 기억술사의 길로 들어서는
것이다.

　그런데 벤은 조금 다른 길을 걸었다. 그도 포커 카드를 순서대로 암
기하는 사람을 보고 멋지다고 생각해서 집으로 돌아가 혼자 연습했다.
하지만 아무도 그에게 포커 카드를 순서대로 암기하는 기술을 가르쳐

주지 않았다는 점이 다르다. 그는 어떤 기법도 쓰지 않고 포커 카드가 뇌리에 남을 때까지 계속 외우고 또 외웠다. 하다 보면 언젠가는 되겠지 하는 심정으로 몇 달 동안 쉬지 않고 틈날 때마다 연습했다. 그리고 마침내 막무가내로 암기해 포커 카드 한 벌을 15분 만에 순서대로 외울 수 있었다. 시간이 조금 걸리기는 했지만 기억술에 전혀 의존하지 않았다는 점에서 대단한 성과라고 할 수 있다. 참고로, 그는 기억술을 이용해 포커 카드 한 벌을 32초 만에 암기한 세계 기록 보유자다. 그는 2000년에 처음 출전한 세계 메모리 챔피언십에서 기억의 궁전에 대해 알게 되었다. 그는 대회 첫날을 (꼴찌에 가까운 성적으로) 끝내자마자 서점으로 달려가서 토니 부잔이 쓴 책을 한 권 샀다. 당시 기억하는 것이라면 절대로 남한테 뒤지지 않는다고 생각한 그는 다른 관심사를 다 제쳐 두고 기억술 공부에만 매진할 생각이었다. 그래서 워너 브라더스가 1930년에서 1968년까지 극장용으로 개봉한 만화영화 1,001편을 모두 보겠다는 필생의 계획도 잠시 중단했다.

이때 벤은 『똑똑해지는 방법』이라는 책을 쓰고 있었다. 이 책은 역사적으로 중요한 날짜를 기억하는 방법, 포커 카드 한 벌을 순서대로 외우는 방법, 지능지수 시험을 속이는 방법을 다룬다. "이 책을 쓰는 이유나 목적은 지능을 높이지 않고도 사람들에게 머리가 좋다는 생각이 들도록 하는 것입니다." 그가 말했다. "하지만 요즘 다른 일에 정신이 팔려 있어서 시간을 많이 내지 못하고 있어요. 솔직히 만화영화 보는 것을 아주 좋아하거든요. 다른 사람의 삶을 향상할 방법을 다룬 책을 쓰고 싶은데, 자기 앞가림도 못 하는 사람이 쓴다면 당치도 않은 욕심이겠죠."

　세계 메모리 챔피언십에서 벤과 가장 치열한 접전을 펼칠 것으로 예상된 인물은 독일인으로 각진 얼굴에 대머리인 군터 카르스텐이었다. 당시 마흔세 살이던 그는 1998년부터 독일 메모리 챔피언십에서 한 번도 우승을 놓치지 않은 독일 기억 스포츠계의 대부였다. 예상대로 그는 대회 때마다 입는 옷차림으로 나타났다. 그리고 그의 특징이라고 할 수 있는 커다란 검은색 귀덮개와 안경알에 테이프를 붙여 작은 구멍 두 개를 낸 선글라스를 쓰고 있었다. 군터는 집중력을 방해하는 '외부 자극'이 기억술사에게 치명적인 독이라고 강조했다. (은퇴한 덴마크의 한 기억술사는 꼭 말한테 씌우는 곁눈가리개를 하고 대회에 참가했다.) 그리고 아랫단이 나팔꽃 모양으로 벌어진 검은색 해군 바지, 자기 이름의 머리글자를 박아 넣은 금색 버클이 달린 벨트, 몸에 착 붙는 흰색 티셔츠에 금목걸이를 걸치고 있었다.

　그는 대학생 때 닛산 자동차 광고 모델을 했다고 한다. 보는 이에 따라 다르겠지만, 내 눈에 그는 제임스 본드 영화에 나오는 악당이나 나이 든 피겨 선수처럼 보였다. 그만큼 체격과 체력이 좋았다. 게다가 경쟁심도 대단하다는 사실을 곧 알게 됐다. 어릴 때 뼈 질환을 앓아서 한쪽 다리가 짧은데도 중년 남성들이 참가하는 육상 대회에서 항상 우승을 차지했다. 군터는 어디를 가든 항상 반짝이는 금속 재질의 여행 가방에 포커 카드 20~30개를 넣어 가지고 다니면서 시간이 날 때마다 연습했다. 벤 프리드모어 귀에 들어갈까 봐 염려됐는지 정확한 개수는 알려 주지 않았다.

세계 메모리 챔피언십의
첫 종목, 시 암송

　　　　　본대회는 옥스퍼드대학의 유서 깊은 건물들 중 한 곳에 딸려 있는 이그제미네이션 홀에서 열렸다. 벽널이 참나무로 되어 있고 고딕풍의 높은 창들이 있으며 리치드 3대 백작과 더비 14대 백작의 대형 초상화가 걸려 있는 넓은 홀로 학기 중에 학부생들이 시험을 치르는 곳이다. 그 홀에 책상 48개가 놓여 있었고, 책상마다 길이가 15센티미터쯤 되는 초시계가 하나씩 부착되어 있었다. 초시계는 대회 마지막 종목이자 가장 손에 땀을 쥐게 하는 스피드 카드 종목의 시간을 잴 때 쓴다. 스피드 카드 종목은 순서가 뒤섞인 포커 카드 한 벌을 얼마나 빨리 암기하는지를 겨루는 경기다.

　　종목당 15분씩 다섯 종목에서 대결을 펼치는 전미 메모리 챔피언십과 달리 세계 메모리 챔피언십은 '지력 10종 경기'라는 별칭으로 알 수 있듯이 열 종목을 사흘에 걸쳐 진행한다. 대결 종목은 '학과'라고 하는데, 대결 방식이 학과별로 조금씩 다르다. 참가자들은 한 번도 공개되지 않은 시 한 편, 무작위 단어(기존 기록: 15분, 280단어), 이진수(기존 기록: 30분, 4,140자리), 순서를 뒤섞은 포커 카드, 역사적 날짜, 얼굴과 이름 등을 기억해야 한다. 또 '스피드 이벤트'라 불리는 학과는 5분 동안 얼마나 많이 암기할 수 있는지를 측정한다(기존 기록: 405개). 올림픽의 마라톤에 비유할 수 있는 두 종목은 한 시간 동안 얼마나 많은 포커 카드와 무작위 숫자를 기억할 수 있는지를 측정한다(기존 기록: 포커 카드 27벌과 숫자 2,080개).

　　1회 세계 메모리 챔피언십은 1991년 런던의 아테네 클럽에서 열렸다. "저는 조금 이상하다고 생각했습니다. 낱말 퍼즐 챔피언십이 있고, 스크래블(단어 조합 퍼즐—옮긴이) 챔피언십도 있고, 체스·브리지·포커·체커·커내스터(보통 카드 두 벌로 네 명이 두 팀을 이루어 즐기는 놀이—옮긴이)·바둑 챔피언십도 있는데 인지 과정의 중추라고 할 수 있는 기억과 관련된 챔피언십은 없었거든요." 토니 부잔이 당시를 회상하며 말했다. 그는 '세계 메모리 챔피언십'을 개최하는 구상이 언론의 관심을 끌 것이고, 그렇게만 된다면 자기가 쓴 정신 수련에 관한 책도 덩달아 잘 팔릴 것으로 보았다.

부잔은 영국 체스 그랜드 마스터로서 『타임스』(런던)에 체스 평론을 쓰는 친구 레이먼드 킨의 도움으로 기억 훈련을 받고 있는 지인들에게 편지를 보내고, 『타임스』에 대회 관련 광고도 실었다. 미들즈브러 전화부에 등록된 모든 스미스 씨의 전화번호를 암기한 정신과 간호사 크레이튼 카벨로와 하루 동안 외국어 단어 2,000개를 암기한 전력이 있는 브루스 발머 등 일곱 명이 대회 참가 의사를 밝혔다. 그리고 복장 규정이 있어서 일부 참가자들이 턱시도 차림으로 출전했다.

엄격한 복장 규정은 조금 완화되었는데, 다른 규정들은 초창기보다 더 엄격해졌다. 우선 대회 기간이 하루에서 1주일로 늘어났다. 사흘 동안 진행되는 지력 10종 경기 중 첫날 첫 종목인 시 암송은 참가자들이 가장 곤혹스러워한다. 나도 혼자 시를 암송하면서 녹록지 않다는 것을 알았기 때문에 그 종목을 가장 관심 있게 지켜보았다. 시 암송이 너무 괴롭다고 생각한 군터는 세계 메모리 챔피언십 때마다 이 종목을 빼거나 규칙을, 그의 표현대로라면, 좀 더 '객관적으로' 바꿔야 한다고 주장했다. 하지만 시가 암기의 시였다는 점을 생각하면, 일부 참가자들

이 시 암송을 부담스러워한다는 이유로 종목에서 빼는 것은 기억한다
는 것이 창조적이고 인간적인 시도라는 대회의 기본 뜻과 맞지 않는
다. 다만 공정성을 높이기 위해 절대로 공개되지 않은 시를 택해 경기
에 이용한다. 세계 메모리 챔피언십이 시작되고 몇 해 동안은 토니 부
잔이 '오래된 친구'라고 부른 영국 계관시인 테드 휴즈에게 시를 의뢰
했다. 그러다 1998년에 휴즈가 죽은 뒤로는 부잔이 직접 시를 쓴다. 올
해 채택된 시는 라틴어로 불쌍히 여기소서를 뜻하는 「미제라레」인데,
나중에 테드 휴즈에게 바치는 헌정 시집 『테드를 위한 진혼가』에 실렸
다. 그 시는 이렇게 시작된다.

우주를 채우고 있는 것들 덕에

With most things in the Universe

나는 행복하다

I am happy:

신성

Supernovas

말머리성운

The Horse Head Nebula

게자리

The Crab

우주를 가득 채우고 있는 거대한 구름

The light-years-big Clouds

그것들은 별의 요람

That are the Womb of Stars

부잔 자신이 행복해하는 이유를 죽 적은 이 시는 이렇게 끝난다.

나는 행복하지 <u>않다</u>

I am <u>not</u> happy

테드가

That Ted

죽은 것이.

Is Dead.

참가자들은 15분 동안 가능한 한 많이 암기한 뒤에 그것을 30분 동안 백지에 옮겨 적는다. 행별로 채점하는데, 만점을 받으려면 철자는 물론이고 대문자와 소문자의 구별도 정확해야 하며 구두점 하나도 틀려서는 안 된다. '나는 행복하지 <u>않다</u>'에서 밑줄을 빼거나 마지막 행에서 '죽은'을 뜻하는 단어(Dead)의 'D'를 소문자로 쓰면 50점 감점이다.

외우고 외워도 자꾸만 단어를 까먹는 이유

지난 수천 년 동안 기억술사들은 긴 글이나 연설문을 어떻게 하면 정확하게 암기할 수 있을까 하는 문제로 골머리를 앓았다. 초기 기억술에 관한 책들은 기억을 사물 기억과 단어 기억으로 나누었다. 글이나 연설문을 암기할 때 어떤 사람은 원고의 요지만 기억하려고 하고, 어떤 사람은 통째로 암기하려고 한다. 로마의 수사학자 퀸틸리아누스는 단어를 일일이 이미지로 전환하는 작업은 그만큼 커다란 기억의 궁전이 필요하기 때문에 비효율적일 뿐만 아니라 불안정하다고 생각해서 '단어 기억'을 낮게 평가했다. 실제로 연설 원고를 통째로 외운다면 기억해야 하는 분량이 많은 것도 문제지만, 만에 하나 연설 도중 단어를 하나라도 잊으면 눈앞이 캄캄해지면서 그 단어의 이미지를 찾아 기억의 궁전을 헤매기만 하다 연설은 제대로 못하고 끝낼 수 있다.

키케로는 연설문을 기억하는 최선의 방법은 원고를 통째로 암기하기보다는 '사물 기억'으로 요점을 파악하는 것이라고 보았다. 그는 『연설가에 대하여』에서, 연설을 앞둔 연설가는 주요 화제별로 이미지를 그리고 그것을 기억의 궁전에 심어 두기만 하면 된다고 했다. 여담이지만, 영어에서 화제나 논제를 뜻하는 '토픽'topic은 장소를 뜻하는 그리스어 '토포스'topos에서 온 말이다. (그리고 '첫째로나 우선'을 뜻하는 영어 구절 'in the first place'도 기억술의 유산이다.)

사실 인간의 뇌로 단어를 완벽하게 기억하는 것은 무리다. 이를 증명하는 대표적인 예가 1973년 미국 의회에서 열린 워터게이트 사건(미국의 닉슨 행정부가 베트남 전을 반대하는 민주당을 견제하기 위해 당시 민주당 선거운동 본부가 있던 워싱턴의 워터게이트 호텔에 잠입해 도청한 사건이다.─옮긴이) 관련 청문회다. 당시 닉슨 대통령의 법률고문이던 존 딘이 상원의 워터게이트특별위원회에 출석해 도청 사실을 은폐하기 위해 비밀리에 연 회의 내용의 전말을 공개했다. 닉슨 대통령 측과 상원 워터게이트특별위원회 측의 희비가 교차하는 순간이었다. 그는 대통령 집무실에서 여러 차례 열린 대책 회의에서 오간 대화를 토씨 하나 틀리지 않고 기억해 냈다. 그의 기억이 너무 구체적이고 정확하다 보니 기자들은 그를 '인간 녹음기'라고 불렀다. 그가 청문회에 출석해 증언할 때만 해도 대통령 집무실에서 열린 대책 회의를 녹음한 테이프가 존재하고, 존 딘이 이를 토대로 기억을 재구성했으리라고는 아무도 상상하지 못했다. 그러다 1974년 8월에 닉슨 대통령과 수석 보좌관 해리 R. 홀더먼 사이에 오간 대화가 녹음된 테이프, '스모킹 건'이 공개되면서 그의 정확한 기억력의 실체가 만천하에 드러났다.

　미국 국민의 이목이 녹음테이프의 정치적 파급력에 집중되어 있을 때 이를 다른 각도에서 접근한 사람이 있었다. 미국의 심리학자 울릭 나이서가 녹음테이프 녹취록과 딘의 증언을 비교해 그의 기억에서 맞은 부분과 틀린 부분을 가려내는 작업을 한 것이다. 그 결과, 딘은 중요한 '단어'들을 부정확하게 기억하고 인용했을 뿐만 아니라 무엇을 논의했는지 요점조차 정확하게 기억하지 못했다. 이렇게 딘의 기억이 많은 부분에서 부정확했는데도 나이서는 '전체적으로는 그의 기억이 맞았다'는 결론을 내렸다. 딘의 주요 증언 내용은 모두 정확했다. "닉슨은 감청 사실을 어떻게든 은폐하고 싶어 했다. / 일이 제대로 돌아가고 있을 때는 흡족해했다. / 은폐 사실이 드러나기 시작하자 당황했다. / 그는 집권을 연장하거나 정적들을 견제할 수 있다면, 어떤 불법 행위도 마다하지 않을 준비가 되어 있었다." 최종적으로 나이서는 존 딘이 틀린 증언은 하지 않았다고 주장했다. 증언의 정확도는 떨어졌는지 몰라도 요지는 틀리지 않았던 것이다. 그런데 이것은 존 딘뿐만 아니라 보통 사람들도 마찬가지다. 전문적인 기억 훈련을 받지 않은 사람들의 기억은 큰 밑그림에만 초점을 둔다.

　뇌가 이런 식으로 작동하는 이유가 있다. 뇌는 아주 소모적인 기관이다. 몸 전체에서 차지하는 무게는 2퍼센트밖에 안 되지만 체내에 흡수되는 산소의 5분의 1, 포도당의 4분의 1을 소비한다. 뇌는 인체에서 유지비가 가장 많이 드는 기관이자 자연선택에 따라 진화에 최적화된 기관이다. 일반적으로 우리는 정보를 수집하는 감각기관과 그것을 해석하는 신경계가 지금 일어나는 일과 앞으로 일어날 일을 감지해 최선의 대응책을 세운다고 알고 있다. 감정, 사색, 신경증, 꿈을 예외로 할 경우 뇌의 기본 구실은 예측과 계획이다. 뇌는 효율적으로 작동하기 위해, 얽히고설킨 기억에 질서를 부여해야 한다. 뇌는 감각기관을 통해 들어오는 막대한 정보 중 다음을 위해 기억해 둬야 할 것과 그렇지 않은 것을 신속하게 걸러 내야 한다. 이렇게 걸러 내는 정보 중 가장 많은 양을 차지하는 것이 단어다. 단어는 생각을 실어 나르는 장식품 같은 것이다. 중요한 것은 단어가 담은 뜻이다. 따라서 뇌는 단어 자체보다 단어의 뜻을 더 잘 기억한다. 사실 세계 메모리 챔피언십에서 시를 암송하거나 의회에 출석해 증언하는 경우를 빼면 어떤 문건을 통째로 암기해야 하는 일은 일상에서 아주 드물다.

『오디세이아』에 똑같은 수식어가 반복되는 까닭

　역사의 시계에서 최근까지만 해도 문화 전승이란 곧 구술 전승을 뜻했다. 그리고 입에서 귀로 전달되는 문학은 시간과 공간을 가로질러 정보를 한 세대에서 다음 세대로 전수하는 데 중요한 매개가 되었다. 하지만 구비문학이 아름답고 중요한 이야기를 전하고 상상력을 자극하기만 한 것은 아니다. 영국의 고전학자 에릭 해브록은 구비문학이 '개인이 성숙한 시민으로 거듭나기 위해 반드시 익혀야 하는 윤리, 정치, 역사, 기술 등을 망라하는 백과사전 같은 교재로서 유용한 지식의 보고'[4]라고 주장했다. 위대한 구비문학은 책꽂이가 아닌 기억을 통해 한 공동체가 공유한 문화유산으로서 자자손손 이어졌다.

이런 구술 문화에 몸담고 있던 전문 기억술사[5]들은 기억술을 통해 그것을 세대에서 세대로 전하는 일을 맡아 했다. 인도에서 성직자 계급은 베다를 원문대로 기억해야 하는 책무가 있었다.[6] 이슬람이 도래하기 전 아라비아에서 로이스Rawis라고 불린 사람들은 기억술사로 공인된 시인이었다.[7] 붓다의 가르침은 4세기 동안 구전되다 기원전 1세기가 되어서야 스리랑카에서 문자로 기록됐다. 그리고 글자 그대로 해석하면 '암송자'를 뜻하는 탄나임이라는 일단의 고용된 사람들은 입에서 입으로 전한 유대교 율법 토라를 수세기 동안 유대 공동체를 대신해 암송했다.[8]

서구 문학에서 가장 유명한 구술 작품이자 가장 먼저 체계적인 연구의 대상이 된 작품은 호메로스의 『오디세이아』와 『일리아스』다. 그리스어로 쓰인 시 중 가장 오래된 두 작품은 오랫동안 서구 문학의 전형으로 여겨졌다. 하지만 호메로스의 두 작품이 모든 문인의 귀감으로 오랫동안 칭송받았는데도 학술적으로는 미심쩍은 부분이 한둘이 아니었다. 근대 초기의 비평가들은 『오디세이아』와 『일리아스』가 후대의 작품들과 비교해 질적인 면에서 차이가 있다는 것을 알고 이상하게 생각했다. 예를 들어, 인물을 가리키는 수식 어구들이 이상할 정도로 반복적이다. 오디세우스는 항상 '영리한 오디세우스'다. 또 새벽은 매번 '장밋빛 손가락으로 수놓은'이라는 구절이 수식한다. 왜 이런 식으로 글을 썼을까? 때로는 이런 수식어가 어색하기까지 하다. 아가멤논을 살해한 자를 왜 '결백한 아이기스토스'라고 했을까? 아킬레우스가 가만히 앉아 있는데도 왜 '발이 빠른 아킬레우스'라고 했을까? 또 아프로디테는 울고 있는데 왜 '웃고 있는 아프로디테'라고 했을까? 『오디세이아』와 『일리아스』는 구성과 주제도 어느 정도 예측할 수 있을 만큼 정형화되어 있다. 등장인물과 상황이 다른데도 모여든 군대, 막강한 방패, 라이벌 간의 대결' 같은 서사적 표현이 자꾸 등장한다. 서구 문학의 걸작으로 불리는 두 작품에서 이렇게 이상한 점들이 발견되는 이유는 좀체 설명하기 어려웠다.

그런데 『오디세이아』와 『일리아스』가 진짜 미심쩍은 이유는 다음의 두 가지 의문과 연결된다. 첫째, 어떻게 고대 그리스 문학이 이 두 작품으로 짠 하고 역사에 등장할 수 있었을까? 완전하지는 않아도 이보다는 앞선 작품들이 분명히 있었을 텐데도 두 작품이 인류 역사상 최초의 기록 문학으로 꼽힌다. 둘째, 두 작품의 정확한 저자 또는 저자들은 누구일까? 호메로스에 대한 역사적 기록이 없다. 두 작품 곳곳에 호메로스 자신을 암시하는 구절이 있어서, 그것을 근거로 그가 누구였는지 유추할 수 있을 뿐이다.

장-자크 루소는 호메로스가 일반적인 의미에서 책상머리에 앉아 남이 읽을 글을 써서 출간한 저술가는 아닐 수 있다는 의견을 나타냈다. 1781년에 쓴 『언어기원론』에서 그는 『오디세이아』와 『일리아스』가 '사람들의 기억에 의지해 구전되던 것을 후대에 글로 옮겨 적은 것'일 수

있다고 했다. 하지만 이것은 그의 추측일 뿐이고 확실한 근거는 없었
다.[10] 또 18세기 영국의 정치가이자 고고학자인 로버트 우드는 호메로
스가 글을 읽고 쓸 줄 몰랐기 때문에 자기 작품을 외우고 다닐 수밖에
없었다고 주장했다. 색다른 가설이지만, 호메로스가 어떻게 그런 놀라
운 기억력을 발휘할 수 있었는지에 대한 근거를 제시하지는 못했다.

1795년에 독일 언어학자 프리드리히 아우구스트 볼프가 호메로스의
작품은 호메로스가 쓰지 않았을 뿐만 아니라 쓸 수도 없었다는 주장을
처음으로 펼쳤다. 그리스 시인들이 입에서 입으로 전하던 시들을 나중
에 당대의 글 형식에 맞춰 편집했을 뿐이라는 것이다.

1920년, 캘리포니아대학 버클리 캠퍼스에 재학 중이던 밀먼 패리가
석사 논문으로 누가 『오디세이아』와 『일리아스』의 저자인지에 대해 파
고들었다. 그는 호메로스의 서사가 다른 문학 작품과 다르게 보이는
것은 그것이 다른 문학 작품들과 정말로 '다르기' 때문이라고 주장했
다. 패리는 우드와 볼프가 미처 보지 못한 것, 즉 호메로스의 서사가 구
술 작품이라는 증거가 바로 작품 안에 있다는 것을 발견했다. 독자를
항상 어리둥절하게 만드는 정형화된 형식과 '영리한 오디세우스', '결
백한 아이기스토스'처럼 반복되는 수식 어구들은 『오디세이아』와 『일
리아스』가 구술 작품이라는 증거로서 도자기에 남은 지문과 같다. 즉
이것들은 호메로스의 서사가 어떻게 쓰였는지를 보여 주는 물적 증거
다. 또 시인이 시구의 운율과 형식을 익히고 시의 핵심을 기억하는 데
길잡이 구실을 하는 기억 보조 장치기도 했다. 패리는 호메로스를 '글
자에 의지하지 않고 온전히 시를 쓴…… 서구 문화에서 유구한 전통
을 자랑하는 음유시인 중 한 명이었을 뿐'[11]이라고 주장했다.

암송의 기술 1:
운율이 기억을 돕는다

패리는 암송하기 쉬운 시를 쓰려면 『오디
세이아』와 『일리아스』처럼 쓸 수밖에 없을 것이라는 사실을 깨달았다.
어떤 작가에게는 죄악이 될 수 있는 상투적인 문구가 구술 시인들에게
는 본질적인 것이었다. 상투적인 문구는 입에 쉽게 달라붙는 속성이
있는데, 이것은 구술되는 이야기에서도 마찬가지다. 미국의 영문학자
월터 J. 옹의 말처럼 기억에 의존하는 문화에서 사람들이 '기억하기 쉬
운 방향으로 생각'하는 것은 당연하다. 뇌는 반복적이고, 리듬이 있고,
운율이 있고, 무엇보다 쉽게 시각화할 수 있는 것을 가장 잘 기억한다.
구술 시인들이 이야기를 계속 하면서 발견한 원리는 20세기 초에 심리
학자들이 인간의 기억을 대상으로 한 과학적 실험에서 발견한 기본적
인 기억 원리와 같았다. 운율이 있는 단어는 그렇지 않은 단어보다 훨
씬 더 기억하기 쉽고 기억에 오래 남는다. 구상명사가 추상명사보다
기억하기 쉽다. 역동적인 이미지가 정적인 이미지보다 기억에 잘 남는
다. 운율이 기억을 돕는다. 덩크슛 하는 줄무늬스컹크가 달리는 족제
비보다 기억에 더 선명하게 남는다.

음유시인들의 기억술 가운데 가장 널리 쓰인 것은 노래다. 어떤 것
을 노래로 만들어 계속 흥얼거리고 다니면 절대 잊지 않을 것이다.

입력된 정보에서 형식과 구조를 읽어 내는 것이 뇌가 이 세계에서
의미를 추출하는 방식이고, 말에 리듬과 운율을 부여하는 것이 언어의
형식과 구조를 도드라지게 하는 방식이다. 호메로스 시대의 시인들이
구술 시를 노래로 읊은 이유, 『구약』의 율법이나 모세 5경에 음악 기호

가 표시된 이유, 아이에게 알파벳을 가르칠 때 노래로 가르치는 이유가 다른 데 있지 않다. 음악은 언어를 구조화하는 궁극의 장치다.

하버드대학의 조교수로 부임한 뒤 패리는 자신의 연구 주제를 더욱 넓혀 갔다. 그는 오래된 그리스 고전문학에 안주하지 않고 지금까지 호메로스 시대의 구술 전통을 간직하고 있는 마지막 음유시인을 찾아 유고슬라비아로 떠났다. 수많은 녹음테이프를 들고 하버드로 돌아온 그는 이것을 토대로 구술 전통이라는 새 학문 체계를 구축했다.

패리는 유고슬라비아에서 조사할 때, 아마 호메로스 시대의 음유시인들도 마찬가지였겠지만, 구술 시인들이 시를 시인에게서 시인으로 또는 세대에서 세대로 전할 때 있는 그대로 전하지 않고 암송할 때마다 형식과 구조를 바꾼다는 것을 알아냈다. 이것은 구술 시인에게 부여된 권한이었다. 따라서 한번 읊은 시가 읊기 전의 시와 비슷하기는 해도 똑같다고 할 수는 없었다.

슬라브족 음유시인들에게 자신들의 노래를 원래 있는 그대로 부르는지 묻자 그들은 단호하게 '단어면 단어, 행이면 행을 전부 똑같이 부른다'[12]고 답했다. 하지만 두 시인의 노래를 따로 녹음해서 비교해 보니 같지 않았다. 단어가 다른 것은 기본이고, 뒤바뀐 행과 사라진 구절까지 있었다. 그렇다면 그들이 '똑같이 부른다'고 대답한 이유는 무엇일까? 그것은 그들이 자신의 암송 능력을 과신해서가 아니라 글자 그대로 부른다는 것이 무슨 뜻인지 몰랐기 때문이다. 그런데 이것은 전혀 놀랄 일이 아니다. 사실 글로 쓰인 시가 원래 없기 때문에 있는 그대로 부르는지 아닌지를 비교할 방법이 없다. 즉 누가 옳고 그르다고 할 수 있는 문제가 아니라는 것이다.

구술 전통에서 시는 이렇게 상황이나 암송하는 사람에 따라 재구성될 여지가 크기 때문에 언제든 기억하기 쉬운 방식으로 바꿀 수 있다. 민속학자들은 구술 시를 오랫동안 강물에 갈리고 닦인 조약돌에 비유했다. 구술 시는 수도 없이 암송되면서 기억하기 어려운 부분은 떨어져 나가고 기억하기 쉬운 부분만 남아 구전되어 지금처럼 순화되었다. 핵심에서 벗어난 내용은 잊힌다. 길거나 잘 쓰지 않는 단어는 빠진다. 심상, 운율, 어조 등을 전체적으로 고려하다 보면 음유 시인이 선택할 수 있는 단어는 그리 많지 않다. 결국 시를 지배하는 것은 구조다. 실제로 패리보다 앞서 구비문학을 연구한 학자들이 밝혀낸 것처럼 『오디세이아』와 『일리아스』의 모든 단어는 일정한 형식을 갖추고 있어서 기억하기가 쉽다.

암송의 기술 2 :
외설적인 이미지로
만들어라

기원전 5세기 고대 그리스에서 문자를 쓰기 시작한 시점에 시모니데스가 기억술을 발명했다는 것은 우연의 일치가 아니다. 문자가 사용되자, 기억이 전부가 아닌 시대가 됐다. 호메로스 시대의 시인들이 쓴 운율과 형식 같은 낡은 기법은 날로 새로워지고 복잡해지는 사람들의 생각을 머리에 담아 두는 데 적합하지 않았다. 에릭 해브록은 '원래 시를 후대에 전하는 것이 주된 목적인 구술이 시를 읊는 부차적 수단으로 전락했다'고 썼다. 어느 순간 구술 전승의 필요성이 사라지면서 시는 예술이 되었다.

기원전 1세기쯤 『헤렌니우스에게 바치는 수사학』이 쓰였을 때는 오늘날의 컴퓨터처럼 글이 로마 세계의 근간을 이루고 있었다. 이 책의 저자와 같은 시대의 사람들, 즉 베르길리우스·호라티우스·오비디우스 등이 쓴 시는 모두 종이에 문자로 기록됐다. 일단 종이에 쓴 시는 아무도 손댈 수 없는 것으로 여겨졌다. 그래서 이런 시를 암송하는 것은 단어 기억을 뜻하며 사물 기억과는 거리가 멀었다.

『헤렌니우스에게 바치는 수사학』의 저자는 시를 있는 그대로 기억하는 최선의 방법은 행을 두세 번 되풀이해 읽고 나서 관련 이미지를 떠올리는 것[13]이라고 한다. 이것은 군터 카르스텐이 세계 메모리 챔피언십에서 시를 암기하기 위해 쓰는 방법이다. 그러나 이 방법은 모든 단어를 시각화할 수 없다는 한계가 있다. '와'나 '과' 같은 조사를 어떻게 시각화할 수 있을까? '그' 같은 관형사는? 키케로와 같은 시대 인물인 스켑시스의 메트로도루스가 시각화할 수 없는 것을 시각화할 방법을 내놓았다.[14] 영어의 접속사, 관사, 전치사 등 연결어에 상응하는 간단한 이미지의 체계를 개발한 것이다. 이를 토대로 그는 어떤 것이든 읽거나 들은 대로 기억할 수 있었다. 메트로도루스의 이미지 체계는 실제로 고대 그리스에서 널리 쓰였다. 『헤렌니우스에게 바치는 수사학』에는 '나는 기억에 관한 글을 쓴 대다수 그리스인들이 상당히 많은 수의 단어에 상응하는 모상 목록을 만들어 왔다는 것을 알고 있다. 따라서 이미 만들어져 있는 모상을 외워서 익히고자 하는 사람이 있다면 모상을 찾는 수고 없이도 배울 수 있다'는 대목이 있다. 그만큼 당시에 단어를 이미지로 전환하는 방법이 체계화되어 있었고, 널리 보급되어 있었다는 것이다. 하지만 안타깝게도, 현재 메트로도루스의 이미지 체계는 존재하지 않는다. 그래서 군터는 쉽게 시각화할 수 없는 단어 200

여 개를 골라 자기만의 이미지 사전을 만들어서 활용한다. 그 사전에서 영어의 'and'는 원이고('and'(앤드)는 둥글다를 뜻하는 독일어 'rund' (룬드)와 운(韻)이 맞다), 'the'는 무릎으로 걷는 사람이다('the'에 해당하는 독일어 'die'(디)가 무릎을 뜻하는 독일어 'Knie'(크니)와 운이 맞다). 그리고 시가 끝나는 지점에는 못을 박는다.

군터는 셰익스피어풍 소네트뿐만 아니라 녹음기의 수리 설명서 같은 것도 가뿐히 외울 수 있다. 솔직히 그에게 녹음기 수리 설명서 암기는 일도 아니다. 그런 설명서는 '버튼', '텔레비전', '플러그'처럼 구체적이고 쉽게 이미지를 떠올릴 수 있는 단어로 된 경우가 많다. 시를 암기하기가 어려운 것은 그것이 추상적이기 때문이다. '덧없는'이나 '자아'같이 시각화하기 쉽지 않은 시어에 어떤 이미지를 대입할 수 있겠는가?

이미지를 떠올릴 수 없는 단어를 이미지화하는 군터의 방법은 아주 오래된 방식으로, 발음이 비슷한 단어나 동음이의어로 대체해 시각화하는 것이다. 14세기 영국의 신학자이자 수학자로 캔터베리 대주교에 임명된 토머스 브래드워딘은 이런 단어 기억을 가장 극대화했다. 그는 음절 기억이, 시각화하기 어려운 단어를 기억하는 데 이용할 수 있는 최적의 수단이라고 했다. 브래드워딘의 방법은 단어를 음절로 나누고 같은 음절로 시작하는 다른 단어를 토대로 이미지를 창조하는 것이다. 예를 들어, 음절 'ab-'를 기억해야 할 경우 대수도원장(abbot)을 떠올린다. 'ba-'는 궁노수(balistarius)[15]를 그린다. 그리고 이 두 음절을 결합해 이미지화하면 수수께끼같이 요상한 그림이 만들어진다. (즉 스웨덴 혼성 그룹 아바는 궁노수의 화살을 맞은 대수도원장이나 천장에 매달려 있는 다른 대수도원장과 대화하는 대수도원장으로 기억할 수 있다.) 이렇게 단어를 이미지로 전환하는 과정은 망각을 통한 기억이라고 할 수 있다. 단어를 소리로 기억하려면 뜻은 철저히 무시해야 하기 때문이다.

브래드워딘은 가장 성스럽고 경건해야 하는 설교까지 앞뒤가 맞지 않는 터무니없는 이미지로 바꿔서 기억했다. '베네딕투스 도미누스 퀴 페르'로 시작하는 설교의 주제문을 암기하기 위해 그는 각 단어의 음절을 기초로 '오른손으로는 성 도미니크를 난도질하거나 쓰다듬으면서[16] 왼손에는 자고새를 쥔 채 젖꼭지가 붉고 큰 흰색 암소와 춤을 추는 성 베네딕트'를 떠올렸다.

기억술은 처음부터 외설스러웠다. 중세의 고딕 양식과 외설스러운 이미지에 물들어 있던 기억술은 그것을 못마땅하게 여긴 사람들로부터 날선 비판을 받았다. 한편, 브래드워딘도 기억을 위해 상상으로나마 불경한 이미지를 떠올렸는데 경건하기로 둘째라면 서러워할 성직자들 중 그를 비판한 사람이 많지 않았다는 점은 다소 놀랍다. 기억술에 대한 도덕적 비판을 주도한 사람은 16세기 청교도 신자인 케임브리지의 윌리엄 퍼킨스다.

그는 기억술이 우상 숭배적이고, '부조리한 생각을 불러일으키고, 무례하고, 터무니없고, 때로는 욕정을 자극하기 때문에 불경한 것'[17]이라고 비판했다. 기억술이 조금 자극적인 것에 기대기는 한다. 기억술이 욕정을 자극한다고 비판한 퍼킨스는, 기억력을 높이기 위해 음탕한 처녀를 떠올린다고 고백한 이탈리아 법학자 라벤나의 피터를 염두에 두었을 것이다.

고대의 기억법이
칭송받는 유일한 곳

세계 메모리 챔피언십의 10종목 중 시 암송에
는 아주 많은 전략이 있다. 그런데 지력 선수들이 일반적으로 쓰는 전
략은 두 가지고, 성별에 따라 차이가 난다. 군터를 포함해 남성 지력 선
수들은 방법적 전략을 쓰고, 여성들은 더 감성적인 전략을 쓰는 경향
이 있다. 빨간 티셔츠, 빨간 양말, 빨간 야구 모자 등 온통 빨강으로 치
장하고 세계 메모리 챔피언십에 출전한 15세의 오스트리아 선수 코린
나 드라슐은 글의 내용을 이해하지 못하면 기억은 아예 시도도 못 한
다고 하소연했다. 그녀는 그것의 느낌까지 이해해야 했다. 그녀는 시
를 작은 덩어리로 나누고 각 덩어리에 일련의 감정을 부여한다. 단어
와 이미지를 연결하기보다는 단어에 감정을 불어넣는 것이다.

"저는 글쓴이가 어떤 감정 상태이며 무엇을 의도하는지 느끼고, 그
가 행복한지 슬픈지 상상합니다." 대회장 밖 복도에서 그녀가 내게 말
했다. 이것은 배우가 대본을 외우는 방식과 아주 비슷하다. 많은 배우
들이 대본을 받으면 '비트'(장면마다 등장인물이 수행해야 하는 목표—옮긴
이)라는 생각과 행동의 단위로 나누고 감정이입을 해 맡은 배역에 몰입
하는 훈련을 한다. 메소드 연기로 알려진 이 기법은 20세기 초에 러시
아 출신 배우이자 연출가인 콘스탄틴 스타니슬라프스키가 고안했다.
그는 배우들의 기억력을 높이기 위해서가 아니라, 배우가 자신이 맡은
배역을 더 실감나게 표현할 수 있도록 연기 지도를 하기 위해 이 기법
을 고안했다. 메소드 연기가 대본에 감정과 느낌을 결부하는 기법이지
만 단어를 더 기억하기 쉽게 하는 방법인 것도 분명하다. 실제로 "펜을

주우세요."를 암기할 때 진짜 펜을 주우면서 암기하면 기억에 더 오래 남는다는 연구 결과가 있다.

여하튼 군터는 시 암기 종목에서 코린나 드라술에게 밀리면서 대회 우승을 놓치고 말았다. 대회 우승 트로피는 그의 문하생 중 한 명인 독일 바이에른 출신의 법대생 클레멘스 메이어에게 갔다. 조용하고 수줍음이 많은 친구로 영어에 서투르다며 인터뷰에 응하지 않았다. 스포큰 넘버스와 얼굴과 이름 기억, 이 두 종목을 망친 벤 프리드모어는 종합 성적 4위에 이름을 올렸다. 결과가 발표되자, 그는 검은 모자를 푹 눌러 쓰고 서둘러 홀을 빠져나갔다. 그는 내년 세계 메모리 챔피언십에서 타이틀을 되찾기 위해 내일부터 바로 훈련에 들어갈 것이라고 다짐했다.

에드는 결과가 더 좋지 않았다. 그는 제한된 시간 안에 순서를 뒤섞은 포커 카드 두 벌을 암기해야 하는 스피드 카드 종목에서 참가자 30명 중 실패한 열한 명에 들었다. 스피드 카드 종목에서 실패했다는 것은 축구 경기에서 공격수가 페널티킥을 두 번 연속 실축한 것과 같다. 훈련한 만큼 점수를 얻기 쉬운 종목이기 때문이다. 그는 실수를 만회하려고 다른 종목에서 열을 올렸지만 자제력을 잃으면서 11위로 대회를 마감했다. 온몸이 땀에 흠뻑 젖어 있었고, 얼굴에는 실망한 표정이 드러났다. 나는 시무룩한 표정을 하고 있는 그를 따라가서 어떻게 된 거냐고 물었다. 그는 고개를 저으며 "너무 의욕만 앞섰어. 집에서 보자." 하고 혼자 걸어갔다.

그는 막달렌 다리 건너에 있는 술집에 들어가 크리켓 경기를 보면서 인사불성이 되도록 기네스를 들이켰다.

세계 메모리 챔피언십이 열린 옥스퍼드대학 이그제미네이션 홀에서 참가자들이 머리를 긁적이고 펜을 빙빙 돌리면서 「미제라레」를 암기하는 모습을 지켜보면서 나는, 그곳이 고대 기억술이 살아 숨 쉬거나 칭송받는 유일한 곳이라는 것을 분명히 깨달을 수 있었다. 세상에서 가장 유서 깊은 학문의 전당이라고 할 수 있는 그곳이 한때 황금기를 구가한 기억술의 마지막 숨결이 남아 있는 곳이었다.

기억술은 황금기를 누린 뒤로 엄청난 퇴보의 길을 걸었다. 기억술의 황금기에 인간은 정신을 살찌우기 위해 일했다. 물건을 손에 넣는 것과 마찬가지로 기억을 얻기 위해 노력했다. 하지만 오늘날 우리는 기억을 믿지 않는다. 사정이 이렇다 보니, 기억하지 않아도 되는 방법을 찾는다. 평소에 기억을 불신하면서도 사소한 것 하나라도 기억나지 않으면 기억력이 나쁘다느니 나빠졌다느니 온갖 호들갑을 떤다. 한때 기억의 본질로 여겨지던 기억술이 변방으로 몰린 이유는 무엇일까? 왜 기억술이 사라졌을까? 인류는 왜 기억하는 방법을 잊어버렸을까?

chapter 7

기억의 종말

– 굳이 기억할 필요가 없어지는 세상의 등장

왜

소크라테스는
글을 불신했을까
한때 생각하는 것을 암기하는 것 말고는 달리 어떻게 할 방법이 없던 때가 있었다. 생각을 옮겨 적을 문자도, 종이도 없었다. 무엇을 기억해야 한다면 머릿속에 넣어 두는 방법밖에 없었다. 다른 사람에게 할 이야기가 있거나 공유해야 할 생각이 있거나 전달해야 하는 정보가 있으면 암기부터 했다.

오늘날 우리는 많은 것을 암기하지 않는다. 나는 아침에 눈을 뜨면 그날그날 해야 할 일을 적어 놓은 수첩부터 확인한다. 그러니까 머릿속에 일정을 넣어 두는 일은 거의 없다. 차에 타면 GPS에 목적지부터 입력한다. GPS의 메모리가 내 기억을 대신해 길을 안내한다. 사무실에 도착해 자리에 앉으면 인터뷰 자료가 담긴 디지털 녹음기나 노트북을 켠다. 그 밖에도 이미지는 사진에, 주요 지식은 책에 의존한다. 게다가 구글 덕분에 검색어만 있으면 인류가 쌓아 둔 기억에 접근할 수 있다. 어린 시절, 전화하려면 다이얼을 돌려야 했을 때만 해도 나는 가까운 친구와 가족의 전화번호를 거의 다 외웠다. 하지만 지금 확실히 기억하는 전화번호는 네 개 정도밖에 안 된다. 아마 이것도 평균 이상은 될 것이다. 더블린 트리니티대학의 한 신경심리학자가 2007년에 한 설문 조사에 따르면, 30세 이하 영국인 중 3분의 1이 자기 집 전화번호도 기억하지 못한다. 그리고 성인 중 30퍼센트가 직계 가족 세 명 이상의 생일은 기억하지 못한다. 문명의 이기인 전자 기기가 그런 것들을 기억할 필요성을 박탈한 것이다.

전화번호와 생일을 잊는 것은 우리 기억력이 매일 조금씩 나빠지고 있다는 것을 의미한다. 그만큼 우리 기억은 알파벳에서 스마트폰에 이르기까지 다양한 기술에 의존하고 있다. 뇌의 외부에 정보를 저장하는 기술이 근대 세계의 등장을 가능하게 했지만, 그것 때문에 인간의 사고방식과 뇌를 이용하는 방식에도 큰 변화가 생겼다.

플라톤의 『대화』를 보면 소크라테스가 제자들에게 문자를 발명한 이집트 신 토트가 이집트 왕 타무스를 찾아가서 백성들에게 자신이 발명한 문자를 나눠 주도록 하는 장면을 이야기하는 부분이 있다. 토트가 이집트 왕에게 말한다. "그대 백성들의 기억력을 향상할⋯⋯ 방법이 있다. 내가 발명한 문자가 기억과 지혜를 향상할 수단이 될 것이다." 그런데 타무스가 이 선물을 썩 좋아하지 않는다. 그가 말했다. "백성들이 이걸 배우면 그들의 영혼에 망각이 자리 잡을 것입니다. 백성들은 기억의 단련을 그만둘 것이고, 그럼 기억을 잃을 겁니다. 글로 쓴 것에 의지할수록 그들은 자기 내면에 있는 기억을 떠올리려고 하지 않을 겁니다. 당신이 발명한 것은 기억이 아니라 망각을 위한 수단일 뿐입니다. 당신이 이집트 백성에게 나눠 주려고 하는 것은 진정한 지혜가 아니라 허영입니다. 많이 이야기해 준다고 해서 그것이 곧 가르침이 되지는 않습니다. 겉으로는 많이 아는 것 같아도 속으로는 아무것도 모를 수 있습니다. 지혜가 아니라 허영이 가득한 사람은 동료에게 짐이 될 겁니다."

소크라테스는 한 발 더 나아가 문자로 지식을 전한다는 생각을 신랄

하게 비판한다. "글이 머릿속에 있는 것을 기억해 내는 것 이상의 어떤
것을 할 수 있다고 믿는 것은 정말 순진한 생각이다." 소크라테스에게
글은 기억을 위한 실마리, 즉 머릿속에 있는 정보를 생각해 내는 수단
이상이 될 수 없었다. 그는 글이 문화를 퇴보시켜 지적, 도덕적 타락을
초래할까 봐 걱정했다. 지식과 정보는 날이 갈수록 늘어나는데 사람들
머리는 빈 깡통이 될 수 있기 때문이다. 나는 그가 자신의 이런 생각을
플라톤과 크세노폰이라는 두 제자가 오늘날 우리가 알고 있는 것처럼[1]
글로 기록했다는 것을 알면 어떤 반응을 보일지 궁금하다.

중세 후기까지
독서는 기억의 보조
수단일 뿐이었다
소크라테스는 기원전 5세기경 실존한 인물
이고, 당시는 그리스 전역에 문자가 보급[2]되었기 때문에 그의 비판이
호소력은 없었다. 그가 지식을 문자로 남기는 것을 멀리한 이유는 무
엇일까? 사실 기억을 문자로 기록하는 것이 머릿속에 넣어 두는 것보
다 지식을 간직하는 데 훨씬 효과적인 방법이다. 뇌는 항상 실수하고,
아는 것도 잊고, 엉뚱하게 기억하기도 한다. 글은 이런 뇌의 생물학적
한계를 극복하는 방법이다. 글은 오류 가능성이 있는 뇌에서 기억을
끄집어내 오류 가능성이 적은 종이에 기록하는 것이라서 영구적일 뿐
만 아니라 시공을 초월해 널리 확산될 수 있다. 글은 구술 전통과 달리
중간에 내용이 바뀔 염려 없이 생각을 세대에서 세대로 전할 수 있다.
  소크라테스가 살던 시기에 글보다 기억이 더 중요했던 이유를 이해
하려면 글의 진화 과정과 초기 책들이 형식과 기능 면에서 오늘날의 책

과 어떻게 다른지를 알아야 한다. 그렇다면 인쇄술을 발명하기 전, 차례와 찾아보기를 만들기 전, 제본 기술이 등장하기 전, 구두점을 만들기 전, 소문자가 등장하기 전, 심지어 단어와 단어 사이의 간격이 등장하기 전으로 거슬러 올라가야 한다.

오늘날 글쓰기는 정교해서 글로 쓴 것을 따로 기억하지 않아도 된다. 하지만 중세 후기까지만 해도 책은 기억의 보조 수단이었지 기억을 완전히 대신하지는 못했다. "어떤 것을 책으로 쓴다는 것은 기억을 도우려는 것이다."[3] 토마스 아퀴나스가 한 말이다. 기억하기 위해 글을 읽었고, 책은 정보를 기억하기 위해 이용할 수 있는 가장 좋은 도구였다. 사실 책을 필사한 것도 기억하는 데 도움이 될까 싶어서 했지, 다른 이유는 없었다.

소크라테스가 살던 시기에 그리스의 글은 나일 강 삼각주에서 수입한 파피루스[4]로 만든 종이를 길게 이어 붙여 만든 두루마리에 기록됐는데, 길이가 18미터 이상인 것[5]도 있었다. 그런데 파피루스에 적은 글자를 읽기도 힘들지만, 파피루스에 글자를 쓰는 것은 더 고역이었다. 정보 접근의 용이성이라는 측면에서 볼 때 파피루스는 결코 쉽게 쓸 수 있는 발명품이 아니었다. 한편 구두점은 기원전 200년경 알렉산드리아 도서관장이던 비잔티움의 아리스토파네스가 발명했다. 문장의 아래나 중간이나 위에 찍는 구두점은 읽는 이에게 문장에서 문장으로 넘어갈 때 얼마나 오래 멈춰야 하는지 일러 주는 구실[6]을 했다. 그 대신 글자는 대문자로 중단 없이 이어 썼다. 이것을 연속 문서라고 하는데, 이름으로 유추할 수 있듯이 띄어쓰기도 없고 구두점도 없었다. 게다가 어떤 단어를 쓰는 중에 행이 바뀌어도 한 단어가 두 행에 걸쳐졌다는 것을 보여 주는 붙임표도 없었다.

> 아시다시피글을끊어읽을수있는띄어쓰기
> 나구두점이없는텍스트를읽는것은매
> 우어렵다그런데고대그리스글쓰기가
> 정확히이런식이었다.[7]

서로 조합해서 뜻이 있는 단어가 되는 요즘 글자들과 달리 연이어 붙여 쓴 글자들은 악보에 가까웠다. 즉 그것들은 입 밖으로 내야 하는 소리와 같았다. 이 소리를 뜻이 통하는 단어로 재구성하려면 일단 귀로 들어야 했다. 아무리 훌륭한 음악가라도 악보를 제대로 읽으려면 실제로 불러 봐야 하듯, 연속 문서를 제대로 읽으려면 역시 크게 소리 내어서 읽어야 한다. 실제로 중세에 낭독은 보통 청중 앞에서 연기하듯 크게 소리 내어 읽는 행위였다. 중세의 글에는 '귀를 빌려 주다'라는 구절이 자주 등장한다.[8] 성 아우구스티누스는 스승인 성 암브로스가 혀를 굴려 또박또박 읽지 않고 웅얼웅얼 읽는 모습을 보고 기이하게 생각해서 그것을 『고백록』에 적어 놓기까지 했다. 글을 소리 내어 읽지 않고 눈으로 읽는 묵독이 일반화된 것은 9세기경으로, 이때부터 띄어쓰기가 일반화되고 구두점이 널리 쓰였다.

띄어쓰기 없이 쓴 글을 읽기가 어려웠다는 것은 당시의 읽기와 기억의 관계가 오늘날 우리가 아는 관계와는 아주 달랐음을 의미한다. 글을 눈으로 읽기가 어려웠기 때문에 크게 소리 내어 읽었지만, 그렇게 하려면 무엇보다 글의 내용을 꿰고 있어야 했다. 글을 받아 들면 머릿속으로 구두점을 찍으면서, 전부는 아니라도 부분적으로 외워야 했다. 읽으면서 바로 소리를 의미로 바꿀 수는 없었기 때문이다. 그래서 글을 먼저 익힌 뒤에 소리 내어 읽으면서 이해했다. 하지만 구두점은 문제의 소지가 많았다. 러트거스대학교 역사학자 조슬린 페니 스몰이 지적한 것처럼 'GODISNOWHERE'이 구두점을 어디에 찍느냐에 따라 '신이 지금 여기 계신다'(GOD IS NOW HERE)나 '신은 아무 데도 없다'(GOD IS NOWHERE)로 다르게 읽힌다.

더구나 연속 문서로 된 두루마리의 내용을 파악하려면 위에서 아래로 읽어야 했다. 두루마리는 항상 첫 단어부터 읽어야 한다. 두루마리는 말 그대로 둘둘 말려 있어서 조금씩 풀어 가면서 읽어야 하고, 구두점이나 단락 · 쪽 · 목차 · 장 · 찾아보기 등이 없어서 처음부터 끝까지 다 읽지 않고 중간에서 원하는 정보를 찾아낼 수는 없기 때문이다. 고대의 글은 내용이 단번에 눈에 들어오지 않는다. 두루마리는 머리에 온전히 집어넣기 전까지는 쉽게 참고할 수가 없다. 그것의 내용을 알고 있어야만 원하는 정보를 찾아낼 수 있다. 이것은 가볍게 넘길 일이 아니다. 여하튼 두루마리를 쓴 목적은 내용을 기록해 두는 것이 아니라 읽는 이가 내용을 파악할 수 있도록 돕는 길잡이를 마련하는 것이었다.

이런 낭독 전통이 아직까지 남아 있는 것 중 하나가 토라 낭독이다. 손으로 쓴 고대 두루마리 율법서인 토라는 필사하는 데만 1년 가까이 걸린다. 토라는 고대 그리스의 두루마리 문서에서 볼 수 없는 띄어쓰기는 되어 있지만 모음이나 구두점은 없다. 그래서 소리 내어 읽지 않고 눈으로만 읽어 내려가기가 어렵다.[9] 유대인들이 토라를 굳이 외워서 낭독하지는 않았지만, 많은 시간 동안 공들여서 토라에 익숙해지지 않고는 토라를 읽을 수 없었다. 믿지 않는 사람도 있겠지만, 거짓말이 아니다. 나는 성년의 날에 야물커(정통 유대교 남자 신도가 기도할 때 또는 토라를 읽을 때 쓰는 작은 두건—옮긴이)를 쓰고 토라를 따라 읊은 적이 있기 때문에 잘 안다.

인류가 문자를 사용한 지 오래다 보니 인식하지 못하지만, 연속 문서는 문법에 따라 구색을 갖춰 쓴 글이라기보다는 구어를 그냥 받아 적은 것에 더 가깝다. 구어 문장은 이음매 없이 길게 잡아 늘인 소리다. 우리는 말하면서 띄어쓰기를 하지는 않는다. 한 단어가 끝나는 데서 다른 단어가 시작되는 것이 언어의 약속이다. 영어를 하는 사람의 소리 파형을 시각화한 음파 홀로그래피를 보면서 어디에 띄어쓰기가 있는지를 잡아내기는 쉽지 않다. 이것은 말하는 컴퓨터를 개발하기 어려운 이유 중 하나다. 맥락을 이해할 만큼 정교한 인공지능을 개발하지 않는 이상 컴퓨터는 'The stuffy nose may dim liquor'(코가 막히면 술맛이 나지 않는다)와 'The stuff he knows made him lick her'(그가 비밀을 알고 있기 때문에 그녀는 어쩔 수 없었다)[10]를 구별하지 못할 것이다.

한때 라틴어의 단어 사이에 점을 찍어 구분하려는 시도가 있었다. 그런데 왠지 2세기에 과거로 회귀[11]해 그리스인들이 사용하던 낡은 연속 문서로 돌아갔다. 그 뒤 900년 동안 서구 글쓰기에서 띄어쓰기가 자취를 감췄다. 오늘날 다시 보면, 단어를 띄어 쓰는 것이 대수인가 싶어도 띄어쓰기가 역사적으로 한때 시도되었다가 다시 자취를 감췄다는 것은 그때 사람들이 읽는 것을 어떻게 대했는가에 대해 많은 것을 시사한다. 고대 그리스어에서 '읽다'를 뜻하는 가장 대표적인 단어가 '다시 알다' 또는 '생각해 내다'라는 뜻을 가진 아나기그노스코[12]였다는 사실도 읽는다는 것이 무엇을 뜻했는지 잘 보여 준다. 읽는 것, 즉 독서란 곧 기억하는 것이었다. 지금 보면, 읽는 이와 글의 관계보다 낯선 것도 없다.

찾아보기의 발명 :
머릿속에 기억해둘
필요성이 줄어들다

2010년에 전 세계에서 인쇄된 책이 100억 권[13]이나 된다는데, 믿어지는가? 인쇄 문자의 홍수 속에 살고 있는 지금 구텐베르크 전, 즉 책이 드물 뿐만 아니라 책 한 권 필사하는 데 몇 달씩 걸리던 시대에 독서가 어떤 것이었는지 상상하기는 쉽지 않다. 구텐베르크가 금속활자를 발명한 직후인 15세기 후반만 해도, 책이 수십 권씩 인쇄되었는데 그중 대다수가 얼마 되지도 않는 대학 도서관에 소장됐다. 물론 당시에는 대학 도서관이 많은 책을 소장하지 않았기 때문에 소장 도서가 100종만 돼도 많은 편이었다.[14] 여러분이 중세 학자로서 책 한 권을 읽고 있다고 하자. 하지만 지금 읽고 있는 책을 언제 다시 입수할 수 있을지 알 길이 없다. 그렇다면 읽고 있는 책을 암기하는 것만큼 좋은 방법이 없다. 참고하고 싶은 책이 있을 때 서가에 간다고 해서 바로 꺼내 볼 수 있는 것도 아니다. 당시는 지금처럼 책등이 앞으로 보이도록 책을 두지 않았다.[15] 16세기경에야 책이 우리에게 익숙한 방식으로 비치되기 시작했다. 더구나 책이 무거워서 들고 다닐 수도 없었다. 여러 권으로 된 『성경』을 한 권으로 묶어 출간할 수 있는 제본 기술은 13세기에 벌써 있었지만 무게는 어쩌지 못해서 그 『성경』의 무게는 4.5킬로그램이 넘었다.[16] 그리고 필요한 책을 손에 넣었어도 띄어쓰기가 되어 있지 않았기 때문에 처음부터 끝까지 인내심 있게 읽어 내려가지 않고 원하는 것을 찾아낼 수는 없었다. 더구나 찾아보기가 없고, 쪽 번호나 차례도 없었다.

하지만 이런 격차는 서서히 줄어들었다. 책 자체의 성격이 바뀌면서 독서에서 기억이 맡은 구실도 바뀌었다. 지금과 같은 하드커버로 책등을 묶어 만든 양피지 문서가 400년경에 등장해 두루마리 문서를 거의 대체했다. 책 읽는 것이 한결 수월해졌기 때문에 더는 원하는 구절을 찾기 위해 긴 두루마리를 아래로 펼치지 않아도 되었다. 원하는 쪽을 찾아 넘기기만 하면 되는 것이다.

13세기에는 프랑스 수도승들이 500년에 걸쳐 만든 최초의 찾아보기가 『성경』에 등장했다. 이와 비슷한 시기에 책을 장으로 나누는 방법도 도입됐다.[17] 드디어 『성경』을 암기하지 않고도 참고할 수 있게 된 것이다. 또 굳이 글을 전부 읽지 않아도 원하는 구절을 찾을 수 있게 되었다.[18] 『성경』에 찾아보기가 등장하자 다른 글에도 알파벳순으로 된 찾아보기, 쪽 번호, 차례가 도입되기 시작했다. 이와 더불어 책의 본질은 더욱더 큰 변화를 겪었다.

찾아보기와 차례가 등장하기 전에는 책의 내용을 탐색할 수가 없었다. 인간의 뇌가 놀라운 것은, 많은 정보를 저장하고 있다는 사실만이 아니라 원하는 정보를 쉽고 빠르게 검색할 수 있다는 사실 때문이다. 뇌는 지금까지 발명된 것 가운데 가장 뛰어나서 아직 컴퓨터 과학자들이 흉내조차 못 내는 찾아보기 방식을 쓴다. 책의 뒤편에 실린 찾아보기가 주제별로 쪽 번호라는 단일 주소를 제공하는 것과 달리 뇌는 주제별로 수백 개의 주소를 제공한다. 인간의 기억은 연합적이고 비선형적이다. 어떤 기억을 찾고 싶을 때 그것이 어디에 저장되어 있는지 알 필요는 없다. 필요한 걸 떠올리면 거의 항상 바로 기억난다. 기억은 조밀한 망으로 서로 연결되어 있기 때문에 기억에서 기억으로, 이 생각에서 저 생각으로 눈 깜짝할 사이에 건너 뛸 수 있다. 배리 화이트Barry White에서 흰색, 우유를 뜻하는 영어 밀크milk에서 은하수를 뜻하는 밀키 웨이Milky Way로 이어지는 개념상의 거리는 아주 멀지만 신경학적으로는 눈 깜짝할 정도밖에 안 되는 순식간이다.

찾아보기의 발명은 뇌처럼 책에 비선형적으로 접근할 수 있게 했다는 점에서 아주 중요한 발전이었다. 찾아보기는 CD에서 순서와 상관없이 원하는 곡을 바로 찾는 것처럼 책에서도 원하는 내용을 바로 찾을 수 있게 했다. 찾아보기가 안 된 책은 앞뒤로 돌려야 원하는 곡을 들을 수 있는 카세트테이프와 같다. 쪽 번호, 차례, 찾아보기는 책의 본질을 바꾸고 학자들이 책을 대하는 태도도 바꿔 놓았다. 오스트리아 출신 역사학자인 이반 일리치는 찾아보기가 '중세를 찾아보기 전과 후로 나누어도 이상하지 않을 만큼'[19] 엄청난 발명이었다고 주장했다. 책이 쉽게 참고할 수 있는 수단이 되고 나서는 그것을 머릿속에 기억해 둘 필요성이 줄어들었다. 박학다식의 뜻도 머릿속에 얼마나 많은 정보를 기억하는가에서 미로 같은 외부 기억의 세계[20]에서 원하는 정보가 어디에 있는지를 아는가 하는 문제로 넘어갔다.

인쇄술의 발명 :
정독에서 다독으로

철저히 기억에 기초한 시대를 살아간 선조들에게 기억 훈련의 목표는 '살아 있는 책'이 되는 것보다는 '살아 있는 찾아보기**²¹**가 되는 것이었다. 걸어 다니는 찾아보기가 된다는 것은 읽은 책의 모든 정보를 습득한 것과 같았다. 그것은 사실, 인용구, 아이디어 들을 머릿속에 담는 것에 그치지 않고 그것들에 접근할 수 있는 조직화된 도식을 구축하는 것이었다. 15세기 이탈리아의 법학자로 『피닉스』라는 기억 훈련에 대한 책을 써서 유명해진 라벤나의 피터를 예로 들어 보자. 『피닉스』는 출간되자마자 여러 언어로 번역되는 등 유럽 전역에서 대단한 인기를 끌었다. 얼마 되지 않는 13세기 이후의 기억 관련 저술 가운데 이 책은 학자와 수도승의 전유물이던 기억술을 의사, 변호사, 상인, 대중이 활용할 수 있도록 대중화하는 데 크게 기여했다. 이때부터 기억술을 여러 분야에 활용할 방법을 다룬 책이 많이 등장했다. 기억술을 도박에 활용하는 방법에서부터 대출 장부 암기법, 선적 화물 암기법, 지인의 이름 암기법, 포커 카드 암기법**²²**에 이르기까지 다양한 방법이 소개됐다. 라벤나의 피터는 판례 2만 건, 오비디우스가 쓴 글 1,000건, 키케로의 연설과 격언 200건, 철학자의 격언 300개, 『성경』 1,000절과 수많은 고전을 외운다고 자랑했다.

그는 틈나는 대로 기억의 궁전에 저장한 글을 다시 꺼내 읽었으며 이렇게 기록했다. "고향을 떠나 다른 도시로 성지 순례를 떠났을 때 나는 내가 소유한 모든 것을 짊어지고 떠났노라고 감히 말할 수 있다." 그는 이 글들의 이미지를 저장하기 위해 처음에 1만 개나 되는 기억의 궁전을 사용했는데, 이 숫자는 유럽 전역으로 성지 순례를 다니면서 계속 늘었다. 그는 주요 주제별 관련 자료와 인용구를 알파벳순으로 분류한 마음의 도서관을 지었다. 그는 자기 머릿속을 알파벳 a로 시작하는 단어에 대한 자료로 채웠다고 자랑했다. 그리고 자료별로 고유 주소를 부여했다. 그래서 어떤 주제에 대해 이야기하고 싶으면 그것이 저장되어 있는 기억의 궁전을 찾아가 관련 자료를 꺼내 보면 그만이었다.

독서의 핵심이 기억이던 시절에 글을 대하는 태도는 오늘날 우리가 글을 대하는 태도와 달라도 너무 달랐다. 지금은 속독과 다독을 우선시하는데, 이런 태도는 독서를 피상적인 것으로 만들 뿐만 아니라 독서 자체를 멀리하게 한다. 지금 이 책을 읽는 여러분 중에 1분에 한 쪽씩 읽을 수 있는 사람은 없을 것이다. 더구나 앞에 읽은 내용이 기억에 오래 남을 거라고 기대하지도 않을 것이다. 요즘 사람들은 책을 읽다가 기억해 두고 싶은 부분이 있으면 읽기를 잠시 중단하고 그 부분을 곰곰이 생각하면서 반복해서 읽는다.

미국의 문화역사학자인 로버트 단턴은 「독서의 역사를 향한 첫걸음」이라는 논문에서 책이 급격히 확산되면서 독서가 '정독'에서 '다독'으로 바뀌었다[23]고 주장한다. 그는 인류가 최근까지만 해도 책을 '정독'했다고 한다. "책이라고는 『성경』, 연감, 신앙 수양서 한두 권이 전부라서 여러 사람이 함께 큰 소리로 반복해서 읽었기 때문에 책의 내용이 의식 깊이 각인됐다."

그런데 1440년경 금속활자 인쇄술이 등장한 이후 사정이 바뀌기 시작했다. 구텐베르크가 인쇄술을 개발하고 한 세기 만에 책의 부수가 열네 배로 증가했다. 역사상 처음으로 사람들이 많은 돈을 들이지 않고도 집에 작은 서재를 두고 외부 보조 기억 장치인 책을 가까이 둘 수 있게 됐다.

현대인은 주로 '다독'을 하기 때문에 책 한 권을 읽어도 집중해서 읽지 않고, 한번 읽은 책은 거의 다시 거들떠보지 않는다. 우리는 독서의 질보다 양을 중시한다. 정보의 양이 하루가 다르게 증가하는 시대에 뒤처지지 않으려면 어쩔 수 없다. 아무리 전문화된 직업이라고 해도 매일 산더미처럼 쌓여 가는 문서를 처리하는 일은 언제 끝날지 모를 시시포스의 형벌과 같다.

　현대인 가운데 읽는 것을 머릿속에 기억하려고 진지하게 노력하는 사람은 거의 없다. 책 한 권을 읽고 나서 1년 뒤에 뭐가 기억에 남을 거라고 기대할 수 있을까? 논픽션을 읽었다면 논제가 기억에 남을 수 있다. 참신한 발상이 생각날 수 있다. 소설을 읽었다면 줄거리와 주요 등장인물, 등장인물의 이름, 전반적인 느낌이 떠오를 수 있다. 하지만 이 것도 시간이 더 지나면 기억에서 모조리 자취를 감출 것이다. 내 책꽂이에 꽂혀 있는 책들을 보고 있으면, 저것들이 내 귀중한 시간을 많이도 잡아먹었구나 싶어서 한숨이 나온다. 가브리엘 가르시아 마르케스가 쓴 『백 년 동안의 고독』은 마술적 리얼리즘 소설로 재밌게 읽은 기억이 있다. 그런데 그뿐이다. 언제 읽었는지조차 모르겠다. 에밀리 브론테의 『폭풍의 언덕』에 대해서는 정확히 두 가지를 기억한다. 하나는 고등학교 국어 시간에 읽었다는 것이고, 다른 하나는 주인공 이름이 히스클리프라는 것이다. 하지만 이 책이 재미있었는지 아닌지는 전혀 기억이 없다.

　나는 내 읽기 능력이 형편없다고 생각하지 않는다. 아마 대다수 사람들이 나처럼 생각할 것이다. 우리는 읽고, 읽고, 또 읽는다. 그리고 잊고, 잊고, 또 잊는다. 그런데 우리가 읽기에 왜 이렇게 안달할까? 철학자 몽테뉴는 16세기에 다독의 딜레마에 대해 이렇게 말했다. "책을 대충 훑어보고 넘길 뿐 제대로 읽지 않는다. 책을 읽고 나서 기억에 남는 것도, 잘 생각해 보면 원래 내 것이었다고 여겨지는 것뿐이다. 내 생각과 판단에 도움이 되는 정보, 어느 부분을 읽다가 문득 떠오른 생각만 기억한다. 저자, 구절, 문장, 자세한 내용 등은 바로 잊어버린다." 그는 자신의 '나쁜 기억력을 조금이나마 보완하기 위한' 방편으로 읽은 책 뒷장에 내용과 소감을 간단히 적는 습관을 들였다.

인류의 모든 지식을 저장할 수 있는 기억의 극장

인쇄술의 발명으로 머리가 하던 것을 종이가 대신하게 되자마자 오래된 기억술이 설 자리를 잃었을 거라고 속단할 수도 있다. 하지만 그런 일은 일어나지 않았다. 적어도 곧장 그런 일이 벌어지지는 않았다. 역사의 순리대로라면 기억술이 위축되었어야 할 때에 오히려 엄청난 부흥을 맞이했다.

시모니데스 이래 기억술은 '기억의 궁전'이라는 말에서 유추할 수 있듯이 가상의 건축적 공간을 창조하는 것이었다. 그러나 16세기에 이탈리아 철학자이자 연금술사로 추종자들에게는 '비범한 카밀로'였고 비난하는 사람들에게는 '사기꾼'으로 불린 줄리오 카밀로가 앞서 2,000년 동안 상상에 불과했던 아이디어를 실제로 구현하겠다는 거대한 계획을 세웠다. 그는 은유일 뿐이던 기억의 궁전을 실제로 구축할 수 있다면 기억술의 효과를 높일 수 있을 거라고 생각했다. 그래서 등장한 것이 인류의 모든 지식을 저장할 수 있는 '기억의 극장'이다. 이 이름을 보고 보르헤스의 소설 『바벨 도서관』처럼 허구일 거라고 생각하는 사람이 있겠지만, 기억의 극장은 실제로 있던 기획이다. 많은 사람들이 이 기획의 후원자로 나섰고, 그 덕에 카밀로는 유럽에서 일약 유명 인사가 됐다.[24] 실제로 프랑스 왕 프랑수아 1세가 기억의 극장 기획을 다른 사람에게는 발설하지 않는다는 조건으로 금화 500냥을 투자하기도 했다.

7층 목조 건물이던 기억의 극장은 로마의 원형 경기장과 모양이 비슷했지만 객석에서 무대를 내려다보는 원형 경기장과 달리 중앙에서 위를 올려다보는 구조였다.[25] 극장 벽에는 유대교 신비주의 철학자와 신화 속 인물 들의 초상화가 걸려 있었고, 바닥에는 그때까지 알려진 모든 지식을 적어 놓은 카드가 가득 들어 있는 서랍장과 상자가 줄지어 있었다. 전설에 따르면 위대한 작가의 작품에서 인용한 문구를 포함해 세상에 알려진 온갖 것을 주제별로 분류해서 저장했다고 한다. 기억의 극장에 들어선 사람은 눈앞에 펼쳐지는 상징적 이미지만 보고도 그곳에 저장된 모든 지식을 떠올릴 수 있었다. 그래서 실현되기만 했다면 기억의 극장에서는 누구나 '키케로 못지않게 어떤 주제에 대해서든 막힘없이 토론할 수' 있었을 것이다. "장소와 이미지를 이용해 세상에 존재하는 모든 것을 기억하고 지배할 수 있다."[26] 카밀로가 공언한 말이다.

기억의 궁전이 놀라운 구상이기는 해도 실현 가능성은 처음부터 희박했다. 하지만 카밀로는 우주 전체를 유기적으로 표상할 수 있는 마법 같은 상징이 반드시 있을 것이라고 믿었다. 내가 에드의 할 일 목록을 기억하기 위해 기억의 궁전을 짓고 갖가지 이미지를 떠올린 것처럼 카밀로는 우주 전체를 유기적으로 아우르는 이미지가 존재하고, 이 이미지만 기억하면 누구든 만물의 근저에 있는 숨겨진 연관을 이해할 수 있다고 확신했다.

기억의 극장의 모형이 베네치아와 파리에 전시되었고, 세상에 알려진 모든 지식을 새겨 넣을 수백, 수천 장의 카드 도안[27]도 마쳤다. 이탈리아 화가 티치아노와 살비아티에게 극장의 밑그림을 그리게 했다. 하지만 기억의 극장은 계획대로 지어지지 못했다. 이 거대한 구상은 카밀로가 임종을 앞두고 1주일 동안 받아 적게 한 『극장 구상』이라는 작은 책에 기록으로만 남은 채 사람들의 기억에서 사라졌다.[28] 구체적인 이미지나 도식 하나 없이 미래 시제로 쓴 책은 읽는 이의 마음을 어지럽힌다.

'기억의 극장'이 모든 기억의 집약체가 될 것이라고 공언한 카밀로를 역사가 까맣게 잊어버리기는 했지만, 그의 명성은 영국 역사가 프랜시스 예이츠와 이탈리아의 피사고등사범학교 이탈리아문학 교수 리나 볼조니의 노력으로 20세기에 부활했다. 예이츠는 자신의 책 『기억술』에서 극장의 청사진을 재구성했고, 볼조니는 연구를 통해 카밀로의 극장이 어느 날 뜬금없이 하늘에서 뚝 떨어진 구상이 아니라 한 시대를 풍미하던 기억에 대한 숭배[29]에서 비롯했다는 것을 보여 주었다.

고대 그리스어 기록에 대한 새로운 번역과 해석에서 시작된 르네상스는 현실 너머에 초월적이고 이상적인 세계가 존재하지만 우리 눈에 보이지 않을 뿐이라는 플라톤의 오래된 생각에 다시 심취했다. 우주에 대한 카밀로의 신플라톤적 구상에 따르면, 상상 속 이미지들은 이런 이상적 현실에 도달하는 방편이고 기억술은 우주의 신비로운 구조를 밝힐 수 있는 비밀의 열쇠였다. 고대인에게는 수사학과 연설술의 수단이었고, 중세 스콜라 철학자들에게는 경건한 명상의 도구였던 기억술을 그는 우주의 신비를 밝혀낼 열쇠로 승화시켰다.

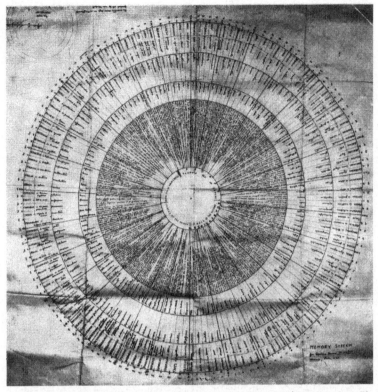

조르다노 브루노의 기억 장치. Giordano Bruno, *De umbris idearum*, Paris, 1582(Francis A. Yates, *The Art of Memory*, P.209에서 재인용).

이 신비한 기억술을 몸소 실천한 카밀로보다 더 기억술을 숭배하고 찬미한 사람이 있다. 도미니크회 수도사이자 철학자였던 조르다노 브루노다. 그는 1582년에 쓴 『이데아의 그늘에 대하여』에서 기억술이 '기억력 향상은 물론이고 영혼의 전능한 힘을 기르는 데 도움이 될 것'이라고 장담했다. 브루노에게 기억 훈련은 영적 계몽의 열쇠였다.

브루노는 사람들의 기억에서 희미해져 가던 기억술에 새 바람을 불러일으켰다. 13세기 카탈루냐 출신 철학자이자 신비주의자인 라몬 율에게 영감을 얻은 그는 모든 단어를 고유의 이미지로 전환할 수 있는 특수 장치를 고안했다. 이 장치는 둥근 바퀴가 동심원 구조로 이어진 형태로 각 바퀴의 둘레에는 두 글자가 한 쌍을 이루어 총 150쌍의 단어가 새겨져 있었다. 이 장치로 고대 라틴어 스물세 자와 라틴어에 없는 그리스어와 헤브라이어 일곱 자를 더한 알파벳 서른 자와 모음 다섯 개를 조합해 만들 수 있는 글자는 AA, AE, AI, AO, AU, BA, BE, BO 등 무궁무진했다. 가장 안에 있는 첫 번째 바퀴 둘레에 새겨진 단어 150쌍은 신비하고 불가사의한 모양과 짝을 이루었다. 두 번째 바퀴 둘레에는 '항해', '양탄자 위에', '깨진' 등 150가지 행위와 상태가 나란히 표시되어 있었다. 세 번째 바퀴에는 150개의 형용사가, 네 번째 바퀴에는 150가지 사물이, 다섯 번째 바퀴에는 '진주로 꾸민' 또는 '바다 괴물을 타고 있는'[30] 같은 150가지 상황이 새겨져 있었다. 바퀴를 적절히 돌려 맞추면 최대 다섯 음절까지 어떤 단어든 독특한 이미지로 바꿀 수 있었다. 예를 들어, 둥근 바퀴를 돌려 라틴어로 '까마귀 울음소리'를 뜻하는 '크로티투스'를 조합하면 로마신화에 등장하는 신 '필룸누스가 팔은 붕대로 감고 머리에는 앵무새를 얹고 당나귀를 타고 가는'[31] 이미지가 만들어졌다. 단어 말고 문장도 일련의 이미지로 바꿀 수 있었다. 브루노는 자신의 발명이 금속활자의 발명에 버금가는 기억술의 획기적 진전을 가져왔다고 확신했다.

기발한 듯하며 불가사의해 보이는 브루노의 발명품은 당시 교회와 큰 마찰을 빚었다. 코페르니쿠스의 지동설을 신봉하고, 성모 마리아가 처녀일 리 없다고 공공연히 말하고 다니는 등 비정통적인 생각으로 교회와 자주 부딪친 그는 결국 이단으로 몰려 종교 재판에 회부되었다.

그리고 1600년에 로마의 캄포 데이 피오리 광장에서 화형 당한 뒤 테베레 강에 뿌려졌다. 브루노가 화형된 광장에는 그의 조상(彫像)이 세워졌다. 현재 그는 전 세계의 모든 자유사상가와 지력 선수에게 횃불 같은 존재다.

마크 트웨인의
기억 증진기 놀이

　　　　　　역사적 불가사의인 카밀로의 기억의 극장과 율의 바퀴에 사로잡혀 있던 르네상스에 이어 계몽주의 시대가 도래하자 기억술은 새롭지만 다소 무모해 보이는 시대, 즉 어떻게든 '빨리 똑똑해지려고만' 하는 시대로 접어들어 지금까지 이어지고 있다. 19세기에 「미국의 기억술」과 「기억하는 방법」 같은 기억술 관련 논문이 100편 넘게 출간되었다. 이런 논문들은 오늘날 대형 서점의 자기 계발 코너에 가면 쉽게 볼 수 있는, 기억력 향상을 다룬 책과 크게 다르지 않다. 19세기에 출간된 기억술 관련 저술 가운데 가장 유명한 것은 미국 태생 '메모리 닥터'인 앨폰스 루이제트 교수가 썼다. 어떤 논문에 따르면, 그는 놀라운 기억력을 가졌는데도 '자기 본명이 마커스 드와이트 래로위였다는 것과 박사 학위가 없다는 것을 가끔 잊었다'고 한다. 나는 인터넷에서 그가 1886년에 쓴 『생리학적 기억: 절대 잊어버리지 않을 순간 기억술』 136권이 최저 1.25달러에 판매되는 것을 확인했다. 고서인데도 값이 그렇게 저렴하다는 것은 당시 이 책의 대중적 인기가 어느 정도였는지를 반증한다.

　루이제트의 책은 미국 대통령을 재임 순서대로 암기하고, 아일랜드의 여러 주, 모스 부호, 영국 육군, 이제 열두 쌍으로 늘어난 뇌 신경 아홉 쌍의 이름과 용도 등 잡다한 것을 기억할 수 있는 다양한 기법을 모아 놓은 것이다. 루이제트는 자신의 기억술이 '자연 기억 법칙'으로서 기존 기억술과는 전혀 관련 없는 독창적인 것이라고 강조했다.

그는 미국 동부의 명문 대학들을 포함해 전국 각지를 돌며 기억술 관련 세미나를 열었다. 그리고 참가비 명목으로 1인당 25달러, 즉 지금이라면 500달러가 넘는 돈을 받고 기억술을 전수했다. '루이제트 시스템'을 전수받으려는 사람은 비밀을 지켜야 하고, 이를 어기면 지금 돈으로 1만 달러가 넘는 벌금 500달러를 내겠다는 서약서에 서명해야 했다. 그는 이런 식으로 순진한 미국인들에게 기억력 향상 비법을 팔아 큰돈을 벌었다. 그의 말로는 1887년 겨울 14주 동안 오늘날 화폐 가치로 거의 50만 달러에 이르는 막대한 돈[32]을 벌어들였다.

1887년, 우리에게 마크 트웨인으로 알려진 소설가 새뮤얼 L. 클레멘스가 우연히 루이제트를 만나 몇 주 동안 이어진 그의 기억술 강의를 들었다.[33] 평소에 자기 머리가 '뭘 해도 잘 기억하지 못하고 빈 깡통' 같다고 하소연하던 트웨인은 루이제트를 만나기 전에도 기억력 향상에 관심이 많았다. 그가 루이제트의 강연을 듣고 신봉자가 된 것은 당연했다. 루이제트가 부탁하지도 않았는데 트웨인은 그의 기억술 강연이 시간당 1만 달러를 주고 들어도 아깝지 않다는 식의 공개적인 발언을 서슴지 않았다. 물론 그런 발언을 후회하기는 했지만, 벌써 루이제트의 책이 인쇄돼 전국에 배포된 뒤였다.

1888년, G. S. 펠로우스가 '진정한 미국인이라면 누구나 가슴 한구석에 간직하고 있을 자유와 정의를 실천한다는 심정'으로 '루이제트' 교

수'가 '사기꾼'이라는 것을 고발하기 위해 『사기꾼 '루이제트'』를 출간
했다. 224쪽 분량의 이 책은 루이제트의 기억술이 전혀 새롭지 않고 옛
자료를 짜깁기해 재포장하거나 과대 포장한 것일 뿐이라고 까발렸다.
루이제트의 사기 행위는 마크 트웨인같이 세상 물정에 밝은 사람이 벌
써 들통 냈어야 했다. 하지만 트웨인은 루이제트의 맹목적 추종자가
되었고, 그것도 모자라 그의 일거수일투족에 항상 관심을 보였다. (마
크 트웨인은 당시 라이노타이프와 경쟁하던 페이지 식자기에 30만 달
러, 오늘날 가치로는 700만 달러를 투자했다가 막대한 손해를 입었는
데 잘 알려진 대로 이런 일이 한두 번이 아니었다.)

마크 트웨인 자신도 순회강연을 다니면서 써먹을 수 있는 기억 기법
을 계속 실험했다. 한번은 주요 강연 내용의 첫 글자를 열 손가락에 적
어 놓았는데, 청중이 그가 강연 도중 계속 손가락을 쳐다보는 것을 이
상하게 여겨서 제대로 활용하지 못했다. 한창 『허클베리 핀』을 집필하
던 1883년 여름, 그는 자식들에게 역대 영국 군주의 이름을 쉽게 암기
시킬 방법이 없을까 고심하다가 놀이 하나를 고안했다. 말뚝에 군주
의 이름과 재임 기간을 적어 집 근처 도로에 죽 박아 놓는 것이었다. 얼
마 지나지 않아 이 놀이는 아예 집 뒤뜰을 기억의 궁전, 즉 놀이를 할
수 있는 전용 공간으로 개조하는 데까지 발전했다. 1885년에 트웨인은
'마크 트웨인 기억 증진기: 모든 사실과 날짜를 기억하는 놀이'(보통 줄
여서 마크 트웨인의 기억 증진기 놀이라고 한다.—옮긴이)라는 이름으로 특허
를 냈다. 이 놀이에 의미가 있다면, 그의 자식들이 효과를 봤다는 것이
다. 그들은 영국 군주의 이름과 재임 기간을 앞뒤로 외울 수 있었다고
한다.

트웨인은 자신의 기억 게임으로 전국적 클럽을 조직하고, 신문에 정기적으로 평론을 쓰고, 책을 내고, 국제 대회를 개최하는 등 온갖 구상을 했다. 그는 미국 학생이라면 알고 있어야 하는 모든 역사적, 과학적 사실을 자신이 개발한 기억 증진기를 이용해 가르쳐야 한다고 확신했다. 1899년에 쓴 「연대를 기억하는 법」에 이런 문장이 있다. "시인, 정치인, 예술가, 영웅, 전쟁, 역병, 격변, 혁명…… 로그의 발명, 현미경, 증기기관, 전신 등 세상에 존재하는 모든 것을 영국산 말뚝에 적어 놓았다." 하지만 페이지 식자기처럼 이 놀이도 돈벌이가 되지 않자 포기해 버렸다. 그는 친구인 소설가 윌리엄 딘 하윌스에게 보낸 편지에 이렇게 썼다. "자네가 실내에서 할 수 있는 역사 관련 놀이를 개발할 일은 없겠지만, 만에 하나 그럴 생각이 있다면 일찌감치 그만두게."

카밀로, 브루노, 라벤나의 피터처럼 트웨인도 기억술만 익히면 세상의 모든 것을 기억할 수 있을 것이라는 말에 현혹됐다. 혹시 기억 훈련에 관심 있는 사람이라면 한 번쯤 이들의 이야기를 귀담아 듣기 바란다. 루이제트 박사를 포함해 오늘날 기억술의 구루들을 보면, 내가 어쩌다가 이렇게 기억술에 심취하게 됐는지, 왜 아직도 그들의 주변에서 어슬렁거리고 있는지 모르겠다.

디지털 기억의 등장 : 그 어떤 것도 절대 잊어버리지 않는다

마크 트웨인은 종이, 책, 사진과 축음기 등 기억을 외부에 저장하는 기술이 오늘날에 비하면 초보적 수준이던 시절에 살았다. 당연히 21세기 초 디지털 정보 기술의 확산이 기억이 외부화되는 속도를 얼마나 높일지 전혀 예견할 수 없었다. 블로그와 트위터, 디지털 카메라, 무제한 이메일 등 온라인 문화의 등장은 언제 어디에서든 검색할 수 있고 절대 잊어버리지 않을 외부 기억의 창조를 의미한다. 우리 삶이 온라인으로 옮겨갈수록 내부 기억과 외부 기억의 관계는 급격한 변화를 겪을 것이다. 미래로 갈수록 외부 기억이 우리의 일상생활을 빠짐없이 기록하면서 세상에 존재하는 모든 것을 포괄할 것이고, 어떤 기억도 잊어버리지 않을 것이다.

나는 일흔세 살의 마이크로소프트사 컴퓨터과학자인 고든 벨을 통해 이를 확신했다. 벨은 자신이 기억의 외부화를 논리적 극단, 즉 생물학적 기억에서 완전히 벗어나는 수준까지 밀고 나가려는 새로운 과학 운동의 전위에 있다고 생각한다.

벨은 그의 책 『디지털 혁명의 미래: 디지털 기억 혁명은 우리의 미래를 어떻게 바꿀 것인가』에서 "매일 잊어버리는 것은 늘어나고 기억하는 것은 줄어든다. 이것을 극복하려면 어떻게 해야 할까? 아무것도 잊어버리지 않으면서 기억한 것을 완전히 통제하려면 어떻게 해야 할까, 그리고 언제?"라고 썼다.

지난 10년 동안 벨은 자신의 생물학적 기억을 보완하기 위해 디지털 '대리 기억'을 지니고 다녔다. 디지털 대리 기억은 자칫 잊어버릴 수도 있는 모든 것을 기록하고 저장하는 장치다. 그는 센스캠이라는 소형 디지털카메라를 목에 걸고 다니면서 눈앞의 모든 장면을 기록한다. 그리고 디지털 녹음기로는 들리는 모든 소리를 녹음한다. 그가 유선으로 하는 모든 통화가 녹음되고, 읽는 글은 모두 바로 스캔돼 컴퓨터로 전송된다. 대머리에 웃음이 많고 네모난 안경을 즐겨 쓰고 검은색 터틀넥을 주로 입는 벨은 다소 무모해 보이는 이런 작업을 '라이프로깅'lifelogging이라고 한다.

자신의 일거수일투족을 기록한다는 게 낯설 수도 있지만 디지털 저장 수단의 가격 하락, 곳곳에 설치된 디지털 센서, 데이터를 수집한 순간 바로 분류할 수 있는 인공지능의 발달 덕에 주변에서 생기는 정보를 수집해 저장하는 일이 점점 더 간편해지고 있다. 벨처럼 카메라를 목에 걸고 다닐 일은 없겠지만, 미래에 컴퓨터가 우리에게 일어나는 모든 것을 기억할 것이라는 그의 예측은 절대 어불성설로 들리지 않는다.

벨은 컴퓨터 개발 단계 중 초기인 1960년대와 1970년대에 디지털 이큅먼트 사(DEC)에서 컴퓨터 개발자로 일하며 부와 명성을 쌓았다. (그는 미국 역사상 가장 위대한 건축가로 꼽히는 프랭크 로이드 라이트와 비교되며 '컴퓨터계의 프랭크 로이드 라이트'로 불린다.) 그는 타고난 기술자로, 문제에 직면하면 어떤 식으로든 그것을 해결해야 하는 성격이다. 그는 센스캠을 이용해 인간의 기본 문제, 즉 살아온 날의 기억을 삶의 속도만큼 빠르게 잊어버리는 문제를 해결할 방안을 연구하고 있다. 살아온 날의 기억을 보존할 기술적 해결책이 곳곳에 있는데도 기억이 자꾸 희미해지는 이유는 무엇일까?

1998년에 벨은 1950년대부터 수집해 서류 상자 수십 개에 보관하던 개인 서류들을 조수 비키 로지키의 도움으로 스캔해서 자신의 라이프로그를 채우기 시작했다. 오래된 사진, 공학 수첩, 문서 들을 죄다 디지털 자료로 전환했다. 자신이 입던 티셔츠의 로고까지 스캔했을 정도다. 사소한 것 하나도 버리지 않고 편집증 환자처럼 보관하던 벨은 자신을 스캔하면서 그동안 소중히 간직한 소지품 중 4분의 3을 버렸다. 현재 그의 라이프로그는 170기가바이트에 달하는데, 그 용량은 매달 1기가바이트씩 증가하고 있다. 그리고 여기에는 이메일 10만 건, 사진 6만 5,000장, 서류 10만 건, 통화 내역 2,000건이 저장되어 있다. 100달러 짜리 하드디스크 하나면 이 모든 것을 담아 놓을 수 있다.

벨은 자신의 '대리 기억'으로 몇 가지 놀라운 재주를 부릴 수 있다. 자신만의 맞춤형 검색 엔진으로 언제 어디에서 누구와 있었는지 바로 찾아낼 수 있다. 그리고 아직 완벽하지는 않지만, 검색을 통해 그 또는 그녀와 무슨 대화를 나눴는지도 알아낼 수 있다. 가는 곳마다, 보는 것마다 자세히 기록하기 때문에 무엇을 잊어버린다는 것은 있을 수 없는 일이다. 그의 디지털 기억은 절대 잊어버릴 수 없는 영구적인 것이다.

이가 빠지면 의치를 심는다. 책, 사진, 비디오, 디지털 기록은 기억의 의치와 같다. 이것들은 이집트 신 토트가 이집트 왕 타무스에게 '기억과 지혜의 비법'이라며 문자를 선물로 주면서 시작된 기억의 여정이 거친 각 단계를 수놓는다. 이론적으로 라이프로깅은 이 여정의 다음 단계다. 어쩌면 마지막 단계, 즉 지난 수천 년 동안 서서히 전개된 문화 변혁의 귀착지가 될지도 모른다.

나는 벨을 만나 그의 외부 기억을 직접 확인하고 싶었다. 그의 기획은 외부 기억에 대한 의존도를 극대화하는 것으로, 기억 훈련을 통해 내부 기억을 키우려는 내 계획의 정반대였다. 그런데 절대 잊어버릴 리 없는 컴퓨터가 있는 마당에 굳이 기억력을 높이려고 뇌를 혹사할 이유가 있을까? 그를 알게 되면서 든 의문이다.

샌프란시스코 만이 내려다보이는 마이크로소프트의 리서치연구소로 그를 찾아갔다. 벨은 자신의 내부 기억에서 사라진 것을 찾기 위해 외부 기억을 어떻게 활용하는지부터 보여 주고 싶어 했다. 기억은 연합적이고 비선형적이기 때문에 엉뚱한 곳에 저장된 기억을 떠올리는 일은 종종 삼각 측량법과 비슷하다. 의자에 기대어 앉은 벨이 이렇게 말했다. "전에 온라인에서 눈여겨본 주택이 있는데, 어느 날 다시 보고 싶은 겁니다. 그런데 기억하는 것은 당시 공인중개사와 통화했다는 것밖에 없었어요." 그는 컴퓨터에 기록된 그만의 인생 시간표에서 통화 시간을 확인한 뒤 그때 방문한 모든 사이트를 다시 열어 봤다. "저는 이것을 정보 미늘이라고 합니다. 미늘만 기억하면 다른 것들은 굳이 기억하지 않아도 됩니다." 벨이 말했다. 디지털 메모리에 저장된 미늘이 많으면 많을수록 찾으려는 정보를 쉽게 찾을 수 있다.

벨은 언제든 바로 검색해서 쓸 수 있는 외부 기억을 풍부하게 갖고 있다. 그런데 이게 의외로 성가실 때가 있다. 디지털 기억을 언제 어디서든 사용하려면 찾아보기가 꼭 필요한데, 역설적이게도 찾아보기 작업이 안 된 기억은 존재해도 존재하지 않는 것과 같기 때문이다.

다른 결점도 있다. 하나는 벨의 디지털 기록을 아직 검색할 수는 없다는 것이다. 물론 그는 말을 글로 변환하는 기술이 이 문제를 해결해 줄 것으로 본다. 휴대전화로 한 통화를 기록할 방법도 아직 못 찾았다. 하지만 현재 벨을 괴롭히는 가장 골치 아픈 문제는 같은 기억이나 반복적인 기억을 피하고 무의미한 정보를 걸러 낼 방법을 찾는 것이다. 인간은 집중한 것만 기억할 수 있다. 하지만 벨의 라이프로그는 모든 것에 관심을 집중한다. "아무것도 걸러 내지 말고, 절대 내버리지 말자." 이것이 그의 구호다.

"수집한 기억의 양이 대단한데, 부담스럽지 않으세요?" 내가 물었다.

"아니요. 전혀 부담되지 않습니다." 그는 대수롭지 않게 받아넘겼다.

센스캠이 잘 다듬어진 장치는 아니다. 담뱃갑만 한 크기의 검은 상자로 벨의 목에 매달려 있다. 그래서 어디에서든 눈에 확 띈다. 하지만 초기에 개발된 컴퓨터가 방 하나를 차지할 만큼 거대했고 초기 휴대전화가 콘크리트 벽돌만 했다는 것을 생각하면, 센스캠도 기술 발전을 통해 작아져서 눈에 띄지 않게 안경이나 옷에 붙이거나 피부나 망막에 심을 수 있게 될 것이다.

벨의 내부 기억과 외부 기억이 아직 톱니바퀴처럼 척척 맞물려 돌아가지는 않고 있다. 외부에 저장된 기억에 접근하려면 컴퓨터에서 그것을 찾아 눈과 귀를 통해 뇌에 '다시 입력'해야 한다. 그의 라이프로그가 그의 연장이라고 말할 수는 있어도 그의 일부라고 말하기는 어렵다. 그러나 머지않아 벨의 컴퓨터가 기억하는 것과 그의 생물학적 뇌에 저장된 기억 사이에 있는 격차가 사라질 것이라고 하면 너무 앞서가는 것일까? 언젠가 우리 뇌가 라이프로그와 바로 연결될 것이고, 그 결과 우리의 외부 기억은 내부 기억처럼 느끼고 작동할 것이다. 당연히 모든 외부 기억 저장소 중 가장 규모가 큰 인터넷과도 연결될 것이다. 모든 것을 기억하고, 뇌 신경에 저장된 기억에도 자유자재로 접근할 수 있는 대리 기억은 인류 최대의 적이라는 망각과 싸울 때 승리할 수 있는 궁극의 무기가 될 것이다.

공상과학소설에나 나올 법한 이야기로 들릴 수 있겠지만, 지금은 인공와우 이식(Cochlear Implant)이 음파를 곧장 전기 자극으로 변환하고 뇌로 보내 들을 수 없는 사람도 소리를 들을 수 있는 시대다. 인공와우를 이식 받은 사람의 수가 세계적으로 20만 명을 넘는다. 또 아직 초기 단계지만, 뇌와 컴퓨터 사이에 직접 인터페이스를 형성하는 인지 이식 수술을 받은 하반신 불수 환자와 근육이 위축되는 루게릭병 환자는 생각만으로 컴퓨터 커서·인공 수족·심지어 디지털 음성까지 통제할 수 있다. 아직 실험 단계라서 소수의 환자에게만 이식된 이런 신경 보철은 뇌파를 탐지해 인간과 컴퓨터 간의 직접적인 의사소통을 가능하게 한다. 그 다음 단계는 뇌가 디지털 기억 은행과 바로 데이터를 주고받을 수 있는 뇌-컴퓨터 인터페이스다. 현재 이 분야의 연구자는 소수지만 향후 몇 십 년 안에 미래 핵심 연구 기술로 각광을 받을 것이다. 결국 시간문제. 인터넷, 기존에 출간된 모든 책, 세상 모든 사람이 저마다 갖게 될 디지털 기억이 우리 뇌와 바로 연결될 것이다.

　뇌를 컴퓨터와 연결하고 외부 기억과 내부 기억을 통합하는 것이 소름 끼치는 일이라고 생각해서 거부감을 갖거나 테러리스트가 되거나 러다이트(영국 산업혁명에 반대해 기계 파괴를 주동한 노동자들—옮긴이)가 될 것까지는 없다. 오늘날 생명윤리학자들이 유전공학과 향신경성 '인지 스테로이드' 같은 문제에 강하게 반발하고 있지만, 이런 생체 기능 강화는 내부 기억과 외부 기억을 연결하는 것과 비교하면 인체의 일부 기능을 미세 조정하는 것에 지나지 않는다. 인간이 더 똑똑해지고, 더 커지고, 더 강해지고, 질병에 대한 저항력이 커져 150살까지 살아도 결국 인간은 인간이다. 하지만 인간이 인터넷을 통해 인류의 모든 지식에 직접 접근할 수 있는 완벽한 기억과 뇌를 갖게 된다면, 그것은 기존 어휘로는 설명할 수 없는 신세계나 신인류의 등장을 의미할 것이다.

　그래도 외부화된 기억을 뇌에 저장된 기억과 전혀 다른 것으로 취급하기보다는 내부 기억의 연장으로 보는 것이 옳다. 궁극적으로는 내부 기억도 점진적으로만 접근할 수 있다. 내가 어떤 사건이나 사실을 안다는 것은 알지만 그것을 뇌에서 찾아낼 방법은 없다. 우리는 기억이 어떻게 저장되고, 어떻게 다시 살아나는지에 대해 아직 아무것도 모르기 때문이다. 여하튼 열일곱 살 생일 파티를 어디에서 열었는지, 제수씨의 이름이 뭐였는지 바로 기억나지 않아도 내 머리 어디엔가 저장되어 있는 것은 분명하다. 그리고 벨이 정보 미늘이라고 한 적절한 실마리만 찾으면 바로 떠오를 것이다. 이것은 온라인 오픈 사전 위키피디아에 저장된 정보가 클릭 한 번으로 화면에 짠 하고 나타나는 것과 같은 이치다.

서양인들은 인간의 본질을 이루는 '자아'를 무한한 실체처럼 여기는 경향이 있다. 현대 인지신경과학은 영혼이 솔방울샘(좌우 대뇌 반구 사이 셋째 뇌실의 뒤에 있는 솔방울처럼 생긴 내분비기관―옮긴이)에 살면서 인간의 몸을 통제한다는 낡은 데카르트적 사고를 기각했는데, 아직도 많은 사람들이 몸에 나를 통제하는 '나'가 있을 거라는 믿음을 버리지 않고 있다. 사실 우리가 '나'라고 생각하는 것은 모호하고 실체도 없다. 그래도 많은 사람들이 자아는 몸 밖으로 빠져나와 책, 컴퓨터, 라이프로그에 이식될 수 있는 것이 아니라고 굳게 믿는다. 왜 이렇게 믿는 것일까? 자아의 본질인 기억은 뇌의 신경세포 안에 갇혀 있다. 그리고 기억은 뇌에서 빠져나와 외부 저장 장치에 담길 수 있다. 벨의 라이프로깅 기획은 이렇게 엄연한 사실에서 착안한 것이다.

chapter 8

나의 전미 메모리 챔피언십 도전기

– 기억력 훈련

나만의
기억 시스템을
개발하다

2005년 초가을, 내 사무실의 컴퓨터 화면 위쪽 벽에 포스트잇 하나가 붙어 있었다. 포스트잇은 기억술에 빠지기 전에 내가 자주 의존하던 외부 기억 중 하나다. 눈이 화면을 벗어날 때마다 '기억하는 것을 잊지 말 것'이라고 적어 놓은 포스트잇이 보였다. 전미 메모리 챔피언십을 몇 달 앞두고서 게으른 생활 습관을 바꾸고 기억술 연습을 환기하려고 일부러 붙여 놓은 것이었다. 눈의 피로를 덜기 위해 평소처럼 웹 서핑을 하거나 산책하러 나가는 대신 무작위 단어 목록을 집어 들고 암기 연습을 계속 했다. 지하철에서도 책이나 잡지를 보기보다는 무작위 숫자 목록을 꺼내 들고 외웠다. 당시 내가 얼마나 이상한 사람이 되어 가는지 스스로 알고나 있었을까?

나는 전미 메모리 챔피언십 출전 여부를 떠나 그냥 일상에서 기억력을 활용하기 시작했다. 차량 번호판을 외우려고 핑계 삼아 집 근처를 산책했다. 사람들의 이름표에 집착하기 시작했다. 장보기 목록도 머릿속에 넣었다. 항상 수첩을 갖고 다녔지만 머릿속에도 수첩이 있었다. 새로운 사람을 만나 전화번호를 받으면 내 기억의 궁전에 저장했다.

숫자 기억은 내가 일상에서 기억의 궁전을 시험해 본 주요 대상 중 하나다. 나는 '메이저 시스템'이라고 알려진 기법을 썼는데, 그것은 1648년경 독일의 예술사가이자 고고학자인 요한 빙켈만이 개발한 것[1]으로,

숫자를 음성으로 전환하는 간단한 코드다. 음성은 다시 단어로 전환되고, 단어는 이미지로 전환돼 기억의 궁전에 저장된다. 작동 방식은 다음과 같다.

0	1	2	3	4
S	T 또는 D	N	M	R

5	6	7	8	9
L	Sh 또는 Ch	K 또는 G	F 또는 V	P 또는 B

예를 들어, 숫자 32는 MN, 33은 MM, 34는 MR로 변환할 수 있다. 이 자음들에 의미를 부여하려면 적당한 모음을 끼워 넣는다. 그래서 숫자 32는 'man'(남자)의 이미지로, 33은 'mom'(엄마)으로, 34는 러시아 우주정거장 'Mir'(미르)로 바꿀 수 있다. 비슷하게 숫자 86은 'fish'(물고기)로, 40은 'rose'(장미)로, 92는 'pen'(펜)으로 바꿀 수 있다. 숫자 3,219는 'man'(남자)이 'tuba'(튜바)를 연주하는 모습이나 캐나다 중남부의 매니토바 주Manitoba(3,219) 사람을 떠올릴 수 있다. 마찬가지로 7,897은 KFKP로 변환한 뒤 'coffee cup'(커피 잔)의 이미지나 'calf'(송아지)와 'cub'(야수의 새끼)의 이미지로 바꿀 수 있다. 메이저 시스템의 장점은 간단해서 누구라도 쉽게 활용할 수 있다는 데 있다. (나는 이 기법을 배우자마자 신용카드와 은행 계좌번호를 암기하는 데 적용해 봤다.) 하지만 이 방법으로는 어떤 메모리 챔피언십에서든 절대로 우승할 수 없다. 원주율 10만 자리나 메이저리그 뉴욕 양키스 선수 개개인의 평균 타

율같이 긴 숫자를 암기할 때 지력 선수들은 기억 마니아, 루빅큐브의
달인, 수학 천재 등을 위한 온라인 포럼인 월드와이드 브레인 클럽에
서 '사람-행동-대상'(person-action-object) 또는 간단히 머리글자만 따
서 PAO로 알려진 기법을 쓴다. 이것은 앞에 말한 조르다노 부르노와
라몬 율이 고안한 기억술을 교묘하게 짜깁기한 것이다.

　PAO 시스템은 00에서 99까지 모든 두 자리 숫자를 어떤 사람이 어
떤 대상에게 어떤 행동을 하는 이미지로 나타낸다. 예를 들어, 숫자 34
는 가수 프랭크 시내트라(사람)가 마이크(대상)를 들고 노래하는(행동)
것으로 바꿀 수 있다. 13은 축구 선수 데이비드 베컴(사람)이 공(대상)
을 차는(행동) 모습으로 나타낼 수 있다. 숫자 79는 슈퍼맨이 빨간 망토
를 입고 하늘을 나는 장면으로 그릴 수 있다. 34-13-79 같은 여섯 자
리 숫자는 PAO 시스템을 따라 두 자리씩 끊고 사람-행동-대상으로
묶어서 이미지로 나타내면 된다. 이 경우에는 프랭크 시내트라가 망토
를 발로 차는 이미지로 그릴 수 있다. 숫자가 73-34-13이면 슈퍼맨이
공에 대고 노래하는 좀 별난 이미지를 떠올릴 수 있다. 물론 34를 언제
나 시내트라와 연결하거나, 13을 베컴과 연결하라는 법은 없다. 메이
저 시스템과 달리 PAO 시스템에서 이런 연결은 임의적이기 때문에 미
리 이미지를 만들어 놓고 익혀야 한다. 숫자를 기억하려면 관련 이미
지부터 기억하고 있어야 한다는 말이다. 메모리 대회에 출전하려면 많
은 시간과 노력이 필요하다. 그런데 이 시스템은 00에서 99만 9,999까
지 숫자마다 고유의 이미지를 만들 수 있어서 좋다. 중복되는 이미지
가 없기 때문에 PAO 이미지들은 쉽게 기억에 남는다.

　메모리 대회는 신무기 경연장과도 같다. 해마다 누군가가, 물론 대

다수는 대회에 참가하려고 월차를 낸 회사원이거나 방학을 맞이한 학생이지만, 기존 방법보다 암기 속도를 높일 수 있는 새 기법으로 무장하고 참가한다. 그러면 다른 사람들은 그 사람을 따라잡기 위해 더 발전된 기법 개발에 뛰어든다. 그만큼 지력 선수들 간의 심리전이 치열하다.

에드는 스스로 '메모리 챔피언십에 들고 나간 것 중 가장 정교한 기억법'이라고 공언한 것을 6개월이나 공들여 개발했다. '밀레니엄 PAO'라는 그의 새 방법은 경쟁자인 대륙의 지력 선수들이 주로 쓰는 두 자릿수 방법을 사람-행동-대상 이미지 1,000가지로 된 세 자릿수 방법으로 수준을 높인 것이었다. 이 방법으로 그는 0에서 9억 9,999만 9,999까지 숫자별로 고유한 이미지를 만들 수 있었다. 그가 자랑했다. "전에 다랑어처럼 날쌘 두 자릿수의 작은 요트를 가지고 있었다면, 이제 세 자릿수의 거대한 군함을 가진 것과 같아. 정말 막강한데, 아직은 통제하기가 쉽지 않아." 그는 이 방법이 제대로 작동한다면, 기억 스포츠를 비약적으로 발전시킬 수 있을 것이라고 확신했다.[2]

지력 선수들이 포커 카드를 암기하는 데 쓰는 방법은 비슷하다. 보통 PAO를 이용해 52장의 카드를 사람-행동-대상 이미지와 연결한다. 이 방법을 이용하면 카드 세 장을 이미지 하나로 묶으니까, 카드 한 벌을 열여덟 가지 이미지로 압축할 수 있다(52장의 카드를 3으로 나누면 17이고 카드 한 장이 남는다).

나도 에드의 도움을 받아 사람-행동-대상 이미지 52개로 이루어진 나만의 PAO 시스템을 개발했다. 기억력을 극대화하려면 이 이미지들의 색이나 구성이 자기 기호와 맞아떨어져야 한다. 이 이미지들은 그만큼 개인적이고 다분히 노골적이고 짓궂은 면도 있다. 그래서 어떤 선수의 PAO 이미지로 그의 잠재의식까지 엿볼 수 있다. 나는 1980년 대와 1990년대에 텔레비전에서 인기를 끈 아이콘을 소재로 삼았다. 벤 프리드모어는 만화 캐릭터, 에드는 란제리 모델과 1920년대 대공황기 영국의 크리켓 선수 들을 소재로 삼았다.

예를 들어 보자. 내 포커 카드 중 하트 킹은 마이클 잭슨이 흰 장갑을 끼고 문워크를 하는 이미지다. 클럽 킹은 영화배우 존 굿맨이 햄버거 를 먹는 이미지고, 다이아몬드 킹은 빌 클린턴이 시가를 피우는 이미 지다. 하트 킹, 클럽 킹, 다이아몬드 킹을 차례로 암기해야 할 경우 나 는 마이클 잭슨이 시가를 먹는 이미지를 떠올린다. 물론 포커 카드를 암기하기 위해 나는 자체적으로 고안한 52종의 PAO 이미지부터 암기 해야 했다.

그런데 내 PAO 시스템은 벤 프리드모어의 것과 비교하면 아주 초라 했다. 2002년 가을, 그는 영국 링컨셔의 한 육류 가공 회사에서 6년 반 동안 하던 회계 보조 업무를 그만두고 미국 라스베이거스에 가서 1주일 동안 카드 놀음을 하다가 다시 영국으로 돌아가 만화영화를 보면서 여 섯 달을 보냈다. 물론 그 사이에 제2외국어로 영어를 가르칠 수 있는 교 사 자격증을 땄고, 기존 기억술과 차원이 다른 원자폭탄급 새 기억술도 개발했다. 그는 카드별로 사람-행동-대상 이미지를 만드는 대신 카드 두 개당 이미지 하나를 만들었다. 하트 퀸 다음에 다이아몬드 에이스 가 오면, 이 둘을 묶어서 한 이미지를 만든 것이다. 거꾸로 다이아몬드 에이스에 하트 퀸이 따라와도 그것을 하나로 묶어서 전혀 다른 이미지 를 만들었다. 그는 52×52, 즉 카드를 두 장씩 묶을 때 나오는 2,704개의 조합마다 따로 이미지를 만들어서 암기했다. 그리고 여기에 에드의 PAO 시스템과 비슷한 방식으로 이미지 세 개를 기억의 궁전 한 곳에 심어 놓을 수 있다. (이미지 하나당 카드가 두 장이니까, 카드 여섯 장을 동시에 다루는 것이다.) 이것은 카드 한 벌을 아홉 장소(52÷6)로 압축할 수 있다는 것을 의미한다. 그가 한때 한 시간에 암기할 수 있었던 카드 27벌은 243개의 장소로 기억할 수 있다.

이것만으로도 벤이 얼마나 섬세하고 재주 있는 사람인지 알 수 있을 것이다. 이 방식 덕분에 그는 카드 두 장을 동시에 넘기면서 카드 구석에 있는 무늬와 숫자도 충분히 눈여겨보는 능력을 기를 수 있었다. 그래서 가장 빠를 때는 카드 두 장을 넘기는 데 1초도 걸리지 않는다.

벤은 이진수를 암기하기 위해 이와 비슷한 비잔틴 시스템도 개발했다. 이 시스템은 1과 0으로 된 이진수를 열 자리씩 끊고 이미지 하나로 전환하는 것으로, 그는 2^{10}개, 즉 1,024개의 이미지를 만들어서 암기했다. 즉 열 자리 이진수 1101001001을 한 덩어리로 보는 것이다. 그는 0111011010을 보면서 바로 영화 속 한 장면을 떠올린다. 세계 메모리 챔피언십에서 지력 선수들은 이진수 1,200개를 정해진 시간 동안 순서대로 암기해야 하는데, 보통 한 줄에 30개씩 총 40줄이 종이 한 장에 빼곡히 적혀 있다. 벤은 각 줄에 인쇄된 이진수 30개를 이미지 하나로 전환한다. 예를 들어, 이진수 110110100000111011010001011010은 근육질의 남자가 물고기를 깡통에 집어넣는 모습이다. 현재 벤은 이 분야의 세계 기록 보유자로 30분 동안 3,705개의 무작위 이진수를 기억했다.

'오케이 플래토'라는
함정에 빠지다

　　　　　본격적으로 기억 훈련을 시작했을 때 이렇게
정교한 기법을 배운다는 것이 너무 힘들고 벅찼다. 나는 플로리다주립
대학교 심리학과 교수 K. 안데르스 에릭손과 모종의 거래를 했다. 내
훈련 결과에 대한 구체적인 데이터를 그에게 제공해 그의 전문가 연구
에 활용할 수 있도록 하는 대신 그의 제자 트레스와 케이티를 통해 데
이터를 분석한 뒤 내 훈련 성과를 높일 방법을 찾아 달라고 한 것이다.
나는 옥스퍼드에서 열릴 세계 메모리 챔피언십이 끝나는 대로 탤러해
시에 가서 이틀 동안 후속 시험을 치르기로 했다. 에릭손은 내 시험 결
과를 토대로 학술지에 기고할 논문을 쓸 계획이었다.

　에릭손은 사회 각 분야에서 전문 지식을 습득하는 과정을 다각도로
연구했는데, 혹시라도 전문가가 되는 비법 같은 것이 보이면 어떻게
든 밝혀야 직성이 풀리는 사람이었다. 나는 그와 나눈 대화, 그가 쓴 논
문과 저서를 통해 그가 성공한 사람들이 전문가가 되어 가는 과정에서
공통적으로 쓰는 기법을 발견했다는 것을 알고 있었다. 전문 지식을
획득하는 일반 원칙인 그 기법은 내가 메모리 대회에서 써먹을 비장의
무기이기도 했다.

　그 뒤 몇 달 동안 나는 부모님 댁 지하실에서 PAO와 씨름했고, 에릭
손은 내 훈련 과정을 주의 깊게 관찰하고 연구하고 분석했다. 나는 그
에게 다음 메모리 챔피언십에 나가고 싶다는 뜻을 비쳤다. 처음에는 호
기심에서 시작한 기억 훈련이 어느 순간 메모리 대회에 나가 시험해 보
고 싶다는 경쟁심으로 발전한 것이다. 훈련하다 막히는 것이 있으면 바

로 에릭손에게 전화해 조언을 구했다. 그러면 그는 어김없이 문제 해결의 실마리를 얻을 수 있는 문헌을 보내 줬다. 기억 훈련을 시작한 지 얼마 되지 않아 한계에 부닥쳤다. 아무리 열심히 훈련해도 포커 카드 한 벌을 암기하는 시간이 줄지 않았다. 진퇴양난인데 그 이유를 알 수 없었다. "벌써 정점에 도달했나 봅니다." 내가 하소연했다.

그런 내게 에릭손은 타자 속도에 관한 문헌을 찾아 읽어 보라고 했다. 자판을 처음 치는 사람들은 자판에서 눈을 떼지 못하고 독수리 타법으로 두드린다. 하지만 조금만 연습하면 언제 그랬냐는 듯이 자판은 보지도 않은 채 두 손을 자유자재로 움직이며 타자할 수 있다. 당연히 속도도 빨라진다. 그런데 어느 순간 타자 속도가 더는 늘지 않는다. 정점에 도달한 것이다. 아무리 생각해도 모를 일이다. 결국 연습밖에 달리 방법이 없다는 생각에 몇 시간씩 자판을 두드리며 연습하지만 나아질 기미는 전혀 보이지 않는다. 왜 그럴까?

1960년대 미국의 심리학자인 폴 피츠와 마이클 포스너가 이 의문을 풀기 위해 뛰어들었다. 두 사람은 어떤 사람이 새로운 능력을 습득하는 과정을 세 단계로 나누어 설명했다. 첫 번째 단계는 '인지 단계'로 이 단계에서는 임무를 숙지하고 그것을 좀 더 효과적으로 달성하기 위해 새로운 전략을 찾는다. 두 번째 단계는 '연합 단계'로 첫 번째 단계보다 집중력은 떨어지지만 큰 실수를 줄여 가면서 효율성을 키운다. 세 번째 단계는 피츠가 '자동화 단계'라로 부른 단계로, 임무를 훌륭히 해낼 수 있을 만큼 숙달된 단계다. 이 단계에서는 거의 무의식적으로 임무를 수행한다. 그리고 매번 성과도 좋다. 그 결과, 점차 수행하는 임무에 무신경해진다. 이와 마찬가지로 연습을 통해 타자를 자유자재로 할 수 있게 되면 초기와 달리 집중하지 않는다. 새로운 능력을 학습하는 사람의 뇌를 fMRI로 촬영해 보면 단계마다 활성화되는 뇌의 부위가 다른 것을 확인할 수 있다. 임무를 자동적으로 수행함에 따라 이성적 추론을 담당하는 뇌 부위의 활성화 정도는 떨어지고 다른 부위는 활성화된다. 이것을 '오케이 플래토'라고 한다. 오케이 플래토란 계속 연습하던 것을 어느 순간 자유자재로 할 수 있게 되면서 만족하는 수준이다. 임무가 자동적인 것, 즉 무의식적인 것이 되면서 더는 발전하지 않는다.

우리가 하는 것들이 대부분 어느 순간에는 오케이 플래토에 도달한다. 10대에 운전하는 법을 배워 조금 시간이 흐르면 신호 위반과 큰 사고를 피할 수 있을 정도로 숙달된다. 아버지가 들으면 서운하시겠지만, 아버지는 40년 동안 골프를 쳤는데도 전혀 진전이 없다. 40년 동안 핸디캡이 한 타도 떨어지지 않았다. 어떻게 그럴 수 있을까? 실은 아버지도 오케이 플래토에 이른 것이다.

초기에 심리학자들은 오케이 플래토가 개인이 타고난 능력의 상한선을 나타낸다고 생각했다. 영국의 우생학자이자 탐험가인 프랜시스 골턴은 1869년에 쓴 『유전하는 천재』라는 책에서 사람이 정신적으로나 육체적으로 계속 성장하다가 어느 시점에 이르러 큰 벽에 부딪치는데, 이 벽은 '학습이나 노력으로 극복할 수 있는 것이 아니'라고 했다. 이런 주장을 보면, 결국 우리가 할 수 있는 것은 최선을 다하는 것뿐이다.

하지만 에릭손과 그의 동료 심리학자들은 실험 과정에서 골턴의 논리와 반대되는 경우를 계속 발견했다. 그들은 골턴의 벽이 선천적 한계와는 관련이 없고 우리 자신이 설정한 만족도와 관련이 있다고 믿었다.

전문가는 판에 박힌 일에도 초지일관 높은 집중력을 발휘한다는 점에서 일반인과 구분된다. 에릭손은 전문가들의 이런 태도를 '주도면밀한 습관'이라고 부른다. 사회 각 분야에서 최고 중의 최고만 연구한 그는 성공한 사람들에게서 어느 정도 같은 발전 양식을 발견했다. 그들은 '자동화 단계'로 진입하지 않기 위한 전략을 세우고 다음 세 가지를 꾸준히 실천한다. 자신의 기술에 집중하고, 항상 목표를 지향하며, 결과에 대해 꾸준히 비판하고 반성하는 것이다. 그들은 의도적으로 '인지 단계'에 머물러 있으려고 한다.

아마추어 연주자들은 연습 시간에 연주곡을 처음부터 끝까지 연습하는 경향이 있는 반면, 프로 연주자들은 곡의 특정 부분이나 난해한 부분에 연습을 집중한다. 세계 정상급 수준의 피켜 선수들은 연습 시간에 평소 실수가 잦은 점프만 연습하지만, 평범한 선수들은 벌써 완벽하게 숙달한 점프를 계속 연습한다.[3] 주도면밀한 습관을 들이는 것은 원래 어려운 일이다.

다른 말로 하자면, 어떤 것에 정통하고 싶을 때 연습 시간의 양보다는 연습 시간을 어떻게 활용하느냐가 더 중요하다. 사실 체스에서 바이올린과 농구에 이르기까지 모든 전문 분야를 대상으로 연구한 결과, 그 분야에 얼마나 오래 종사했는가와 성과 수준은 이렇다 할 인과관계를 보이지 않았다. 아버지는 지하실에서 홀컵 대신 깡통을 갖다 놓고 퍼팅 연습하는 것을 좋은 훈련 습관이라고 생각하시겠지만, 아무리 좋은 습관이라도 주의 깊게 돌아보며 반성하지 않으면 절대로 발전할 수 없다. 좋은 습관을 길들이고 발전하려면 실수를 돌아보고 고칠 것이 있으면 고쳐야 한다.

에릭손이 전문가들에 대한 연구를 통해 알아낸 자동화 단계와 오케이 플래토에서 벗어날 최선의 방법은 결국 단점이나 약점을 찾아내 극복하는 것이다. 정통하고 싶은 분야나 일에 능통한 사람을 롤 모델로 삼아 그 사람이 어떻게 문제를 풀어 나가는지 알아보는 것도 한 방법이다. 미국 건국의 아버지로 칭송받는 벤저민 프랭클린이 일찍이 이런 기법을 활용했다. 그의 자서전을 보면 그가 위대한 사상가들의 에세이를 읽고 그들의 주장을 자신의 논리로 어떻게 재구성했는지 언급하는 부분이 있다. 그는 자신이 재구성한 논리를 위대한 사상가들의 것과 비교하면서 부족하거나 미흡한 것이 있는지 확인하고 또 확인했다. 세계적인 체스 기사들도 비슷한 전략을 쓴다. 그들은 그랜드 마스터들이 치른 경기를 하루에 몇 시간씩 한 수 한 수 복기해 가며 연구한다. 그리고 이를 통해 그랜드 마스터들이 말을 하나씩 옮기면서 무슨 생각을 했을지 이해하려고 한다.[4] 실제로 어떤 사람의 체스 실력을 알아보는 척도는 그가 게임을 얼마나 많이 했느냐가 아니라, 얼마나 오랫동안 혼자 앉아서 기존 게임을 분석하고 연구했느냐에 있다.[5]

어떤 것에 정통하기 위해 중요한 것은 연습하는 동안 그것을 어느 정도 의식적으로 통제할 수 있어야 한다는 것이다. 즉 자동화 단계로 넘어가 무의식적 상태가 되는 것을 경계해야 한다. 타자에서 오케이 플래토를 피하기란 상대적으로 쉽다. 심리학자들이 찾아낸 가장 효과적인 방법은 현재의 타자 속도에 만족하지 않고 더 빨리 치도록 자신을 다그치는 것, 그리고 일부러 실수하는 것이다. 타자수들에게 평소 그들의 타자 속도보다 10~15퍼센트 정도 빠르게 단어를 보여 주면서 타자하게 한 실험[6]이 있다. 처음에는 속도를 따라잡지 못했다. 그러나 며칠이

지나면서 무엇이 문제인지 알아낸 그들은 이를 극복하고 단어가 눈에 들어오는 속도보다 빠르게 타자할 수 있었다. 자동화 단계에서 벗어나 의식적으로 통제할 수 있는 인지 단계로 되돌아감으로써 그들은 오케이 플래토를 극복했다.

　에릭손이 나한테 그런 방식으로 포커 카드를 연습해 보라고 했다. 박자를 알려 주는 메트로놈을 구해 짤깍 소리가 날 때마다 카드를 한 장씩 암기해 보라는 것이었다. 일단 내 카드 암기 속도를 알아낸 뒤 메트로놈을 그보다 10~20퍼센트 빠르게 맞춰 놓고, 이 속도에서 실수하지 않을 때까지 꾸준히 연습하는 것이다. 나는 메트로놈을 맞춰 놓고 연습하면서 잘 암기되지 않는 카드가 있으면 따로 기록했다가 나중에 왜 잘 기억되지 않는지를 되짚어 봤다. 놀랍게도 효과가 있었다. 며칠 지나지 않아 오케이 플래토에서 빠져나온 나는 포커 카드 암기 속도가 눈에 띄게 빨라졌다.

나의
슬럼프 극복법

　　　　　이렇게 주도면밀하게 훈련하지 않으면 제아무리 전문가라 해도 실력이 퇴보하는 것을 막을 수 없다. 에릭손이 이와 관련한 믿지 못할 사례를 말해 줬다. 사람들이 의대를 갓 졸업한 햇병아리 의사보다 머리가 하얗게 세고 연륜 있어 보이는 의사의 충고를 더 신뢰하는 경향이 있다. 하지만 연구 결과에 따르면, 의사의 능력은 수련 연수와 반드시 비례하지는 않는다. 유방 엑스선 촬영 기사의 진단이 해가 갈수록 정확성이 떨어지는 경향이 실제로 있었다.[7] 왜 이런 일이 일어날까?

에릭슨에 따르면, 유방 엑스선 촬영 기사들은 대개 의료 수련에 심혈을 기울이지 않는다. 이것은 아버지처럼 코치의 지도를 받지 않고 지하실에서 혼자 깡통을 갖다 놓고 퍼팅을 연습하는 것과 같다. 물론 이유는 있다. 유방 엑스선 촬영 기사는 몇 주나 몇 달이 지나야 자신이 진단한 결과가 옳았는지 틀렸는지를 알 수 있다. 그러다 보니 그 사이에 진단 결과에 대한 관심이 없어지고 반성할 기회를 놓친다.

그런데 이와 정반대 쪽에 있는 의료 분야가 있다. 바로 외과다. 유방 엑스선 촬영 기사들과 달리 외과 의사들은 시간이 지날수록 의술이 나아지는 경향이 있었다. 에릭슨에 따르면, 외과 의사들은 보통 환자를 수술하고 바로 경과를 알 수 있기 때문에 그로부터 얻은 피드백을 다음 수술에 접목하기가 쉽다. 수술이 잘 됐으면 왜 잘 됐는지, 안 됐으면 왜 안 됐는지 확인하고 시행착오를 줄이면서 의술을 키울 수 있는 것이다. 유방 엑스선 촬영 기사들에게 에릭슨의 전문가 이론을 적용해 볼 수 있을 것이다. 결과를 벌써 알고 있어도 지난 사례들을 다시 검토하는 시간을 갖도록 유도하는 것이다. 그래야 그들이 자신의 능력에 대한 피드백을 즉각 얻을 수 있다.

전문가들은 이렇게 즉각적인 피드백을 통해 자기 능력을 더욱 발전시켜서 오케이 플래토에서 벗어날 길을 찾는다. 오랫동안 인간은 물에 빠져 죽을 위험을 무릅쓰면서까지 수영을 즐겼다. 그렇다면 인간의 수영 실력은 어느 정도일까? 여러분 중에는 생물 종으로서 인간의 수영 실력이 오래전에 한계에 이르렀다고 생각하는 이들이 있을 것이다. 하지만 수영에서 해마다 새 기록이 쏟아져 나온다. 육상도 마찬가지다.

인간의 속도가 계속 빨라지고 있다. 에릭손은 어린 선수들의 수영 실력이 날로 좋아지면서 '이제 올림픽 수영 선수들은 고등학교 수영 팀의 코치를 맡지 못하게 될 수 있다'는 사실, '올림픽 마라톤 종목의 금메달은 보스턴 마라톤에 출전 자격을 얻으려고 하는 아마추어 선수들의 독무대'라는 사실에 주목한다. 그런데 꼭 운동 분야만 그런 것이 아니다. 사실상 다른 분야도 마찬가지다. "30~40년 동안 죽어라 공부하지 않는 이상 지금까지 알려진 방법으로는 아무도 수학에 정통할 수 없다." 13세기 영국 철학자 로저 베이컨의 주장이다. 그런데 지금은 어떤가? 베이컨이 살았을 때 알려진 고등 수학을 지금은 고등학교에서 배운다.[8]

오늘날 재능 있는 운동선수들이 과거의 선수들보다 타고난 능력이 더 좋다고 말할 근거는 없다. 완전히 무시할 수 있는 것은 아니지만, 운동화나 수영복을 제작하는 기술이 발전해서 기록이 좋아졌다고 할 만한 근거도 없다. 변한 것은 선수들이 세계적 수준에 오르기 위해 감내해야 하는 훈련의 양과 질이다. 육상과 수영은 말할 것도 없이 모든 스포츠에서 훈련의 양과 질이 과거보다 늘었다. 물론 사정이 이렇다고 해서 기존 기록에서 떨어지지 말라는 법은 없다. 하지만 오케이 플래토에서 벗어날 수만 있다면 기록은 언제든 새로 쓰일 수 있다.

어떻게 하면 자신의 한계를 극복할 수 있을까? 에릭손은 사람들이 원래 스스로 심리적 장벽을 설정하는 경향이 있다고 한다. 그런데 이 장벽을 깨려고 맘만 먹으면, 깨는 데 그리 오랜 시간이 걸리지 않는다. 오랫동안 사람들은 인간이 1마일을 4분 안에 주파할 수 있을 거라고 생각하지 못했다. 이것을 인간이 절대 극복할 수 없는 물리적 장벽으로 보았다. 하지만 1954년, 당시 스물네 살의 의대생이던 영국의 로저 배니스터가 마침내 3분 59.4초를 기록해 4분 벽을 깼다. 그의 신기록 달성은 전 세계 모든 신문의 머리기사가 되었고, 스포츠 역사상 가장 위대한 성과로 인정받았다. 그런데 이 장벽이 깨지자 물꼬가 터진 것처럼 새로운 기록들이 줄줄이 나왔다. 바로 6주 뒤에 오스트레일리아의 존 랜디가 배니스터의 기록을 1.5초 더 당겼다. 그리고 몇 년 지나지 않아 1마일 4분 대 기록은 평범한 것이 되었다. 오늘날 중거리 육상 선수들은 기본적으로 1마일 4분 대를 목표로 연습한다. 그리고 현재 세계 기록은 3분 43.13초다. 세계 메모리 챔피언십에서도 매년 기존 기록의 반 정도가 새 기록으로 바뀐다.

에릭손은 기억력 향상을 키가 크거나 시력이 향상되거나 신체의 다른 기본적 특질을 연마하는 것과 같이 보지 말고 악기 다루는 법을 배우듯 기술을 익히는 것으로 생각하면서 연습하라고 용기를 북돋아 주었다.

우리가 기억을 독립적인 실체로 생각하는 경향이 있지만 사실은 그렇지 않다. 기억은 신경망으로 연결되어 있는 인체의 독립적 단위와 체계의 집합이다. 어떤 사람은 숫자는 잘 기억하고 단어는 곧잘 잊는다. 어떤 사람은 이름은 잘 기억하고 할 일 목록은 잊는다. 에릭손의 실험 대상이던 SF는 실험을 끝냈을 때 실험 초기보다 열 배나 많은 숫자를 기억할 수 있었다. 하지만 그의 기억 용량이 늘어난 것은 아니다. 다만 훈련을 통해 숫자 기억의 전문가가 되었을 뿐이다. 숫자가 아닌 무작위 단어를 외워 보라고 하면, 그는 여전히 일곱 단어 정도밖에 기억하지 못했다.

세계 정상급 기억술사와 이류 기억술사를 가르는 차이가 있다. 세계 정상급 기억술사들은 기억이 과학이라고 생각한다. 그들은 자신의 한계에 대해 가설을 세운다. 그리고 실험을 통해 데이터를 수집하고 분석한다. 세계 메모리 챔피언십에서 두 번 우승한 앤디 벨이 내게 말했다. "그것은 기술 개발이나 과학 이론 실험과 같습니다. 훈련 과정을 분석해야 합니다."

기억술사들의 세계에서 상위권에 이름을 올리려면 무엇보다 집중적이고 체계적이고 계획적인 훈련이 필요하다. 나는 훈련 데이터를 수집하고 분석해 피드백을 얻었다. 서서히 실력을 키우는 일만 남았다.

나는 노트북에 훈련 시간과 훈련 중에 부딪치는 문제들을 기록했다. 그리고 이를 토대로 그래프를 만들고, 훈련 성과를 꾸준히 일지에 기록했다.

8월 19일: 카드 28장, 2분 57초.

8월 20일: 카드 28장, 2분 39초. 변동 없음.

8월 24일: 카드 38장, 4분 40초. 그다지 좋지 않음.

9월 8일: 스타벅스에 가서 밀린 원고를 쓰는 대신 시간만 축냄. 마흔여섯 자릿수를 5분 안에 기억…… 아직 불충분함. 이어서 카드 48장을 3분 32초에 기억. 포커 카드 네 패의 이미지를 여배우에서 지력 선수로 바꿈. 클럽=에드 쿡, 다이아몬드=군터 카르스텐, 하트=벤 프리드모어, 스페이드=나.

10월 2일: 무작위 단어 70개를 15분 만에 암기. 만족스럽지 않음! '성장하다'와 '성장', '자전거'와 '자전거 타기'를 혼동해 감점됨. 이제 단어들이 비슷해서 헷갈리면 기억의 궁전에 심어 둔 이미지 옆에 따로 적어 놓을 것.

10월 16일: 무작위 단어 87개를 15분 만에 암기. 기억 연습보다 시계
를 보며 주위를 두리번거리느라 많은 시간을 허비함. 시간을 낭비
하고 있음. 집중해라, 집중!

물론 집중은 기억의 전제 조건이다. 보통 어떤 자리에서 새로 소개
받은 사람의 이름을 잘 기억하지 못하는 것은 그의 이름보다는 화제에
더 신경을 쓰기 때문이다. 시각 이미지와 기억의 궁전 같은 기법이 잘
작동하는 이유 중 하나는 그것이 평소에 부족한 집중력을 한층 높여
주기 때문이다. 집중하지 않으면 단어, 숫자, 사람 이름의 이미지를 절
대로 떠올릴 수 없다. 먼저 어떤 것을 암기하기 쉬운 것으로 바꾸지 않
으면 제대로 기억나지 않는다. 훈련하다 부딪힌 문제 중 하나는 훈련
이 점차 지루해지면서 집중력이 떨어졌다는 것이다. 기억의 궁전에 심
어 놓는 이미지들이 아무리 자극적이고 다채롭고 생생해도 집중력이
조금만 흐트러지면 생각이나 관심이 다른 데로 흐를 수 있다.

나를 대중없이 '자네', '젊은이', '포어 씨'라고 부르는 에드는 집중력
을 높이는 데 보조 장비를 써 보라고 충고했다. 기억술사들은 보통 귀
덮개를 착용한다. 심한 경우에는 시선 분산을 막으려고 곁눈가리개까
지 한다. 에드는 내 훈련 상황을 점검하려고 1주일에 두 번씩 전화했
는데, 하루는 "나는 우스꽝스러워서 안 하지만 너는 한번 해 보는 것도
괜찮을 것 같아." 하고 권했다. 그날 오후 바로 철물점에 가서 산업용
귀덮개와 플라스틱으로 만든 보안경을 샀다. 보안경은 안경알에 검은
색 물감을 분사한 다음 드릴로 작은 구멍을 냈다. 그 뒤 기억 훈련을 할

때마다 귀덮개와 보안경을 착용했다.

대학을 졸업한 뒤 프리랜서 기자로 일하면서 경력을 쌓고 생활비도 절약할 생각으로 부모님 집에 얹혀살았기 때문에, 사람들이 독립하지 않은 이유를 물으면 변명할 것은 많았다. 하지만 벽에는 무작위 숫자가 인쇄된 종이를 덕지덕지 붙여 놓고, 바닥에는 벼룩시장에서 산 낡은 고등학교 졸업 앨범을 찢어 어질러 놓고 지하실에 처박혀서 뭐하는지를 물으면 변명할 거리가 없었다.

아버지가 퍼팅을 연습하려고 지하실에 내려오는 날이면 암기하고 있던 숫자가 적힌 종이를 재빨리 숨기고 기사를 쓰거나 원고를 읽는 등 다른 일에 정신이 팔린 것처럼 시치미를 뗐다. 그래도 귀덮개와 보안경을 쓰고 훈련에 열중하다 보면, 아버지가 언제 내려왔는지 문간에서 이상한 눈으로 쳐다볼 때도 있었다.

벤 vs. 에드 : 세계 기록 보유자들의 카드 외우기 대결

에릭손이 내 지도 교수였다면, 에드는 정신적 스승이자 매니저였다. 그는 앞으로 4개월 동안 내가 철저히 지켜야 하는 훈련 일정을 짜 줬다. 훈련 일정은 오전과 오후로 나뉘는데, 오전에는 종목별로 30분간 집중해 훈련하고, 오후에는 5분씩 훈련을 보충하는 식이었다. 물론 훈련 단계별로 목표가 정해져 있었다. 그리고 컴퓨터 프로그램을 통해 나 자신을 시험하고, 훈련 중에 저지르는 실수를 자세히 기록했다가 나중에 함께 분석했다. 나는 며칠에 한 번씩 훈련 데이터를 에드에게 이메일로 보냈다. 그러면 그가 데이터를 검토한 뒤 어떻게 하면 훈련 성과를 높일 수 있을지에 대한 의견을 제시했다.

그러다 결국 그를 직접 만나서 훈련 과정을 상의하는 것이 좋을 것 같아 밀팜에 가기로 했다. 마침 에드의 스물다섯 번째 생일 파티도 예정되어 있었다. 세계 메모리 챔피언십 취재차 그의 집에 머물렀을 때부터 기회가 있을 때마다 꼭 참석하라고 귀에 못이 박이도록 들은 터였다.

에드의 생일 파티는 밀프의 오래된 석조 헛간에서 열렸다. 그는 1주일 동안 공들여서 석조 헛간을 자신의 파티 철학을 실험할 수 있는 공간으로 꾸몄다. "대화, 공간, 움직임, 분위기, 기대를 조작해서 그것들이 어떤 상호작용을 하는지 파악할 수 있는 얼개를 구상해 봤어. 파티 참가자들을 의지가 있는 존재가 아닌 자동 로봇, 그러니까 파티장을 이리저리 돌아다니는 분자로 볼 거야. 파티를 연 나는 그들이 예의를 지키면서 파티장을 돌아다니게 할 책임을 갖지." 에드가 내게 말했다.

헛간은 반짝이는 천을 서까래에서 바닥까지 길게 늘어뜨려 만든 작은 방들로 나뉘어 있었다. 여러 방을 하나로 연결하는 터널을 통해서만 각 방에 드나들 수 있었고, 터널은 참가자들이 서로 밀착해야 간신히 지나갈 수 있을 만큼 비좁았다. 그랜드 피아노가 놓여 있는 아래쪽 공간은 참호로 바뀌어 있었고, 난로 주변에는 지난번에 방문했을 때 탁자에 수북이 쌓여 있던 낡은 방석을 이용해 원이 만들어져 있었다.

"터널을 지나려면 사람들은 모험을 해야 해. 조금 애를 먹겠지만, 가려던 방에 도착하면 고마움, 안도감, 성취감 등 복잡한 감정을 느끼게 될 거야. 아마 평소에 하기 어려운 경험 덕에 참가자들이 삶의 활기를 얻고 상상력을 키우는 데 도움이 될 거야. 난 네 기억 훈련도 마찬가지라고 생각해. '고통 없이는 얻는 것이 없다'는 말이 진부하게 들려도 틀린 말이 아니거든. 살다 보면, 상처 받는 일도 있고 스트레스도 받고 회의가 들기도 하고 혼란스럽기도 해. 그래도 이런 고통을 이겨 내면 좋은 일들이 따라오지."

나는 에드를 따라 3미터 넘는 캄캄한 터널을 지나 풍선이 목까지 가득 차 있는 방으로 들어갔다. 그는 각 방이 기억의 궁전 구실을 한다고 설명했다. 그의 파티는 기억을 극대화할 수 있도록 디자인됐다.

"가끔 파티에 가지만 다녀오면 파티에서 무슨 일이 있었는지 기억나지 않을 때가 많아. 파티가 한정된 공간에서 열리니까 차별성이 없어서 그래. 파티장을 이런 식으로 꾸며 놓으면 각 방에서 겪은 일이 그 방에 고스란히 각인되기 때문에 다른 경험과 혼동될 일이 없어. 그럼 파티에서 경험한 것이 나이 들어서도 아름다운 추억으로 남아 있지 않겠어?" 에드가 말했다.

에드는 파티 참가자들이 서로 누가 누군지 알 수 없을 때 사회적 상호작용이 더 쉽게 일어난다고 생각했다. 옥스퍼드에서 기차로 네 시간 떨어진 더비에서 온 벤 프리드모어는 그가 허접스럽다고 하는, 보기만 해도 섬뜩한 식인종 가면에 검은 망토를 걸치고 있었다. 빈에서 비행기로 날아온 루카스는 갖가지 현장(懸章)과 메달이 달린 19세기 오스트리아 군복을 입고 나타났다. 에드의 고향 친구 중 한 명은 호랑이 같은 차림이었고, 다른 친구는 얼굴을 검게 칠하고 레게 머리로 나타났다. 에드는 여자처럼 곱슬머리 가발에 드레스, 팬티스타킹, 브라를 착용했다. 나는 파티에 참석한 유일한 미국인이라는 것을 드러내려고 만화 주인공, 캡틴 아메리카처럼 얼굴을 분장했다.

파티의 하이라이트는 포커 카드 뒤집기였다. 자정 무렵, 에드는 50

명 정도 되는 파티 참가자들을 헛간 지하로 불러 자신의 스물다섯 번째 생일을 축하해 주기 위해 역사상 가장 위대한 기억술사라고 할 만한 두 사람이 포커 카드를 놓고 대결을 펼칠 거라고 발표했다. 가면은 벌써 벗어 던지고 검은 망토만 걸친 벤이 빈 플라스틱 음료수 잔과 음식이 쌓여 있는 긴 탁자의 한쪽 끝에 방석을 깔고 떡하니 앉아 있었고, 맞은편에는 오스트리아 군복을 입은 루카스가 앉아 있었다.

"먼저, 여기 모인 여러분께 두 사람의 포커 카드 암기 실력이 어느 정도인지 말씀드리겠습니다." 에드가 발표했다. "루카스는 포커 카드 한 벌을 암기하는 데 40초 벽을 처음 깬 기억술사입니다. 기억술사들의 세계에서 40초 벽은 오랫동안 육상의 1마일 4분 대 벽과 같은 것이었습니다. 그는 기록을 계속 단축해 한때 스피드 카드 종목 세계 챔피언이었습니다. 게다가 KL7으로 유명한 기억술사들의 비밀 결사 조직의 창립 회원입니다. 물론 오늘은 음주를 많이 한 탓에 그의 기억력이 평소 같지 않을 겁니다." 다소 과장된 소개였다. 그리고 루카스를 바라봤다. 이때 루카스가 잔을 들고 에드를 향해 흔들었다. "여러분들이 잘 아시다시피 루카스는 빈에 있는 그의 엔지니어 친구들과 맥주를 마실 수 있는 멋진 장치를 고안했습니다. 그걸 이용하면 3초 안에 맥주 네 잔을 거뜬히 마실 수 있습니다. 그 장치에는 항공기 회사에서나 구할 수 있는 값비싼 밸브가 적용됐습니다. 불행하게도, 루카스가 요즘 이 장치를 너무 자주 쓰다 보니, 1년 가까이 포커 카드 한 벌을 제대로 암기하지 못했습니다. 그런데 지난번에 드디어 35.1초의 기록으로 건재함을 과시했습니다." 에드가 소개했다.

에드는 벤을 돌아봤다. "프리드모어는 31.03초로 현재 스피드 카드 세계 기록 보유자입니다. 그리고 영국인입니다." 손님들은 그가 영국인이라는 말에 일제히 환호성을 질렀다. "벤은 한 시간에 포커 카드 스물일곱 벌을 암기합니다. 솔직히 쓸데없는 짓이죠."

잠자코 있던 벤이 발끈했다. "루카스와 제가 따로 얘기하고 계속 생각 중인데, 에드가 세계 메모리 챔피언십에서 17위를 한 뒤로……."

"놀리지 마세요." 에드가 말을 잘랐다. 에드는 최근에 발표된 세계 순위에서 어린 독일 선수들에게 밀렸다는 것을 모르고 있었다.

"우리는 에드가 이 방에 있는 모든 사람의 이름을 말하지 않으면 게임을 하지 않기로 합의했습니다."

손님들이 일제히 환호하자 에드가 진정시키고 나섰다. 물론 자기 친구의 친구도 파티에 참석한 터라 참석자들의 이름을 모두 알 리 없었다. 참석자들의 이름을 대느라 진을 뺀 그는 소란을 가라앉히고 경기의 공정성을 확보하기 위해 카드를 섞을 두 사람을 소개했다. 그들이 카드를 섞어서 루카스와 벤에게 건넸다. 그리고 초시계를 맞췄다. 시간은 1분이었다.

카드를 여섯 장이나 넘겼을까. 루카스가 고개를 들어 멍하니 천장을 봤다. 술에 너무 취해 도저히 겨룰 상태가 아니었다. 그가 손에 들고 있던 포커 카드를 탁자에 내려놓으며 미안한지 이렇게 말했다. "이래 봬도 내가 에드보다는 세계 순위가 높습니다."

에드가 루카스를 억지로 밀어내고 그 자리에 앉았다. "내 스물다섯 번째 생일의 축하 이벤트를 하기로 한 사람이 술에 너무 취해 주인공인 제가 직접 해야 하다니, 영광이네요!" 다시 카드를 섞고 초시계를 맞췄다. "프리드모어, 진정하세요."

1분 동안 숨죽이고 포커 카드를 암기한 벤과 에드가 각자 암기한 카드를 번갈아 순서대로 되뇌는 동안 심판을 자처한 두 손님이 맞는지 확인했다.

에드: "클럽 잭." 환호.
벤: "다이아몬드 2." 야유.
에드: "클럽 9." 환호.
벤: "스페이드 4." 야유.
에드: "스페이드 5." 환호.
벤: "스페이드 에이스." 야유.

이렇게 카드 40여 장을 뒤집었을까, 벤이 고개를 저으며 식탁에 손을 내려놓았다. "전 여기까지입니다."

승리한 에드가 자리를 박차고 일어나는 바람에 그가 입고 있던 브래지어가 그의 턱을 때렸다. "벤 프리드모어가 카드를 너무 빨리 넘겼습니다. 전 벌써 알고 있었어요. 스스로 망한 겁니다!"

"세계 메모리 챔피언십에서 우승해 본 적 있어?" 벤이 평소와 달리 날선 목소리로 받아쳤다.

"일대일 대결로 기록을 재 볼까요, 벤?"

"오늘은 네 생일이니까 져 준 거야."

에드가 방 안을 돌아다니며 하이파이브를 하고 여자 손님들과 얼싸안으며 기쁨을 만끽하는 동안 벤은 방석에 주저앉아 망토만 매만졌다. 만취한 에드의 고향 친구 중 한 명이 벤이 졌는데도 인상 깊었는지 그에게 다가가 신용카드 몇 장을 건네며 카드 번호를 다 외우면 기꺼이 한 턱 쏘겠다고 했다.

카드 뒤집기 이벤트가 끝나자 파티 참가자들은 밖으로 나가 빈터에 피워 놓은 모닥불 주위에 모여 아침까지 춤추고 마시면서 흥겨운 파티를 이어 갔다. 나는 끝내 버티지 못하고 동틀 무렵 잠자리에 들었지만, 에드와 벤은 식탁에 앉아 서로 생각해 낼 수 있는 흥미로운 이진수 조합을 주거니 받거니 하면서 밤을 지새웠다.

한계란 없다 —
풋내기 기억술사에서
촉망받는 선수로

잠으로 숙취를 떨쳐 버린 에드와 나는 오후 내내 식탁에 앉아 훈련에 대한 이야기를 나눴다. 그의 도움이 필요한 문제는 세 가지였는데, 그중 가장 절박한 것은 이미지들이 계속 뒤섞이는 문제였다. 포커 카드 한 벌을 암기할 경우『헤렌니우스에게 바치는 수사학』이 요구하는 대로 모든 이미지를 구체적으로 떠올릴 만한 시간적 여유가 없다. 시간이 촉박하니까 카드를 대강 보고 넘기는 수밖에 없었다.

솔직히 기억술은 머릿속으로 떠오르는 이미지가 아무리 흐릿해도 그것을 기억하기 쉽게 만드는 방법을 학습하는 것이다. 훈련 과정을 기록한 데이터를 분석해서 나는 사이클 선수인 랜스 암스트롱이 자전거를 타는 모습인 다이아몬드 7과 기수가 경주마를 타는 모습인 스페이드 7을 계속 혼동한다는 것을 알아냈다. 전혀 다른 맥락에서 쓰인 동사 '타다'가 인지 장애를 일으킨 것이다.

나는 에드에게 이 문제를 어떻게 해결하면 좋겠냐고 물었다. "이미지를 다 보려고 할 필요는 없어. 뭘 시각화하든 두드러진 특징에 초점을 맞추면 돼. 여자 친구를 그린다고 해 봐. 여자 친구를 시각화할 수 있는 특징이 많겠지만 미소에만 초점을 두는 거지. 하얀 이하고 입술 모양만 눈여겨보는 거야. 그러면 미소를 실마리로 다른 특징들이 같이 떠오를 거야. 후각을 써야 할 때도 있어. 이미지가 분명치 않은데 비릿한 굴 냄새가 나는 거지. 하지만 이런 경우에도 네 방법을 믿고 냄새만으로 무슨 기억인지 떠올릴 수 있어야 해. 시간에 쫓겨서 정신없이 카드를 넘기다 보면, 시각 이미지는 온데간데없고 감정만 남기도 해. 또 다른 방법은 아예 이미지를 바꾸는 거야. 이미지들이 섞이지 않도록 아주 독특한 이미지를 구상하는 거지." 에드가 말했다.

나는 눈을 감고 랜스 암스트롱이 페달을 힘차게 밟으며 가파른 언덕을 올라가는 모습을 떠올렸다. 특히 햇볕에 따라 파란색과 녹색으로 시시각각 바뀌는 그의 선글라스에 초점을 두었다. 반면에, 기수의 이미지는 솜브레로를 쓰고 조랑말을 타는 난쟁이로 바꿨다. 이렇게 간단한 조정만으로 시간을 2초나 줄일 수 있었다.

내 최근 훈련 결과를 기록한 자료를 보여 주니까 에드가 말했다. "포커 카드로는 좋은 기록이야. 이미지를 자동적으로 그릴 수 있으려면 다섯 시간, 아니, 그보다 더 훈련해야 되거든. 이 기록이면 미국의 스피드 카드 기록은 당장 휴지 조각이 되겠는걸. 기뻐서 눈물이 날 것 같다!"

꾸준한 데이터 분석과 조정으로 훈련을 체계화할 수 있어도 기억 스포츠에서는 잡념 때문에 언제든 집중력이 흐트러질 수 있다고 에드가 경고했다. 기억 방식을 바꾸면 그 전 방식에서 썼던 이미지의 잔상이 대회 도중 떠올라서 다른 이미지들과 혼동을 일으킬 수 있다. 대회 당일에 지력 선수들이 가장 경계하는 것은 하나의 카드와 숫자에서 여러 이미지가 동시에 떠오르는 것이다.

훈련 중에 부딪친 또 다른 문제는 내 카드 이미지들이 너무 빨리 흐릿해진다는 것이었다. 포커 카드 한 벌이나 무작위 숫자 한 줄을 암기하고 나면 앞에 기억한 이미지들부터 차례로 유령처럼 희미해진다. 이 문제를 에드한테 말했다.

"만들어 놓은 이미지라고 해서 그냥 방치하면 안 돼. 계속 발전시켜야 해. 오늘 밤부터 카드 한 벌을 가져다가 카드별 이미지의 특징을 되새겨 봐. 이미지가 어떻게 생겼는지, 어떤 느낌인지, 무슨 냄새가 나고, 맛은 어떻고, 어떤 소리가 나는지, 걸음걸이는 어떻고, 어떤 옷을 입었는지, 태도는 어떻고, 성적 취향은 어떻고, 폭력성은 없는지 다시 꼼꼼히 따져 봐. 그 다음에 각 이미지를 종합적으로 그려 보는 거야. 상상이기는 해도 각 이미지의 물리적·사회적 특징을 느껴 보고, 그것들이 네 집 주변을 돌아다니면서 일상적인 일을 한다고 생각해. 그러면 이미지에 친숙해지니까 일반적인 상황에서도 희미해지는 일은 없을 거야. 포커 카드 한 벌을 암기하려면, 어느 상황에서라도 떠올릴 수 있는 두드러진 특징을 각 이미지에 부여해야 해." 에드의 대답이었다.

마지막 문제는 자극적인 이미지에 관한 것이었다. 라벤나의 피터와 『헤렌니우스에게 바치는 수사학』이 권한 대로 하다 보니 내 PAO 시스템은 미국 남부 일대에서 여전히 위법으로 보는, 그리고 당연히 그래야 하는 노골적 성(性) 이미지들을 담고 있었다. PAO 시스템으로 포커 카드 한 벌을 암기하려면 미리 암기한 이미지들을 뒤섞어 재조합해야 하기 때문에 내키지 않아도 가족을 외설스러운 장면에 끌어들여야 했다. 사실 기억력을 높이는 것이 내게는 정신적 고문이었다. 하트 8을 기억하려고 할머니를 떠올렸는데, 할머니의 외설스러운 행동은 차마 입에 담기 힘들다.

나는 이런 고충을 에드에게 털어놓았다. 그도 같은 고충을 벌써 겪었기 때문에 내가 어떤 생각을 하고 있는지 잘 알고 있었다. "나도 어머니에게 못 할 짓을 많이 했지. 하지만 그렇게라도 하라고 말해 주고 싶어."

에드는 엄격한 코치였다. 그는 내가 훈련을 조금이라도 '열의 없이' 하면 호되게 꾸짖었다. 내가 며칠 동안 훈련 결과를 보내지 않거나 그가 정해 준 대로 하루 30분씩 훈련하지 않으면 이메일을 통해 바로 질책했다.

"아무리 평소에 훈련을 열심히 했어도 대회 당일에 실력을 제대로 발휘하지 못할 수도 있어. 정신 바짝 차리고 훈련해야 해. 네가 완벽한 스포츠 정신이 있고, 실력이 좋아졌다고 해도 정작 대회에서 연습 때만 못한 결과가 나올 수 있다는 생각으로 훈련에 임해야 해!"그가 경고했다.

변명하자면, 에드가 지적한 것처럼 '열의 없이' 훈련에 임한 적은 없다. 나는 오케이 플래토에서 벗어나 실력이 매일 좋아지고 있었다. 암기한 무작위 숫자들이 인쇄된 종이가 책상 서랍에 수북이 쌓여 갔다. 시 암송에 이용한 『노튼 현대 시선』은 암송했다는 표시로 귀퉁이를 접은 쪽이 한둘이 아니었다. 나는 이런 식으로 기록이 계속 좋아지면 메모리 챔피언십에 출전해 선전할 수 있을 거라는 기대를 품기 시작했다.

에드는 이소룡이 한 말을 인용해 이메일로 보내 줬다. "한계란 없다.

정상이 있을 뿐이다. 하지만 거기에 안주해서는 안 된다. 그것을 넘어서려고 노력해야 한다." 나는 이 문구가 마음에 들어서 포스트잇에 옮겨 적고 벽에 붙여 놓았다. 그러다가 아예 외우고 포스트잇을 떼어 찢어 버렸다.

기억 훈련 2

숫자 외우기 – 메이저 시스템

다음 숫자를 외워 보자.

9	1	7	2	9	1	9	1	2	1행
7	7	5	4	3	5	0	3	1	2행
1	3	4	3	7	6	3	7	3	3행
5	2	2	1	2	7	5	9	4	4행
2	1	3	6	7	0	1	1	5	5행
4	8	1	7	6	4	6	0	7	6행
3	7	9	5	8	3	4	4	8	7행
8	6	8	5	9	8	2	5	2	8행
9	9	7	6	1	6	7	8	6	9행
6	4	0	8	2	4	5	6	1	10행
3	3	6	9	2	7	6	3	0	11행
5	0	1	4	3	6	8	7	7	12행
4	1	3	7	4	9	9	8	0	13행
2	4	2	2	5	9	1	1	9	14행
1	2	3	1	0	8	3	3	1	15행

지력 선수들은 숫자를 기억하기 위해 정교한 기억 시스템을 다양하게 사용한다. 가장 기본적인 테크닉 하나는 17세기에 발명된 메이저 시스템이다. 이는 숫자를 음성으로 전환하는 간단한 코드다. 음성은 다시 단어로 전환되고, 단어는 이미지로 전환돼 기억의 궁전에 저장된다. 작동 방식은 다음과 같다.

0	1	2	3	4
S	T 또는 D	N	M	R

5	6	7	8	9
L	Sh 또는 Ch	K 또는 G	F 또는 V	P 또는 B

예를 들어, 숫자 32는 MN, 33은 MM, 34는 MR로 변환할 수 있다. 이 자음들에 의미를 부여하려면 적당한 모음을 끼워 넣는다. 그래서 숫자 32는 'man'(남자)의 이미지로, 33은 'mom'(엄마)으로, 34는 러시아 우주정거장 'Mir'(미르)로 바꿀 수 있다. 비슷하게 숫자 86은 'fish'(물고기)로, 40은 'rose'(장미)로, 92는 'pen'(펜)으로 바꿀 수 있다. 숫자 3219는 'man'(남자)이 'tuba'(튜바, 최저음의 대형 금관악기)를 연주하는 모습이나 캐나다 중남부의 매니토바 주 Manitoba(3219) 사람을 떠올릴 수 있다.

한글의 예

1	2	3	4	5
ㄱ·ㅋ	ㄴ	ㄷ·ㅌ	ㄹ·ㅎ	ㅁ

6	7	8	9	0
ㅂ·ㅍ	ㅅ	ㅇ	ㅈ	ㅊ

마찬가지로, 각 숫자에 대응하는 자음과 자음 사이에 모음을 끼워 넣어 단어로 만들 수 있다. 예를 들어, 54는 ㅁㄹ(말), 72는 ㅅㄴ(산)으로 41은 ㅎㄱ(학교)로 전환할 수 있다. 세 자리 숫자 531은 ㅁㄷㄱ(메뚜기), 195는 ㄱㅈㅁ(가자미), 796은 ㅅㅈㅂ(수제비), 981은 ㅈㅇㄱ(장기)로 전환할 수 있다. 한글의 경우 자음을 받침으로 쓸 수도 있고 모음을 결합하여 독립된 음절로 만들 수도 있다.

— 손주남, 『기적의 암기비법』, 110~123쪽 참조.

숫자 외우기-PAO 시스템

PAO 시스템은, 원주율 10만 자리나 메이저리그 뉴욕 양키스 선수 개개인의 평균 타율같이 긴 숫자를 암기할 때 지력 선수들이 사용하는 방법이다.

PAO(사람-행동-대상'person-action-object') 시스템은 00에서 99까지 모든 두 자리 숫자를 어떤 사람이 어떤 대상에게 어떤 행동을 하는 이미지로 나타낸다. 예를 들어, 숫자 34는 가수 프랭크 시내트라(사람)가 마이크(대상)를 들고 노래하는(행동) 것으로 바꿀 수 있다. 13은 축구 선수 데이비드 베컴(사람)이 공(대상)을 차는(행동) 모습으로 나타낼 수 있다. 숫자 79는 슈퍼맨이 빨간 망토를 입고 하늘을 나는 장면으로 그릴 수 있다. 34-13-79 같은 여섯 자리 숫자는 PAO 시스템을 따라 두 자리씩 끊고 사람-행동-대상으로 묶어서 이미지로 나타내면 된다. 이 경우에는 프랭크 시내트라가 망토를 발로 차는 이미지로 그릴 수 있다. 숫자가 73-34-13이면 슈퍼맨이 공에 대고 노래하는 좀 별난 이미지를 떠올릴 수 있다. 물론 34를 언제나 시내트라와 연결하거나, 13을 베컴과 연결하라는 법은 없다. 메이저 시스템과 달리 PAO 시스템에서 이런 연결은 임의적이기 때문에 미리 이미지를 만들어 놓고 익혀야 한다. 숫자를 기억하려면 관련 이미지부터 기억하고 있어야 한다는 말이다. 이 시스템은 00에서 99만 9,999까지 숫자마다 고유의 이미지를 만들기 때문에 중복되는 이미지가 없어서 쉽게 기억에 남는다.

chapter 9

기억이 없다면 창조도 없다

기억 훈련은 과연
쓸모가 있는가

　　　　　　영국에서 귀국하고 얼마 지나지 않은 어느 날 새벽 6시 45분, 나는 속바지 차림으로 귀덮개와 보안경을 쓰고 지하실에 내려가 접이식 의자를 펴고 앉았다. 무작위 숫자 800개가 인쇄된 종이를 무릎에 놓고 할머니 댁 식탁 위에 대롱 매달려 있는 속옷 입은 정원 요정, 즉 무작위 숫자 52632의 이미지를 떠올렸다. 그 순간 정신이 번쩍 들면서 난생처음으로 '지금 내가 도대체 뭘 하고 있지?' 하는 의문이 들었다. 오케이 플래토를 극복하고 훈련이 잘 되나 싶었는데 뜻하지 않은 생각이 나를 사로잡았다.

　처음 훈련을 시작한 뜻과 달리 나는 언제부터인가 다른 지력 선수들을 의식하고 있었다. 각종 메모리 대회 결과를 제공하는 사이트에서 기억술사별 통계 수치를 참고하면서 경쟁자들의 장단점을 파악했다. 그리고 내 기록과 그들의 기록을 정기적으로 비교했다. 내가 염두에 둔 경쟁 상대는 2005년 전미 메모리 챔피언십 우승자로 버지니아 리치몬드에서 비즈니스 컨설턴트로 일하는 스물다섯 살의 램 콜리가 아니라 텍사스 포트워스에서 미용용품 수입업을 하고 있는 모리스 스톨이었다. 나이는 서른 살이고 독일에서 성장한 그는 짧은 시간 동안 무작위 숫자를 암기해야 하는 스피드 넘버에 능했다. 나는 그를 2005년 전미 메모리 챔피언십에서 만났다. 짧은 머리에 염소수염을 하고 있던 그는 메모리 대회에서 만난 대부분의 독일인처럼 딱딱한 독일식 영어를 했는데 유럽에서 열린 메모리 대회에 참석하려고 대서양을 건넌 얼마 안 되는 미국인 중 한 명이었다. 그는 2004년 세계 메모리 챔피언십에서 15위, 메모리 월드컵에서 7위였다. 당시 그는 스피드 넘버(5분, 144자리)와 스피드 카드(카드 한 벌, 1분 56초)에서 미국 기록을 보유하고 있었다. 그의 약점은 시 암송과 불면증이었다. 그는 시 암송 종목에서 세계 99위였다. 기억술사들이 모두 2005년 전미 메모리 챔피언십 우승자로 그를 꼽았지만 예상과 달리 4위에 그쳤다. 불면증 때문에 대회 전날 세 시간밖에 못 자서 막판에 집중력을 잃었기 때문이다. 올해에도 많은 기억술사들이 그가 잠을 충분히 자고 출전한다면 승리는 그의 것이라고 예상했다. 나는 그를 경쟁자로 생각하고 하루 30분씩 꼬박 훈련했다.

지력 훈련에 매진할수록 나는 지력 선수들의 기억 훈련이 공작의 꼬리처럼 화려하지만 아무짝에도 쓸모없는 짓은 아닌가 하는 의심이 들었다. 이탈리아의 철학자이자 역사가인 파올로 로시가 말한 것처럼 고대의 기억술은 과거의 시대정신을 보여 준다는 측면에서 흥미롭지만 깃펜이나 파피루스처럼 현대 세계에서는 설 자리가 없는 '지적 화석'일 뿐일까?

기억 기법이 인상적이기는 해도 쓸모없다는 비판은 어제오늘의 것이 아니다. "한번 들은 이름이나 단어를 자꾸 되뇌는 것은 공중제비를 하는 사람, 줄타기 곡예사, 무용가 들이 벌이는 재주나 묘기일 뿐이다. 앞의 것은 머리로 하고 뒤의 것은 몸으로 한다는 차이만 있을 뿐이고, 둘 다 비상하기는 해도 의미는 없다." 이렇게 말한 17세기 철학자 프랜시스 베이컨은 기억술을 아주 '무익한' 것으로 보았다.

16세기 예수회 선교사 마테오리치가 중국에 갔을 때 과거 시험을 준비하는 중국 관료들에게 기억술을 소개하려고 했다가 심한 반대에 부닥쳤다. 그는 예수보다 유럽의 학습법을 먼저 전하려고 했다. 중국인들은 장소법이 기계적인 반복 암기보다 수고스러운 일이라며 거절했다. 그들은 자신들의 방식이 더 간단하고 빠르다고 했다. 나는 마테오리치가 중국인에게 전하려고 한 기억법이 어떤 것인지 짐작할 수 있었다.

기억법을 배워
우등생이 된 슬럼가
고등학생들

메모리 대회 참가자들의 면면을 보면, 패러디 음악으로 유명한 미국 팝 가수 '위어드 알' 얀코빅(스페이드 5)의 콘서트에 가는 사람들과 다르지 않다. 대회 참가자들 중 대다수가 젊은 백인 남성이며 묘기 애호가다. 그런데 이들 중 유달리 눈에 띄는 참가자들이 있다. 해마다 열두 명 정도 되는 학생들이 주일 교회에 가는 복장으로 전미 메모리 챔피언십에 참가한다. 그들은 뉴욕 시 사우스브롱스에 있는 새뮤얼 곰퍼스 직업 고등학교 학생이고, 그 학교의 역사 교사인 레이먼 매튜스의 제자다. 매튜스는 바로 토니 부잔의 미국 제자다.

기억술을 지적 허세로 보는 나와 달리 매튜스는 그것을 통해 뭔가 유용하고 의미 있는 것을 이루려고 했다. 그는 전미 메모리 챔피언십에 출전할 제자들에게 기억술을 가르치면서 그들에게 '재능 있는 10퍼센트'라는 인식을 심어 주고 있다. 이것은 소수 아프리카계 미국인 엘리트들이 같은 민족인 흑인들을 빈곤의 나락에서 구해 낼 수 있다고 주장한 미국의 유명한 사회학자 W. E. B. 두보이스의 신념에 바탕을 둔다. 나는 2005년 전미 메모리 챔피언십에서 그를 처음 만났다. 그때 그는 대회장 뒤편에서 제자들의 무작위 단어 점수를 초조하게 기다리고 있었다. 제자 몇 명이 10위권 입상을 노렸는데, 정작 그의 관심은 두 달반 뒤에 그들이 고등학교를 졸업하려면 치러야 하는 뉴욕 주 표준 시험에 쏠려 있었다. 그는 제자들이 전미 메모리 챔피언십에서 쓴 기억술로역사 교과서에 나오는 중요한 사실, 날짜, 개념을 시험 전까지 다 암기하기를 바랐다. 그는 기억법이 '현실'에서 어떻게 활용되는지 직접 와서 보고 확인하라며 나를 수업에 초대했다.

학교가 우범 지역인 슬럼가에 있다 보니 경찰이 설치한 금속 탐지기를 통과하고 소지품 검사를 마친 뒤에야 안으로 들어갈 수 있었다. 매튜스에게 기억술은, 제자들이 학생 열 명 중 아홉 명이 읽기와 수학에서 평균 이하 점수를 받고, 다섯 명 중 네 명이 가난하고, 거의 절반이고등학교를 졸업하지 못하는 슬럼가에서 벗어나 그들의 꿈을 펼칠 수있게 하는 희망 티켓과 같았다. 그의 교실에 들어가 뒷자리에 앉으려고 할 때 그가 제자들에게 물었다. "남이 한 말을 기억했다가 인용할수 있는 사람은 그렇지 못한 사람보다 믿음이 가죠. 아무 근거 없이 자기 의견만 늘어놓는 사람과 위대한 사상가의 말을 인용해 자기주장을뒷받침하는 사람 중 누가 더 인상 깊습니까?"

나는 어떤 학생이 16세기의 세계 무역에 관한 질문에 대답하면서 러시아 출신 영국 소설가 조지프 콘래드가 쓴 『암흑의 핵심』에 나오는 구절을 통째로 외우는 것을 봤다. "우등반 배치 시험을 볼 때쯤이면 이런문구를 줄줄 외우게 될 겁니다." 말쑥한 차림에 염소수염을 하고 머리를 짧게 자른 매튜스가 브롱스 특유의 억양으로 말했다. 그의 제자들은 에세이 시험을 치를 때 암기한 문장 두 개 정도는 꼭 인용해야 하는데, 이것은 그가 제자들에게 기억술을 가르치면서 요구한 수많은 사소한 것 중 하나다. 그의 제자들은 방과 후 집에 가지 않고 학교에 남아 기억술을 따로 배운다.

매튜스는 기억술에 대해 이렇게 말한다. "아이에게 그냥 곱셈을 가르치는 것과 계산기를 주는 것의 차이입니다." 예상대로 지난 4년간 재능 있는 10퍼센트를 거쳐 간 모든 학생이 뉴욕 주 표준 시험을 통과했고, 그중 85퍼센트가 90점 이상을 받았다. 매튜스는 공로를 인정받아 뉴욕 시 올해의 교사 상을 두 번이나 받았다.

재능 있는 10퍼센트에 속하는 학생들은 항상 셔츠에 넥타이 차림으로 등교해야 하고, 학교에 공식 행사라도 있으면 흰색 장갑까지 낀다. 그들의 교실에는 자메이카 출신 흑인 지도자 마커스 가비와 미국의 흑인 인권 운동가 맬컴 엑스의 포스터가 붙어 있다. 그들은 졸업과 동시에 '재능 있는 10퍼센트'라는 금박이 찍힌 가나의 전통 의상 켄테를 받는다. 수업을 시작하기 전에 그들은 자리에서 일어나 항상 3분짜리 선언문을 제창한다. 그 선언문은 이렇게 시작한다. "우리는 우리 공동체의 선택을 받고 태어난 사람들이다. 우리는 역사 시험에서 95점 이하는 받지 않을 것이다. 우리는 우리 민족의 선도자다. 영예롭게 정상에 오르든 옆으로 비켜서든. 우리는 정상에 오르는 날을 위해 서로 밀어주고 당겨 주고 협력할 것이다."

매튜스의 수업을 듣는 학생 43명은 엄격한 검증 절차를 거쳐 재능 있는 10퍼센트로 뽑힌 우수 학생들이다. 그들은 무엇보다 열심히 훈련한다. "우린 방학도 없어요." 매튜스가 가까이 있는데도 한 학생이 불만을 토로했다. "지금 공부해야 나중에 쉴 수 있다. 지금 네가 책을 들고 다녀야 다음에 다른 학생이 네 책을 들고 다닐 수 있어." 매튜스가 그 학생에게 말했다.

교육계의 오래된 논쟁 :
암기는 정말 백해무익한가

　　　　　　　　　　매튜스의 제자들이 거둔 성공은 학교의 역사만큼이나 오래되었으며 영원히 해결될 것 같지 않은 교육의 목적에 대해 의문을 제기한다. 지식이란 무엇일까? 학교가 가르치는 곳이라고 하는 것의 정확한 뜻은 무엇일까? 전통적인 의미에서 기억의 구실이 감소한 지금 교육에서 기억은 어떤 역할을 할까? 기억이 외부화되는 시대에 굳이 아이들에게 이것저것 암기하도록 하면서 귀찮게 하는 이유가 무엇일까?

학창 시절 기억을 떠올려 보니, 선생님들이 중요하니까 꼭 암기하라고 한 글이 세 편이다. 하나는 초등학교 3학년 때 암기한 링컨의 게티스버그 연설, 두 번째는 초등학교 4학년 때 암기한 마틴 루터 킹의 연설 「나는 꿈이 있습니다」, 세 번째는 고등학교 2학년 때 외운 맥베스의 '내일 그리고 내일 그리고 내일'이라는 독백이다. 암기 학습보다 더 근대 교육 이념에 반하는 것은 아마 체벌뿐일 것이다.

루소는 1762년에 쓴 『에밀』을 통해 교실에서 배운 지식이 서서히 기억에서 사라지는 것을 철학적 관점으로 성찰했다. 이 책에서 그는 '자연 교육', 즉 오직 자기 경험을 통해 세상을 알아 가는 아이를 묘사한다. 루소는 주입식 교육을 포함해 모든 제도 교육의 문제점을 혐오했다. "독서는 자라나는 어린이에게 독약이다." 이렇게 쓴 그가 보기에 실속 없기는 마찬가지지만 전통적인 교과과정은 '문장학, 지리, 연대학, 언어' 등 네 가지밖에 없다.

루소가 진짜 반기를 든 교육 이념은 정신을 황폐하게 하는 주입식 교육으로서 많은 수정 보완이 필요했다. 『에밀』이 출간되고 100여 년이 지난 뒤 미국의 교육 개혁가 조지프 마이어 라이스는 도시의 공립학교 서른 곳을 둘러보고 나서 깜짝 놀랐다. 뉴욕 시에 있는 공립학교를 방문한 뒤에는 "내가 지금까지 본 학교 중 가장 비인간적인 곳으로 아이들을 개성, 주관, 영혼은 없이 기억력과 언어 능력만 갖고 태어난 인간으로 취급했다."[1] 하고 성토했다. 20세기에도 아이들에게 정보, 특히 역사와 지리를 암기시키는 주입식 교육은 여전했다. 학생들은 시, 연설문, 연대, 구구단, 라틴어 어휘, 미국 각 주의 주도, 미국 역대 대통령의 이름과 재직 기간 등을 무작정 외워야 했다.

기억 훈련은 교사가 학생에게 지식을 전하는 방편만이 아니었다. 아이들의 뇌에 건설적인 영향을 미쳐 그들의 인생 전반에 이득이 될 것이라고 보았다. 즉 단순 암기가 기억력을 키운다는 것이다. 무엇을 암기하는지가 중요하지만, 기억력이 훈련으로 증진될 수 있다는 사실도 중요했다. 20세기에 접어들어 이와 같은 이유로 미국 고등학교의 절반 가까이가 라틴어 과목을 채택했다. 교육자들은 라틴어를 배우면 그것의 고상한 문법과 어려운 어형 변화 덕에 논리적 사고를 기를 수 있고, 그래서 '정신 수양'[2]에 도움이 된다고 믿었다. 물론 학생들로서는 라틴어를 배우는 것이 고역이었다. 하지만 좌절을 미덕으로 여기던 때다. '능력심리학'으로 알려진 과학 이론이 그들의 주장을 뒷받침했다. 능력심리학은 정신이 특수한 지적 '능력'들로 이루어져 있고, 각 능력은 근육처럼 엄격한 훈련으로 기를 수 있다고 주장했다.

19세기 말 저명한 심리학자들이 '능력심리학'의 경험적 타당성에 의문을 제기하고 나섰다. 1890년에 출간한 『심리학 원리』에서 윌리엄 제임스는 '매일 일정 시간 동안 시를 암송하는 훈련을 하면 다른 시를 암송하는 데 걸리는 시간도 단축되는지' 확인하는 실험을 했다. 그는 8일 동안 매일 두 시간 넘게 프랑스 시인 빅토르 위고의 시 「사티로스」를 암송했는데, 한 행을 외우는 데 평균 50초가 걸렸다. 이 시간을 기준으로 그는 『실낙원』을 통째로 암기했다. 그리고 다시 위고의 시로 돌아와 「사티로스」를 암송했는데 한 행당 57초가 걸렸다. 며칠 동안 기억 훈련을 했지만 시간은 단축되지 않고 오히려 늘어났다. 이것만으로 속단할 수는 없다.

하지만 미국의 비교심리학자 에드워드 손다이크와 동료 심리학자 로버트 S. 우드워스가 수행한 후속 연구도 '일반적인 기억력'이 훈련의 영향을 받는다는 주장이 타당하지 않다는 것을 보여 주었다. 그들은 기억 훈련이 '정신 수양'에 도움이 된다는 말은 '미신'에 불과하고, 암기력 같은 일반적인 능력은 한때 널리 인식된 것과 달리 전수할 수 있는 것이 아니라고 결론지었다. 미국의 신자유주의 교육사상가인 다이안 래비치는 '교육자들은 손다이크의 실험이 전통적인 교과과정의 정당성을 통째로 뒤흔들었다는 것을 재빨리 눈치챘다'고 썼다.

미국의 교육철학자 존 듀이를 필두로 진보적 교육자들이 그 자리를 치고 들어갔다. 잘 알려진 것처럼 듀이는 과거의 옹졸한 교과과정과 교육 방식에서 철저히 벗어난 새로운 교육 이념을 추구했다. 그는 루소의 이상적 교육 이념을 좇아 새로운 '아동 중심' 교육론을 주창했다. 무엇보다 주입식 교육을 비판하면서 '체험 학습'을 강조했다. 학생들은 교재에 나온 식물의 해부학적 구조를 암기하는 대신 직접 씨앗을 뿌리고 정원을 가꾸면서 생물학을 공부할 수 있다. 구구단을 외우는 대신 빵을 조리하며 산수를 공부할 수 있다. "나는 아이들이 '알아요'가 아니라 '해 봤어요'라고 말하는 소리를 듣고 싶다." 듀이의 말이다.

기억으로서는 지난 세기가 수난의 시대였다. 진보적 교육 개혁 운동은 암기를 억압적이고 무익한 것으로 보고 불신했다. 암기는 시간 낭비인 데다 뇌 발달에 몹시 해롭다는 것이었다. 이제 학교들은 아동의 발달 단계를 고려하지 않아 대부분 기억에서 사라지는 주입식 날지식을 버리고 그 대신 추론 능력, 창조성, 독립적 사고를 기르는 것이 자신들이 할 일이라고 보았다.

하지만 큰 실수를 하는 것은 아닐까? 미국의 교육자이자 문학비평가인 E. D. 허쉬 주니어는 1987년에 쓴 평론에서 지금의 교육제도를 이렇게 비판했다. "과거에 거의 모든 식자가 알던 것을 지금의 젊은이들이 안다고 말할 수 없다." 그는 요즘 학생들이 좋은 시민이 되는 데 필요한 기본적인 소양도 익히지 못하고 사회에 진출하는 상황에서는 교육 일선에서 엄연한 객관적 사실을 다시 강조하는 교육 역개혁이 필요하다고 역설한다. 나이가 17세인 미국 학생들 중 3분의 2가 남북전쟁이 언제 일어났는지도 모르는 채 평생을 살아간다는 사실을 어떻게 받아들여야 할까?

1988년에 출간된 그의 첫 책『문화적 소양 : 모든 미국인이 알아야 하는 것』은 엄청난 사회적 반향을 불러일으켰다. 물론 그를 비판하는 사람들은 그가 지지하는 교과과정이 죽은 백인 남성 101명(서구 교과과정에 나오는 중요 인물이 거의 백인 남성이라는 점에서 인종주의 및 남성우월주의를 뜻한다.─옮긴이)이라고 지적한다. 하지만 이런 비판을 다시 정면으로 반박할 적임자가 있다면 단연 매튜스일 것이다. 그는 서구의 교과과정이 아무리 유럽 중심적이라고 해도 사실의 중요성이 사라지지는 않는다고 주장한다. 교육의 여러 목적 중 하나가 호기심 많고 박학다식한 사람을 길러 내는 것이라면, 학생들에게 평생 학습의 길잡이가 될 가장 기본적인 이정표만 알려 주면 된다. 그리고 12세기 프랑스 신학자 성 빅토르 위그가 주장한 것처럼 '교육의 유용성이 오직 암기에 달려 있다'면, 학생들에게 배운 것을 암기할 때 써먹도록 좋은 방법을 가르쳐 줄 수도 있다.

"저는 교육상 나쁜 단어라고 생각해서 수업 중에 '암기'라는 단어는 쓰지 않습니다. 아이들에게 어떤 것을 암기하라고 강요할 수는 있지만, 교육은 정보를 스스로 입력하고 분석하는 능력입니다. 하지만 정보를 미리 입력하지 않고는 수준 높은 교육, 즉 정보 분석을 할 수 없습니다." 매튜스가 말했다. 그의 말대로 정보를 입력하지 않고 정보를 찾는다는 것은 어불성설이다. 매튜스는 '학습'과 '암기'를 구분하는 것은 잘못이라고 한다. 암기 없이는 학습도 없고, 어법에 맞는지는 몰라도 학습 없이는 기억도 없다.

"몸의 건강과 행복을 위해 유연성, 힘, 체력을 기르는 법을 배우듯이 기억도 학습해야 하는 능력입니다. 학생들은 학습 방법을 배워야 합니다. 학습하는 방법을 먼저 가르친 다음에 학습 내용을 가르쳐야 합니다." 사실 부잔의 이런 주장은 낡은 능력심리학의 주장과 크게 다르지 않다.

한 발 더 나아가 그는 말한다. "형식적인 교육 방식은 군대에서 나왔습니다. 교육을 거의 받지 못했거나 교육 기회를 박탈당한 사람들이 군대에 갔죠. 군대는 그들이 다른 생각은 전혀 못 하도록 명령에 절대 복종하는 훈련만 시켰습니다. 군사훈련은 아주 조직적이고 단선적입니다. 그들의 뇌에 일방적으로 정보를 주입하고 조건반사적으로 반응하도록 만들었습니다. 그런데 이런 것이 제대로 작동했을까요? 놀랍게도 그랬습니다. 군인들이 좋아했을까요? 당연히 좋아하지 않았습니다. 산업혁명으로 군인들도 기계를 다뤄야 했습니다. 그 뒤 군대식 교육이 학교에 도입됐습니다. 효과가 대단했습니다. 하지만 무의미해진지 오래죠."

부잔이 기억술에 대해서는 물론이고 학습에 대해 이렇게 발언하는 데는 숨은 의도도 있다. 기계적인 반복 학습, 즉 교육 개혁가들이 지난 세기에 비판한 '주입식' 교육이 낡은 학습 방법이기는 하지만, 한때 교육의 중심에 있던 기억술이 진보적 학교 교육의 등장 때문에 자취를 감추었다는 것이 그가 정말로 하려는 말이다.

학교가 암기에 대해 아주 그릇된 인식을 심고 있다는 부잔의 주장은 학생의 창의성과 자율성을 중시하는 지금의 교육 이념에 대한 중대한 도전으로서 얼핏 혁명적으로 들리기도 한다. 물론 이렇게 말하면 부잔이 펄쩍 뛰겠지만 솔직히 교육에 대한 그의 태도는 혁명적이라기보다는 철저히 보수적이다. 그의 목표는 좋은 기억이 융숭한 대접을 받은 과거로 시간을 되돌릴 수 있다면 그렇게 하는 것이기 때문이다.

토니 부잔과의
인터뷰

　　　　　　토니 부잔과 인터뷰하기 위해 시간을 잡는 일은 쉽지 않다. 그는 1년 열두 달 중 아홉 달을 나라 안팎으로 순회강연을 하러 다니고, 지금까지 비행기로 돌아다닌 거리만 해도 달을 여덟 번이나 왕복한 거리와 맞먹는다. 더구나 그는 자존심 강한 구루의 필수 덕목이라고 할 수 있는 기운, 즉 가까이 하기 어려운 묘한 기운이 있다. 마침 세계 메모리 챔피언십에서 만나 두 시간 정도 인터뷰할 시간을 줄 수 있는지 물었다. 그는 커다란 고리로 묶인 자료를 펴더니 길이가 1미터 가까이 되는 컬러 차트를 펼쳐 보였다. 지난해와 올해 달력이 같이 붙어 있는 일정표에는 스페인, 중국, 멕시코(3회), 오스트레일리아, 미국 등 해외 순회강연 일정이 빼곡히 잡혀 있었다. 이렇게 해외로 강연하러 다니니까 그가 영국에 체류하는 기간은 1년 중 3개월 정도밖에 되지 않았다. 그는 적어도 앞으로 3, 4주 동안은 따로 인터뷰할 시간을 낼 수 없을 것 같다고 했다. 3, 4주 뒤면 내가 벌써 미국으로 돌아갔을 때다. 그는 자기가 없어도 옥스퍼드로 오는 도중 템스 강가에 있는 자기 집에 들러 사진을 찍어 가라고 했다.

　나는 아무도 없는 집에 가서 뭘 알아낼 수 있을지 모르겠다고 대답했다.

　"아마 많은 걸 알아낼 수 있을 겁니다." 그의 대답이었다.

　다행히 그의 비서를 통해 텔레비전 인터뷰가 잡혀 있는 런던의 BBC 스튜디오에서 집으로 돌아가는 길에 그의 리무진에서 한 시간 동안 인터뷰할 기회를 잡았다. 그는 런던의 중앙 관청가인 화이트홀 근처에서 기다리고 있으라고 했다. "부잔 씨의 차를 쉽게 알아볼 수 있을 겁니다."

예정보다 30분 늦게 나타나기는 했지만, 비서의 말대로 그의 차를 쉽게 알아볼 수 있었다. 1930년대에 유행한 택시가 떠오르는 아이보리색 승용차로 BBC 세트에서 막 몰고 나온 골동품 같았다. 문이 열리더니 부잔이 타라고 손짓했다. "아담하고 아름다운 제 이동 휴게실에 온 걸 환영합니다."

나는 그의 독특한 복장에 대한 이야기로 말문을 열었다.

"제가 직접 디자인했습니다." 그가 말했다. 그는 몇 달 전 전미 메모리 챔피언십에서 본 커다란 금 단추가 달린 짙은 감색의 특이한 옷을 그대로 입고 있었다. "전에는 기성복을 입고 강연하러 다녔는데, 옷이 팔을 잡아당겨서 움직이기가 너무 불편했습니다. 그래서 15, 16, 17, 18, 19세기 검투사들을 연구해 그들의 팔이 자유자재로 움직일 수 있었던 비결을 찾아냈지요. 알고 보니까 그들이 입은 옷에 있는 주름과 큰 소매가 장식용이 아니었어요. 검을 자유자재로 찌르고 피하기 위한 것으로 다 쓰임새가 있었습니다. 저도 몸을 편히 움직이기 위해 셔츠를 따로 디자인합니다." 부잔이 말했다.

부잔은 인상이 정말 강하다. 그냥 강한 게 아니라 범상치 않은 기운까지 느껴진다. 그는 말을 흐리거나 에둘러 표현하지 않는다. 손톱은 그가 신고 있는 이탈리아제 가죽 구두만큼이나 깔끔하게 손질되어 있고, 가슴 주머니에는 항상 장식용 손수건이 반듯하게 꽂혀 있다. 그리고 편지에는 "뇌세포가 번성하기를!"이라는 문구를 넣고, 전화 메시지는 "토니 부잔, 이상 끝!" 하고 맺는다.

부잔에게 자신감의 원천이 무엇인지 물었더니 무술 수련을 오래 한 덕분인 것 같다고 했다. 그는 합기도 유단자고 가라테 실력도 합기도 못지 게 수준급이다. 차 안이라 공간이 좁았는데도 부잔은 치기와 지르기 등 손으로 하는 무술 동작들을 보여 줬다. 그리고 이렇게 말했다. "저한테 무술은, 쓰지 않으면서 쓰는 기술입니다. 다른 사람을 죽일 수 있고 눈알을 빼낼 수 있고 혀를 잡아챌 수 있다는 것을 아는데, 굳이 왜 싸우겠습니까?"

대화를 나눌수록 부잔은 현대적 의미의 르네상스 시대 사람 같았다. 그는 '볼룸댄스, 모던댄스, 랜덤댄스, 재즈댄스'를 추는 춤꾼이자 '필립 글래스, 베토벤, 엘가'의 영향을 받은 작곡가이자 『정글북』에 나오는 소년의 이름에서 따온 모글리라는 필명으로 동물을 소재로 한 단편소설을 쓰는 작가이자 대서양을 건너는 콩코드 안에서 쓴 시들을 모아서 최근 『콩코디아』라는 시집을 펴낸 시인이자 자기 옷과 집과 가구까지 디자인하는 디자이너다.

우리는 런던에서 출발한 지 45분쯤 되었을 때 템스 강가에 있는 그의 저택에 도착했다. 그가 그곳 지명을 안 적느냐고 물었다. "그냥 버드나무를 흔드는 바람의 영지라고 하세요."

우리는 현관에서 신을 벗고 까치걸음으로 그의 집에 들어갔다. 거실 바닥에 그림이 많이 펼쳐져 있었는데, 그중에는 그가 작업 중이던 '학교 성적은 좋지 않지만 상상력이 풍부한 소년에 대한' 이야기를 담은 동화책에 넣을 그림도 있었다. 거실 한쪽 벽에는 적어도 100여 개는 될 비디오테이프와 대형 텔레비전이 있었고, 현관홀 쪽에 있는 서가에는 『브리태니커백과사전』, 공상과학소설 『듄』 몇 권, 회교 성전 『코란』 세

권, 부잔이 쓴 수많은 책들이 꽂혀 있었다.

"이곳이 서재인가요?" 내가 물었다.

"저는 여기에서 1년 열두 달 중 석 달만 보냅니다. 세계 각지에 서재가 있습니다." 그가 대답했다.

부잔은 여행을 즐긴다는 점에서 세계인이다. 그렇게 바쁜데도 1년에 책을 두세 권 쓸 수 있을 만큼 집중할 공간이 있는지 물었더니, 거의 모든 대륙에서 조용히 작업할 수 있는 장소를 물색해 두었다고 했다. "오스트레일리아에서는 그레이트배리어리프에 가서 씁니다. 유럽은 바다 근처라면 어디든 상관없고요. 멕시코에서도 글을 씁니다. 중국에 가면 항저우 서호에서 작업합니다." 부잔은 어렸을 때부터 여행을 했다. 1942년 런던에서 태어났지만 열한 살 때 가족과 캐나다 밴쿠버로 갔다. 어머니는 법정 속기사, 아버지는 전기 기술자였다. 그는 자신이 '학교에서나 집에서나 그냥 평범한 아이'였다고 말한다.

큼지막한 노안 보호용 선글라스를 쓰고 입고 있던 분홍색 셔츠 단추는 풀어 헤친 채 스페인식으로 꾸민 집의 안뜰에 앉아 있던 부잔이 어린 시절을 떠올리며 말했다. "어렸을 때 배리라는 친구와 친했습니다. 그 애는 항상 1-D반이었고, 저는 1-A반이었습니다. 1-A반은 우등생 반이고, 1-D는 열등생 반이었죠. 하지만 학교가 끝나고 나서 함께 들로 숲으로 놀러 나가면 배리는 곤충이면 곤충, 동물이면 동물, 어느 것이든 이름을 척척 댔습니다. 특히 그 애는 곤충이나 새가 나는 모습만 보고도 그게 큰멋쟁이나비인지 개똥지빠귀인지 그냥 지빠귀인지 구분할 수 있었습니다. 얼핏 보면 비슷해서 구분하기가 쉽지 않거든요. 그래서 속으로 생각했죠. 이 애는 천재다. 저는 시험지에 '우리나라 하천에 사는 물고기 이름 두 개를 쓰시오.' 같은 문제가 나오면 곧잘 맞혔습니다. 현재 우리나라에는 토종 물고기 103종이 살고 있습니다. 만점짜리 답안지를 받았을 때 문득 열등반에 앉아 있는 친구 배리가 생각났습니다. 그 애는 제가 최고라고 생각한 과목에서 저보다 훨씬 더 많은 것을 알고 있었습니다. 사실 제가 아니라 그 애가 최고였죠."

그리고 이렇게 말했다. "문득 이런 생각이 들었습니다. 내가 받고 있는 학교 교육이라는 것이 지능이 뭔지도 모르고, 똑똑한 것과 그렇지 않은 것을 구별하는 법도 모른다는 생각이요. 친구들은 저를 최고라고 불렀지만 저는 제가 아니라는 것을 알고 있었습니다. 친구들은 그를 바보라고 불렀지만, 사실 그는 최고였습니다. 이렇게 극단적으로 갈라지는 평가도 없을 겁니다. 그래서 의문을 가졌습니다. 지능이 뭔가? 누가 당신을 똑똑하다고 말하고, 누가 당신을 똑똑하지 않다고 말하는가? 똑똑하다는 것은 뭔가?" 부잔의 이야기로는 이런 의문들이 대학교까지 그를 따라다녔다.

부잔이 지금의 길을 걷게 된 계기, 그러니까 그가 처음으로 기억술을 접한 것은 브리티시컬럼비아대학교에 입학한 해의 첫 수업을 시작한 지 5분 만이었다고 한다. '키는 작지만 체구가 레슬링 선수같이 단단하고 붉은 머리카락이 몇 가닥 남아 있지 않던 대머리'의 까다로운 영문학 교수가 강의실에 들어와 뒷짐을 지고 출석을 불렀다. "결석한 학생이 있으면, 그가 엄포용으로 그 학생의 부모 이름은 물론이고 생년월일·전화번호·주소까지 줄줄 내뱉었습니다. 그리고 출석 부르는 걸 끝내자마자 학생들을 몰아붙이듯 날카로운 눈빛으로 째려봤습니다. 이게 제가 기억술에 빠지게 된 계기입니다." 부잔이 말했다.

수업이 끝나고 부잔이 그 교수를 따라갔다. "제가 '교수님, 어떻게 그렇게 하실 수 있습니까?' 하고 물었습니다. 그가 돌아보며 말하더군요. '난 천재라네.' 그래서 내가 말했죠. '예, 천재십니다. 하지만 그래도 어떻게 그렇게 하실 수 있는지 알고 싶습니다.' 그런데 그냥 딱 잘라 '안 돼!' 하더군요. 그 뒤 석 달 동안 영문학 수업을 들을 때마다 저는 그를 시험했습니다. 저는 그가 비밀의 성배를 가지고 있으면서 공개하지 않으려고 한다고 생각했습니다. 그는 제자들을 경멸했습니다. 우리를 가르치는 게 시간 낭비라고 생각한 거죠. 그러던 어느 날 그가 말했습니다. '나와 너희들 사이에 이렇게 구질구질한 관계가 형성되던 날 내가 너희한테 인간의 놀라운 기억력을 선보였지만, 너희 중 눈치챈 사람이 한 명도 없다. 그래서 오늘 이 놀라운 능력을 얻으려고 이용한 암호를 칠판에 적어 주겠다. 하지만 너희 중 아무도 이게 얼마나 귀중한 정보인지 깨닫지 못할 거다.' 그가 저를 쳐다보면서 윙크하더니 칠판에 암호를 적었습니다. 그게 바로 메이저 시스템이었습니다. 그 순간 그것으로 모든 것을 암기할 수 있다는 사실을 깨달았지요."

그날 부잔은 뭔가에 홀린 기분으로 강의실을 빠져나왔다. 그는 자신의 복잡한 뇌 기관이 어떻게 작동하는지 가장 기본적인 것조차 모른다는 사실을 처음으로 깨달았다. 그런데 이상한 점이 있었다. 간단한 기억법으로 한 사람이 기억할 수 있는 정보의 양이 획기적으로 늘어날 수 있는데도 스무 살이 될 때까지 그런 요령을 가르쳐 준 사람이 없었다면, 그가 모르는 어떤 것이 있지 않을까?

"제가 도서관에 가서 '뇌를 활용하는 방법을 다룬 책'을 찾는다고 말했습니다. 사서가 의학 코너로 가 보라고 하더군요. 그곳에 갔다가 돌아가서 말했습니다. '뇌 수술 방법을 다룬 책을 찾는 게 아니라, 뇌를 활용하는 방법을 다룬 책을 찾습니다. 조금 다릅니다.' 그녀가 '그런 책은 없어요.' 하더군요. 속으로 생각했습니다. '자동차·라디오·텔레비전을 조작하는 방법을 다룬 책은 많은데, 인간의 뇌를 활용하는 방법을 다룬 책들이 없다고?'" 부잔은 영문학 교수가 보인 놀라운 기억력의 비밀을 밝혀 줄 실마리를 찾으려고 고대사 코너에 꽂혀 있는 책들을 일일이 펼쳐 봤다. 그렇게 하면 기억력 향상에 대한 인류 최초의 흔적을 부분적으로나마 볼 수 있을 거라고 영문학 교수가 귀띔해 줬기 때문이다. 그는 고대 그리스와 로마의 기억술에 관한 책을 찾아 읽기 시작했고, 남는 시간에는 직접 기억술을 연습했다. 얼마 지나지 않아 그는 『헤렌니우스에게 바치는 수사학』에 쓰인 대로 이미지와 기억의 궁전을 시험공부에 활용했다. 대학 전 과정에 걸쳐 필기한 것을 모조리 암기하는 데도 활용했다.

부잔은 대학을 졸업한 뒤 캐나다에서 여러 일을 했다. 처음에는 그가 이력서에 '삽질'이라고 써야 하는 줄 알았다는 농사를 지었고, 건설 현장 일도 했다. 영국 역사가 프랜시스 예이츠가 처음으로 기억술의 역사를 깊이 있게 탐구한 『기억술』을 출간한 1966년에 그는 런던으로 가서 자칭 천재들의 모임인 멘사가 발행하는 저널 『인텔리전스』의 편집을 맡았다. 부잔은 대학생 때 멘사 회원이 됐다. 그리고 비슷한 시기에 이스트런던 시내의 저소득층 학생들이 주로 다니는 학교들에서 시가 고용한 대체 교사로 일했다. "저는 머리 좋은 거 하나로 선생님이 된 경우였습니다. 정교사가 말썽 많은 학생들 때문에 지쳐서 나가떨어지면 제가 대타로 수업에 들어갔습니다." 부잔이 말했다.

대체 교사인 그가 맡은 수업이 많지는 않았다. 기껏해야 며칠 정도였고, 그에게 우호적인 교사들도 그에게 별 기대가 없었다. 부잔은 어려움에 처한 학생들을 돕고, 그들에게 조금이라도 자신감을 심어 주기 위해 대학생 때 익힌 낡은 기억술에 눈을 돌렸다. "저는 대타로 들어가는 학급마다 학생들에게 자기 자신이 정말 멍청이라고 생각하는지 물었습니다. 당시 많은 학생들이 스스로 멍청이라고 하는 걸 봤기 때문이죠. 그런데 놀랍게도 그들이 진짜 자기가 멍청이라고 믿었다는 겁니다. 그들은 자신들이 무능하다는 생각에 사로잡혀 있었어요. 그래서 말했죠. '좋아, 너희들이 정말 멍청이인지 아닌지 한번 확인해 보자!' 그리고 그들의 기억력을 시험했습니다. 물론 결과는 형편없었습니다. 그래서 또 말했죠. '너희들 정말 멍청하다!' 그러고 나서 그들에게 기억술 하나를 가르쳤습니다. 그리고 다시 시험했죠. 스무 문제였는데 모든 학생이 하나같이 다 맞혔습니다. 그때 제가 말했습니다. '너희는 스스로 멍청하다고 말했고, 멍청하다는 것도 입증했다. 그런데도 너희는 이 시험에서 만점을 받았다.' 그리고 물었습니다. '그럼 이건 뭘 뜻하는 거냐?' 시험에서 만점이라고는 한 번도 받아 본 적이 없는 학생들에게 그건 정말 놀라운 결과였습니다."

마인드맵의 탄생 : 기억이 없다면 창조도 없다

기억술을 연습하고 그것을 가르칠 기회를 가지면서 부잔은 낡은 기억술을 새롭게 발전시켜 나갔다. 특히 그것을 필기에 접목했다. 그리고 몇 년 뒤 『헤렌니우스에게 바치는 수사학』을 토대로 아주 새로운 필기 방식을 개발했다.

"저는 필기의 시작이자 끝이라고 할 수 있는 본질에 접근하려고 했습니다. 그 결과 부호와 상징, 이미지와 화살, 밑줄과 색깔을 찾았습니다." 부잔이 말했다. 그는 자신의 새로운 방식을 마인드매핑이라고 했고, 나중에는 상표로 등록했다. 나무가 가지를 뻗듯 핵심 요점에서 부차적인 것으로 선을 그어 가며 누구든 쉽게 마인드맵을 그릴 수 있다. 다양한 아이디어를 몇 가지 단어로 압축해 가능한 한 이미지로 전환한다. 여기까지는 일종의 개요도고 이제부터 본격적인 마인드 이 펼쳐진다. 형형색색의 무지개, 가시덤불 같은 거미줄 연상, 신경의 가시돌기 등 여러 형태를 띠면서 방사상으로 퍼져 나간다. 다채로운 이미지가 순서대로 정렬되어 있기 때문에 마인드맵은 기억의 궁전을 종이에 그대로 옮겨 놓은 것과 같은 기능을 한다.

"우리는 기억의 기능을 잘못 이해한 상태에서 그것이 철저히 기계적으로 작동한다고 생각했습니다. 즉 뇌가 온갖 사실로 꽉 찰 때까지 기억을 주입한 것이죠. 기억이 기본적으로 상상에 바탕을 둔다는 것을 알지 못했던 겁니다. 사실, 학습, 기억, 창조성은 초점만 다를 뿐 기본적으로 같은 과정입니다. 기억술과 기억의 과학은 아무 연관이 없는 아이디어를 이어 줄 수 있는 이미지를 신속하게 창조하는 능력을 키우는 겁니다. 즉 창조성이란, 공통점이 전혀 없는 이미지를 서로 연결하고 새롭게 창조해 미래에 투사하는 능력이죠. 시, 건축물, 춤, 소설이 그런 겁니다. 창조성은 어떤 의미에서 미래 기억입니다." 부잔이 말한다. 창조성의 본질이 공통점이 없는 사실과 생각을 연관 짓는 것이라면, 이런 연관을 만드는 능력이 뛰어날수록, 알고 있는 사실과 생각이 많을수록,

더 새롭고 창조적인 아이디어를 낼 수 있을 것이다. 부잔이 자주 언급하는 것처럼 기억의 여신 므네모시네는 창작의 여신 뮤즈의 엄마다.

기억과 창조성이 동전의 양면이라는 생각은 잘 이해되지 않는다. 기억과 창조성은 보완적인 것이 아니라 정반대의 과정으로 보이기 때문이다. 하지만 이 둘이 하나이자 같은 것이라는 생각은 아주 오래되었고 한때 당연시되기도 했다. 현대 영어에서 목록을 뜻하는 인벤토리inventory와 발명을 뜻하는 인벤션invention은 라틴어 어근 인벤티오inventio에서 비롯한 것으로 어원이 같다.[3] 사실 기억술을 훈련한 사람에게 목록과 발명은 다른 것이 아니었다. 발명은 목록 작성 과정에서 나온 결과다. 낡은 생각을 참고하지 않고 새로운 생각이 나올 수 있을까? 발명을 하려면 먼저 적절한 목록, 즉 언제든 참고할 수 있는 생각은행이 필요했다. 목록이라고 해서 단순한 목록이 아니다. 알맞은 찾아보기를 만드는 작업은 꼭 필요했다. 필요한 때면 언제든 적절한 정보를 찾을 수 있는 방법이 절실했다.

따라서 기억술만큼 유용한 것이 없었다. 기억술은 기록의 도구였을 뿐만 아니라 발명과 작곡의 도구였다. 더럼대학교 고등학술연구소 메리 캐루더스 교수는 '작문이 잘 조직화되어 있고 안전하게 이용할 수 있는 기억에 의존한다는 생각이 고대 수사학 교육의 기초였다'고 썼다. 뇌는 서류를 보관하는 캐비닛처럼 구획되어 중요한 사실, 문구, 아이디어를 기억 공간에 순서대로 정리해 놓기 때문에 사라질 염려도 없고 언제든 필요할 때마다 그것들을 결합할 능력이 있다고 생각됐다. 기억 훈련의 목표는 한 화제에서 다른 화제로 바로 가고, 낡은 생각을 이용해 새로운 연관을 창조하는 능력을 기르는 것이었다. "기억은 기술로서 중세에 작문과 가장 밀접한 관계에 있었다. 기억술은 아는 것을 보존하는 것이 아니었다. 기억술을 훈련한 사람들은 그것을 새로운 것, 즉 기도문·묵상·설교·회화·성가·이야기·시 등에 활용했다." 캐루더스의 말이다.

1973년에 BBC의 교육부장이 부잔의 마인드매핑과 기억술에 관심을 갖고 만났다. 이 자리에서 두 사람은 '두뇌 사용법'이라는 제목으로 텔레비전 시리즈 열 편을 제작해 방영하고, 같은 제목으로 책을 펴내는 데 합의했다. 이를 계기로 영국에서 유명 인사로 발돋움한 부잔은 자신의 기억술이 엄청난 수익 사업이 될 것이라고 직감했다. 고대와 중세의 기억술 책을 차용한 것이 많기는 해도, 그는 자신의 아이디어를 포장해서 자기계발서로 출간했다. 지금까지 그는『완벽한 기억 사용법』,『뇌를 최대한 활용하라』,『양쪽 뇌 사용법』,『기억 활용법』,『당신의 기억에 정통하라』등 120여 권이나 되는 책을 썼다. 어찌하다 보니 부잔의 운전사와 단둘이 있게 됐다. 내가 그에게 부잔의 책에 대해 어떻게 생각하는지 물었다. 그는 솔직하게 '그 나물에 그 밥'이라고 했다.

본인도 인정하듯이 부잔은 마케팅의 천재다. 그는 세계 도처에 부잔센터를 설립해 자신의 기억력 향상 기법, 속독법, 마인드매핑을 가르칠 지도자를 양성하고 면허를 발급한다. 현재 그의 면허를 받고 활동하는 지도자들이 60개국 300명을 넘는다. 그리고 전 세계에서 교사 1,000여 명이 부잔이 인정한 기억 시스템을 정식으로 가르치고 있다. 부잔은 죽기 전까지 저술, 테이프, 텔레비전 프로그램, 교육 프로그램, 두뇌 게임, 강연 등 부잔 상품의 총 매출이 3억 달러를 넘을 것으로 본다.

기억 훈련이 여전히
필요하고 중요한 이유

경쟁심이 강한 기억술사들의 세계는 현재 두 진영으로 나뉘어 있다. 한쪽은 토니 부잔이 재림한 예수 그리스도라고 생각하며 떠받들고, 다른 한쪽은 그를 뇌에 대해 증명도 안 된 비과학적 아이디어를 팔아 돈이나 버는 보따리장수 정도로 치부한다. 그들은 부잔이 겉으로는 '글로벌 교육 혁명' 운운하지만 실제로는 자신의 방법을 현장에서 실천하기보다는 글로벌 상업 제국을 만드는 데 혈안이 되어 있다고 지적한다. 내가 경험한 바로는 틀린 지적이 아니다.

에드처럼 기억술을 진지하게 받아들이고 그것을 현대 교육에 다시 도입할 여지가 아직도 있다는 부잔의 메시지를 따르는 사람들이 특히 경계하는 것은, 그가 기억술을 상업적으로 이용해 오히려 기억술이 부정적으로 인식될 수 있다는 점이다.

부잔은 기억 훈련이 아주 혁명적일 수 있다느니, 자기가 '수백만 명의 인생을 바꿔 놓았다'느니 하는 과장과 사이비 과학적 주장으로 비판을 자초했다. 일각에서는 그가 '어린아이들은 모든 생각 도구의 98퍼센트를 쓴다. 열두 살 정도 되면 75퍼센트를 쓴다. 10대 중반부터 50퍼센트로 떨어지고, 대학에 들어가면 채 25퍼센트도 되지 않는다. 그리고 대학을 졸업해 사회에 진출하면 15퍼센트 이하로 떨어진다'는 등 근거 없는 소리나 지껄이는 사람이라고 본다.

그래도 부잔이 뇌에 대해 터무니없는 소리나 지껄이면서 세계를 누빌 뿐만 아니라 그를 신봉하고 찬미하는 사람들이 있다는 것은 그만큼 뇌 과학 분야가 미개척 분야이고 경쟁이 치열하다는 것, 많은 사람들이

자신의 기억력이 훈련을 통해 향상될 수 있다고 믿는다는 것을 반증한
다. 한 가지 분명한 진실은, 부잔이 대학생 때 도서관에서 찾아 헤맸다
는 뇌 활용법에 관한 책은 아직 세상에 나오지 않았다는 것이다.

부잔이 마인드매핑을 선전하려고 과장과 사이비 과학적 방법을 동
원했지만, 그의 방식이 나름대로 효과가 있다는 것을 보여 주는 과학
적 증거가 있다. 런던대학 연구원들이 학생들에게 600단어 정도 되는
읽을거리를 준 뒤 절반에게는 마인드맵으로 필기하는 방법을 가르치
고, 나머지에게는 일반적인 필기 방법을 가르쳤다. 1주일 뒤에 시험한
결과 마인드맵을 이용한 학생들이 기존 필기 방법을 이용한 학생들보
다 10퍼센트 더 많이 기억하고 있었다. 큰 차이는 아니지만 간단히 무
시하고 넘길 수치도 아니다.

내가 마인드매핑을 직접 해 보고 느낀 점은 마인드매핑을 만드는 방
법이나 규칙을 충분히 알고 있어야 최고의 효과를 낼 수 있다는 것이
다. 일반적인 필기와 달리 마인드맵은 저절로 되지 않는다. 나는 마인
드매핑이 아이디어를 떠올리고 조직화하는 데는 상당히 효과적인 방
법이지만 부잔이 주장하는 대로 '궁극의 지력 도구'나 '혁명적 방법'이
라고 할 수 있는가에 대해서는 다소 회의적이다.

부잔의 제자인 레이먼 매튜스는 마인드맵이나 기억 훈련의 효과에
대해 전혀 의심하지 않았다. 매해 말에 그의 제자들은 역사 교과서를
통째로 마인드맵으로 옮겨 적는다. 또 해마다 한 번씩 여는 과학 작품
전시회인 사이언스 페어에 쓰는 세 면짜리 판에 각 단어와 이미지를 화
살표로 연결해 마인드맵을 만든다. "AP시험(대학에 입학하기 전에 대학 과
정의 수업을 이수하고 치르는 시험으로, 그 성적을 입학할 대학에 제출해 수학 능력

을 예측하게 한다.—옮긴이)에서 1차 세계대전의 원인이 무엇인지 묻는 문제가 나오면, 학생들은 머릿속에 그려 넣은 마인드맵을 더듬어 가며 정답을 찾아낼 겁니다." 매튜스가 말했다. 아마 그들의 마인드맵에는 1차 세계대전의 도화선이 된 오스트리아 황태자 프란츠 페르디난트의 암살에 관여한 세르비아 민족주의 단체의 상징인 검은 손이 그려져 있을 것이고, 그 옆으로는 20세기 초 유럽 대륙을 휩쓴 군비 확충 경쟁을 표시하기 위해 운동화를 신은 기관총이 그려져 있을 것이다. 또 그 옆으로는 삼국 협상과 삼국 동맹을 나타내는 삼각형 두 개도 있을 것이다.

매튜스는 모든 사실을 빠짐없이 이미지로 전환한다. "제자들이 레닌의 경제체제와 스탈린의 경제체제의 차이점을 이해하지 못해서 애를 먹었습니다. 그래서 이렇게 말했죠. 자, 레닌이 변기에 앉아 있어. 그가 주장한 혼합경제 때문에 변비에 걸린 거야. 스탈린이 화장실을 박차고 들어가면서 이렇게 말해. '여기서 뭐하고 있소?' 놀란 레닌이 간신히 대답하지. '평화, 땅, 빵(1917년 러시아혁명의 구호—옮긴이)을 누는 거야.' 그들은 이 이미지를 절대 잊지 않습니다." 그가 말했다.

이런 기억술은 맥락을 배제한 지식 형태라는 비판이 있는데, 틀린 말이 아니다. 솔직히 기억술은 이해를 배제한 요점 학습으로, 수박 겉 핥기식 학습 방법과 같다. 파워포인트로, 더 나쁜 예를 들면, 클리프노트(명작이나 고전을 요약해 놓은 책의 상표명—옮긴이)로 공부하는 것과 같다. 레닌과 스탈린이 화장실에 있는 이미지가 공산주의 경제에 대해 무엇을 말해 줄 수 있을까? 하지만 매튜스가 강조하는 것은 무엇이든 시작점이 있어야 하고, 그 시작점이 폭과 깊이는 없어도 학생들의 기억에 남아 다른 지식과 정보를 얻는 기폭제가 될 수 있다는 것이다.

기억에 남는 정보가 하나도 없을 때 '한쪽 귀로 듣고 한쪽 귀로 흘린다'고 표현한다. 얼마 전에 내가 겪은 일을 예로 들어 보자. 취재 때문에 사흘 동안 중국 상하이에 가야 했다. 초등학교 때부터 대학을 졸업한 그날 그때까지 나는 중국 역사에 대해 눈곱만큼도 배운 게 없었다. 나는 명나라와 청나라의 차이를 몰랐고, 원나라의 초대 황제인 쿠빌라이 칸이 실존 인물이었는지도 몰랐다. 나는 여느 관광객처럼 유적지와 박물관에 가 보고 시내를 돌아다니면서 중국의 역사와 문화를 체험했다. 하지만 그런 것들은 내가 중국을 이해하는 데 아무런 도움이 되지 않았다. 이해하고 말고 할 것도 없었다. 중국에 대한 기초 정보가 없었기 때문에 중국에 대해 학습할 능력 자체가 없었다.

지식을 얻기 위해 지식을 습득해야 한다는 역설은 야구팬들을 대상으로 한 연구에서 여실히 드러난다. 연구자들이 야구 경기의 하프 이닝(한 회의 초 또는 말─옮긴이)에 대해 자세히 작성한 기록을 야구 마니아와 일반 팬 들에게 똑같이 나눠 준 뒤 그들이 얼마나 많은 사실을 기억할 수 있는지 시험했다. 야구 마니아들은 선행 주자나 득점 상황 같이 경기와 직접 관련된 중요 사항을 거의 정확히 기억했다. 하프 이닝을 거의 그대로 상세하게 재구성할 수 있었고, 경기 분석관의 분석자료처럼 정확했다. 이와 반대로 일반 팬들은 날씨같이 경기와 직접 관련이 없는 것들을 더 많이 기억했다. 이들은 야구 규칙이나 야구 관련 용어를 잘 몰랐기 때문에 경기 흐름을 재구성하는 것은 둘째 치고 있는 정보조차 제대로 파악하지 못했다. 그들은 무엇이 중요하고 무엇이 중요하지 않은지를 몰랐다. 자신이 손에 쥔 정보를 파악하고 분석할 수 있는 개념 틀이 없으니까 눈뜬장님과 같았다.

남북전쟁이 언제 일어났는지 아무 실마리도 갖고 있지 않은 미국 10대의 3분의 2에 대해서도 똑같이 말할 수 있지 않을까? 또는 미국이 2차 세계대전에서 누구와 싸웠는지 모르는 20퍼센트, 미국 소설가 너새니얼 호손이 1850년에 쓴 『주홍글씨』The Scarlet Letter의 주제가 마녀 재판이라고 보거나 제목만 보고 편지라고 생각하는[5] 44퍼센트도 마찬가지 아닐까? 진보적인 교육 개혁은 많은 성과를 냈다. 우선 학교를 아주 유쾌하고 재미있는 곳으로 만들었다. 하지만 그만큼 희생도 있었다. 기억은 도덕과 가치를 세대에서 세대로 전파하고, 공동체의 일원으로 살아가는 데 아주 중요한 요소다.

물론 교육의 목표는 학생들의 머리에 지식을 채워 넣는 것만이 아니다. 습득한 지식을 이해하고 활용할 수 있도록 이끄는 것도 교육의 주요 목표다. 레이먼 매튜스만큼 이런 목표에 동의하는 사람도 없을 것이다. "저는 제가 하는 말을 앵무새처럼 조잘거리는 사람이 아니라 스스로 생각하는 사상가를 원합니다." 그가 말했다. 어떤 사실을 안다고 해서 저절로 이해할 수 있는 것은 아니지만, 사실을 모르고는 이해조차 할 수 없다. 아는 것이 많을수록 더 많이 알기가 쉬워진다는 것이 가장 중요하다. 기억은 새로운 정보를 붙잡는 거미줄과 같다. 붙잡는 것이 많을수록 거미줄은 커진다. 거미줄이 커질수록 붙잡을 수 있는 것이 많아진다.

내가 가장 존경하는 지식인은 어떤 상황에서든 그 상황에 딱 맞거나 알맞은 이야기를 나눌 준비가 된 사람이다. 그런 사람은 자기가 배워서 알고 있는 사실과 그것에서 파생한 부차적인 사실을 어떤 상황에서든 활용할 줄 안다. 지혜가 기억을 넘어선다는 것은 두말할 것도 없다.

(학자들 중에는 아는 것은 많지만 이해 수준이 그에 못 미치는 사람이 있는가 하면, 나이 탓에 기억력이 떨어져서 잊어버리는 것이 많아도 통찰력은 여전한 노교수도 있다.) 그런데 기억과 지혜는 근육과 운동의 관계처럼 상호 보완적이다. 이 둘은 피드백 고리를 형성하고 있다. 새로운 정보가 우리가 벌써 가지고 있는 정보망에 단단히 포착될수록 기억하기가 쉬워진다. 입력된 기억을 붙잡아 놓을 거미줄 연상이 많은 사람은 새로운 것도 쉽게 기억한다. 즉 우리는 아는 것이 많으면 많을수록 더 많이 알 수 있다. 더 많이 기억하면 할수록 세상사를 잘 처리할 수 있다. 세상사를 잘 처리할수록 그것에 대해 더 많이 알 수 있다.

chapter 10

서번트 증후군,
불가사의한 기억력 천재를 찾아서

전 세계적으로 유명한
자폐 천재, 대니얼 태밋

전미 메모리 챔피언십을 한 달 정도 앞
둔 2월, 대회에 나가면 잘할 수 있을까 하는 의구심이, 훈련 결과가 계
속 좋아진 덕에 잘할 수도 있겠다는 확신으로 바뀌기 시작했다. 시 암
송과 스피드 넘버 종목을 뺀 나머지 종목에서 내 기록은 전년 전미 메
모리 챔피언십에서 수립된 최고 기록에 가까워지고 있었다. 에드는 내
게 너무 자신하지 말라고 당부했다. 그는 내게 수도 없이 한 충고를 반
복하면서 '지하실을 벗어나면 평소 실력의 80퍼센트밖에 발휘하지 못
한다'고 주의를 줬다. 하지만 나는 기록 향상이 믿기지 않았다. 사실 그
때 나는 카드 한 벌을 1분 55초에 암기하려고 맹훈련 중이었다. 이 기
록은 미국 기록보다 1초 빠른 것이었다. 당시 훈련 기록에 이런 메모가
있다. "이 종목에서 정말 우승할 수 있지 않을까?" ("대니 드비토의 얼
마 남지 않은 머리카락에 집중할 것!!" 이런 문장도 적혀 있는데, 왜 적
었는지 전혀 생각나지 않는다.)

참여 저널리즘이라는 차원에서 시작한 기억 훈련이 나를 완전히 사
로잡았다. 처음에는 낯선 기억술사들의 세계가 어떤지 알아보고, 내 기
억력이 정말 훈련을 통해 좋아질 수 있는지 확인해 보고 싶었을 뿐이
다. 전미 메모리 챔피언십에 출전해 우승한다는 생각은 아예 없었다.
이것은 언론가 조지 플림턴이 권투에 관한 기사를 쓰겠다고 몇 달 동안

맹훈련한 뒤 라이트헤비급 세계 챔피언 아치 무어와 맞붙어 그를 녹아
웃시키는 것만큼이나 불가능한 일이라고 생각했다.

에드, 토니 부잔, 안데르스 에릭손이 그동안 나한테 해 준 말을 종합
해 볼 때 기억 훈련은 지루하기는 해도 좀 더 완벽한 기억력을 가질 수
있는 유일한 방법이다. 슬쩍 한번 보는 것만으로 무작위 숫자나 시를
외우거나 머릿속으로 사진처럼 선명한 이미지를 그리는 능력을 타고
나는 사람은 없다.

문헌을 뒤지다 보면 지난 세기만 해도 채 100건이 안 될 정도로 희귀
하기는 하지만, 기본 인식을 뒤집을 만큼 놀라운 기억력을 타고난 천재
들이 있다. 보통 그들의 놀라운 기억력을 '불가사의한 기억'이라고 한
다. 이들의 가장 두드러진 특징은 대다수가 심각한 장애를 앓았거나 앓
고 있다는 것이다. 음악 천재인 레슬리 렘키는 시력이 없는 데다 뇌 손
상까지 있어서 열다섯 살까지 걷지도 못했다. 하지만 그는 아무리 어렵
고 복잡한 음악도 딱 한 번만 들으면 피아노로 똑같이 연주할 수 있다.
알론조 클레먼스 같은 미술 천재도 있다. 그는 지능지수가 40밖에 안
되는데도 어떤 동물이든 아주 살짝 보고도 똑같이 조각할 수 있다. 장
애인 보호 시설이던 '얼스우드 수용소의 천재'로 불린 제임스 헨리 풀
런같이 기계 다루는 능력이 뛰어난 사람도 있다. 그는 앞을 못 보는 실
어증 환자였는데, 모형 배만큼은 놀랄 만큼 정교하게 잘 만들었다.

하루는 5분짜리 훈련으로 스피드 넘버 138자리를 암기하고 나서 평
소 하던 대로 포커 카드 한 벌을 섞으며 텔레비전을 보고 있었다. 클
럽 퀸을 들고 기억에 단단히 남을 아주 혐오스러운 이미지를 생각하다
가 마침 미국 여배우 로잔느 바를 떠올리고 있었다. 그때 희귀한 천재

를 다룬 〈브레인맨〉이라는 새 다큐멘터리 프로그램의 예고편이 나왔다. 과학 채널에서 방영된 이 다큐멘터리는 대니얼 태멋이라는 스물여섯 살짜리 영국인 자폐 천재가 주인공이었다. 그는 어렸을 때 간질을 앓고 나서 뇌에 변형이 생겼다. 그는 복잡한 곱셈과 나눗셈을 암산으로 쉽게 할 수 있었고, 1에서 1만까지 숫자 중에서 소수와 소수가 아닌 수를 정확히 가를 수 있었다. 보통 자폐 천재는 한 분야에서 천재성을 보인다. 그래서 '천재의 섬'이라는 말이 생겼는데, 대니얼은 아예 군도를 가지고 있다고 할 수 있을 정도로 여러 면에서 천재였다. 그는 번개 같은 암산 능력이 있을 뿐만 아니라, 하이퍼폴리글롯(6개 국어 이상을 할 수 있는 극소수 사람들을 가리킨다.—옮긴이)이었다. 무려 10개 국어를 할 수 있었고, 스페인어는 1주일 만에 통달했다고 한다. '만티'라는 자신만의 언어를 발명하기도 했다. 그의 언어 능력을 시험하려고 〈브레인맨〉의 제작자들이 그를 아이슬란드로 데려가 1주일 동안 세계에서 가장 배우기 어렵다고 정평이 난 아이슬란드어를 배우게 했다. 그리고 1주일 뒤 방송에서 그를 시험한 토크쇼 진행자는 연신 '놀랍다'고 했다. 1주일 동안 그에게 아이슬란드어를 가르친 교사도 그가 '천재'이거나 '인간이 아니'라고 했을 정도다.

〈브레인맨〉의 제작자들은 캘리포니아대학 샌디에이고 캠퍼스 소속 신경과학자 V. S. 라마찬드란과 케임브리지대학 자폐증 전문가 사이먼 배런-코헨을 초청해 각각 대니얼을 시험했다. 두 사람은 그를 유일무이한 존재라고 결론 내렸다. 그는 자신들이 지금까지 연구한 모든 자폐 천재들과 달리 자신의 머릿속에서 무슨 일이 일어나고 있는지를 아주 구체적으로 설명할 수 있었다. 라마찬드란 연구실에서 연구원으로 일하는 사이 아줄라이는 대니얼이 '새로운 연구 분야를 낳을 주요 연구 대상'이라고 단언했다. 미국 위스콘신 주에 사는 정신과 의사로 40년 넘게 서번트 증후군(발달 장애나 자폐증을 앓는 사람들이 천재성이나 뛰어난 재능을 보이는 현상으로 석학 증후군이라고도 한다.─옮긴이)을 연구한 대럴드 트레퍼트 박사는 그를 세계적으로 50명밖에 되지 않는 '경이로운 천재'로 분류할 수 있을 것이라고 분명히 말했다.

증후군이라고 불리기는 하지만 서번트 증후군은 질병으로 분류되지 않는다. 그리고 아직까지 의학적 진단의 기준도 마련되지 않았다. 하지만 트레퍼트 박사는 나름대로 기준을 만들어 자폐 천재들을 세 범주로 나눈다. 첫 번째 범주는 '단편 기능' 천재로 아주 사소한 것을 귀신같이 기억하는 경우다. 예를 들어, 트레퍼트 박사의 치료를 받는 한 어린이 자폐 환자는 진공청소기의 윙윙거리는 소리만 듣고도 제조 연도와 모델명을 맞힌다. 두 번째 범주는 '재능 있는 천재'다. 이 경우에는 장애가 있다는 것이 믿기지 않을 정도로 그림이나 음악 등 다소 전문적인 분야에서 천재성을 발휘한다. 세 번째 범주는 '경이로운 천재'로, 자신이 앓고 있는 장애와 상관없이 일반인과 똑같은 잣대로 볼 때 정말 놀라운 능력을 가진 경우다. 트레퍼트 박사는 이런 분류가 주관적인 것이기는 해도 경이로운 천재들이 극소수이기 때문에 중요한 접근이라고 한다. 그에게 대니얼 같은 경이로운 천재의 발견은 정말 대단한 일이다.

대니얼의 이야기가 세상에 알려지자마자 그는 언론의 주목을 받았다. 영국과 미국의 주요 신문이 앞다퉈 그를 '놀라운 두뇌를 소유한 청년'이라고 보도했다. 그리고 방송 출연 섭외도 쇄도해 미국 CBS의 〈데이비드 레터맨 쇼〉와 영국 채널 4의 〈리처드 앤드 주디 쇼〉에 출연했다. 〈데이비드 레터맨 쇼〉에서 대니얼은 진행자인 레터맨의 생일이 1947년 4월 12일이라는 말을 듣자마자 그날이 토요일이라고 말했다. 그의 자서전 『브레인맨, 천국을 만나다』는 출간 즉시 영국 아마존 판매 1위, 『뉴욕타임스』 베스트셀러 3위에 올랐다.

나는 무엇보다 대니얼의 놀라운 기억력에 주목했다. 그는 2003년에 옥스퍼드대학 과학사박물관 지하에서 사람들이 지켜보는 가운데 5시간 9분에 걸쳐 원주율을 2만 2,514자리까지 순서대로 암기해 유럽 기록을 새로 세웠다. 그는 기억술의 도움 없이 순전히 자신의 기억력만으로 암기했다고 했다. 그의 놀라운 능력은 지력 선수들처럼 훈련을 통해 얻은 것이 아니었다. 정말 믿기지 않았다. 나는 그처럼 되기 위해 한 번이라도 방문한 집, 다니던 학교, 자료 때문에 찾아간 도서관을 모두 기억의 궁전으로 바꿔 기억을 심고, 그것을 되뇌기 위해 죽어라고 뛰어다니는 훈련을 했다. 나는 대니얼 같은 천재가 왜 메모리 대회에 출전하지 않았는지 궁금했다. 메모리 대회에 출전했다면 훈련된 기억술사들을 쉽게 이기지 않았을까?

대니얼에 대해 알면 알수록 나는 그와 내가 알고 있는, 내가 점차 되어 가고 있는 지력 선수들과 어떤 차이가 있는지 궁금증이 더 커졌다. 나는 기억술사들이 기억력을 어떻게 키우는지 알고 있었다. 그들은 고대의 기억술과 엄격한 훈련을 통해 기억력을 향상한다. 나도 그렇게 했다.

하지만 대니얼은 어떻게 그런 건지 좀체 이해하기 어려웠다. 앞에서 본 기자 S처럼 그도 분명히 기억력을 타고났다. 그의 뇌와 내 뇌는 뭐가 다를까? 혹시 그를 만나면 전미 메모리 챔피언십에서 좋은 결과를 거둘 수 있는 비법 같은 것을 얻을 수 있지 않을까?

나는 대니얼을 만나 보기로 했다.[1] 그가 친구이자 배우자인 닐과 살고 있는 영국 켄트 주의 어촌으로 나를 초대했다. 나는 이틀 동안 그의 집에 머물면서 주로 오후 시간에 차와 영국을 대표하는 음식인 피시 앤드 칩스를 사이에 두고 이런저런 이야기를 나눴다. 호리호리한 체격에 안경을 쓴 대니얼은 짧은 금발이었다. 겉으로 풍기는 인상은 새 한 마리를 보는 것 같았다. 그는 점잖고 상냥했으며 매력적이고 아주 논리적이었다. 미국 NBC에서 방영된 〈웨스트 윙〉이 왜 잘 만든 프로그램인지 의견을 말할 때나 자신의 별난 기억력을 설명할 때 아주 차분하고 논리 정연했다.

그를 만나기 전에 나는 지레짐작으로 그가 산만하고 종잡을 수 없는 사람일 거라고 생각했다. 하지만 막상 만나 보니, 그의 외모는 보통 사람과 다르지 않았다. 그가 말해 주지 않았다면, 그가 알려진 것과 달리 정상인이라고 오해했을지도 모른다. 하지만 그는 자신이 멀쩡해 보여도 정상은 아니라는 것을 분명히 했다. "15년 전에 저를 만났다면 아마 '이 친구 자폐아네!' 했을 겁니다."

대니얼은 이스트런던에서 정부 보조금으로 생계를 꾸려 가던 가난한 집의 아홉 남매 중 장남으로 태어났다. 그는 자신의 어린 시절이 '찰스 디킨스 소설의 주인공처럼' '너무 어려웠다'고 했다. 『브레인맨, 천국을 만나다』에서 그는 네 살 때 앓은 심한 간질 발작에 대해 자세히 다룬다. "평소에 겪어 보지 못한 이상한 경험이었다. 방이 나를 사방으로 잡아당기고 빛은 밖으로 새고 시간은 하나로 뭉개졌다가 길게 늘어나면서 끝 모를 순간으로 바뀌었다." 그의 아버지가 바로 택시에 태워

응급실로 데려가지 않았다면 지금 그는 이 세상 사람이 아닐 수도 있다. 그는 간질 발작 때문에 서번트가 되었다고 생각했다.

배런-코헨은 대니얼이 서번트 능력을 갖기까지는 희귀한 조건 두 가지가 영향을 주었을 것이라고 본다. 첫째 조건은 공감각이다. 이것은 기자 S를 괴롭힌 것과 똑같은 지각 장애로 모든 감각이 뒤얽히는 것이다. 이런 지각 장애의 종류가 100가지도 넘는 것으로 추정된다. S는 소리가 시각적 이미지로 바뀌어 보였다. 대니얼은 모든 숫자에 고유의 모양, 색깔, 특질, 감정적 '분위기'가 있다. 예를 들면, 숫자 9는 길고 짙은 청색으로 불길함을 나타낸다. 숫자 37은 '죽같이 물컹한 것'이고, 숫자 89는 하늘에서 떨어지는 눈을 닮았다. 대니얼은 1에서 1만에 이르는 모든 숫자에 대해 이렇게 독특한 공감각을 느낀다. 숫자를 이런 식으로 경험하다 보니 연필이나 종이가 없어도 암산으로 수학 문제를 풀 수 있다. 그리고 두 숫자를 곱한다면, 머릿속에서 둥둥 떠다니는 숫자의 모양만 보면 된다. 각 숫자의 모양이 합쳐져 제3의 모양, 즉 정답이 여백에 저절로 나타난다. "결정(結晶)이 만들어지는 것과 같습니다. 사진을 현상하는 것과 같다고 할까요. 나눗셈은 곱셈과 반대입니다. 숫자를 보고 머릿속에서 그걸 분리합니다. 그럼 낙엽이 나무에서 떨어지는 것처럼 정답이 스르르 나타납니다." 대니얼이 말했다. 그는 분명하지는 않지만 머릿속에서 보이는 숫자의 공감각적 형상이 그것의 성질을 부호화한다고 생각한다. 예를 들어, 소수는 '조약돌 같은 성질'이 있다. 그것은 매끄럽고 둥글둥글하다. 반면, 인수분해가 가능한 정수는 거칠고 모가 나 있다.

또 다른 희귀한 조건은 고기능 자폐증의 한 형태인 아스퍼거 증후군이다. 자폐증은 1943년에 미국 존스홉킨스병원 정신과 의사였던 리오 캐너가 세상에 알렸다. 그는 자폐증을 사회성 장애의 한 종류라고 했다. 사회성 장애는 부모를 포함해 주변 사람들과 원만한 인간관계를 맺지 못하는 것으로, 캐너의 표현대로라면 이 장애가 있는 환자들은 '사람을 물건 대하듯' 대한다. 자폐증 환자들은 이런 감정이입 장애와 함께 언어 장애, 편협한 관심 영역, '변화를 싫어하는 편집증적 강박관념' 등 많은 문제를 안고 있다. 캐너가 자폐증을 세상에 알리고 1년 뒤에 오스트리아의 소아과 의사 한스 아스퍼거가 캐너가 밝힌 자폐증과 거의 유사하지만 조금 다른 증세를 보이는 환자들에 주목했다. 그의 환자들은 일반 자폐증 환자들과 달리 언어 능력이 뛰어났을 뿐만 아니라 지적 장애 정도가 낮았다. 그는 나이는 적지만 정신적으로 성숙하고 밑도 끝도 없이 너무 많이 아는 자신의 환자들을 '어린 교수'라고 불렀다. 아스퍼거 증후군은 아스퍼거가 죽고 1년이 지난 1981년에 독자적인 증후군으로 인정되었다.[2]

대니얼에게 아스퍼거 증후군 진단을 내린 사람은 배런-코헨이다. 그는 현재 케임브리지대학 자폐증연구센터의 소장이며 공감각에 관한 한 세계적 권위자다. 내가 케임브리지대학 트리니티 칼리지에 있는 그의 연구실에 찾아갔을 때 그가 말했다. "그를 오늘 처음 만났다면, 그가 자폐증 환자라는 생각을 꿈에도 못 할 겁니다. 그의 성장 과정을 모르고는 그가 자폐증 환자인지 좀처럼 판단하기 어렵다는 뜻입니다. 제가 그에게 이렇게 말했습니다. '자네의 성장 과정을 보면, 어렸을 때 아스퍼거 증후군을 앓은 것이 분명하네. 하지만 지금 자네를 보면, 적응도 잘 하고 사회생활도 원만히 하기 때문에 따로 진단해야 할 것 같지는 않네. 진단을 받을지 말지는 전적으로 자네 뜻에 달려 있네.' 그랬더니 그가 '받고 싶습니다.' 하더군요. 그래서 검사를 거쳐 아스퍼거 증후군이라는 진단을 내렸습니다. 별 문제는 없었습니다. 그가 어떤 진단을 받았든 그에게 달라질 것은 없었으니까요."

대니얼은 자서전에 아스퍼거 증후군을 진단받기 전까지 자신의 성장 과정이 어땠는지를 자세히 기록했다. "다른 아이들은 나를 어떻게 생각했을까? 나는 모른다. 그들에 대한 기억이 전혀 없기 때문이다. 그들은 나의 시각적, 감각적 경험 너머에 있었다." 유년 시절의 대니얼은 사소한 것에 많이 집착했다. 낙엽을 모았고, 모든 것을 숫자로 계산했다. 1970년대에 인기를 끈 혼성 듀오 카펜터스를 좋아해서 그들에 관한 것이라면 백과사전을 방불케 할 만큼 사사로운 것까지 다 알았다. 그는 어떤 것이든 곧이곧대로 받아들여서 자주 문제가 생겼다. 한번은 학교 친구를 향해 가운뎃손가락을 세웠다가 욕을 엄청나게 들었다. 그는 "어떻게 손가락이 욕이 되지?" 했다. 쉽게 감정이입이 되지 않았다. 그가 이렇게 썼다. "나는 남을 속인다는 것이 뭔지 몰랐다. 지금과 같이 정상인이 되기 위해, 다른 사람과 대화를 나누고 언제 말을 시작하고 멈춰야 하는지 알기 위해, 눈을 마주치는 법을 잊지 않기 위해 엄청나게 노력했다." 가장 심각한 사회성 장애를 그런대로 극복했지만, 아직도 혼자 수염을 밀거나 차를 운전하지는 못한다. 특히 칫솔질 하는 소리를 못 참는다. 공공장소를 피해 다니며, 사소한 것에 대한 집착이 아직도 강하다. 또 아침으로 먹는 죽을 전자저울에 달아 정확히 45그램을 먹는다.

기억력 대회 선수와
서번트의 차이

벤 프리드모어에게 〈브레인맨〉 이야기를 꺼냈다. 나는 그가 이 다큐멘터리를 봤는지, 그가 훈련을 통해 후천적으로 습득한 기억력에 버금가는 기억력을 가지고 태어난 사람이 언젠가 메모리 대회에 출전하지 않을까 우려하지는 않았는지 궁금했다.

"그런 친구가 2년 전에 메모리 대회에 출전했어요. 하지만 이름이 다르네요. 대니얼 코니였던 것 같은데. 1년은 참 잘했던 것 같습니다." 벤이 말했다.

나는 다른 지력 선수들에게도 대니얼에 대해 어떻게 생각하는지 물어봤다. 거의 대다수가 〈브레인맨〉을 봤고, 저마다 의견이 있었다. 많은 수는 아니지만, 스스로 서번트라고 주장하는 대니얼을 의심하면서 그도 암기를 위해 기본적인 기억술을 쓸 거라고 추측하는 사람들이 있었다. 세계 메모리 챔피언십에서 여덟 차례나 우승한 도미니크 오브라이언은 이렇게 말했다. "우리도 그가 한 것을 다 할 수 있습니다. 제 생각을 말해 볼까요. 그도 지력 선수로는 최고가 될 수 없다는 것을 알 겁니다." 오브라이언은 〈브레인맨〉을 촬영할 때 제작진의 인터뷰에 응했지만 최종 편집에서 빠졌다고 했다.

하지만 많은 지력 선수들이 대니얼을 부러워하는 눈으로 바라봤다. 기억력이라는 면에서 대니얼과 지력 선수들 사이에 큰 차이가 없지만, 그를 바라보는 일반인의 시선은 전혀 달랐다. 훈련을 통해 기억력을 발달시킨 기억술사들은 자신의 훈련 과정을 철저히 비밀에 부친다. 사정이 이렇다 보니, 기억술사가 일반인에게 노출될 기회는 많지 않다.

반면, 대니얼은 자폐증 환자인데도 지적 능력이 뛰어나다는 사실이 알려지면서 엄청난 대중적 관심을 불러일으켰다.

나는 각종 메모리 대회의 기록을 공식 집계해서 인터넷으로 제공하는 통계 사이트에 들어가 봤다. 벤이 말한 것처럼 대니얼 코니라는 사람이 세계 메모리 챔피언십에 두 번 출전한 기록이 있었다. 2000년에 종합 성적 4위를 기록한 실력자였다. 하지만 이름은 같고 성은 달랐다. 알아보니, 같은 인물이었다. 대니얼은 2001년에 법적으로 성을 코니에서 태멋으로 바꿨다.[3] 나는 그가 자신의 놀라운 기억력을 다룬 자서전에서 세계 메모리 챔피언십에 출전해 4위에 오른 것을 왜 언급하지 않았는지 의아했다.

나는 기억술사들의 온라인 포럼인 월드와이드 브레인 포럼(WWBF)에 들어가 대니얼의 이름을 검색해 보았다. 확실히 세계 메모리 챔피언십에 출전한 적이 있다. 하지만 왠지 대회에 비판적이었다. 하지만 비판적이기만 한 게 아니라, 좀 더 공정하고 대중적이고 미디어의 관심도 끄는 기억 스포츠를 만들 8단계 프로그램을 제시하는 등 애착도 컸다. 놀라운 것이 하나 있었다. 2001년에 대니얼이 월드와이드 브레인 포럼 게시판에 올린 '마인드파워와 고등 기억술 이메일 코스'라는 광고다. 그는 이 코스의 수강생에게는 '마인드파워 공식의 비밀'을 가르쳐 주겠다고 했다. 그 비밀이 뭔지 궁금했다. 전에 둘이 만났을 때 왜 이런 비밀에 대해서는 아무 말도 안 했을까?

솔직히 우리는 서번트들이 우리와 다르기 때문에 그들에게 관심을 갖는 것이다. 대니얼이 과학자와 대중의 관심을 받는 이유도 같다. 또 보통 사람에게는 불가능한 것을 아주 쉽게 해내는 그들의 놀라운 능력도 관심의 대상이다. 사실상 그들은 우주의 질서에서 자유로운, 우리 안의 이방인이다. 지력 선수들이 선보이는 기억술이 놀랍긴 해도, 기술은 그저 기술일 뿐이다. 마술을 어떻게 하는지 알고 나면 시시하듯, 기술도 그것을 어떻게 쓰는지 알고 나면, 누구나 직접 해 볼 수 있다고 하면, 바로 신비로운 효력을 잃어버린다. 하지만 서번트들은 걱정할 필요가 없다. 그들에게 기억은 기술이 아니라 타고난 신비로운 재능이기 때문이다.

하지만 나는 대니얼과 나, 나아가 대니얼과 다른 지력 선수들 사이의 간극이 의외로 크지 않을 수 있다는 생각이 들었다. 도미니크 오브라이언이 주장하는 대로, 세상에서 가장 유명한 서번트가 신비에 가까운 지적 능력을 타고난 희귀한 존재가 아니라 치밀한 훈련으로 서번트 같은 능력을 얻은 보통 사람이라면? 그렇다면 그와 나의 차이는 무엇일까?

영화 〈레인맨〉의 실존 인물
킴 피크를 만나다

서번트의 기억에 관한 한 빼놓을 수 없는 사람이 한 명 더 있다. 레인맨으로 알려진 킴 피크다. 영화 〈레인맨〉에서 더스틴 호프만이 열연한 바로 그 인물이다. 논쟁할 여지가 있지만, 그는 당대 최고 기억력의 소유자였다. 대니얼을 만나 이야기를 나누다 보니, 그를 킴 피크와 비교해 보면 좋을 것 같았다. 두 사람의 공통점이 무엇인지, 서번트 증후군의 본질이 무엇인지 알고 싶었다. 그의 고향 유타 주 솔트레이크시티로 그를 만나러 갔다.

킴 피크는 무료 순회강연을 다니고 있었다. 아버지 프랜이 간병인으로 항상 동행했다. 나는 그가 강연하는 곳으로 찾아갔다. 솔트레이크 시티의 허름한 요양원에서 서른여섯 명 정도 되는 노파에게 강연하고 있었다. 참가자들이 질문을 통해 서번트로 유명한 그의 능력이 어느 정도인지를 확인할 수 있도록 마련된 자리였다. 질문은 간단하고 사소한 것들이었다. 프랜은 '논리적이거나 이성적으로' 판단할 수 있는 질문만 해 달라고 양해를 구했다. 산소통에 의지해 호흡하고 있던 사람이 남아메리카에서 가장 높은 봉우리가 뭐냐고 물었다. 그는 안데스 산맥 최고봉인 아콩카과를 정확히 대답했고, 높이가 6,800미터라는 것까지 말했다. 이것은 서번트가 아니라도 사소한 것에 관심이 많은 사람이라면 알 만한 사실이다. 나중에 알았지만, 아콩카과의 실제 높이는 6,960미터다. 킴이 잘못 알고 있었던 것이다. 손발이 없이 휠체어를 타고 있던 사람은 1930년대에 부활절이 3월인 적이 몇 번이냐고 물었다. 그는 질문이 끝나기 무섭게 '1932년 3월 27일, 1937년 3월 28일'이라고 답했다. 그런데 너무 급하게 말하다 보니 목소리가 갈라지면서 쉰 소리가 났다. 그 요양원의 프로그램 관리자는 1964년 『리더스 다이제스트 요약본』 4호(통권 59호)에 어떤 책들이 실렸는지를 물었다. 그는 다섯 권을 정확히 맞혔다. 다른 질문들이 계속 이어졌다. 미국 33대 대통령 해리 트루먼의 딸 이름은? 마거리트. 피츠버그 스틸러스가 슈퍼볼에서 우승한 횟수는? 네 번. 셰익스피어의 비극 『코리올라누스』의 마지막 대사는? "지금은 부상당한 것이 원망스럽겠지만, 시간이 지나면 영광으로 여기게 될 것이다. 부축해 줘라."

프랜은 아들 킴이 그동안 9,000권이 넘는 책에서 읽은 모든 사실을 포함해 한번 읽은 것은 '절대 까먹지 않는'다고 했다.[4] 그는 책 한 쪽을 읽는 데 9초 정도밖에 걸리지 않았다. 그런데 더 놀라운 것은 한 눈으로 한 쪽씩, 즉 두 쪽을 동시에 읽을 수 있었다. 그는 셰익스피어가 쓴 모든 작품과 우리에게 친숙한 고전음악의 악보를 암기했다. 한번은 킴이 셰익스피어의 『십이야』를 관람하러 갔다가 한 배우가 대사 두 마디를 바꿔 말했다고 지적하는 통에 큰 소동이 벌어져서 공연이 잠깐 중단되었다고 한다. 이 일 뒤로 킴에게는 공연 관람이 허락되지 않았다.

대니얼과 달리 킴은 눈을 똑바로 쳐다볼 방법이 없어서 그가 무슨 생각을 하는지 가늠하기 힘들었다. 백발에 육중한 체구이고 갈색 뿔테 안경을 쓰고 있던 그는 항상 곁눈질로 주위를 바라봤다. 머리는 45도 정도 기울어져 있었고, 항상 한쪽 손으로 다른 쪽 손을 감싸 안고 있다가 흥분하면 앞뒤로 흔들었다. 머리가 온갖 잡다한 사실과 숫자로 가득 차 있어서, 대화할 때 논리적 추론이나 근거에 기초해 말하기보다는 생각나는 대로 아무거나 말했다. 듣는 이에게는 그의 말이 아무 맥락 없이 다가오는 경우가 많았다. 내가 그를 처음 만난 그 허름한 요양원에서 어떤 아르헨티나 여성이 자기가 코르도바에서 태어났다고 말했는데, 킴은 뒷말을 듣지도 않고 그녀의 고향을 지나는 주요 도로를 줄줄이 외우더니 갑자기 〈돈 크라이 포 미 아르헨티나〉를 불렀다. 그가 왜 그러는지 몰라 당황하고 있을 때 갑자기 "넌 해고야!" 하고 크게 소리쳐서 깜짝 놀랐다. 아들이 왜 그렇게 뜬금없는 소리를 했는지 프랜이 설명해주었다. 1999년, 코트의 악동으로 유명하던 왕년의 농구 스타 데니스 로드맨이 영화 〈에비타〉에서 아르헨티나의 국모로 추앙받은 에바 페론을 연기한 마돈나와 열애 중에 소속 팀이던 로스앤젤레스 레이커스에서 방출되었다. 그는 코르도바라는 단어를 듣는 순간 서로 맥락이 닿지 않는 사실들이 한꺼번에 떠오른 것이다.

킴은 자신이 어떤 사실이든 거침없이 이야기하면 청중이 놀라워하거나 즐거워한다는 사실에서 조건반사를 학습한 것 같았다. 한번은 강연회에서 링컨의 게티스버그 연설의 내용을 묻자 "노스웨스트 프런트가 227번지. 하지만 링컨은 거기에서 하룻밤만 묵었습니다. 그는 다음 날 연설했습니다." 하고 대답했는데, 청중이 흥미를 보이니까 그 뒤로 이 농담을 자주 입에 올렸다.

'킴퓨터'라고 불리는 것을 좋아한 킴의 본명은 로렌스 킴 피크다. "영국 배우 로렌스 올리비에와 키플링의 소설 『킴』에서 온 이름입니다." 프랜이 말했다. 갖은 노력 끝에 간신히 얻은 아이인 킴은 태어날 때부터 정상이 아니었다. 머리가 정상보다 3분의 1이나 컸고, 뒤통수에는 주먹만 한 물집이 잡혀 있어서 의사들마저 제거할지 말지 주저했다. 태어나서 3년 동안 킴은 머리에 무거운 것을 매단 것처럼 축 늘어뜨린 채 바닥을 질질 끌고 다녔다. 그리고 네 살이 되고야 겨우 걸음마를 뗐다. 킴의 부모는 어렵게 얻은 아들을 치료하기 위해 뇌의 전뇌엽 절제술을 받을까 하는 고민도 했다. 하지만 수술 대신 약물 치료를 하기로 결정하고 진정제를 계속 투여했다. 킴은 책에 처음 관심을 보이기 시작한 열네 살 때 진정제 복용을 중단했다. 그 뒤 그는 읽거나 본 것을 그대로 기억했다.

킴은 누구보다 많은 지식이 있지만 그것을 활용할 능력은 없다. 그의 지능지수는 87밖에 되지 않는다. 그는 예의범절에 대한 책을 아무리 많이 읽어도 어떤 상황에서 어떤 행동이 예의 바른 행동인지 모른다. 사람들이 많이 오가는 솔트레이크시티 공립 도서관 로비에서 자신의 육중한 팔로 내 어깨를 감싸 세게 끌어안고 빙빙 돌면서 지나가던 사람들이 쳐다볼 만큼 큰 소리로 내게 말했다. "조슈아 포어, 당신은 위대한 사람입니다. 당신은 잘생긴 사람입니다. 당신이 이 시대의 진정한 사람입니다." 그는 공공장소에서 남에게 피해가 가지 않도록 조용히 해야 한다는 사실을 몰랐다.

지능지수가 87밖에 되지 않는 사람이 어떻게 그 많은 것을 암기할 수 있는지는 아직 밝혀지지 않았다. 〈레인맨〉에서 더스틴 호프만이 연기한 주인공과 달리 킴은 자폐증 환자가 아니다. 자폐증이라고 진단하기에는 사교성이 너무 좋았다. 〈레인맨〉을 개봉한 직후 찍은 그의 뇌 단층 촬영 사진을 보면, 감각 지각과 운동 기능을 담당하는 소뇌가 심하게 부풀어 있다. 이보다 앞서 촬영한 단층 촬영에서는 뇌의 좌우 반구를 연결하는 신경 다발로서 반구 간 의사소통의 통로 구실을 하는 뇌량이 충분하지 않은 것이 드러났다. 아주 드문 경우지만, 이게 그가 서번트라는 것과 어떤 연관이 있는지에 대해서는 밝혀진 것이 없다.

킴과 나는 그가 지난 10년 동안 매일 가서 책을 읽고 전화번호부를 외우며 보낸 솔트레이크시티 공립 도서관 4층 뒤편 구석에 놓인 탁자에 앉아 즐거운 오후 한때를 보냈다. 그가 안경을 벗어 탁자에 놓으면서 말했다. "잠시 훑어볼 것이 있습니다." 나는 그가 훑고 있는 위싱턴 벨링햄 지역의 전화번호부를 슬쩍 봤다. 그가 읽는 속도에 맞춰 같이 읽으면서 전화번호를 암기했다. 나는 평소 연습한 대로 전화번호부를 암기하기 시작했다. 인명과 전화번호를 이미지로 바꾸고 기억하기 쉽게 둘을 조합해서 기억의 궁전에 심었다. 생각보다 어려웠다. 내가 이런 기억 방식이 있다고 말해 주었지만, 그는 전혀 이해하지 못하는 것 같았다. 내가 각 쪽의 첫 단에 있는 네다섯 명의 이름과 전화번호를 암기하려고 하면, 그는 다음 쪽으로 넘어갔다. 나는 어떻게 그렇게 빨리 읽을 수 있느냐고 물었다. 하지만 내가 방해가 된다고 생각했는지 고개만 살짝 들어 나를 빤히 쳐다보면서 "전 그냥 기억합니다!" 하고 소리쳤다. 그러고는 다시 머리를 파묻더니 30분 동안 나는 안중에도 두지 않고 전화번호부만 훑어 내려갔다.

누구에게나 서번트의 능력이 잠재되어 있다

서번트 증후군을 설명할 수 있는 이론을 제시하기가 어려운 것은 서번트마다 증상이 다르기 때문이다. 하지만 그들에게 공통적으로 나타나는 신경해부학적 이상이 하나 있다. 바로 뇌 좌반구의 손상이다. 서번트들은 시각과 공간 지각 등 우뇌에서 맡은 기능 면에서 보통 사람보다 뛰어나다. 반면에, 언어같이 좌뇌에서 담당하는 기능은 정상인에 비해 현저히 떨어진다. 서번트들의 가장 큰 공통점은 언어 장애다. 그래서 논리 정연하게 말하는 대니얼을 아주 예외적인 경우로 분류하는 것이다.

일부 과학자들이 좌뇌의 기능 중 일부를 차단함으로써 줄곧 봉인되어 있던 우뇌의 기능을 되살려 낼 수 있다는 가설을 내놓았다. 실제로 우연한 사고 탓에 뇌의 왼쪽을 다친 사람이 갑자기 서번트 같은 능력을 얻은 경우가 있다. 1979년에 올랜도 서럴이라는 열 살짜리 꼬마가 왼쪽 머리를 야구공에 맞은 뒤 달력의 날짜를 계산하고, 그가 살아온 모든 날의 날씨가 어땠는지를 다 기억하는 등 놀라운 능력이 생겼다.

캘리포니아대학 샌프란시스코 캠퍼스의 신경학자 브루스 밀러는 전측두엽 치매, 즉 줄여서 FTD로 불리는 병을 앓는 노인들을 연구한다. 상대적으로 흔한 뇌 질환을 앓고 있는 그 노인들 중 일부에서 FTD가 뇌 좌측에 국한된다는 것을 발견했다. FTD 환자들은 평소에 붓이나 악기를 잡지도 못하다가 나이 들어 죽을 때가 되면 언제 그랬냐는 듯이 놀라운 예술적, 음악적 재능을 발휘한다. 좌뇌의 다른 인지 능력이 사라지면서 서번트 증후군을 얻게 되는 것이다.

멀쩡하던 사람이 어느 날 갑자기 서번트가 될 수 있다면, 그런 특별한 능력이 우리 안에 잠재한다는 것을 뜻한다. 트레퍼트가 주장하듯이 우리 뇌에 '작은 레인맨'이 숨어 있을 수도 있다. '좌뇌의 억압'에 눌려 발현되지 않을 뿐이다.

트레퍼트는 특별한 기억력을 가진 서번트들이 사실과 숫자 같은 서술적 기억을 계속 간직하는 임무를 자전거 타기나 플라이 볼 잡기처럼 한번 익히면 무의식적으로 기억하는 비서술적 기억 체계에 얼마간 넘겨주는 것은 아닌지 추측하기도 한다. 앞서 살펴본 대로 기억 상실증을 앓던 HM이 거울에 비친 사물의 모양을 따라 그릴 수 있는 것, EP가 자기 집 주소도 모르면서 아무렇지 않게 산책하러 나갈 수 있는 것도 비서술적 기억 체계 덕분이다. 플라이 볼을 잡으려면 거리·궤도·속도를 순식간에 계산해서 손을 움직여야 하고, 개와 고양이의 차이를 인식하려면 수많은 인지 처리 과정을 거쳐야 한다는 점을 생각해 보자. 우리 뇌는 정말 놀랄 만큼 빠르고 복잡한 계산을 할 수 있다. 하지만 이런 계산을 거의 무의식적으로 하기 때문에 구체적 처리 과정을 설명할 수 없는 것이다.

그렇다고 해서 인지 처리 과정을 전혀 설명할 수 없다는 말은 아니다. 예를 들어, 그림 그리는 연습을 할 때 가장 먼저 집중적으로 연습하는 것이 여백과 윤곽선이다. 이런 연습을 하는 것은 직관적으로 의자를 의자로밖에 보지 못하는 고차원 인지 처리 과정을 봉쇄하고, 그 대신 의자를 추상적인 모양과 선의 집합으로 바라보는 잠재된 저차원 인지 처리 과정을 활성화하려는 것이다. 당연히 엄청난 연습과 훈련을 거쳐야 고차원 인지 처리 과정을 차단하는 법을 습득할 수 있다. 트레퍼트는 서번트들은 이것을 자연스럽게 할 수 있다고 생각한다.

그럼 고차원 인지 처리 과정을 차단할 수 있다면 우리도 서번트가 될 수 있을까? 선별적이고 일시적이기는 하지만 뇌의 일부분을 꺼 놓을 수 있는 기술이 있다. 경두개 자기 자극술 또는 간단히 TMS라 불리는 기술로 자기장을 이용해 특정 신경의 전기 발화를 교란하는 것이다. 이 효과는 한 시간 정도 지속된다. TMS가 상대적으로 최신 기술이지만 침이나 관을 인체에 넣지 않는 치료 방법으로서 우울증, 외상 후 스트레스 장애, 편두통 같은 다양한 질병 치료에 널리 이용되고 있다. 하지만 TMS는 치료뿐 아니라 실험 용도로 활용할 수 있는 여지가 더 크다. 잘 알려진 것처럼 인간을 대상으로 한 의료 실험은 윤리적인 문제 때문에 제약이 많다. 특히 뇌 연구는 HM의 경우처럼 살아 있는 뇌로 실험할 수 없기 때문에 지금까지는 EP처럼 얼마 되지 않는 '자연적인 실험', 즉 우연히 뇌 손상을 입은 환자들을 대상으로 연구를 진행했다. 하지만 TMS 개발로 뇌의 일부를 껐다 켰다 할 수 있게 되면서 신경과학자들은 EP 같은 환자가 나타나기를 기다리지 않고도 언제든 반복 실험을 통해 원하는 결과를 얻을 수 있게 됐다. 오스트리아의 신경과학자로 TMS를 실험 도구로 대중화한 알란 스나이더는 이 기술을 정상인의 좌측 전측 두엽을 교란해 일시적으로 서번트 같은 예술적 능력을 유도하는 데 쓴다. 이렇게 하면 머릿속에 있는 그림을 좀 더 정확하게 그릴 수 있고, 스크린에 눈 깜짝할 사이에 나타났다 사라지는 점의 개수를 평소보다 빨리 계산할 수 있다. 스나이더는 이 장치를 '창조성 증폭 장치'라 부른다. 혹시 TMS의 모양을 본떠서 서번트 모자라고 불러도 될지도 모르겠다.

선천적 능력인가,
훈련의 결과인가

〈브레인맨〉에서 제작진은 대니얼에게 13÷97을 암산할 수 있는지 묻는다. 대니얼은 간단히 계산한다. 하지만 제작진이 준비한 계산기가 표시할 수 있는 소수점 이하의 값이 작아서 그가 계산한 값을 모두 확인할 수는 없다. 그래서 컴퓨터를 가져다 그의 계산이 맞는지 다시 확인한다. 그는 세 자릿수 곱셈도 암산으로 몇 초 만에 뚝딱 계산한다. 37의 4제곱이 1,874,161이라는 것도 문제없이 바로 계산했다. 나는 대니얼의 기억력보다 이런 암산 능력이 더 인상 깊었다.

그래서 암산에 대해 알아보니, 기억술처럼 관련 문헌이 상당하고 세계 대회도 열리고 있었다. 충분히 훈련하면 암산으로 세 자릿수 곱셈을 할 수 있다. 직접 해 보니 쉽지는 않아도 충분히 학습할 수 있는 능력이었다.[5]

여러 번 부탁했는데도 대니얼은 내 앞에서 암산하는 것을 보여 주지 않았다. 계속 졸랐더니 그가 말했다. "부모님이 저를 보며 걱정한 것

중 하나가 사람들의 구경거리가 되는 것이었습니다. 그래서 사람들이 부탁해도 암산은 하지 않겠다고 약속했습니다. 과학자들 앞에서만 합니다." 말은 이렇게 했지만 그는 〈브레인맨〉을 촬영할 때 카메라 앞에서 암산하는 모습을 보여 줬다.

대니얼이 〈브레인맨〉에서 암산할 때 손가락을 또닥거린 것이 내가 보기에는 조금 이상했다. 그가 암산으로 숫자를 계산할 때 탁자 위로 검지를 또닥거리는 것이 카메라에 잡혔다. 그는 인터뷰에서 모든 숫자에 고유한 모양·색깔·특질·감정이 있고, 암산할 때 그런 숫자가 녹아 하나로 융합돼 여백에 나타난다고 했다. 그렇다면 굳이 손가락을 또닥거린 이유는 뭘까?

암산으로 곱셈을 하는 사람 중에 손가락을 움직이는 이들이 있다는 것을 전문가들과 이야기해 보고 나서 알았다. 많은 자리의 수 두 개를 계산하는 기법 중 가장 흔히 쓰이는 것이 교차 곱셈이다. 이것은 각 자리 숫자를 차례대로 한 번씩 곱해 나온 값을 마지막에 자리의 수대로 합산해 10이 넘는 값을 반올림해서 답을 구하는 방식이다. 나는 대니얼이 그것 때문에 암산하면서 검지를 계속 움직였다고 생각했다. 하지만 대니얼은 부인했다. 그냥 정신을 집중하려고 손가락을 움직였을 뿐이라는 것이다.

"그런 식으로 암산할 수 있는 사람들이 많지만, 그런 능력이 인상적인 것은 사실입니다." 벤 프리드모어가 말했다. 벤은 메모리 챔피언 뿐만 아니라 2년마다 열리는 암산 월드컵에도 출전하고 있다. 암산 월드컵 참가자들은 대니얼이 〈브레인맨〉에서 보여 준 것보다 더 길고 복잡한 곱셈, 예를 들면 여덟 자리나 되는 숫자들의 곱셈을 연필이나 종이를 쓰지 않고 암산만으로 풀어야 한다. 하지만 참가자들 가운데 숫자마다 모양이나 색깔이 있고 머릿속에서 융합하고 나눠진다고 말하는 사람은 없다. 그들은 책이나 인터넷에 소개되어 있고 널리 사용되는 방법으로 계산한다고 스스럼없이 인정한다. 『죽은 계산법: 암산』의 저자 로널드 두어플러에게 〈브레인맨〉을 봤는지 물었더니 봤다면서 탄식하듯 말했다. "암산하는 사람들의 지능은 잘못 겨눈 총구와 같습니다." 아무 의미가 없다는 것이었다.

대니얼이 1에서 1만 사이에 있는 모든 소수를 안다는 것은 어떻게 봐야 할까? 벤 프리드모어는 '아주 간단히 기억할 수 있는 것'이라며 대수롭지 않게 생각한다. 1에서 1만 사이에 있는 소수는 겨우 1,229개다. 물론 암기하려면 적은 숫자가 아니지만, 2만 2,000자리 원주율과는 비교도 되지 않을 정도로 적다.

대니얼이 내 앞에서 보여 준 유일한 서번트 능력인 달력 계산도 알고 보면 간단해서 그다지 인상 깊은 것이 아니다. 지난 100년 동안의 부활절 날짜를 모두 기억하는 킴 같은 서번트는 의식적으로 익히지 않았어도 달력의 주기와 규칙을 안다고 봐야 한다. 하지만 그것은 누구나 학습할 수 있다. 인터넷을 검색하면 달력의 주기와 규칙을 계산할 수 있는 공식들을 어렵지 않게 찾을 수 있다. 한 시간만 연습하면 누구든 쉽게 날짜를 계산할 수 있다.

대니얼과 이야기를 나눌수록 그의 이야기에 의구심이 들었다. 2주 간격을 두고 숫자 9,412가 어떻게 보이는지 그에게 물어봤는데 대답이 전혀 달랐다. 처음에는 '9로 시작하다 보니 푸르고, 둥둥 떠다니고, 기운 것 같은 모습'이 보인다고 했다. 2주 뒤에는 한참 뜸을 들이다가 이렇게 말했다. "점이 많은 숫자입니다. 점이 있고, 곡선도 있습니다. 아주 복잡한 숫자입니다." 그리고 덧붙였다. "숫자가 많을수록 묘사하기가 쉽지 않습니다. 그래서 제가 인터뷰할 때 작은 숫자만 하는 겁니다." 일반적으로 공감각자들은 이렇게 일관성이 부족하다. 하지만 특이하게도 대니얼은 여러 차례 만나 이야기를 나눠 봐도 몇 가지 작은 단위의 숫자들은 항상 일관성 있게 묘사했다.

하지만 그가 월드와이드 브레인 포럼 게시판에 올린 '마인드파워와 고등 기억술'은 어떻게 봐야 할까? 나는 그가 2001년에 낸 이 광고를 인쇄해 그를 만나러 다시 영국에 갈 때 가져가서 내 추측이 맞는지 그를 떠봤다. 그의 남다른 기억이 아무 노력 없이 자연스럽게 얻은 것이라면 기억술을 쓸 이유가 없을 텐데, 왜 돈을 받고 기억술을 가르치려고 했을까? 그는 다리를 들어 쭉 폈다가 다시 내려놓으며 말했다. "그때 저는 스물두 살이었습니다. 돈이 궁했습니다. 그때 제가 경험한 것 중 하나가 세계 메모리 챔피언십에 나간 것입니다. 그래서 기억력을 향상할 방법을 가르치는 강좌를 생각했습니다. 세계 메모리 챔피언십에 나갔을 때 사람들이 기억술을 혼자 학습하고 연습한다는 것을 알았습니다. 그런데 그중 기억력이 좋은 사람이 한 명도 없었습니다. 전 그들이 거짓말을 한다고 생각했습니다. 하지만 그들을 보면서 기억술을 다른 사람에게 가르치면 어떨까 하는 아이디어가 떠올랐습니다. 제 능력을 팔아야 하는 상황이었습니다. 다른 것은 못하니까 팔 수 있는 것이라고는 머리밖에 없었습니다. 그래서 토니 부잔을 따라 해 봤습니다. '당신의 뇌를 발전시켜라!' 이런 말을 했지만 저와는 맞지 않았습니다."

"기억 기법을 쓰지 않나요?" 내가 물었다.

"예." 그가 분명히 대답했다.

대니얼이 자신이 타고난 서번트라는 이야기를 조작했다면 분명히 거짓말이니까 그의 놀라운 능력은 믿을 것이 못 된다. 그가 서번트라는 옷을 걸치고 싶어서 남몰래 기억술을 훈련했으면서도 그것을 감추고 있다면, 들통 날 수도 있는 과학적 검증을 왜 굳이 자청해서 받았을까?

대니얼이 그가 말한 대로 타고난 서번트인지 아닌지 알 방법이 없을까? 과학자들은 공감각이 존재한다는 것에 대해 오랫동안 회의적이었다. 그들은 이 현상을 속임수로 보거나, 어린 시절 숫자와 색깔 사이에 만들어진 연상이 사라지지 않고 계속 이어진 것이라 생각했다. 문헌으로 보고된 사례들이 있는데도, 현실적으로 존재할 것 같지 않은 일이 뇌에서 실제로 일어난다는 것을 증명할 방법이 없었다. 1987년에 배런-코헨이 공감각을 측정하고 평가할 수 있는 엄격한 기준인 '공감각 천재성 시험'을 마련했다. 이 시험은 공감각자가 말하는 단어-색상 연상이 어느 정도 일관성 있는지를 일정한 시간을 두고 측정한다. 배런-코헨에게 이 시험을 받은 대니얼은 간단히 통과했다. 혹시 훈련받은 기억술사도 이 시험을 쉽게 통과하지 않을지 궁금했다.[6] 그리고 대니얼이 받은 다른 과학 시험에 이상한 점이 있었다. 무엇보다 얼굴 기억 시험에서 아주 저조한 결과가 나왔다. 시험을 담당한 배런-코헨은 '그의 얼굴 기억이 손상된 것 같다'는 결론을 내렸다. 이것을 서번트도 못 하는 것이 있을 수 있다는 뜻으로 해석할 수도 있지만, 대니얼이 세계 메모리 챔피언십에 출전했을 때 얼굴과 이름 종목에서 금메달을 딴 사실을 알면 쉽게 이해할 수 없을 것이다.

대니얼의 공감각을 좀 더 확실하게 증명할 수 있는 시험은 fMRI를 이용하는 것이다. 숫자－색 공감각자가 숫자를 읽는 동안 fMRI 스캐너로 뇌를 스캔해 보면 색 처리와 관련 있는 뇌 부위가 활성화되는 것을 알 수 있다. 흥미로운 것은, 배런-코헨이 fMRI 전문가들과 팀을 이뤄 대니얼의 뇌를 확인한 결과 그의 뇌에서는 이 현상이 일어나지 않았다는 점이다.[7] 그들은 대니얼이 '일반적으로 공감각과 관련이 있는 것으로 알려진 부위가 활성화되지 않았다는 것은 그가 다른 공감각자들과 달리 좀 더 추상적이고 개념적인 공감각 형식을 가지고 있다는 것을 보여 준다'고 판단했다. 하지만 그가 공감각 천재성 시험을 통과했다는 사실이 없었다면, 이 결과로 그가 공감각자가 아니라는 결론을 내려도 이상할 것이 없을 것이다.

"가끔 사람들이 내게 과학자들의 실험 대상이 되었다고 생각하지 않는지를 물어본다. 인간의 뇌를 제대로 이해하는 데 내가 도움이 되고, 이것이 모든 사람에게 이익이 되는 일이라는 것을 알기 때문에 괜찮다. 오히려 나 자신과 내 정신의 작동 방식을 더 잘 알 수 있었기 때문에 감사하고 있다." 그가 자서전에 쓴 말이다. 안데르스 에릭손이 자신의 방식으로 대니얼을 시험해 보려고 연구소에 방문해 달라고 초청했지만, 그는 너무 바빠서 갈 상황이 못 된다며 정중히 거절했다.

대니얼을 대상으로 한 모든 실험은 귀무가설의 문제를 안고 있다. 귀무가설이란, 대안으로 수립된 가설들이 거짓으로 입증될 경우 참이 되는 작업가설이다. 즉 대니얼이 서번트가 아니라면 그는 평범한 사람이라야 한다. 하지만 정작 시험이 필요한 것은 세상에서 가장 유명한 서번트가 사실은 훈련된 기억술사일 수도 있다는 대안 가설이나 가능성이다.

대니얼을 처음 만나고 거의 1년 뒤에 그의 자서전을 출간한 출판사에서 나한테 그를 다시 만나 볼 의향이 있는지 물어보는 메일을 보냈다. 당시 그는 ABC의 〈굿모닝 아메리카〉 출연과 자서전 『브레인맨, 천국을 만나다』의 홍보를 위해 뉴욕에 있었다.

커피 한 잔을 마시며 잠시 근황 이야기를 나눈 뒤 숫자 9,412가 어떻게 보이는지 다시 물었다. 같은 질문을 세 번째 한다는 걸 눈치를 챘는지, 뭔가 알겠다는 표정으로 눈을 감았다. 그는 손으로 귀를 감싸 잡은 뒤 2분 동안 아무 말 없이 가만히 있다가 마침내 "머릿속으로 보이지만 숫자를 쪼갤 수 없습니다." 하고 입을 열었다.

"지난번에 물었을 때는 거의 바로 대답했습니다."

그가 기억을 더듬는지 한참 더 생각했다. "진한 청색입니다. 끝이 뾰족하고 반짝거리고 둥둥 떠다닙니다. 이 수를 94와 12로 나누어 볼 수도 있는데, 그러면 삼각형처럼 보입니다." 그는 상기된 얼굴로 팔짱을 끼며 말을 이어 갔다. "상황에 따라 다릅니다. 숫자를 정확하게 들었는지, 어떻게 쪼개는지에 따라 달라요. 컨디션에 따라 다르고, 가끔 실수도 합니다. 엉뚱한 숫자를 보기도 하고요. 숫자가 비슷해 보이면 그런 실수를 더 합니다. 그래서 과학자한테 시험받는 것을 선호하는 겁니다. 과학자가 시험할 때는 이런 스트레스를 받지 않거든요."

나는 앞서 두 차례 만났을 때 그가 9,412에 대해 어떻게 말했는지 적어 놓은 것을 읽어 줬다. 큰 차이는 없었다. 나는 그의 서번트 증후군에 대한 내 가설을 이야기했다. 물론 입증하기 어렵다는 것은 잘 알고 있었다. 내 가설은 이랬다. 그는 다른 지력 선수들처럼 가장 기본적인 기억 기법을 쓴다. 그리고 기억술에서 가장 간단한 기법을 쓴다는 것, 즉

00에서 99까지 각 두 자리 숫자 조합을 간단한 이미지와 결합해 기억한다는 사실을 숨기기 위해 숫자를 공감각적으로 묘사하는 생소한 방법을 개발했다. 가설이라고 했지만, 이 말은 내가 지금까지 누군가에게 한 말 중에서 가장 입 밖에 내기 힘들었다.

대니얼 태멋의
진실 혹은 거짓

나는 이 책에 대니얼의 이야기를 넣을지 말지를 두고 마지막까지 고민했다. 그러다 이 장의 원고를 거의 다 쓰고 출판사에 넘길 준비를 하던 어느 늦은 밤 인터넷에 접속해 그의 이름을 마지막으로 한 번 더 검색했다. 다른 뜻이 있지는 않았고, 혹시 내가 놓친 것이 있는지 점검하고 1년 넘게 문서 폴더에 넣어 둔 채 방치한 이야기를 떠올려 볼 참이었다. 그런데 내가 놓치고 있는지조차 모르고 있던 대니얼 홈페이지(www.danieltammet.com)의 캐시 파일이 용케 검색됐다. 이 사이트는 2000년에 개설됐는데 3~4년 정도 오프라인 상태였다. 운영자인 대니얼을 소개하는 7년 전의 '자기소개' 페이지를 열어 보니, 『브레인맨, 천국을 만나다』에서는 언급하지 않은 다소 놀라운 사실이 담겨 있었다.

내가 기억과 기억 스포츠에 관심을 갖게 된 계기는 열다섯 살 때 시험에서 좋은 성적을 얻기 위해 우연히 접한, 주요 기억 개념을 다룬 동화책이다. 이듬해에 나는 그 개념들을 활용해 중등 교육 졸업 시험을 우수한 성적으로 통과했고, 대학 입학 시험에서도 좋은 결과를 얻었다. 게다

가 프랑스어와 독일어도 습득할 수 있었다. …… 기억 스포츠에 대한 관
심이 계속 커져서 그 뒤 몇 달 동안 집중적으로 훈련한 결과, 세계 메모리
챔피언십에서 5위에 올랐다.

이보다 앞서 나는 보낸 이는 대니얼 앤더슨이지만 대니얼 코니의 이
메일 주소로 몇 년 전에 발송된 메시지들을 찾아냈다. 여기에서 그는
자신을 '다른 사람들의 운명을 개척해 주는 천부적 재능을 타고난 20
년 경력의 존경받는 초능력자'라고 소개했다. 메시지를 읽어 보면 대
니얼 앤더슨은 누차 말한 것처럼 어렸을 때 자주 겪은 발작 때문에 초
능력을 얻었다. 그리고 '대인관계, 건강과 돈, 연예, 사후 세계 등 모든
고민'에 대해 그와 전화 상담하는 것을 예약할 수 있는 사이트가 링크
되어 있었다.

나는 이메일을 보면서 생각해 둔 것을 대니얼에게 물었다. 6년 전에
그는 간질 발작 때문에 초능력이 생겼다고 말했다. 그런데 지금은 간
질 발작 때문에 서번트가 되었다고 말한다. "누군가가 당신을 의심한
다면, 그 이유를 아시겠습니까?" 내가 물었다.

그가 잠시 마음을 진정시키더니 "정말 당혹스럽네요." 했다. "가정교
사로 일하려고 했는데 잘 되지 않았습니다. 그러다가 어떤 사람이 자신
이 초능력자라며 운세를 점칠 수 있다고 하는 광고를 봤습니다. 전화로
집에서 할 수 있는 일이었습니다. 저 같은 사람에게 딱 맞는 일이었죠.
물론 저는 초능력자가 아니었습니다. 1년 정도 하다가 그만뒀는데 별
로 돈벌이가 되지 않았습니다. 초능력자가 아니니까 운세를 점칠 줄 몰
랐고, 상담을 청한 사람들한테 해 줄 말도 없었습니다. 그래서 욕을 많

이 먹었죠. 전 거의 듣기만 했습니다. 할 말이 없어서, 처음부터 끝까지 사람들이 하는 말을 경청하는 기회로 삼았습니다. 벌써 지난 일이지만, 하지 말았어야 하는 일입니다. 그러고 보면 인생이 참 복잡합니다. 제가 지금처럼 대중에게 알려질 줄은 꿈에도 생각하지 못했습니다. 약속합니다. 저는 이 분야의 유명한 과학자들이 제가 서번트인지 아닌지 알아보는 시험을 치렀습니다. 그리고 그들은 제가 서번트라는 의견을 냈고요. 한 사람이 아니라 여러 사람의 공통 의견입니다."

그와의 마지막 만남이 끝나갈 즈음 나는 세상에서 가장 유명한 서번트인 그가 진짜 서번트라는 것을 못 믿는 이유를 차근차근 이야기했다. "믿고 싶지만 이해가 안 됩니다." 내가 말했다.

"제가 당신을 속이려고 했다면, 제가 당신을 기만하려고 했다면, 벌써 그렇게 했을 겁니다. 온갖 거짓말을 했을 겁니다. 그리고 뭐든 시키는 대로 했겠지요. 저는 당신이 저를 어떻게 생각하는지 전혀 개의치 않습니다. 사석이라서 하는 말이 아닙니다. 저는 누가 저를 어떻게 생각하든 상관하지 않습니다. 전 저 자신을 압니다. 눈을 감으면 머리에서 무슨 일이 일어나는지 압니다. 숫자가 제게 어떤 의미인지 압니다. 설명하기 쉽지 않은 것들입니다. 말로 어떻게 표현해야 당신이 쉽게 이해할 수 있을까요? 제가 자기 방어에 능한 사람이라면, 아주 신중하게 생각하고 당신이나 다른 사람들에게 큰 인상을 주려고 갖은 노력을 했을 겁니다." 그가 솔직하게 말했다.

"당신은 모든 사람에게 큰 인상을 남겼습니다."

"사람들은 과학자를 믿고, 그 과학자들이 저를 연구했습니다. 저도 과학자들을 믿습니다. 그들은 중립적입니다. 그들은 언론이 아닙니다.

그들은 특정한 각도에서 쓴 글에 관심이 없습니다. 그들은 진리에 관심을 둡니다. 언론에 관한 한 저는 그저 접니다. 좋은 인상을 줄 때도 있겠지만, 너무 긴장하면 좋은 인상을 못 줄 수도 있습니다. 저도 인간입니다. 인간이니까 항상 똑같을 수는 없습니다. 저를 인터뷰한 사람들 중에 당신이 가장 저를 평범한 사람으로 대했습니다. 당신은 저를 우러러보지 않았습니다. 당신은 저를 당신과 동등한 사람으로 대했습니다. 저는 이런 당신의 태도를 존중합니다. 저는 서번트보다는 인간이길 바랍니다."

"그건 제가 당신이 그저 평범한 사람일 뿐이라고 의심하기 때문일 수도 있습니다." 내가 말은 이렇게 했지만, 생각은 달랐다. 대니얼을 보며 내가 좌절한 것은, 그가 평범하지 않다는 것을 알았기 때문이다. 사실 그에 대해 내가 확실하게 말할 수 있는 한 가지는 그가 아주 똑똑하다는 것이다. 나는 기억 훈련이 얼마나 고된지 누구보다 잘 안다. 물론 기억 훈련은 누구나 할 수 있다. 하지만 대니얼만큼 잘할 수 있는 사람은 없다. 나는 대니얼이 특별하다고 믿었다. 다만 그가 자기 입으로 말하는 대로 특별한지, 그가 정말 서번트인지 확신하지 못했을 뿐이다.

나는 대니얼에게 거울에 비친 자신의 모습을 보면서 정말 스스로 서번트라고 생각하는지 물었다. "제가 서번트라고요?" 그는 들고 있던 커피 잔을 내려놓고 내 쪽으로 몸을 기울이며 말했다. "그것은 이 단어를 어떻게 정의하느냐에 달려 있지 않을까요? '서번트'를 어떻게 정의하느냐에 따라 저는 서번트일 수도 있고 아닐 수도 있습니다. 킴 피크도 마찬가지겠지요. 어떻게 정의하느냐에 따라 이 세상에 서번트가 전혀 존재하지 않을 수도 있습니다."

정의에 따라 다를 수 있다는 그의 지적은 옳다. 트레퍼트는 자신의 책 『서번트 증후군』에서 서번트 증후군을 '심각한 지적 장애가 있는 사람들이…… 이런 장애와 정반대로 특정 분야에서 놀라운 능력이나 천재성을 발휘하는 극히 드문 경우'라고 정의했다. 이 정의에 따르면, 대니얼이 기억술을 쓰는가라는 문제는 그가 서번트인가라는 문제와 아무런 관련이 없다. 문제는, 그가 발달 장애를 겪었고 엄청난 지적 능력이 있다는 것이다. 트레퍼트의 정의에 따르면, 장애가 겉으로 두드러지지 않는 대니얼이 실은 엄청난 서번트일 수 있다. 그런데 트레퍼트의 정의가 간과하는 것이 있다. 킴 피크같이 무의식적이고 거의 자동적이기까지 한 놀라운 지적 능력을 가진 사람과 장시간 체계적 훈련을 해서 같은 능력을 갖게 된 사람 사이의 분명한 차이다.

19세기 후반까지만 해도 '서번트'라는 말이 오늘날의 뜻과는 전혀 다른 뜻으로 쓰였다. 이 말이 식자(識者)에게 부여되는 최고의 찬사였다. 서번트는 여러 분야에 정통한 사람, 추상적인 아이디어를 파는 사람, 프랑스 출신의 생리학자 샤를 리셰가 1927년에 쓴 『어느 서번트의 자연사』에서 주장한 것처럼 '진리 탐구에 전념하는' 사람이었다. 그래서 서번트는 학자나 석학으로 해석된다. 애초에 이 단어는 비범한 능력이나 놀라운 기억과는 아무 관련도 없었다. 그러다 20세기에 접어들면서 뜻이 바뀌었다. 자기 이름을 딴 염색체 질환, 다운증후군으로 더 유명한 영국 의사 존 랭던 다운이 1887년에 '백치 서번트'라는 개념을 만들었다. 그러나 '백치'가 인종차별적인 단어라고 해서 쓰이지 않게 되어 서번트만 남았다. 기억이 외부화되고 기억술이나 기억 훈련이 현실과 동떨어진 과거의 유물로 취급되는 세상에서 '서번트'는 전문적인 기술 용어로서 지적 성취의 상징이었다가 부자연스럽고 이상한 상황, 즉 증후군을 뜻하는 말로 바뀌었다. 오늘날 어느 누구도 영국 출신으로 컬럼비아대학교 신경학과 교수이자 베스트셀러 작가인 올리버 색스처럼 말 그대로 박학다식한 사람을 서번트라고 하지는 않는다. 현재 이 단어는 색스가 그의 저서 『아내를 모자로 착각한 남자』에서 소개한, 마루에 엎질러 놓은 성냥개비 개수를 순식간에 맞출 정도로 숫자에 비범한 재능을 보였던 쌍둥이 자폐 천재처럼 장애가 있지만 동시에 어느 분야에서 놀라운 능력을 발휘하는 사람들에게만 사용된다.

그렇다면 대니얼 같은 사람은 어떨까? 서번트에 대한 오래된 미신 중 하나는, 그들이 천재로 태어날 운명이었지만 운명의 장난으로 재능이 하나만 남고 나머지가 다 사라졌다는 것이다. 나는 대니얼이 정말 서번트인지 아직도 궁금하다. 그가 타고난 능력이 아니라 훈련을 통해 원주율 2만 2,000자리를 기억하고, 세 자리 숫자의 곱셈을 암산할 수 있는 것이라면 그를 뭐라고 할 수 있을지 궁금하다. 만일 이런 가정이 사실이라면, 그가 킴 피크보다 위대하다고 할 수 있을까? 그 반대는? 나는 주변의 온갖 역경을 극복하고 비범한 능력을 발휘하는 대니얼 태멋 같은 사람들이 있다고 믿고 싶다. 바로 그런 불굴의 의지와 능력 때문에 인간이 위대한 것이다. 대니얼이 이를 단적으로 증명한다. 우리는 모두 놀라운 잠재력을 가지고 있다. 다만 그것을 깨우는 일을 게을리 하고 있을 뿐이다.

chapter 11

새로운 챔피언이 되다

전미 메모리
챔피언십을 위한
막바지 훈련

2006년 전미 메모리 챔피언십은 지금까지 어느 메모리 대회에서도 시도하지 않은 새로운 이벤트를 준비했다. '티파티 스트라이크아웃'이라고 불린 희한한 이벤트로, 대회를 미국 전역에 중계할 케이블 네트워크 HD넷 제작자의 구미에 맞추기 위해 특별히 계획되었다. 일반인 다섯 명이 단상에 올라 집 주소·전화번호·취미·생일·좋아하는 음식·반려동물 이름·소유한 차의 제조 업체와 모델명 등 신상 정보 열 가지를 말해 주면, 대회 참가자들이 기억했다가 맞히는 것이었다. 세 번 틀리면 탈락하는, 말 그대로 티파티 이벤트 같은 종목이었다. 진작 메모리 대회에 도입해야 했던, 실생활의 기억술 수요에 딱 들어맞는 이벤트였다. 하지만 새로 채택된 종목이라 어떻게 준비해야 할지 난감했다. 솔직히 대회 한 달 반 전까지만 해도 중요하게 생각하지 않고 있었다. 그러다 부랴부랴 에드한테 전화를 걸어 도움을 청했다. 다섯 명에게 배당할 기억의 궁전을 구상하고, 그들의 신상 정보를 쉽고 빠르게 정리해 보관할 수 있는 시스템을 개발했다.

먼저 '티파티' 손님들에게 하나씩 할당할 가상 건축물 다섯 개를 구상했다. 외양은 제각각이지만 평면도는 거의 비슷하게 중앙에 마당이 있고 그 둘레로 방이 배치된 구조였다. 첫 번째 궁전은 필립 존슨이 지은 글래스 하우스 스타일의 유리 육면체였다. 두 번째 궁전은 샌프란

시스코에 가면 흔히 볼 수 있는 작은 탑이 특징인 퀸 앤 하우스로 주름진 소용돌이 문양과 화려한 장식이 특징이다. 세 번째는 물결 모양의 티타늄으로 만든 벽과 휘어진 창이 특징인 프랭크 게리 양식의 집이었다. 네 번째는 미국 3대 대통령인 토머스 제퍼슨이 생전에 살던 몬티첼로로, 붉은 벽돌이 인상적이었다. 마지막 다섯 번째는 딱히 특별한 것은 없고 벽만 밝은 청색으로 칠한 집이었다. 각 궁전의 부엌에는 주소, 서재에는 전화번호, 침실에는 취미, 욕실에는 생일을 저장할 생각이었다.

대회를 3주 앞둔 어느 날, 내가 메일로 보낸 훈련 결과를 검토한 에드가 이제 다른 훈련은 중단하고 티파티 이벤트에 집중하라고 했다. 나는 친구와 가족들을 불러 놓고 가상으로 자신의 신상에 대해 이야기하라고 하고 새로 만든 기억의 궁전에 그들의 이야기를 심어 놓는 연습을 했다. 여자 친구와는 저녁을 먹으면서 네브래스카 농부, 주부, 파리의 여자 재봉사 등 배역을 정해 준 뒤 그들의 신상 정보를 이야기하게 하고 기억의 궁전에 저장하는 연습을 했다.

전미 메모리 챔피언십을 1주일 앞두고 그 어느 때보다 강도 높은 훈련을 생각하고 있던 내게 에드가 전화해 그렇게 하지 말라고 충고했다. 보통 지력 선수들은 대회 1주일을 앞두고는 모든 훈련을 중단한다. 그동안 연습하며 쓴 기억의 궁전을 깨끗하게 비우기 위해서다. 그들은 기억의 궁전을 걸어 다니면서 어디엔가 남아 있을지 모를 이미지를 찾아내 기억에서 철저히 지운다. 경쟁이 심하고 심리적 부담이 크다 보니, 막판에 시간에 쫓기면 대회를 앞두고 기억했던 것이 엉뚱하게 튀어나와 방해할 수 있기 때문이다. "일부 선수들, 특히 높은 경지에 도달한 선수들은 대회 사흘 전부터는 아예 말도 하지 않습니다. 그들의 인식에 들어오는 어떤 연관이 대회 당일에 구성하는 연상에 끼어들 수 있다는 것을 알기 때문이지요." 토니 부잔이 말했다.

에드는 올해 전미 메모리 챔피언십에는 참가하지 않고 참관만 할 계획을 일찌감치 굳혔다. 하지만 대회 직전에 오스트레일리아에 가야 할 일이 생겼다. 시드니대학이 스포츠 종목인 크리켓이 제기한 현상론적 문제에 대해 철학적 연구를 수행할 드문 기회를 주었기 때문이다. 그는 크리켓이, 인간의 세계 인식이 기억에 크게 좌우된다는 자신의 명제를 증명하는 데 병아리 성 감별사나 체스 그랜드 마스터보다 더 좋은 사례가 될 수 있을 것으로 기대했다. 이런 상황에서 그가 영국보다 거리도 멀고 경비도 그만큼 더 드는 것을 감내하면서까지 시드니에서 뉴욕으로 날아올지는 미지수였다.

대회 개막 이틀 전, 그가 메일로 미안한 마음을 전했다. "내가 가지 못해 기분이 상했을 것 같은데 달래 줄 방법이 있을까?" 하지만 내 기분은 그냥 상한 정도가 아니라 거의 공황 수준이었다. 주변 사람들에게는 그냥 재미 삼아 참가하는 것일 뿐이라고 말하고 친구에게는 '주말을 이렇게 보내는 것도 색다른 경험'이라고 했지만, 그건 다 농담이었고 이 '별난 대회'에서 꼭 승리하겠다고 굳게 다짐하고 있었다. 그러던 차에 에드가 오지 못한다고 하니 더 불안할 수밖에 없었다.

막판에 에드가 뉴욕에 올 수 없게 되면서 다른 경쟁자들에 대한 전략을 짜는 일은 전적으로 혼자만의 몫이 되어 버렸다. 그들이 지난 한 해 동안 얼마나 강도 높은 훈련을 했을지, 어떤 새로운 기법을 들고 나와 상대를 긴장시킬지 아무도 모를 일이었다. 내가 아는 한 항상 생기발랄

하고 태평해 보이는 램 콜리가 참가자들 중에서 가장 비범했다. 그가 작정하고 유럽인들처럼 맹훈련했다면, 아무도 그를 당해 낼 재간이 없을 것이다. 하지만 난 그가 그렇게 열심히 훈련했을 거라고는 생각하지 않았다. 일단 내가 가장 경계한 인물은 모리스 스톨이다. 일부러 시간을 내서 에드의 밀레니엄 PAO 시스템이나 벤의 2,704개 이미지 카드 시스템 같은 독자적인 시스템을 고안할 수 있는 사람은 모리스밖에 없었다.

대회 전날 저녁, 에드가 이메일로 마지막 조언을 보내왔다. "이제는 이미지를 음미하기만 하면 돼. 그동안 연습한 게 있으니까 네 이미지를 믿고 잘 따라가면 잘 해낼 수 있을 거야. 어느 종목이든 걱정하지 마! 마음 편히 먹고, 상대는 신경 쓰지 말고. 그냥 즐기는 거야! 난 벌써 네가 자랑스럽다. 그리고 상처 없이는 영광도 없다는 말 꼭 기억해."

그날 밤 나는 침대에 누워 머릿속에 저장해 놓은 기억의 궁전을 하나씩 둘러보고 모리스가 어떤 전략으로 나올지 생각했다. 잠이 오지 않았다. 모리스가 지난 대회에서 겪은 것처럼 지력 선수가 잠을 푹 자지 못한다는 것은 축구 선수가 '대회 전날 다리를 다치는 것'과 같다.

수면제를 먹고 나서야 3시경에 겨우 잠이 들었지만 사나운 꿈을 꿨다. 스페이드 킹과 퀸의 이미지인 대니 드비토와 레아 펄만이 말(스페이드 7)을 타고 주차장 주변을 돌면서 자신들이 타고 온 람보르기니 쿤타치(하트 잭)가 어디 있는지 계속 찾아다녔다. 그러다가 두 사람과 그들이 타고 있던 말이 아스팔트로 녹아 스며들더니 곧바로 모리스 스톨이 멩겔레(나치 치하에서 유대인 생체 실험을 일삼은 내과 의사로 죽음의 천사라고 불렸다.—옮긴이)와 함께 나타나 깔깔대며 웃었다. 네 시간 뒤 잠에서 깬

나는 비몽사몽 상태로 생각지도 않게 두 번이나 머리를 감았다. 평소에 하지 않던 행동이 불길한 징조 같아서 찜찜했다.

강력한 우승 후보
모리스와의 신경전

                       콘 에디슨 본사에 도착해 엘리베이터를 타고 19층에 내리니 벤 프리드모어가 나를 반갑게 맞아 주었다. 대회에 참가하기 위해 영국에서 혼자 비행기를 타고 일찌감치 온 것이다. 그는 맨체스터 공항에서 수속 마감 직전에 이코노미석에서 1등석으로 등급을 올려 타고 왔다고 자랑하듯 말했다. "이런 게 돈 낭비겠죠?" 나는 그의 닳아빠진 허름한 구두를 내려다보며 말했다. "좋은 지적입니다."

"시합은 시작도 안 했지만 전 벌써 진 거나 마찬가지입니다." 벤에게 하소연하듯 말했다. 지난밤에 잠을 설친 것과 아침에 두 번이나 머리 감은 일을 이야기했다. 그는 수면제는 먹지 말았어야 했다는 투로 시합 내내 약물이 혈관을 타고 돌아다닐 것이라고 했다.

나는 피로를 풀려고 커피 두 잔을 연거푸 마셨다. 하지만 피로는 가시지 않고 신경만 더 곤두서는 것 같았다. 대회 당일 최상의 컨디션을 유지하기 위해 숙면하는 것이 중요하다는 것을 잘 알면서도 잠을 설쳤다는 것이 믿기지 않았다. 그새 모리스가 텍사스에이앤드엠대학 동문 모자와 페이즐리 무늬 셔츠를 입고 작년보다 더 활기찬 모습으로 걸어 들어왔다. 자신감이 넘쳐 보였다. 대회장 맞은편에 서 있던 나를 알아본 그가 곧장 다가와 악수를 청한 뒤 옆에 같이 있던 메모리계의 전설 벤 프리드모어에게 자신을 소개했다.

모리스는 "참가했군요." 하며 내가 대회에 참가할 줄 알았다는 듯 말했다. 원래 그가 눈치채지 못하게 몰래 참가해 깜짝 놀래 줄 생각이었다. 하지만 누군가가 내가 에드 쿡과 훈련한다는 것을 알려 준 게 분명했다.

"올해 대회에 참가하려고 생각했습니다." 내가 태연하게 말했다. 그리고 '조슈아 포어, 지력 선수'라고 적힌 내 이름표를 보이며 읽어 줬다. "기자의 실험 정신이라고 해 두죠."

"올해 숫자들은 어떤가요?" 내가 물었다. 그가 기억 시스템을 업그레이드했는지 살짝 떠보려고 던진 질문이다.

"좋습니다. 당신 건요?"

"좋아요. 카드는요?"

"괜찮아요. 당신은요?"

"카드에서는 괜찮을 겁니다. 아직 작년 것과 같은 시스템을 쓰나요?"

그는 아무 대답 없이 어깨만 으쓱하더니 이렇게 물었다. "간밤에 잠은 잘 잤나요?"

"뭐라고요?"

"잘 잤냐고요?"

그가 왜 이걸 묻는 걸까? 내가 잠을 설친 것을 알고 있나? 아니면 심리전을 벌이기 위한 수작일까? "기억하시죠. 제가 작년에 잠을 잘 못 잤거든요." 그가 덧붙였다.

"예, 기억합니다. 올해는요?"

"올해는 잘 잤습니다."

"조쉬는 수면제를 먹었답니다." 벤이 쓸데없이 나섰다.

"잠이 안 올 때는 도움이 됩니다. 그렇죠?"

"저도 수면제를 먹어 봤는데 숫자를 암기하다가 다음 날 아침에 겨우 잠들었습니다. 수면 부족이 기억의 적이라는 건 아시죠?" 그가 말했다.

"알죠."

"여하튼, 오늘 행운을 빕니다."

"당신도요."

드디어 선수로 대회에 입성하다

앞서 잠깐 말했듯이 올해 전미 메모리 챔피언십이 그 전 대회에 비해 달라진 점은 대회 중계를 위해 TV 카메라를 설치하고, 복싱 전문 아나운서인 케니 라이스와 전미 메모리 챔피언십 네 차례 우승에 빛나는 스콧 해그우드가 대회장 전면 단상에서 대회를 실황 중계할 예정이라는 것이었다. 그래서 대회가 마치 모큐멘터리(다큐멘터리 형식을 빌려 허구를 그리는 영화―옮긴이)를 찍는 세트 같은 묘한 분위기가 났다. 라이스가 대회 참가자들을 '지적 능력을 완전히 새로운 경지로 끌어올린 사람들'이라고 소개하는 목소리가 귀에 들리는 것 같았다.

그동안 참관한 국제 대회에서는 선수들이 대회가 시작하기 전 얼마 안 되는 시간에 귀덮개를 쓰고 조용히 명상을 하거나 뇌 워밍업을 했는데, 미국 대회는 마치 동호회 모임에 온 사람들처럼 이리저리 돌아다니며 잡담을 주고받느라 바빴다. 나는 혼자 구석으로 가서 귀마개를 쓰고 유럽의 지력 선수들처럼 머리를 비웠다.

쉰여덟 살로 호리호리한 체구에 콧수염과 백발이 인상적인 토니 도티노가 단상에 올랐다. 토니 부잔의 미국인 제자로 1997년 전미 메모리 챔피언십을 창시해 대회를 이끌어 오고 있는 그는 IBM, 영국항공, 콘 에디슨 같은 대기업을 상대로 직원들이 기억술을 통해 생산성을 높일 방법을 조언하는 일을 하고 있다.

그는 양쪽 검지로 참가자들을 가리키며 말했다. "여러분은 국민들에게 기억이 일부 관심 있는 사람들의 전유물이 아니라는 것을 몸소 보여 주고 있습니다. 여러분은 앞으로 모든 사람의 본보기가 될 것입니다. 우리는 태어난 지 얼마 안 된 메모리 대회의 역사를 쓰고 있습니다. 그 주인공이 바로 여러분입니다." 나는 그의 나머지 연설은 듣지 않고 다시 귀마개를 쓴 채 마지막으로 한 번 더 기억의 궁전을 둘러봤다. 에드가 전에 가르쳐 준 대로 이미지가 잘 보일 수 있게 창문은 모두 열려 있는지, 오후의 맑은 햇살이 열린 창문 사이로 잘 들어오는지 확인했다.

도티노의 말대로 역사상 전례가 없는 '메모리 대회의 역사를 쓰고 있는' 사람들은 위스콘신 주에서 온 루터교회 목사 T. 마이클 하티, 레이먼 매튜스의 제자인 재능 있는 10퍼센트 여섯 명, 버지니아 주 리치몬드 출신으로 기억 전문 트레이너로 일하는 폴 멜러 등 10개 주에서 온 지력 선수 30여 명이었다.

그중 눈에 띄는 인물은 마흔일곱 살의 폴 멜러로 전국을 돌아다니면서 기억술을 가르치는 자칭 기억 전도사였다. 대회 전 주까지 그는 뉴저지 주에서 경찰관을 대상으로 자동차 번호판을 빨리 암기하는 방법을 가르쳤다고 한다.

　벌써 실력이 검증된 선수들은 대회장 뒤쪽에 자리가 따로 있었다. 모두 도티노가 대회 타이틀을 놓고 경합할 것으로 점친 선수들이었다. 맨 뒷줄 끝자리지만 나도 그들과 같은 곳에 배정됐다. 첫 출전인데도 도티노가 신경을 써 준 것 같았다. 도티노와 나는 작년 대회 이후 기회가 있을 때마다 만나서 이런저런 이야기를 나눴고, 그가 내 훈련 결과를 계속 봤기 때문에 내가 첫 출전이라도 대회 타이틀을 놓고 다른 선수들과 경쟁할 실력이 있다고 판단한 모양이었다. 나와 같은 줄에는 샌프란시스코에서 온 서른 살의 소프트웨어 개발자 체스터 산토스도 있었다. 그는 '아이스 맨'이라는 가명을 썼는데, 여린 목소리에 수줍음을 잘 타는 그와 잘 어울리지 않는 이름이었다. 그는 지난 대회에서 3위를 차지했다.

　내가 아는 한 그는 나를 너무 싫어했다. 작년 전미 메모리 챔피언십에 대한 내 기사가『슬레이트』에 실리고 나서 바로 그가 도티노에게 보낸 이메일을 우연히 입수해 읽었다. 그는 이메일에서 내가 루카스와 에드는 '아주 인상적'이었다고 두둔한 반면, 미국 참가자들에 대해서는 '그냥 아마추어들로 열의를 느낄 수 없었다'고 심하게 폄하했다면서 '최악'이라고 비판했다. 게다가 겨우 1년밖에 훈련하지 않은 신참내기가 뻔뻔스럽게 자기와 같은 줄에서 겨룬다는 사실이 그로서는 엄청난 모욕이었을 것이다.

　근처에 서 있던 케니 라이스가 "주말에만 운동하는 사람이 일대일 경기에서 프로 선수를 상대하려고 하다니 놀라울 따름입니다." 하는 소리가 들렸다. 분명히 나를 두고 하는 말이었다.

얼굴과 이름 기억하기
그리고 스피드 넘버

　　　　　　　현재 여러 국가에서 개최되고 있는 메모리 대회들이 채택하는 종목은 거의 비슷한데, 세계메모리스포츠위원회의 규정과 비교하면 미국은 약간 다른 규칙을 따른다. 국제 대회에서는 각 종목의 점수를 합산해 최종 점수로 승자를 결정하는데 미국은 그렇게 하지 않는다. 일단 오전과 오후로 나눠 오전에는 메모리 대회의 기본 종목이라고 할 수 있는 스피드 넘버, 스피드 카드, 얼굴과 이름, 시 등 네 종목에서 예선을 치르고 오후에 개최되는 본선에 진출할 여섯 명을 뽑는다. 여섯 명은 '단어 기억', '티파티 스트라이크아웃', '카드 두 벌 암기' 등 세 종목에서 텔레비전 퀴즈 프로그램에서 즐겨 쓰는 '승자 진출' 방식으로 경쟁을 벌인다. 마지막에 남는 사람이 전미 메모리 챔피언십 우승자가 되는 것이다.

　예선 첫 번째 종목은 훈련할 때 곧잘 한 얼굴과 이름이었다. 이 종목의 핵심은 99명의 얼굴 사진을 이름과 함께 기억하는 것으로 얼굴과 이름을 확실하게 연결할 수 있는 연상 이미지를 떠올리는 것이 좋은 점수를 얻는 데 관건이다. 이날 출제된 에드워드 베드포드라는 이름을 예로 들어 보자. 그는 흑인으로 염소수염이 있고 머리는 뒤로 넘겨 빗었다. 또 색이 옅은 선글라스를 쓰고 왼쪽 귀에는 귀고리를 하고 있었다. 그의 얼굴과 이름을 연결하기 위해 성(城) 베드포드는 포드 트럭 바닥(bed)에 누워 있는 그를 떠올렸다. 하지만 별로 특이한 것 같지 않아서 다시 강에 침대(bed)를 띄우고 강을 건너는(fording) 모습을 떠올렸다. 에드워드는 침대에 올라간 에드워드 시저핸즈(영화 〈가위손〉의 원제

이자 주인공의 이름이다.—옮긴이)가 강을 건널 때 가위손으로 침대를 갈기 갈기 찢는 모습을 상상했다.

예를 하나 더 들어 보자. 손에 송어를 들고 있는 숀 커크라는 백인이 었다. 그는 구레나룻이 있고, 뇌졸중 환자처럼 입이 비뚤어져 있었다. 나는 그의 이름을 기억하기 위해 조금 다른 기법을 썼다. 폭스 뉴스의 숀 해니티 앵커와 〈스타 트랙〉에 나오는 스타쉽 엔터프라이즈 호의 커크 선장과 짝을 이뤄 세 사람이 인간 피라미드를 쌓는 것을 떠올렸다.

15분이 지나자 심판이 다가와 이름이 적힌 얼굴 사진 묶음을 걷어 가고 순서를 섞어 놓은 새로운 묶음을 주었다. 새로 받은 묶음에는 얼굴만 있고 이름은 없었다. 이제 15분 동안 가능한 한 많은 이름을 맞히면 된다.

15분이 지나 펜을 내려놓고 답안지를 제출했다. 숀 커크와 베드포드는 얼굴 사진을 보는 즉시 떠올랐지만 예쁘게 생긴 금발 여성과 프랑스인 같았던 갓난아기의 이름 등 몇몇 이름은 확실히 생각나지 않았다. 썩 잘했다고 말하기는 어려웠다. 절반 정도 맞힌 것 같았다. 그런데 뜻밖에 107점으로 3위를 기록했다. 램 콜리가 115점으로 나보다 앞섰고, 104점을 맞은 모리스 스톨은 뒤에 있었다. 1위는 124점으로 미국 신기록을 작성한 에린 호프 룰리가 차지했다. 에린은 펜실베이니아 주 메카닉스버그에서 온 열일곱 살 먹은 수영 선수였다. 그녀의 점수는 독일의 정상급 지력 선수들도 인정할 만큼 아주 높은 것이었다. 점수가 발표되자 그녀는 자리에서 일어나 수줍은 듯 손을 흔들었다. 나는 램을 쳐다봤다. 때마침 그가 뒤를 돌아봐서 눈이 마주쳤다. 그는 "어디 출신이야?" 하고 그녀에 대해 묻는 듯 눈썹을 치켜올렸다.

두 번째 종목은 내 취약 종목인 스피드 넘버였다. 설상가상으로 에드의 가르침도 별로 도움이 안 된 종목이다. 에드가 지도를 못한 게 아니라 내가 그의 지도를 무시했기 때문이다. 그는 대회를 앞두고 몇 달 동안 계속 숫자에 대해 좀 더 복잡한 시스템을 개발하라고 촉구했다. 그가 요구한 시스템은, 자신이 몇 달 동안 공들여 만든 '군함' 밀레니엄 PAO 시스템까지는 안 돼도 다른 미국인 지력 선수들이 쓰는 간단한 메이저 시스템보다는 한 단계 앞선 것이었다. 나는 그의 요구대로 포커 카드 52장에 대해서는 나만의 PAO 시스템을 개발했지만, 00에서 99까지 두 자리 숫자 조합에 대해서는 같은 작업을 하지 않았다.

미국의 여느 지력 선수들과 마찬가지로 종래의 메이저 시스템을 채용한 나는 정해진 시간인 5분 동안 적어도 94자리까지는 암기할 생각이었다. 하지만 이 기록은 미국 평균에도 못 미치는 아주 낮은 목표였다. 여든여덟 번째 숫자를 이미지화하려고 씨름하고 있을 때다. 훈련한 대로라면 미국 게임 산업의 선구자 밀턴 브래들리가 개발한 인생 놀이의 확장판을 즐기는 가족을 떠올려야 했는데 갑자기 코미디언 빌 코스비가 떠올랐다. 그대로 끝나면 모리스에게 창피한 모습을 보일 것 같아 자책하고 있을 때 귀덮개 너머로 "벌써 많이 찍었잖아요!" 하고 고함치는 소리가 들렸다. 모리스가 계속 대회장을 돌아다니면서 사진을 찍던 사진기자가 신경에 거슬렸는지 버럭 화를 낸 것이었다. 결국 나는 5분 동안 87자리를 암기해 5위를 기록했다. 모리스는 미국 신기록인 148자리를 암기해 1위에 올랐고, 램은 124자리로 2위를 기록했다. 얼굴과 이름 종목에서 1위에 올랐던 에린은 52자리밖에 기억하지 못해 11위였다. 나는 자리에서 일어나 기지개를 켜고 커피를 한 잔 더 마셨다. "이들은 MA, 또는 지력 선수라고 합니다. 하지만 오늘 대결에 참가한 MA는 다른 무엇, 그러니까 지력이 아니라 정신적 고통을 대변하는 것 같습니다." 케니 라이스가 카메라를 향해 말하는 것이 들렸다.

스피드 카드에서 미국 신기록을 달성하다

스피드 넘버에서는 평범한 기억 기법을 써서 결과가 안 좋았지만 다음 종목인 스피드 카드는 달랐다. 나는 대회 참가자들 가운데 에드가 '유럽형 신무기'라고 칭찬한 최신 기법으로 무장한 유일한 참가자였다. 미국의 지력 선수들은 카드를 한 장씩 이미지로 바꿔 기억의 궁전에 심어 놓는 낡은 기법을 고수하고 있었고, 램이나 '아이스 맨' 체스터같이 4년 연속 대회에 참가하는 선수들도 겨우 카드 두 장을 이미지로 하나로 바꿔 기억하는 정도였다. 사실 2년 전만 해도 전미 메모리 챔피언십에서 카드 한 벌을 통째로 암기할 수 있는 선수는 한 명도 없었다. 에드 덕분에 나는 PAO 시스템으로 카드 석 장을 이미지 하나로 묶을 수 있었다. 이것은 다른 미국 지력 선수들이 쓰는 방법보다 적어도 50퍼센트 정도 더 효율적이었다. 나는 모리스, 체스터, 램이 다른 종목에서 나를 앞서도 스피드 카드에서 내가 그들을 충분히 따라잡을 수 있을 거라고 생각했다.

참가자들에게 초시계를 든 심판이 한 명씩 배정됐다. 그들이 탁자 맞은편에 앉았다. 내 심판은 중년 여성이었다. 자리에 앉으면서 웃는 얼굴로 뭐라고 하는 것 같았는데, 귀마개와 귀덮개 때문에 하나도 들리지 않았다. 나는 스피드 카드를 위해 검은색을 칠한 메모리 고글을 가져갔지만 카드를 섞을 때까지도 쓸지 말지 결정하지 못하고 망설였다. 그동안 계속 고글을 쓰고 훈련했고, 대회장 분위기도 아주 어수선했다. 더구나 방송용 카메라 석 대가 대회장에서 돌아가고 있었다. 카메라 한 대가 내 얼굴을 클로즈업하자 문득 이 방송을 보고 있을지도 모를 지인들이 생각났다. 몇 년 동안 못 본 고등학교 친구들, 내가 기억술에 관심 있다는 것을 모르는 친구들, 내 여자 친구의 부모님이 떠올랐다. 그들이 텔레비전을 틀었는데 검은색 커다란 안전 고글과 귀마개를 쓰고 카드 한 벌을 넘기는 내 모습을 본다면 어떻게 생각할까? 결국 나는 대회가 중요하기는 해도 내 주변 사람들이 당황할 것을 고려해 고글을 쓰지 않기로 마음먹고 탁자 밑에 내려놓았다.

대회장 앞에 서 있던 해군 훈련 병장 출신의 대회 주심이 큰 소리로 시작을 알렸다. 심판이 초시계를 눌렀다. 그와 동시에 나는 카드 한 벌을 쥐고 위에서부터 한 번에 세 장씩 다른 손으로 옮기며 암기하기 시작했다. 나는 누구보다 잘 아는 나만의 기억의 궁전, 네 살 때부터 내가 살던 워싱턴 D. C.에 있는 집에 카드 이미지를 저장하기 시작했다. 센트럴파크에서 에드의 할 일 목록을 기억할 때 이용한 바로 그 집이었다. 현관 앞에서 나는 친구 리츠가 돼지 한 마리를 산 채로 해부하는 장면(하트 2, 하트 3, 다이아몬드 2)을 그렸다. 현관 바로 뒤 에는 헐크가 귓불이 축 늘어질 정도로 커다란 귀고리를 하고 헬스용 자전거를 타는 이미지(클럽 3, 다이아몬드 7, 스페이드 잭)를 내려놓았다. 계단 아래 바닥에 놓인 거울 옆에는 미식축구 동부 지구 피츠버그 스틸러스의 전 쿼터백 테리 브래드쇼가 휠체어에 올라가 몸의 균형을 잡는 모습(하트 7, 다이아몬드 9, 하트 8)를 떠올렸고, 그의 뒤쪽으로 챙이 넓은 솜브레로를 쓴 난쟁이 기수가 우산을 낙하산 삼아 비행기에서 뛰어내리는 이미지(스페이드 7, 다이아몬드 8, 클럽 4)를 심어 놓았다. 카드를 반 정도 암기했을 때 모리스가 특유의 독일식 억양으로 다른 사진가에게 고함치는 소리가 들렸다. "그만 돌아다녀요!" 정신을 팔 틈이 없었다. 형의 침실에서는 내 친구 벤이 교황 베네딕트 16세의 해골에 실례하는 모습(다이아몬드 10, 클럽 2, 다이아몬드 6)을 떠올렸고, 복도에는 코미디언 제리 사인펠트가 람보르기니 보닛 위에서 피를 흘리며 큰 대자로 뻗어 있는 이미지(하트 5, 다이아몬드 에이스, 하트 잭)를 떠올렸다. 그리고 부모님 침실의 문 밑에는 내가 아인슈타인과 문워크 하는 이미지(스페이드 4, 하트 킹, 다이아몬드 3)를 내려놓았다.

스피드 카드는 카드를 신속하게 넘기는 것과 상세한 이미지를 떠올리는 것이 거의 완벽하게 조화를 이뤄야 한다. 짧은 시간을 낭비하지 않으면서 나중에 이미지를 재구성할 수 있도록 최대한 구체적이고 다채로운 이미지를 만들 수 있어야 한다. 나는 탁자에 손을 내려놓으면서 재빨리 초시계를 눌렀다. 아주 빨리 끝냈다는 것은 알았지만 얼마나 빠른지는 알 수 없었다.

맞은편에 앉아 있던 심판이 초시계에 찍힌 시간을 살짝 보여 줬다. 1분 40초였다. 내가 평소 훈련할 때 기록한 시간보다 단축된 시간으로, 1분 55초였던 미국 기록을 대폭 앞당긴 신기록이었다. 나는 잠깐 눈을 감고 탁자에 머리를 댄 채 미국 신기록을 달성했다는 사실에 속으로 쾌재를 불렀다.

나는 바로 고개를 들어 모리스 스톨을 힐끔 봤다. 평소보다 잘 안 되

는지 염소수염을 만지작거리는 게 긴장한 기색이 역력했다. 그가 고전
하는 것 같아 안도했다. 그리고 체스터를 봤다. 그는 만족스럽다는 표
정으로 능글맞게 웃고 있었다. 하지만 만족하던 표정과 달리 그의 기
록은 2분 15초로 미국 기록에 훨씬 못 미쳤다.

기억술사들의 세계에서 스피드 카드는 30초 대가 나와야 잘했다는
소리를 듣는다. 내가 기록한 1분 40초는 좋지도 나쁘지도 않은 기록이
다. 유럽의 웬만한 기억술사들에게 내 기록을 육상에 빗대 설명하면, 1
마일을 5분 대에 뛴 것과 같다. 앞서 말한 것처럼 현재 육상에서 1마일
4분 대 기록은 기본이고, 3분 대를 기록해야 잘 뛴 축에 든다. 하지만
내 상대는 유럽이 아니라 미국의 지력 선수들이다.

내 기록이 대회장에 알려지면서 카메라와 방청객이 내 주위로 몰리
기 시작했다. 심판이 아직 섞지 않은 포커 카드 한 벌을 내밀었다. 뒤섞
지 않은 카드 한 벌을 내가 기억한 순서대로 다시 배열하면 된다.

나는 섞지 않은 카드 한 벌을 부채꼴로 펼쳤다. 그리고 깊이 숨을 들
이쉰 다음 기억의 궁전을 따라 걷기 시작했다. 두 이미지를 제외하고
나머지는 내가 내려놓은 곳에 그대로 있었다. 물에 흠뻑 젖은 축축한
상태로 샤워장에 있어야 할 두 이미지가 온데간데없고 베이지색 타일
만 눈에 들어왔다.

"보이지 않는다." 나는 속으로 중얼거렸다. "보이지 않는다." 다시
빠르게 기억의 궁전을 돌아다니면서 이미지를 하나씩 살폈다. 거대한
발가락이 사라졌을까? 스카프 모양의 넥타이를 맨 멋쟁이가 사라졌을
까? 파멜라 앤더슨의 큰 가슴? 시리얼 요정 럭키 참스? 터번을 쓴 시크
교도 군? 아니다. 절대 아니다. 이것들은 심어 놓은 곳에 그대로 있다.

　　나는 내가 기억한 카드들을 검지로 고르기 시작했다. 탁자 왼쪽 구석에 내 친구 리츠(하트 2)와 그녀의 죽은 돼지(하트 3)를 가져다 놓았다. 그리고 그녀 옆에 자전거를 타는 헐크(클럽 3)를 놓았고, 테리 브래드쇼(하트 7)와 그의 휠체어(하트 8)를 함께 갖다 놨다. 카드를 다시 배열하는 데 쓸 수 있는 5분이 거의 다 되었을 때 탁자에는 카드 세 장이 남아 있었다. 다이아몬드 킹, 하트 4, 클럽 7. 샤워장에서 사라진 이미지들과 관련 있는 것들이었다. 빌 클린턴이 농구공과 성교하는 이미지였다. 어떻게 기억의 궁전에서 감쪽같이 사라졌는지 알다가도 모를 일이었다.

　　여하튼 나머지 세 장을 서둘러 순서대로 정리해 심판에게 밀어 놓고 귀덮개와 귀마개를 뺐다. 그리고 카드를 주시하면서 절대 틀리지 않았다고 확신했다.

　　텔레비전 카메라 한 대가 좋은 각도를 잡으려고 이동하는 동안 잠시 기다렸다가 심판이 내가 기억한 것을 토대로 다시 배열한 카드를 하나씩 넘기기 시작했다. 놀랍게도 내가 기억한 카드와 순서가 같았다.

　　하트 2 - 하트 2
　　다이아몬드 2 - 다이아몬드 2
　　하트 3 - 하트 3
　　……

이렇게 하나씩 맞춰 마지막 한 장이 남았을 때 나는 그 한 장을 탁자에 내던지면서 기쁨을 주체하지 못하고 대회장 천장을 올려다보며 환호성을 질렀다. 나는 스피드 카드 미국 신기록 보유자가 됐다. 내 주변에 모인 사람들이 일제히 박수갈채를 보냈다. 야유하는 사람도 있었다. 벤 프리드모어는 주먹을 불끈 쥐어 보이며 격려해 줬다. 열두 살짜리 아이가 앞으로 걸어 나와 펜과 종이를 주면서 사인을 부탁했다.

본선
진출

　　　이유는 모르겠지만 오전 첫 세 종목에서 3위 안에 입상한 선수들에게는 오후에 있을 본선 진출권이 자동으로 부여됐다. 그래서 이 세 사람은 마지막 남은 시 암기 종목을 치르지 않아도 됐다. 나는 스피드 넘버에서 점수가 좋지 않았는데도 스피드 카드에서 좋은 점수를 받아 종합 성적 2위에 이름을 올렸다. 1위는 '아이스 맨' 체스터, 3위는 모리스였다.

　우리 세 사람은 곧장 준준결승에 올랐다. 우리는 벤 프리드모어와 대회장을 빠져나와 콘 에디슨 본사 건물에 있는 카페테리아로 갔다. 같은 탁자에 앉아 기분 좋게 점심을 먹었는데 대화는 거의 없었다. 대회장으로 돌아와 보니 램, 기억술 전문 트레이너 폴 멜러, 수영 선수 에린 룰리가 나머지 준준결승 진출자로 결정돼 있었다. 놀랍게도 에린은 시 종목에서 미국 신기록을 수립했다. 그날 그녀의 두 번째 신기록이었다. 우리는 함께 대회장 정면에 있는 단상으로 올라갔다.

　이렇게 오전 대결을 통해 최종 선발된 여섯 명이 본선으로 갔다. 본선은 텔레비전 방송을 위해 새로 도입한 방식이었다. 멋진 3D 그래픽이 대회장 전면에 설치된 스크린으로 투사되고, 극장 조명이 단상을 수

놓았다. 단상에는 높이가 높은 감독 의자 여섯 개와 옷에 꽂는 소형 마이크가 하나씩 놓여 있었다.

첫 번째 경기,
에드의 전략이
먹히다

오후의 첫 번째 종목은 무작위 단어였다. 국내 메모리 대회에서 통상적으로 채택하는 무작위 단어 종목은 선수들에게 400단어가 적힌 목록을 주고 15분 동안 암기할 시간을 준다. 그리고 잠시 쉰 뒤 앞서 기억한 단어들을 백지에 적을 수 있도록 또 15분을 준다. 박진감이나 긴장감이 넘치는 종목이 아니라서 관람객들에게는 썩 흥미 있는 종목이 아니다. 하지만 이번 전미 메모리 챔피언십에서는 선수들 간의 대결을 박진감 있게 몰아가 보는 이들이 손에 땀을 쥐게 하는 등 색다른 묘미를 주기 위해 이 종목을 대회장 전면에 있는 단상에서 하기로 했다. 여섯 명이 둥글게 앉아서 돌아가면서 한 단어씩 순서대로 답하는 것이었다. 틀린 단어를 말한 첫 두 선수가 탈락하는 방식이었다.

단어 목록은 '파충류'와 '익사하다'처럼 구체명사와 동사로 이루어져 있었다. 이런 단어들은 이미지를 떠올리는 것이 어려운 '동정'이나 '우아' 같은 추상적인 단어들과 묶으면 시각화하기가 쉽다. 뭐니 뭐니 해도 무작위 단어 종목은 가능한 한 많은 단어를 암기하는 것이 중요하다. 하지만 에드와 나는 올해 전미 메모리 챔피언십의 바뀐 규정으로 볼 때 많은 단어를 외우기보다는 적은 단어를 확실하게 외우는 것이 더 현명한 전략일 수 있다고 판단했다. 120단어 정도만 확실히 외울 수 있다면 승산이 있을 것 같았다. 에드와 나는, 단상에 오를 경쟁자들이 나보다 더 많은 단어를 암기할 수 있을 것이고, 그중에는 과욕을 부리는 경쟁자도 있을 것으로 예상했다. 물론 내가 그렇게 하는 일은 없을 것이다.

15분 동안 무작위 단어를 암기한 뒤 우리는 한 사람씩 돌아가며 암기한 단어를 순서대로 대답했다. '빈정거림'…… '아이콘'…… '천막'…… '올가미 밧줄'……. 이렇게 스물일곱 번째 단어에 이르렀을 때 오전 시 암기에서 미국 신기록을 달성한 에린이 당황스러워했다. 단어는 '마비된'이었다. 하지만 그녀는 기억나지 않는 듯했다. 나를 포함해 나머지 다섯 명은 모두 알고 있었다. 그녀는 몸을 뒤로 젖히면서 머리를 흔들었다. 결국 에린이 가장 먼저 탈락했다. 그리고 아홉 단어 뒤에 폴 멜러가 '작업'을 '작동하다'로 잘못 말했다. 메모리 대회에 처음 출전하는 선수들이 흔히 하는 실수 중 하나다. 역시 탈락이었다. 예상보다 경기가 너무 일찍 끝났다. 우리 여섯 명도 그랬지만 누구보다 대회를 실황중계하는 HD넷의 프로듀서도 예상하지 못한 결과였다. 그는 무작위 단어 종목이 시작됐을 때만 해도 100단어까지는 치열한 접전이 벌어질 것이라고 예상하고 있었다. 기억의 궁전의 원리를 아는 지력 선수라면 기본적으로 30~40단어 정도는 쉽게 암기할 수 있다. 아마 에린과 폴이 뒤에 남아 있는 종목이 자신들에게 불리할 것으로 판단하고 무작위 단어에서 무리한 것 같았다. 여하튼 두 사람이 예상보다 일찍 실수를 저지르는 바람에 램, 체스터, 모리스, 나, 이렇게 넷이 본선에 진출했다. 전미 메모리 챔피언십 결선을 코앞에 둔 '티파티' 종목에 나가게 된 것이다.

두 번째
경기에서 거둔
행운의 승리

짙은 갈색 머리에 여름 드레스를 입은 늘씬한 백인 여성이 단상에 올라 자신을 소개했다. "안녕하세요. 저는 다이애나 메리 앤더슨입니다. 1967년 12월 22일 뉴욕 이타카 14850에서 태어났습니다. 제 직장 전화번호는 929-244-6735, 내선은 14번입니다. 그렇다고 전화는 하지 마세요. 애완견이 하나 있는데 이름은 카르모고 골든 리트리버입니다. 취미는 영화 감상, 사이클링, 뜨개질입니다. 제가 좋아하는 차는 포드의 1927년산 모델 T입니다. 검은색입니다. 음식은 피자와 젤리 빈과 박하 맛 막대 아이스크림을 좋아합니다."

그녀가 자신에 대해 이야기할 때 우리 네 사람은 눈을 감고 이미지를 떠올려 기억의 궁전에 내려놓았다. 다이애나의 생일은 그녀가 과일 쉐이크를 마시면서(67) 무게가 1톤이나 되는 역기(12)로 수녀를 뭉개는 이미지(22)였다. 그리고 이 이미지를 빅토리아풍으로 지어진 기억의 궁전 욕실의 갈퀴 발이 달린 독립형 욕조에 내려놓았다. 그녀의 출생지와 우편번호는 욕실에 붙어 있는 장 쪽으로 걸어가 몬스터 트럭용 타이어 하나(14)가 이타카의 명소인 계곡의 바위 턱을 굴러 넘어가 그 밑에 서 있던 두 남자를 덮치는 이미지(850)를 떠올렸다. 그 뒤로 티파티 손님 네 명이 차례로 단상에 올라 다이애나와 같은 방식으로 자기소개를 했다.

이 종목은 '스트라이크아웃'이란 이름에서 알 수 있듯이 티파티 손님이 말한 신상 정보 중 세 가지를 틀리는 첫 두 선수가 탈락하는 방식이었다. 주최 측에서 일부러 '망각의 곡선'을 노렸는지는 몰라도 쉬는 시간 몇 분이 있었다. 그리고 곧바로 티파티 손님 다섯 명이 다시 단상에 올라가 앞서 자신들이 말한 것을 토대로 문제를 냈다. 첫 번째 질문은 네 번째로 단상에 올랐던 금발에 야구 모자를 쓴 젊은 여성의 이름이었다. 대답은 맨 끝에 앉아 있던 체스터부터 시작했다. '수잔 라나 존스'. 그는 제대로 기억하고 있었다. 다음은 모리스 차례로 그녀의 생일을 말해야 했다. 하지만 그는 기억하지 못했다. 간밤에 잘 잤다더니 아닌 것 같았다. 모리스에게 스트라이크 하나가 주어졌다. 다행히 나는 그녀의 생일을 기억했다. 1975년 12월 10일이었다. 나는 그녀의 생일 관련 이미지를 현대식 궁전의 대리석 싱크대에 올려놓았다. 램에게는 출생지를 물었다. 그는 플로리다 노스 마이애미 비치 33180을 정확히 대답했다. 체스터에게는 전화번호를 물었다. 하지만 체스터는 기억하지 못했다. 체스터에게 스트라이크 하나가 주어졌다. 다음 차례인 모리스도 기억하지 못했다. 두 번째 스트라이크가 주어졌다. 내 차례였다. 카메라가 나를 클로즈업하고 대답하기를 기다렸다. 나는 렌즈를 똑바로 쳐다보면서 말했다. "전 그녀의 전화번호를 아예 외우지 않았습니다." 나는 전화번호같이 긴 숫자들이 다른 경쟁자들을 애먹게 하기를 바라면서 다른 것들에 초점을 두려고 일부러 그런 전략을 세웠다.

대결은 이런 식으로 계속 돌아가 모리스가 한 여성의 취미 세 가지 중 하나를 대답할 차례였다. 하지만 그는 대답하지 못했다. 놀라웠다. 모두가 경기에 집중할 때 혼자 한눈이라도 팔고 있었나? 여하튼 그는 스트라이크 셋이 돼 가장 먼저 탈락했다.

나머지 세 사람이 몇 차례 돌면서 티파티에 초대된 손님들의 질문에 대답하다가 체스터가 그중 한 사람의 직장 전화번호를 대답해야 하는

차례였다. 이번에는 지역 번호와 내선 번호 세 자리를 같이 대답해야
했다.

체스터가 얼굴을 찌푸리며 고개를 숙였다. "왜 매번 전화번호만 걸
리지?" "일부러 장난치는 거 아니죠?"

"이게 이 경기의 묘미입니다." 단상 좌측 연단 뒤에 서서 대회 주관
자 구실을 하던 도티노가 말했다.

"아무도 이 전화번호를 모를걸요."

"체스터, 당신은 숫자 구루입니다."

사실 나도 이 전화번호는 기억하지 못했다. 체스터가 그 자리에 앉
아 있었던 것이 내게는 뜻밖의 행운이었다. 그 자리에 있었다면 탈락
자는 내가 될 수도 있는 상황이었다. 스트라이크 세 개로 체스터가 아
웃됐다. 내가 전미 메모리 챔피언십 결승에 진출한 것이다.

드디어 결승,
새로운 챔피언이 되다

결승에 진출한 두 사람이 5분 동안 같은
포커 카드 두 벌을 암기해야 하는 마지막 종목을 앞두고 10분간 휴식
하기로 했다. 모리스가 단상을 내려가는 나를 붙잡고 어깨로 팔을 올
리면서 특유의 독일식 억양으로 말했다. "당신이 우승할 겁니다. 램은
포커 카드 두 벌을 못 외워요. 확실합니다." 나는 간단히 고맙다고 하
고 사람들 틈을 비집고 계단을 내려갔다. 벤이 계단 밑에서 손을 내밀
어 손바닥을 부딪치며 반갑게 맞아 주었다.

"카드는 램이 가장 못하는 종목입니다. 승리는 따 놓은 거나 마찬가

지예요." 그는 흥분하고 있었다.

"그럴 리가요. 괜한 소리 하지 마세요."

"오전에 실력 발휘한 것의 반만 하면 됩니다."

"그런 말 마세요. 부정 타겠어요."

그는 미안하다고 하고 램을 격려하기 위해 단상으로 올라갔다.

단상 한구석에서는 케니 라이스가 계속 대회 실황을 중계하고 있었다. "이제 전미 메모리 챔피언십 마지막 종목을 남겨 두고 있습니다. 램 콜리는 지난해 이 대회 챔피언입니다. 버지니아에서 온 스물다섯 살의 램 콜리가 자신의 타이틀을 방어할지, 아니면 작년에 이 대회를 취재한 기자로 올해 처음 출전한 조슈아 포어가 새 챔피언으로 등극할지 기대됩니다. 현재 그는 우승에 도전하고 있습니다. 마지막 종목 '포커 카드 두 벌 암기'는 두뇌와 두뇌의 싸움입니다."

벤과 모리스의 격려가 꺼림칙했지만, 그들이 틀린 말을 하지는 않았다는 것을 잘 알고 있었다. 램은 5분 동안 포커 카드 한 벌도 제대로 암기하지 못하기 때문에 두 벌은 생각할 것도 없었다. 내가 너무 긴장하지만 않는다면 방송 카메라의 뜨거운 조명 세례를 받으며 대회 챔피언에게 주어지는 손톱에 금박을 입힌 은박 손 장식을 차지할 수 있을 거라고 장담했다.

자리에 앉아 귀마개를 끼자마자 카드 한 벌은 아예 옆으로 밀쳤다. 램보다 하나라도 더 카드를 암기하는 게 중요했기 때문에 가능한 한 첫 번째 카드 한 벌을 철저히 암기할 작정이었다. 옆 탁자에 앉아 있던 램을 슬쩍 한번 봤을 뿐, 5분 동안 카드 쉰두 장에서 눈을 떼지 않고 계속 넘기며 봤다. 그는 카드 한 장을 쥐고 이게 무슨 카드인지 연구하듯

샅샅이 훑고 있었다. "저런, 그렇게 해서는 나를 이길 수 없지." 속으로 생각했다.

5분이 지나 누가 먼저 시작할지 동전 던지기를 했다. 램이 뒷면을 선택했다. 앞면이었다. 내가 먼저 할지 아니면 램이 먼저 할지 내가 결정할 수 있었다.

나는 "이거 중요한데." 하고 옷깃에 꽂는 소형 마이크를 통해 다른 사람들이 모두 들을 수 있을 만큼 큰 소리로 말했다. 나는 눈을 감고 암기한 카드 한 벌을 머릿속으로 빠르게 넘기면서 기억의 궁전에 내려놓은 이미지와 순서를 맞춰 봤다. 무엇보다 오전처럼 아무 이유 없이 사라진 이미지가 있는지 주의 깊게 살폈다. 혹시 하나라도 사라진 이미지가 있다면 램이 먼저 시작하도록 할 심산이었다. 이렇게 한참을 생각한 뒤에 눈을 뜨면서 말했다. "먼저 하겠습니다."

"잠깐, 잠깐만요. 램이 먼저 시작하도록 하세요." 내가 바로 결정을 번복했다. 남들이 저급한 심리전이라고 생각할 수도 있겠지만, 실은 마흔세 번째 카드가 정확히 생각나지 않았다. 램이나 나나 틀리지 않고 마흔세 번째 카드까지 간다면 홀수이기 때문에 램의 차례에 닿는다. 그래서 램에게 먼저 시작하도록 급히 순서를 바꾼 것이다.

"좋습니다. 램, 먼저 시작하세요." 도티노가 말했다.

램이 잠시 손가락을 빙빙 굴리더니 입을 열었다. "다이아몬드 2."

내 차례다. "하트 퀸."

"클럽 9."

"하트 킹."

램이 천장을 올려다보며 몸을 의자 뒤로 젖혔다.

그가 머리를 흔들었다. 나는 속으로 말했다. "침착해." 그가 고개를 숙이더니 자신 없는 목소리로 말했다. "다이아몬드 킹?"

이번에는 내가 머리를 흔들었다. 틀린 답이었다. 다섯 번째 카드에! 나는 충격에 빠진 램을 쳐다봤다. 실수인 것 같았다. 너무 무리한 것이다. 앞줄에 앉아 있던 모리스가 자기 이마를 쳤다.

"새로운 전미 메모리 챔피언이 결정됐습니다."

나는 꼼짝도 하지 않았다. 미소조차 짓지 않았다. 조금 전까지만 해도 내 목표는 우승이었다. 하지만 우승을 했는데 기쁨도, 안도감도, 만족감도 들지 않았다. 이상하게 피곤하기만 했다. 지난밤에 설친 잠이 몰려오는 것 같았다. 나는 잠깐 손으로 머리를 감쌌다. 아마 집에서 이 장면을 시청하고 있던 사람들은 내가 감정에 북받쳐서 그런다고 생각했을 것이다. 사실 그때까지 나는 기억의 궁전에서 헤어나지 못하고 있었다. 잠깐이지만 내가 앉아 있던 단상보다 더 현실적인 이미지의 세계를 계속 거닐고 있었다. 고개를 들어 단상 끝에서 반짝이는 약간 조잡한 2단 트로피를 바라봤다. 램이 손을 뻗어 악수를 청하면서 속삭였다. "다섯 번째 카드가 뭐였나요?"

내가 손을 놓고 그의 귀에 속삭였다. "클럽 5입니다." 코미디언 돔 드루이즈가 훌라후프를 하는 이미지였다.

기억 훈련 3

이름 외우기 – 베이커 베이커 역설

기억술사들은 이름을 기억하기 위해 베이커 베이커 역설이라는 현상을 이용한다. 이 역설은 이렇다. 이름이 베이커인 사람보다 직업이 베이커(빵 굽는 사람)인 사람을 기억하기가 더 쉽다. 트릭은 간단하다. 즉 베이커(빵 굽는 사람)로 베이커라는 이름을 시각화하는 것이다.

에드워드 베드포드(Edward Bedford)라는 이름을 예로 들어 보자. ❶ 그는 흑인으로 염소수염이 있고 머리는 뒤로 넘겨 빗었고, 색이 옅은 선글라스를 쓰고 왼쪽 귀에는 귀고리를 하고 있다. ❷ 베드포드라는 성을 기억하기 위해 그가 포드 트럭 바닥(bed)에 누워 있다고 시각화한다. ❸ 그런 다음 강에 침대(bed)를 띄우고 강을 건너는(fording) 모습을 떠올린다. ❹ 에드워드라는 이름을 기억하기 위해서 침대에 올라간 〈가위손〉의 주인공 에드워드 시저핸즈가 강을 건널 때 가위손으로 침대를 갈기갈기 찢는 모습을 상상한다.

내가 1년 동안
기억력 훈련을 하며 얻은 것들

기자에서 챔피언으로

"조슈아 포어, 축하합니다. 이번에는 기삿거리가 풍부하겠네요? 1년 전 이 대회를 취재하러 왔던 그가 오늘은 챔피언 트로피를 들고 집으로 돌아가게 됐습니다." 대회 해설을 맡은 케니 라이스가 중계했다.

"조슈아, 오늘 그럭저럭 선방했습니다. 이 대회에 관한 기사를 쓴 경험이 오늘 예선을 거쳐 챔피언에 오르는 데 많은 도움이 됐나요?" 경기 후 인터뷰를 위해 마이크를 들고 단상에서 내려온 HD넷 리포터 론 크룩이 내게 물었다.

"도움이 많이 됐습니다. 하지만 그보다는 오늘까지 꾸준히 훈련한 게 더 큰 힘이 됐습니다." 내가 답했다.

"오늘 우승이 그에 대한 보상일 겁니다. 세계 메모리 챔피언십도 준비하고 있겠죠?"

그때까지 나는 세계 메모리 챔피언십에 나간다는 생각을 해 본 적이 없었다.

"참관한 적도 있고, 기자로서 취재도 했다고 알고 있습니다. 이게 얼마나 도움이 될까요?"

나는 그냥 웃었다. "솔직히 세계 메모리 챔피언십에 출전할 생각은 없습니다. 그 대회에 출전하는 선수들은 카드 한 벌을 30초에 암기합니다. 그들은 인간이 아닙니다."

"저는 당신이 미국을 대표할 수 있을 거라고 보는데요. 시청자들도 그렇게 생각할 겁니다. 슈퍼볼에서 우승한 선수들이 '디즈니랜드에 갈 겁니다!' 하는데, 전미 메모리 챔피언십에서 우승한 당신은 어디에……?"

그가 마이크를 내밀었다. 쿠알라룸푸르에 간다고 할까, 디즈니랜드에 간다고 할까? 어리둥절했다. 무엇보다 너무 피곤했다. 카메라는 계속 돌아가고 있었다. 뭐라고 대답해야 할지 아무 생각이 없었다. "음, 모르겠습니다. 집에 갈 겁니다."

콘 에디슨 본사 건물에서 나오자마자 공중전화를 찾아 에드에게 전화했다. 오스트레일리아는 오전이었다. 그는 크리켓 경기장에서 '철학적 연구'를 수행하는 중이라고 했다.

"에드, 조쉬야."

"우승했어?" 그가 전화를 받자마자 기다렸다는 듯이 물었다.

"우승했어."

그가 환호성을 질렀다. "정말 대단한데! 잘했어, 정말 잘했어! 이게 무슨 뜻인지 알지? 네가 아무도 부정할 수 없는 미국 최고의 두뇌라는 뜻이야!"

　다음 날 아침 나는 호기심에 월드와이드 브레인 포럼 게시판에 들어가 전날 대회의 공식 결과가 게시됐는지, 유럽 선수들이 대회 우승자인 나를 어떻게 평가하는지 확인했다. 벤이 벌써 14쪽이나 되는 대회 참관 보고서를 작성해 게시판에 올려놓았다. 보고서 끝에 나에 대한 평이 있었다. "훈련 기간이 얼마 되지 않는다는 것을 고려할 때 그의 성과는 놀랍다. 나는 그가 전미 메모리 챔피언십을 새로운 차원으로 끌어올렸다고 생각한다. 그는 유럽의 지력 선수들에게 기억 기법을 배웠다. 유럽에서 열리는 대회들도 참관했다. 그의 실력은 미국에서만 통할 정도로 낮은 수준이 아니다. 그는 기억 스포츠에 대해 진정한 열의를 가지고 있다. 나는 그가 그랜드 마스터에 머물지 않고 세계 최정상급 기억술사로 인정받는 최초의 미국인이 될 수 있다고 본다. 그렇게 된다면, 미국의 지력 선수들이 그를 따라잡기 위해 노력하면서 전미 메모리 챔피언십의 수준을 끌어 올릴 것이다. 한 사람이 다른 사람들에게 자극제 구실을 하는 것이다. 그래서 나는 미국 기억 스포츠의 전망이 밝다고 생각한다."

　전미 메모리 챔피언십에서 우승하면서 이름이 반짝 알려졌다. 말 그대로 아주 반짝이었다. 갑자기 워너 브라더스 〈엘런 드제 러스 쇼〉의 진행자 엘런 드제너러스가 자기 쇼에 출연해 달라고 했고, ABC의 〈굿모닝 아메리카〉와 NBC의 〈투데이〉 쇼에서도 카드 한 벌을 암기하는 시범을 보여 달라고 했다. ESPN은 모닝 쇼에 출연해서 미국대학체육협회 토너먼트 일정을 암기해 보일 수 있겠냐고 물었다. 갑자기 내가 사람들 앞에서 재주를 부려야 하는 곰이 된 것 같았다.

　갑작스러운 스타덤, 관점에 따라 다르겠지만 나로서는 루저덤

loserdom이라고 생각하는 유명세 때문에 내 의지와 상관없이 3억 미국 국민들의 공식 대표로서 세계 메모리 챔피언십에 출전할 선수로 지목 됐다는 사실이 가장 놀라웠다. 이런 대우는 전혀 예상하지 못했다. 나는 기억 훈련을 하면서 에드 쿡, 벤 프리드모어, 군터 카르스텐 등 내가 만나 취재하고 기사를 쓴 전설의 기억술사들과 일대일로 맞붙는다는 것을 생각조차 해 보지 않았다. 더구나 내 훈련 결과와 그들의 점수를 비교해 볼 생각도 전혀 없었다. 야구로 치자면, 나는 동호회 소속 아마추어 선수고 그들은 뉴욕 양키스 소속 프로 선수들이었다.

미국 대표로 세계 메모리 챔피언십에 출전하다

4월 말, 말레이시아에서 런던으로 막판에 개최지가 변경된 세계 메모리 챔피언십에 출전하기 위해 나는 캡틴 아메리카의 별과 줄무늬 의상을 본떠 만든 귀덮개, 한 시간 동안 포커 카드를 암기하는 아워 카드 hour cards 종목에서 암기할 포커 카드 열네 벌, 팀 USA 티셔츠 한 벌을 가지고 갔다. 첫 번째 목표는 최대한 나나 미국의 얼굴에 먹칠을 하지 않는 것이었다. 두 번째 목표는 출전 선수 37명 중 10위 안에 들어서 메모리 그랜드 마스터 타이틀을 얻는 것이었다.

결과는, 둘 다 수포로 돌아갔다. 아쉽게도, 세계 최강대국의 공식 대표였던 나는 세계 메모리 챔피언십에서 미국인의 기억력에 대한 좋은 인상을 주지 못했다. 아워 카드에서는 메모리 그랜드 마스터 자격을 얻는 데 딱 반이 모자란 아홉 벌 반을 암기해 나름대로 선방했지만, 한 시간 동안 무작위 숫자를 암기해야 하는 아워 넘버스 hour numbers에서는 380자리밖에 암기하지 못했다. 그랜드 마스터 자격을 얻기에는 620 자리나 모자라는 점수였다. 얼굴과 이름 종목에서는 3위에 올랐다. 이 종목에서 출제된 사람들의 인종과 국적이 다양했기 때문에 좋은 성적 을 낼 수 있었다. 세계 최고의 다문화 사회라고 할 수 있는 미국 출신인 나로서는 친숙한 이름이 많았던 것이다. 나는 전체 성적 13위로 대회 를 마감했다. 독일, 오스트리아, 영국의 지력 선수들에게는 뒤졌지만 다행히 프랑스와 중국의 지력 선수들한테는 밀리지 않았다.

세계 메모리 챔피언십이 끝나갈 즈음 에드가 나를 불러내 '훌륭한 기억력과 올곧은 성격'을 높이 사기 때문에 내가 KL7의 신성한 입회 의식을 통과하면 밤에 투표를 통해 회원으로 받아들일 거라고 했다.

그의 제안은 내가 기억술사들의 세계에서 정식으로 인정받았다는 것을 뜻하기 때문에 전미 메모리 챔피언십 우승 트로피보다도 더 감격 스러웠다. 세계 메모리 챔피언십에서 세 번이나 우승한 앤디 벨도 KL7 회원 자격을 제의받지 못했다. 물론 30명이 넘는 세계 메모리 그랜드 마스터들도 마찬가지였다. 같은 날 오스트리아 출신 요하임 탈러가 나 와 함께 KL7 입회 제의를 받았다. 열일곱 살이고 붙임성이 있는 그는 세계 메모리 챔피언십에서 2년 연속 3위에 올랐다. 내가 기억술에 처 음 발을 들여 놓을 때만 해도 전혀 기대할 수 없었던 KL7 회원 자격은 이 여정의 완성을 의미했다. 이제 KL7의 공식 회원이 되는 것이다.

대회 우승은 독일의 젊은 법학도 클레멘스 마이어가 차지했다. 나는 얼굴과 이름 종목에서 3위를 해 동메달을 목에 걸고 축하 파티에 참가 하기 위해 다른 선수들과 함께 런던에서 가장 오래된 정통 영국식 레스 토랑 심슨스-인-더-스트랜드로 갔다. 19세기 유럽의 내로라하는 체

스 기사들이 모여 체스를 두던 이 레스토랑에서 1851년에 독일의 아돌
프 안데르센과 에스토니아 리보니아 출신의 리오넬 키제리츠키가 체
스 역사상 가장 명승부로 기억되는 '불후의 게임'을 두었다. KL7 회원
몇 명이 후식이 나오기 전에 몰래 밖으로 빠져나와 창립 회원인 군터
카르스텐이 머무는 근처 호텔의 로비에 모였다.

아워 카드 종목에서 포커 카드 열세 벌, 스포큰 넘버스에서 133자리
를 암기해 은메달을 두 개 받은 에드가 메달을 목에 건 채 들어왔다. 나
는 커다란 석조 벽난로 밑에 있던 가죽 의자에 앉아 있었는데, 그가 옆
에 와 앉았다. "너를 위해 준비한 게 있어. 우리 조직에 들어오려면 세
가지 과제를 5분 안에 완수해야 해. 맥주 두 잔을 마시고, 마흔아홉 자
리 무작위 숫자를 외우고, 여자 세 명한테 키스해야 해. 무슨 말인지 알
지?" 에드가 말했다.

"알아."

몸에 착 붙는 러닝셔츠로 갈아입고 나온 군터가 뒤에서 왔다 갔다
했다.

에드가 시간을 재려고 손목시계를 풀어 놓으며 말했다. "조쉬, 걱정
하지 마. 충분히 할 수 있어. 맥주를 마시고 나서 숫자를 외울지, 숫자를
외우면서 맥주를 마실지 생각할 시간을 1분 줄게. 전에 어떤 사람이 49
자리 숫자를 먼저 암기하고 맥주 두 잔을 연거푸 마시겠다고 전략을 짰
는데 아직도 KL7 회원이 못 됐어. 참고하라고." 그가 시계를 보며 말을
이었다. "네가 하고 싶은 대로 해. 내가 '시작!' 하면 바로 하는 거야."

KL7 회원이 아닌데도 입회식에 따라온 지력 선수가 명함 뒷면에 마
흔아홉 자리 숫자를 적어 내려갔다. 에드가 "시작!" 하고 외치자마

자 나는 손바닥으로 귀를 막고 숫자를 외우기 시작했다. 7……9……
3……8……2……6……. 나는 숫자 여섯 개를 외울 때마다 맥주를
한 모금씩 마셨다. 마지막 두 자리 숫자의 이미지를 머릿속에 새겨 넣
자마자 에드가 "끝!" 하고 외치면서 명함을 가져갔다.

나는 귀를 막고 있던 손을 떼고 숫자를 천천히 떠올리기 시작했다.
하지만 기억의 궁전 끝에 도달했을 때 마지막 두 자리 숫자가 어디로
사라졌는지 보이지 않았다. 나는 00에서 99까지 가능한 모든 숫자 조
합을 훑었지만 일치하는 것이 하나도 없었다. 나는 눈을 뜨고 힌트를
달라고 졸랐다. 에드는 아무 응답이 없었다.

"실패한 거지, 그렇지?"

"응, 미안해. 47자리 숫자로는 충분치 않아." 에드는 로비에 모인
KL7 회원들에게 조심스럽게 선언했다. 그리고 나를 돌아보며 정말 미
안하다고 했다.

"걱정 말게. 나도 첫 도전에서는 실패했어." 군터가 내 어깨를 다독
이며 말했다.

"내가 KL7 회원이 될 수 없다는 얘기지?"

에드는 입을 꼭 다물고 머리를 흔들었다. "응, 조쉬. 회원이 될 수 없
어." 단호했다.

"에드, 제발 다른 방법이 없을까?" 간곡히 부탁했다.

"KL7이 원래 이렇지 않은데, 우정 때문에 흔들리는걸. 그렇게 회원
이 되고 싶다면, 처음부터 다시 시작해야 해." 에드가 손짓으로 웨이트
리스를 불렀다. "오늘 KL7 창립 회원들이 이렇게 한자리에 모일 수 있
어서 기뻐. 솔직히 네 덕분이야."

마흔아홉 자리 무작위 숫자와 맥주 두 잔이 새로 준비됐다. 놀랍게도 이번에는 그 어느 때보다 이미지가 선명하게 떠올랐다. 그리고 첫번째 도전과 달리 기억의 궁전을 한 번 더 되짚어 볼 수 있을 만큼 시간여유가 있었다. 에드가 "끝!" 하자마자 나는 눈을 감고 49자리 숫자를 순서대로 기억해 냈다.

에드가 일어나서 나와 하이파이브를 하고 끌어안았다. 하지만 그때 나만큼이나 취해 있던 군터는 기뻐하지 않았다. 마지막 과제도 통과해야 KL7 회원으로 받아 줄 수 있다고 고집을 피웠다. "난생처음 보는 여성의 무릎에 키스를 세 번 해야지." 그가 말했다.

"무릎에요? 세 번이나요? 왜 없던 규칙을 만드세요?" 내가 항의했다.

"이게 원래 우리 방식이야." 그가 말했다.

그는 나를 끌고 바에 가까운 룸으로 가서 조용히 포도주를 마시고 있던 중년의 아일랜드 여성 두 명한테 자초지종을 설명했다. 벌써 취한 상태라 기억이 가물가물해도 그가 그들한테 걱정할 것 없다고, 이상하게 생각하지 말라고, 우리는 메모리 챔피언들이니까 무릎으로서는 크나큰 영광이라고 말한 것은 생각난다. 그들이 잘 이해하지 못하니까, 계속 설명한 것도 생각난다. 여하튼 나는 가엾은 여성의 무릎에 가볍게 키스를 세 번 했다. 그러자 군터가 내 팔을 하늘 높이 치켜들고 내가 모든 도전 과제에 성공했기 때문에 세계에서 가장 존경받는 기억 선수들의 조직에 들어올 자격이 있다고 선언했다. "위대한 클럽 KL7에 들어온 것을 환영하네!"

그 뒤 기억은 거의 없다. 토니 부잔하고 소파에 앉아 그한테 계속 '대단한 사람'이라고 하면서 어깨 너머로 에드한테 대놓고 윙크한 기억은 있다. 웨이트리스가 우리를 엄청난 기인으로 생각하는 것 같다고 벤이 농담한 것도 생각난다. 어렴풋이 생각나는 에드의 말도 있다. "우리 만남이 소설 같아."

그날 밤 들고 다닌 기자 수첩을 꺼내 보니 내가 어떻게 술에 취하고 정신을 잃었는지 알 수 있었다. 밤이 깊어 갈수록 글씨가 엉망이 돼 뒤에 쓴 것은 아예 알아볼 수가 없었다. 겨우 알아볼 수 있는 문장이 이런 것이다. "맙소사! 내가 KL7에 들어가다니! 게다가 난 지금 여자 화장실에 있는 것 같다!"

그런데 한 장을 더 넘겼더니 갑자기 글씨가 또렷했다. 분명히 다른 사람이 쓴 것이다. 글을 못 쓸 정도로 취하기는 했어도 재밌는 시간이었다. 내 기억으로는, 가까이 앉아 있던 여성한테 수첩을 주면서 기사를 객관적으로 써야 한다고 말했다. 계속 기자 행세를 할 이유가 없었던 것이다.

1년 넘게 기억력 향상을 위해 기억술을 연습하고 나서 다시 플로리다주립대학에 가 하루 반나절 동안 기억력 시험을 치렀다. 그 비좁은 사무실에서 트레스가 지켜보는 가운데 머리에 마이크를 쓰고 시험을 치렀다. 새로운 항목이 몇 개 더해졌지만 1년 전의 것과 크게 다르지는 않았다.

기억력이 좋아졌을까? 좋아진 점이 있었다. 작업 기억이 최대로 기억할 수 있는 숫자가 아홉 개에서 열여덟 개로 늘었다. 1년 전 시험에 비해 더 많은 시, 더 많은 사람 이름, 더 많은 무작위 정보를 기억할 수 있었다. 그래도 건망증은 없어지지 않았다. 세계 메모리 챔피언십이 끝나고 며칠 뒤 내가 친구 두 명과 저녁을 먹으러 갔다가 지하철을 타고 집으로 돌아왔다. 그런데 집 앞에 도착하고 나서야 차를 몰고 갔었다는 것이 생각났다. 어디에 주차했는지는 확실히 기억했다. 차를 몰고 나갔다는 것을 잊었을 뿐이다.

　이건 역설이었다. 1년 동안 놀라운 기억술을 익혔는데도 차 열쇠와 차를 어디에 뒀는지 까먹는 버릇은 그대로였다. 기억의 궁전에 심어놓은 체계적인 정보는 전보다 쉽게 오래 기억할 수 있게 되었다. 하지만 일상에서 기억하고 싶거나 기억해야 하는 것은 사실이나 숫자나 시나 포커 카드나 이진수가 아니다. 물론 기억술 덕분에 파티에서 난생처음 만나는 사람들의 얼굴과 이름을 기억하기는 쉬워졌다. 또 역대 영국 군주의 가계도, 역대 미국 내무부 장관의 재직 기간, 2차 세계대전의 주요 전투 일지 같은 정보를 상대적으로 빨리 암기하고 얼마 동안 기억을 유지할 수도 있다. 고등학교 때 이런 능력을 길렀다면 공부에 큰 도움이 되었을 것이다. 그렇다고 고등학교 시절로 돌아갈 수도 없다.

　내 숫자 기억력이 두 배로 늘었다고 해서 내 작업 기억이 처음 훈련을 시작했을 때보다 두 배로 좋아졌다고 할 수 있을까? 그렇다고 말하고 싶지만, 사실은 그렇지 않았다. 심리 시험용 무작위 잉크 얼룩이나 색깔 견본이나 부모님 집 지하실 입구를 막아 놓은 물건을 순서대로 기억하고 되뇌어 보라고 했을 때 내 기억력은 평균치밖에 되지 않았다. 내 작업 기억은 매직 넘버 7의 제약을 그대로 받고 있었다. 이미지로 적절히 전환하거나 기억의 궁전에 내려놓을 수 없는 정보를 기억하기 어려운 것은 여전했다. 내 기억력을 높이는 데 필요한 소프트웨어는 업그레이드됐지만 하드웨어는 예전 것 그대로였다.

1년 동안 기억력 훈련을 하며 얻은 것들

그래도 내가 바뀐 것은 분명했다. 나는 뭐가 바뀌었는지 생각해 봤다. 1년 동안 기억술의 세계를 직접 경험하고 얻은 가장 중요한 교훈은 시를 쉽게 암송하는 비결이 아니라 좀 더 보편적인 것, 어떤 면에서는 인생을 살아가는 데 도움이 될 만한 것이었다. 그것은 100마디 말보다 직접 겪어 보는 것이 낫다는 것이다. 물론 집중적이고, 의식적이고, 계획적이어야 한다는 점이 중요하다. 목적의식을 갖고 계획적으로 꾸준히 노력하면, 우리 뇌는 정말 놀라운 능력을 발휘할 수 있다는 것을 깨달았다.

실험을 끝내고 나서 에릭손에게 누구든 나같이 훈련하면 기억력을 향상할 수 있는지 물었다.

"데이터 하나만으로는 알 수 없습니다. 그런데 당신처럼 혼신을 다해 달려들 수 있는 사람은 정말 드뭅니다. 당신의 도전 의식이 지금의 결과를 만들지 않았을까요? 당신이 보통 사람이 아닌 것은 확실하지만, 아주 남다른 사람이라고는 생각하지 않습니다. 누구든 동기만 부여되면 당신처럼 할 수 있을 겁니다."

기억술 여정의 첫 발을 내딛었을 때만 해도, 즉 2005년에 전미 메모리 챔피언십을 취재하러 기자 수첩을 들고 콘 에디슨 본사 대강당 뒤편에 서 있었을 때만 해도 나는 이 여정이 어디로 향할지, 내 삶에 얼마나 영향을 미칠지, 나를 얼마나 바꿀 수 있을지 예상하지 못했다. 뭐니 뭐니 해도 기억술 훈련의 가장 큰 성과는 전보다 더 많은 것을 기억할 수 있게 된 것이다. 기억력이 좋아지면서 생각이 깊어지고 나를 둘러싼 세상에 대한 관심도 늘었다. 어떤 것을 기억하려면 그것에 시선을 고정해야 하기 때문이다.

공감각자 S와 보르헤스의 소설 「기억의 천재 푸네스」의 주인공 푸네스를 괴롭힌 문제는 집중할 필요가 있는 것과 그렇지 않은 것을 구분하지 못하는 것이었다. 의도하지 않은 그들의 기억이 병적인 것이기는 했지만, 나는 오히려 그것 때문에 그들의 세계 인식이 더 풍요로웠을 것이라는 생각을 떨쳐 버릴 수 없다. 주변의 사소한 일에 시선을 빼앗기고 싶어 하는 사람은 없겠지만, 무심코 지나치기보다는 관심을 갖는 것이 가치 있을 때가 있다. 하지만 그것도 평소에 사소한 것들에 시선을 주고, 그것을 기억하려고 하는 노력이 몸에 습관처럼 배어 있어야 할 수 있다.

기억술을 배웠지만 재빨리 기억의 궁전을 채우는 능력은 없어서 여전히 딕터폰과 수첩을 들고 다녀야 마음이 편하다. 한 분야에 대한 깊이 있는 지식보다 다방면에 걸쳐 많이 알아야 하는 일을 하다 보니 평소에 다독은 해도, 에드가 누누이 강조한 정독을 하면서 내용을 기억하기란 말처럼 간단하지가 않다. 기억법을 활용해 시를 몇 편 외웠지만 엘리엇의 「J. 알프레드 프루프록의 연가」보다 긴 작품은 엄두조차 못낸다. 1분에 30자리가 넘는 숫자를 기억의 궁전에 저장할 수 있는 수준에 도달한 적이 있지만, 지금은 일 때문에 통화해야 하는 사람들의 전화번호를 외울 때 그 기법을 쓴다. 솔직히 전화번호는 암기하기보다는 휴대전화에 저장해 놓는 것이 훨씬 간편하다. 사야 할 것, 지리, 할 일 목록을 암기하지만 그것도 손에 펜이 없을 때뿐이다. 기억 기법이 작동하지 않는 것은 아니다. 바로 내가 기억 기법이 제대로 작동한다는 것을 보여 주는 증거다. 종이, 컴퓨터, 휴대전화, 포스트잇 등 기억 대신 이용할 수 있는 수단이 즐비한 세상에서 기억 기법을 쓸 일이 거의 없을 뿐이다.

외부화된 기억의 시대에 굳이 머릿속에 정보를 담아 두려고 하는 이유는 뭘까? EP를 만나고 얻은 답이 하나 있다. 이 질문에 대한 최선의 답이 아닐까 싶다. EP는 기억을 모조리 잃었기 때문에 자기 자신을 어떤 시간이나 공간, 또는 다른 사람들과의 관계 속에 자리하게 할 수 없었다. 즉 EP는 우리가 세상을 어떻게 인식하고, 그것에 어떻게 대응하는가는 무엇을 얼마나 기억하는가에 달려 있다는 것을 보여 주었다. 우리는 기억으로 형성된 습관 덩어리다. 물론 습관, 즉 기억의 네트워크는 노력에 따라 충분히 바꿀 수 있다. 농담, 발명, 통찰, 또는 예술 작품을 외부 기억이 만든 적은 없다. 적어도 지금까지는 그랬다. 세상에서 웃음을 찾고, 동떨어져 있던 관념들을 연결하고, 새로운 아이디어를 창조하고, 이것들을 공동체 문화에서 공유하는 인간의 능력은 다 기억에 달려 있다. 컴퓨터공학자 고든 벨이 예견하는 사이보그 시대가 도래해 인간의 내부 기억과 외부 기억이 통합되면 우리가 무한 지식을 갖게 될지도 모른다. 하지만 이것이 지혜와 같은 것은 아니다. 그 어느 때보다 기억의 구실이 빠르게 줄고 있는 지금 우리는 나를 나이게 하고 우리를 우리이게 하는 것, 즉 가치와 개성의 원천인 뇌의 기억력을 길러야 한다. 누가 시를 더 많이 암송할 수 있는지 경쟁하는 것이 기억을 기르는 것과 직접적인 관련이 없는 것처럼 보일 수 있다. 하지만 그렇지 않다. 이것이 에드가 처음부터 내게 가르쳐 주려고 한 것이다. 기억 훈련은 파티에서 사람들의 관심을 끄는 기술을 배우려고 하는 것이 아니라, 정말 인간적인 것을 기르려고 하는 것이다.

 그날 저녁 KL7은 그야말로 축제 분위기였다. 하지만 자정을 넘기면서 취기가 오르니까 눈을 가린 채 체스를 두고 전날 암기한 시를 경쟁하듯 되뇌는 등 난장판으로 변해 갔다. 이때 군터가 나를 소파 구석으로 밀어붙이면서 앞으로도 메모리 대회에 참가할 생각이냐고 물었다. 나는 그럴 생각이라고 했다. 기억술에는 살아오면서 경험하지 못한 전율과 중독성이 있었다. 기억술에 완전히 빠질 수도 있겠다는 생각이 그날 처음으로 들었다. 여하튼 나는 전미 메모리 챔피언십 타이틀을 가지고 있었고, 스피드 카드 미국 기록 보유자로서 방어할 의무가 있었다. 그리고 시간을 좀 더 투자하면 스피드 카드에서 1분대 벽을 깰 수 있을 거라는 확신도 들었다. 역사적 연대 암기는 더 잘할 수 있을 것이다. 그리고 그랜드 마스터 자격도 얻고 싶었다. 나는 농담으로 군터에게 말했다. "명함에 '메모리 그랜드 마스터'라고 넣으면 정말 근사할 것 같습니다." 군터는 실제로 그런 명함을 만들어 가지고 다녔다. 나는 내가 고안한 밀레니엄 시스템, 곁눈가리개, 그간의 훈련 시간과 함께 메모리 챔피언십에 참가하기 위해 제트기를 타고 전 세계를 누비는 모습 등을 떠올려 기억의 궁전을 채웠다. 그런데 기억술사들의 세계에서 성지 중의 성지로 불리는 KL7의 회원이 되던 순간에 잠시 쉬어야 한다는 생각이 들었다. 정신은 말짱했다. 내 실험은 끝났다. 결과도 나왔다. 군터에게 아쉽지만 내년 메모리 대회에서는 나를 못 볼 거라고 했다.

 "아쉽지만 이해해. 훈련을 더 하려고 그러는 것 같은데, 시간을 투자하면 지금보다 더 잘할 수 있을 거야." 그가 말했다. 나는 그의 말이 옳다고 생각했다. 그런데 그렇게 잘 아는 군터 자신은 왜 실천하지 않는지 궁금했다.

에드가 소파에서 일어나 그의 스타 제자인 내게 건배를 제안했다. 그가 '베이글이나 먹으러 가자'고 했다. 우리는 밖으로 나왔다. 그 뒤의 일은 전혀 기억나지 않는다. 다음 날 오후 잠에서 깨어 보니 뺨에 붉고 둥근 자국이 크게 나 있었다. 얼굴과 이름 종목에서 딴 동메달 자국이 었다. 술에 너무 취해서 벗어 놓고 자는 것을 깜박했다.

．．．．
감사의 말

책이 나오기까지 예상보다 많은 시간이 걸렸다. 책을 쓰는 동안 내내 응원해 주신 모든 분께 감사한다. 한 분 한 분 이름을 밝히지 못해 죄송할 따름이다. 특히 나와 많은 시간을 함께하면서 도움을 준 지력 선수들에게 감사한다.

　책이 출간되기까지 두 편집자가 고생을 많이 했다. 바네사 모블리는 기획을 맡아서 해 주었고, 에이먼 돌런은 기획에서 출간까지 전 과정을 도맡아 책임졌다. 책이 나오기까지 믿고 기다려 준 펭귄출판사 앤 고도프 대표와 모든 관계자에게 감사한다. 저작권 담당자인 엘리스 체니는 두말할 것도 없이 최고의 파트너였다. 린제이 크루스는 책에 등장하는 주요 사실의 오류를 바로잡아 주었고, 브렌던 본은 오자·탈자를 잡으며 문장을 다듬어 주었다.

　책을 좀 더 재미있고 다채롭게 꾸미기 위해 일부 사실, 대화, 장면을 재구성했다. 하지만 책의 사실성이나 진정성에 영향을 줄 정도는 아니다. 일부 메모리 대회 관련 기록과 사실이 최근 것이 아닌데, 내가 기억술을 처음 접한 시점을 기준으로 이 책을 썼기 때문이다. 처음 기획해서 책이 나오기까지 3년 동안 주변 상황이 많이 변했다. 여자 친구는 아내가 되었다. 스피드 카드의 30초 벽이 깨졌다. 시 암송은 세계 메모리 챔피언십 종목에서 결국 빠졌다. 그리고 안타깝게도 EP와 킴 피크가 세상을 떠났다. 그들이 살아 있을 때 만날 수 있었다는 것이 내게는 엄청난 행운이다.

주석

chapter 1 나는 왜 기억을 잘 못하는 걸까?

1   *Sharp Brain Report*, 2009.

chapter 2 모든 것을 기억하는 남자가 알려 주는 기억의 비밀

1   Lionel Standing(1973), "Learning 10,000 Pictures", *Quarterly Journal of Experimental Psychology* 25, pp. 207~222.

2   Timothy F. Brady, Talia Konkle, *et al.*(2008), "Visual Long-Term Memory Has a Massive Storage Capacity for Object Details", *Proceedings of the National Academy of Sciences* 105, no. 38, pp. 14325~14329.

3   Elizabeth Loftus and Geoffrey Loftus(1980), "On the Permanence of Stored Information in the Human Brain", *American Psychologist* 35, no. 5, pp. 409~420.

4   Willem A. Wagenaar(1986), "My Memory: A Study of Autobiographical Memory over Six Years", *Cognitive Psychology* 18, pp. 225~252.

5   포토그래픽 메모리는 주관적 직관상(直觀像) 기억이라는, 역시 별난 실제 지각 현상과 자주 혼동된다. 이 현상은 주로 어린아이들(약 2~15퍼센트)에게서 나타나지만 아주 드물게 성인에게도 나타난다. 주관적 직관상 이미지는 몇 분 동안 기억되었다가 점차 희미해지는 일종의 잔상이다. 이런 증상이 있는 아이는 어떤 기억도 완벽하게 떠올리지 못하고, 어떤 것도 눈에 보이는 대로 시각화하지 못한다. 시각적 이미지가 눈으로 본 직후부터 서서히 사라지기 때문이다.

6   C. F. Stromeyer and J. Psotka(1970), "The Detailed Texture of Eidetic Images", *Nature* 225, pp. 346~349.

7   J. O. Merritt(1979), "None in a Million: Results of Mass Screening for Eidetic Ability", *Behavioral and Brain Sciences* 2, p. 612.

8   현존 인물 중 포토그래픽 메모리를 가지고 있다고 말할 수 있는 사람은 스티븐 윌트셔라는 영국인 자폐 천재일 것이다. 그는 어떤 장면이라도 몇 초 동안 보고 나서 똑같이 그릴 수 있 는 능력 때문에 '인간 카메라'로 불렸다. 하지만 내가 아는 한 그는 완벽한 포토그래픽 메모리 를 갖고 있진 않다. 특별한 기억력이 있는 것은 사실이지만, 그의 뇌가 복사기처럼 작동하지 는 않는다. 흥미롭게도 그의 카메라 같은 능력은 건축물과 자동차 등 특정 사물과 장면을 그 리는 데만 작용한다. 즉 그는 책이나 문서 같은 것은 카메라처럼 기억하지 못한다. 엘리자베 스를 제외하면 아직까지 완전한 포토그래픽 메모리를 가진 사람은 나타나지 않았다.

9   George M. Stratton(1917), "The Mnemonic Feat of the 'Shass Pollak'", Psychological Review 24, pp. 244~247.

10 최근에 기억을 개별 뉴런이 아닌 뉴런 간 연관 속에 저장되는 어떤 것으로 보는 모형을 이용 해 뇌의 기억 용량을 추정한 논문이 Brain and Mind에 실렸다. 이 논문의 저자들은 인간의 뇌가 10^{8432}비트의 정보를 저장할 수 있다고 추정했다. 이와 달리, 뇌의 기억 용량이 우주에 존 재하는 원자의 개수인 10^{78}과 엇비슷한 수준이라고 추정하는 이들도 있다.

11 E. A. Maguire *et al.*(2000), "Navigation-Related Structural Change in the Hippocampi of Taxi Drivers", *Proceedings of the National Academy of Sciences* 97, pp. 84398~84403.

12 E. A. Maguire, E. R. Valentaine, E. Wilding, and N. Kapur(2003), "Routes to Remembering: The Brains Behind Superior Memory", *Nature Neuroscience* 6, pp. 90~95.

13 지력 선수들도 공간 탐사 능력을 썼다면 택시 기사들처럼 오른쪽 후방의 해마가 커졌어야 정 상일 텐데, 왜 그렇지 않았을까? 확실한 이유는 알 수 없지만, 지력 선수들이 공간 탐사 능력 을 쓴다고 해도 택시 기사들과는 비교도 되지 않을 만큼 미미한 것일 수 있다.

14 G. Cohen(1990), "Why Is It Difficult to Put Names to Faces?", *British Journal of Psychology* 81, pp. 287~297.

chapter 3 타고난 기억력이란 없다

1   알은 낳는 것은 암탉이라는 뜻이지, 식용으로 사육되는 닭을 무시한 말은 아니다.

2   Anders Ericsson(2003), "Exceptional Memorizers: Made, Not Born", *Trends in Cognitive Sciences* 7, no. 6, pp. 233~235.

3   K. Anders Ericsson, Neil Charness, Paul J. Feltovich, and Robert R. Hoffman eds.(2006), *The Cambridge Handbook of Expertise and Expert Performance*.

4   20세기 전반기에 체스 기사 한 명이 눈을 가리고 여러 선수와 동시에 체스를 두는 경기가 유

행처럼 번졌다. 1947년에 폴란드 태생 아르헨티나 사람인 그랜드 마스터 미구엘 나지도르프가 눈을 가리고 마흔다섯 명과 동시에 체스를 하는 진기록을 세웠다. 경기에 걸린 시간은 23시간 30분이었다. 그는 서른아홉 판을 이기고, 네 판을 졌으며, 두 판은 비겼다. 그리고 그 뒤로 꼬박 사흘 밤낮 동안 잠을 이루지 못했다. 전하는 말로는, 체스 기사의 정신 건강을 고려해 한때 러시아에서는 눈을 가리고 하는 경기가 금지되기도 했다.

chapter 4 세상에서 가장 기억력이 나쁜 사람을 만나다

1 L. Steffanaci et al.(2000), "Profound Amnesia After Damage to the Medical Temporal Lobe: A Neuroanatomical and Neuropsychological Profile of Patient E. P.", *The Journal of NeuroScience* 20, no. 18, pp. 7024~7036.

chapter 5 전 세계 기억력 고수들이 사용하는 기억법, 기억의 궁전

1 익명의 저술이지만, 이 책의 저자로 추정되는 가이우스 헤렌니우스의 이름을 따서 부른다.

2 하버드대학교출판부에서 로엡 고전 라이브러리 시리즈로 출간된 이 책의 영어/라틴어판에는 로마의 정치가이자 철학자인 키케로의 이름이 괄호에 묶인 채로 인쇄돼 있다. 15세기까지만 해도 사람들은 키케로가 이 짧은 논문의 저자라고 믿었다. 하지만 근대 이후 사람들은 이에 대해 회의적이었다. 사람들이 키케로가 저자라고 생각한 것은, 그가 유명한 기억술사인 데다 『연설가에 대하여』를 썼기 때문이다. 그는 로마 상원에서 원고 없이 기억만으로 연설한 적이 있고, 『연설가에 대하여』는 시모니데스와 대연회장 붕괴에 대한 이야기가 처음 등장하는 책이다. 기원전 5세기에 산 실존 인물이 4세기가 지난 뒤에 한 로마인이 쓴 저술에 처음 등장한다는 것은 고대 그리스에서 전한 기억 관련 저술들이 분명히 있었는데 하나도 남아 있지 않았다는 것을 반증한다. 시모니데스의 이야기가 너무 오래전 일이다 보니 키케로 시대에 이르러서는 그것이 진실인지 아닌지 확인할 길이 없었다. 개인적으로는 시모니데스의 이야기가 다분히 허구적이라고 생각한다. 하지만 키케로가 태어나기 2세기 전이고 시모니데스의 이야기가 벌어진 지 2년이 지난 기원전 264년에 제작된 것으로 추정되는 대리석 판이 17세기에 발굴되었고, 거기에 시모니데스가 '기억 보조 체계의 발명가'라고 쓰여 있다. 그래도 기억술 같은 기법을 어느 날 갑자기 한 사람이 발명했다고 믿기는 어렵다. 이게 사실이라면 너무나 극적이다. 우리가 아는 한 시모니데스가 기억술의 발명가였거나 발명가라는 별칭을 얻은 실천가였을 수는 있다. 암튼 시모니데스는 실존한 인물이다. 그는 시를 읊어 주고 비용을 청구한 첫 시인이자 시를 '목소리 그림'으로, 그림을 '무언의 시'로 부른 인물이다. 따라서 기억술이라는 것이 머릿속에서 단어를 그림으로 바꾸는 것이라고 할 때 시모니데스를 기억술의 발명가로 부르는 것도 아주 틀린 말은 아니다.

3   가능한 한 많은 정보를 잘 만든 이미지 하나에 압축하는 것이 핵심이다. 『헤렌니우스에게 바치는 수사학』은 어떤 사건의 기본 사실을 기억해야 하는 법률가를 예로 든다. "고발자는 피고가 한 남자를 독살했고, 범행 동기는 상속 문제며, 증인과 연루자가 많다고 분명히 했다." 이 모든 것을 기억하기 위해 "의문의 그 남자가 아는 사람이라면, 병으로 누워 있는 모습을 떠올릴 수 있다. 모르는 남자라면, 가장 낮은 계급이 아닌 남자를 택해, 바로 떠올릴 수 있게 한다. 그리고 피고를 침대 옆에 놓아두자. 그는 오른손에는 컵을, 왼손에는 알약을 들고 있다. 그리고 넷째 손가락에는 숫양의 음낭이 들려 있다." 이 이상한 이미지는 한번 떠올리면 잊어버리기 힘들다. 하지만 여기서 뭘 기억하라는 건지 정확히 이해하려면 해석이 필요하다. 컵은 독을 연상시키고, 독약은 의지를 암시한다. 숫양의 음낭은 두 가지 면에서 해석할 수 있다. 우선 영어에서 고환(testes)은 증언(testimony)과 발음이 비슷하고, 고대 로마에서 숫양의 음낭으로 지갑을 제작하기도 했기 때문에 뇌물이라는 뜻이 있다.

4   Rossi, *Logic and the Art of Memory*, p. 22.

chapter 6 시를 암송하는 법 – 구비문학과 기억법의 관계

1   Carruthers, *Books of Memory*, p. 11.
2   Draaisma, *Metaphors of Memory*, p. 38.
3   Carruthers, *Books of Memory*, p. 88.
4   Havelock, *Preface to Plato*, p. 27.
5   전문 기억술사에 관한 이야기 중 칼비시우스 사비누스라는 부유한 로마 귀족에 대한 이야기가 가장 기억에 남는데, 세네카(Seneca the Younger)는 그가 위대한 작품을 암기하는 것을 아예 포기하고 그를 대신해 암기할 노예를 고용했다고 했다. '나는 막대한 부를 이보다 더 쓸데없는 곳에 낭비하는 사람을 본 적이 없다. 그는 기억력이 너무 나빠서 율리시스, 아킬레우스, 트로이 최후의 왕인 프리아모스 등의 이름을 자주 잊었다……. 그래도 남들한테 무식하게 보이는 것은 싫어했다. 그래서 꾀를 냈다. 비싼 돈을 주고 노예 두 명을 샀다. 한 노예는 호메로스를, 다른 노예는 헤시오도스를 암송할 수 있었다. 그리고 서정시인 아홉 명에게 노예 하나를 보내 그들의 시를 암송해 오도록 했다. 그가 너무 많은 비용을 치르지 않았을까 걱정할 필요는 없다……. 이렇게 자기 대신 기억할 노예를 고용한 그는 창피한 줄도 모르고 손님들 앞에서 그들을 가까이 앉힌 채 시를 암송하고 싶은 때마다 그들에게 읊으라고 했다. 그리고 그들이 불러 주는 대로 따라 했다……. 사비누스는 자기 집에 있는 사람이 아는 것은 곧 자기가 아는 것이라고 우겼다.
6   베다 중 가장 오래된 리그베다는 1만 행이 넘을 정도로 분량이 많다.
7   이슬람이 도입된 이래 아랍의 기억술사들은 하피즈, 또는 『코란』과 『하디스』 '보유자'로 알려졌다.

8 유대인 기억술사들에 대해서는 Gandz, "The Robeh, or the Official Memorizer of the Palestinian Schools"를 참고할 것.

9 Ong, Orality and Literacy, p.23. 그리고 Lord, *The Singer of Tales*, pp. 68~98.

10 잘 알려진 대로 이렇게 급진적인 주장이 전혀 새롭지 않았다. 후대에 잊혔을 뿐이지, 이런 생각이 아주 오래 전부터 널리 받아들여졌다. 기원후 1세기 무렵 유대인 역사학자인 티투스 플라비우스 요세푸스가 '그들은 호메로스조차 시를 글로 남기지 않았지만 기억을 통해 입에서 입으로 후대에 전했다고 한다'는 기록을 남겼다. 그리고 키케로에 따르면, 이렇게 기억을 토대로 구전되던 호메로스의 시를 처음 편찬하도록 명령한 사람은 기원전 6세기 즈음 아테네를 무력으로 진압한 페이시스트라토스다. 이런 구술 문화 전통이 시간이 지나면서 점차 사람들의 기억에서 사라지자 글로 남기지 않는 문학은 상상하기 어려운 것이 됐다.

11 더 자세한 것은 Ong, *Orality and Literacy*를 볼 것. 이 장을 쓰는 데 많이 참고한 책이다.

12 패리의 제자로 유고슬라비아 현지 조사에 같이 참여한 앨버트 로드의 증언. Albert Lord, *The Singer of Tales*, p. 27.

13 캐루더스는 2008년에 출간한 *The Book of Memory* 2판 수정판에서 근대 심리학자와 다른 분야의 학자 들이 단어 기억을 오랫동안 잘못 이해했다고 주장한다. 그녀는 단어 기억은 기계적 암기의 대안이 아니었고, 긴 문장을 있는 그대로 암기하는 데 쓰이지도 않았다고 주장한다. 오히려 그것은 정확하게 암기하기 쉽지 않은 단어와 구절을 기억하기 위한 것이었다고 주장한다.

14 플리니에 따르면, 시모니데스가 발명한 기억술을 완성한 사람이 메트로도루스다. 키케로는 그를 '신에 가까운 사람'이라고 했다.

15 브래드워딘의 방법으로는 'ab-'를 뒤집어 'ba-'가 되게 하듯 한 글자를 바꿔서 전도된 이미지를 상상할 수도 있다. 그러면 'ba-'로 천장에 매달려 있는 대수도원장을 떠올릴 수도 있을 것이다.

16 Carruthers, *The Book of Memory*, pp. 136~137.

17 Perkins, "The Art of Prophecying" in *The Works of William Perkins*, p. 670.

chapter 7 기억의 종말 — 굳이 기억할 필요가 없어지는 세상의 등장

1 Manguel, *A History of Reading*, p. 60.

2 소크라테스가 살던 시절 그리스에서는 인구의 10퍼센트가 글을 읽고 쓸 줄 알았다.

3 Carruthers, *The Book of Memory*, p. 8.

4 모세의 어머니가 3개월 된 모세를 구하려고 그를 '갈대 바구니'에 담아 나일 강에 띄워 보내는데, 그 갈대가 파피루스다. 파피루스는 그것을 수출하던 항구인 페니키아 비블로스 항의 이름을 따서 비블로스라고도 불렸다. 『성경』을 뜻하는 영어 '바이블'도 여기에서 온 것이다.

기원전 2세기에 세계 최대의 도서관인 알렉산드리아 도서관을 보유하고 있던 이집트의 프톨레마이오스 5세 에피파네스가 소아시아의 페르가뭄 왕국이 대규모 편찬 사업을 통해 도서관을 육성하자 이를 경계해서 파피루스의 수출을 금지했다. (양피지를 뜻하는 영어 '파치먼트'는 페르가뭄 종이를 뜻하는 라틴어에서 온 말로, 수입이 중단된 파피루스 대신 양피지를 개발해서 쓴 페르가뭄이 어원인 셈이다.) 이때부터 양이나 염소의 가죽으로 만든 양피지나 송아지 가죽으로 만든 피지가 책의 재료로 널리 쓰였다. 양피지와 피지는 파피루스보다 더 오래 사용되었고 운반하기도 쉬웠다.

5 Fischer, *A History of Writing*, p. 128.

6 그는 현대 문법의 마침표에 해당하는 윗점, 쉼표에 해당하는 중간점, 세미콜론과 가까운 아랫점을 발명했다. 그중 중간점은 중세에 자취를 감췄다. 의문부호는 영국 시인 필립 시드니경이 1587년에 쓴 산문 「아카디아」에서 처음 등장했고, 느낌표는 1553년에 영국 튜더 왕조 에드워드 6세의 교리문답에 처음 쓰였다.

7 Small, *Wax Tablets of the Mind*, p. 53. 나는 글을 이렇게 쓸 경우 얼마나 읽기 어려운지를 직접 보여 주기 위해 그녀의 아이디어를 빌렸다.

8 연속 문서에 대해서는 Manguel, *A History of Reading*, p. 47을 볼 것.

9 실제로 오늘날 이스라엘 신문을 보면 알 수 있듯이 고대 헤브라이어와 이어진 이스라엘어는 모음이 생략된 것이 많다.

10 다른 식으로 나뉘어 전혀 다른 뜻을 낳을 수 있는 소리를 동음 이형 이의어라고 한다. 'stuffy nose'(코가 막히면 또는 막힌 코)는 Pinker, *The Language Instinct*, p. 160.

11 Small, *Wax Tablets of the Mind*, p. 114.

12 Carruthers, *The Book of Memory*, p. 30.

13 Man, *Gutenberg: How One Man Remade the World*, p. 4.

14 1290년에 당대 세계 최대 도서관이라고 할 수 있던 소르본대학, 즉 현재 파리4대학 도서관의 소장 도서도 1,017종밖에 안 됐다. 당시에는 아무리 대단한 애독자도 이보다 더 많은 책을 읽을 수는 없었을 것이다.

15 책 진열의 역사에 대해서는 Petrosky, *The Book on the Shelf*, pp. 40~42.

16 Illich, *In the Vineyard of the Text*, p. 112.

17 *The Comprehensive Concordance to the Holy Scriptures*(1894), pp. 8~9.

18 Draaisma, *Metaphors of Memory*, p. 34.

19 Illich, *In the Vineyard of the Text*, p. 103.

20 Draaisma가 *Metaphors of Memory*에서 지적한 것.

21 Mary Carruthers, *The Craft of Thought*, p. 31에 나오는 개념.

22 *The Enchanted Loom: Chapters in the History of Neuroscience*, p. 21.

23 롤프 엔겔싱은 독서가 정독에서 다독으로 전환된 것이 18세기 후반이라고 주장한다. Darnton, *The Kiss of Lamourette*, p. 165를 볼 것.

24 Yates, *The Art of Memory*, p. 129를 볼 것.

25 프랜시스 예이츠는 *The Art of Memory*에서 이 극장의 청사진을 재구성하려고 했다.

26 Rossi, *Logic and the Art of Memory*, p. 74.

27 *The Enchanted Loom: Chapters in the History of Neuroscience*, p. 23.

28 Douglas Radcliff-Ulmstead(1972), "Giulio Camillo's Emblems of Memory", *Yale French Studies* 47, pp. 47~56.

29 최근 인터넷 구루들은 카밀로를 네트워크 시대의 역사적 선구자로 본다. 이들은 가장 궁극적이고 보편적인 기억의 궁전인 인터넷과 맥, 윈도우즈의 운영 체제가 이것의 영향을 받았다고 생각한다. 특히 맥과 윈도우즈의 폴더와 아이콘이 카밀로의 기술 원리를 차용한 것으로 본다. Peter Matussek(2001), "The Renaissance of the Theater of Memory", *Paragrana* 10, no. 1, pp. 202~334.

30 Rowland, *Giordano Bruno*, pp. 123~124.

31 Eco, *The Search for the Perfect Language*, p. 138.

32 Fellows, *Loisette Exposed*, p. 217.

33 Walsh and Zlatic(1981), "Mark Twain and the Art of Memory", *American Literature* 53, no.2, pp. 214~231.

chapter 8 나의 전미 메모리 챔피언십 도전기 — 기억력 훈련

1   17세기 독일 철학자 고트프리트 라이프니츠도 비슷한 시스템에 관해 글을 썼지만, 숫자를 단어로 바꿔 더 기억하기 쉽게 할 수 있다는 생각은 그보다도 훨씬 더 역사가 오래되었다. 두음법 체계를 가지고 있던 그리스인들은 이 시스템을 이용해 각 숫자의 첫 글자를 그 숫자를 나타내는 데 썼다. 예를 들어, P는 숫자 5를 뜻하는 펜타penta의 P를 나타냈다. 헤브라이어에서 알파벳은 그 자체가 숫자인데, 이것은 유대교 신비 철학자들이 『성서』에 나오는 숫자의 숨은 뜻을 찾아내려고 보인 별난 행동에서 비롯했다. 이런 시스템이 숫자를 기억하는 데 진짜 사용됐는지 여부를 아는 사람은 없다. 하지만 암산을 해야 했던 중세 상인들 가운데 이런 시도를 한 사람이 있지 않았을까 하는 생각은 충분히 할 만하다.

2   에드는 자신의 밀레니엄 PAO가 어떻게 작동하는지 예를 들어 설명했다. "숫자 115는 영국 작가 P. G. 우드하우스의 책에서 폭우가 쏟아져 오도 가도 못하는 미모의 젊은 여성에게 자기 것도 아닌 남의 우산을 건네는 멋쟁이 스미스야. 숫자 614는 빌 클린턴인데, 그는 담배는 피우지만 마리화나는 하지 않아. 숫자 227은 형식논리학에만 정신이 팔린 나머지 아무것도 먹지 않아 굶어 죽은 논리학자 쿠르트 괴델이야. 이 세 수를 결합하면 나름대로 이야기가 있

는 아홉 자릿수가 만들어져. 115, 614, 227이 각각 스미스가 형식논리학을, 뭐 흡입하는 정도
는 아니고, 뻐끔뻐끔 피우는 것이 돼. 이게 아주 이해하기 쉬운 것이 논리학과 영국 신사라는
것하고는 왠지 안 맞거든. 숫자의 순서를 바꾸면 당연히 이야기도 달라져. 614, 227, 115는
빌 클린턴이 미모의 젊은 여성을 위해 우산을 훔치고 다니느라 정신을 팔아서 아무것도 안
먹고 굶어 죽는 것이 돼. 이런 이미지는 내가 아는 클린턴의 개인사와 상호작용하게 될 거야.
나는 클린턴이 젊은 여성들에게 원통 모양의 물건을 부주의하게 다뤘다가 곤욕을 치른 걸 알
고 있거든. 이런 연상이 실제로 일어나고, 이 연상이 나름대로 재미있으면, 더 확실하게 머릿
속에 남겠지. 모든 숫자 조합은 고유의 느낌과 감정이 있어. 그래서 대부분 그 느낌과 감정이
먼저 떠오르고 나서 다른 구체적인 특징이 떠오른다는 점이 흥미롭지. 밀레니엄 PAO는 참신
한 아이디어를 내야 할 때 써먹을 수도 있고, 건전한 오락에도 활용할 수 있어."

3   J. M. Deakin and S. Cobley(2003), "A Search for Deliberate Practice: An Examination
    of the Practice Environments in Figureskating and Volleyball", in *Expert Performance in
    Sports: Advances in Research on Sport Expertise*(edited by J. L. Starkes and K. A. Ericsson).

4   K. A. Ericsson, R. Krampe, and C. Tesch-Romer(1993), "The Role of Deliberate Practice
    in the Acquisition of Expert Performance", *Psychological Review* 100, pp. 363~406.

5   N. Charness, R. Krampe, and U. Mayer (1996), "The Role of Practice and Coaching in
    Entrepreneurial Skill Domains: An International Comparison of Life-Span Chess Skill
    Acquisition", in Ericsson, *The Road to Excellence*, pp. 51~80.

6   A. Dvorak, N. L. Merrick, W. L. Dealey, and G. C. Ford (1936), *Typewriting Behavior*.

7   C. A. Beam, E. F. Conant, and E. A. Sickles(2003), "Association of Volume and Volume-
    Independent Factors with Accuracy in Screening Mammogram Interpretation", *Journal
    of the National Cancer Institute* 95, pp. 282~290.

8   Ericsson, *The Road to Excellence*, p. 31.

chapter 9 기억이 없다면 창조도 없다

1   Ravitch, *Left Back*, p. 21.

2   Ravitch, *Left Back*, p. 61.

3   Carruthers, *Craft of Thought*, p. 11.

4   G. J. Spillich et al.(1979), "Text Processing of Domain-Related Information for
    Individuals with High and Low Domain Knowledge", *Journal of Verbal Learning and
    Verbal Behavior* 14, pp. 506~522.

5   Frederick M. Hess(2008), "Still at Risk: What Students Don't Know, Even Now",
    Common Core.

chapter 10 서번트 증후군, 불가사의한 기억력 천재를 찾아서

1 나는 메일로 대니얼에게 나와 만날 뜻이 있는지 물어보았다. "미디어 인터뷰는 사례를 받습니다." 그의 답이었다. 사적인 인터뷰라서 비용을 지불할 수 없다고 했더니 그의 홈페이지 (www.optimnem.co.uk)에 공개된 이야기만 나누는 조건으로 만나겠다고 했다.

2 아스퍼거 증후군은 200명당 한 명꼴로 발생하고, 공감각은 2,000명당 한 명꼴로 나타난다고 한다. 하지만 이 수치는 과소평가된 것일 수 있다. 한 사람에게 두 증상이 모두 발생할 수 있는지를 밝힌 사례가 없어서 서로 독립적으로 발생한다고 보지만, 인구 40만 명당 한 명꼴로 두 증상이 동시에 나타날 수 있다는 주장도 있다. 이 주장이 맞는다면, 미국인 750명 정도가 두 증상을 동시에 가지고 있는 것이다.

3 대니얼은 성을 바꾼 것을 숨기지 않는다. 그는 원래 성인 코니의 발음이 듣기 싫었다고 내게 말했다.

4 이 주장이 검증되지는 않았다. 나는 다소 과장된 주장이라고 본다.

5 암산에 대해 조사하다가 우연히 스티븐 스미스라는 심리학자가 쓴 *The Great Mental Calculators: The Psychology, Methods, and Lives of Calculating Prodigies Past and Present*(1983)라는 놀라운 책을 알게 됐다. 스미스는 암산 천재들의 뇌가 보통 사람들의 뇌와 다를 것이라는 주장에 동의하지 않는다. 그들의 암산 능력은 계산에 대한 남다른 관심에서 비롯한 것일 뿐이라고 주장한다. 그는 계산과 묘기를 비교하며 이렇게 말한다. "이론적으로는 장애가 없고 부지런하기만 하면 누구나 묘기를 배울 수 있다. 하지만 가능성만으로는 부족하다. 동기 부여가 중요하다. 동기가 있는 사람만 묘기를 배울 수 있다." 역사상 가장 유명한 인간 계산기라고 할 수 있는 조지 패커 비더도 '특별한 재능을 타고나지 않아도 누구든 암산을 쉽게 배울 수 있다'고 주장했다.

6 캘리포니아대학 샌디에이고 캠퍼스의 라마찬드란 교수와 대학원생들이 태멋의 공감각에 대해 세 가지 검사를 진행했다. 그의 머릿속에서 보이는 스무 가지 숫자의 모양을 공작용 점토를 이용해 3차원 모형으로 만들어 보라고 요구했다. 그리고 24시간 뒤에 예고 없이 같은 검사를 다시 진행했는데 스무 가지 모양이 다 일치했다. 그 뒤 그의 손가락에 전극을 부착하고 일부 숫자를 일부러 바꾼 원주율을 보여 주면서 그의 피부 전기 반응을 측정했다. 그 결과, 그가 틀린 숫자를 만나면 용케 알고 건 뛰는 것을 확인할 수 있었다. 마지막으로 그들은 공감각을 입증하려고 널리 쓰는 스트룹 검사(전두엽에서 담당하는 억제 과정의 효율성을 평가하기 위해 개발한 신경심리학적 검사다. 단어의 색과 글자가 일치하지 않는 조건에서 자동화된 반응을 억제하고 글자의 색을 말해야 하며, 반응 시간을 토대로 전두엽 억제 과정의 정상 여부를 평가한다.─옮긴이)를 진행했다. 먼저 그들은 대니얼에게 3분 동안 숫자 100개가 적힌 행렬을 암기하게 했다. 5분 뒤에 확인하니 68개를 기억했고, 3일 뒤에 다시 확인하니 똑같이 기억하고 있었다. 그리고 대니얼이 머릿속에서 보인다고 말한 크기대로 인쇄한 숫자의 행렬을 역시 3분 동안 암기

하도록 했다. 아홉 숫자는 다른 숫자들보다 크게, 여섯 숫자는 작게 인쇄했다. 이때 그는 50
개를 기억했고, 3일 뒤에도 똑같이 기억하고 있었다. 마지막에는 그의 머릿속에서 보인다고
한 크기와 반대로 인쇄한 숫자의 행렬을 주고 시험했다. 아홉 숫자는 작게, 여섯 숫자는 크게
인쇄했다. 그들은 대니얼이 검사를 제대로 치르지 못할 수도 있다고 예상했다. 그 예상이 적
중했다. 그는 겨우 열여섯 개만 기억할 수 있었고, 3일 뒤에는 아무것도 기억하지 못했다. 라
마찬드란 교수와 대학원생들은 이 실험을 토대로 '공감각이 수학의 서번트 능력에 기여하는
가?'라는 제목으로 회의를 기획하고 홍보 포스터를 만들었다. 포스터에는 대니얼이 아리스
모스라는 이름으로 소개되었다. 그리고 단서를 달았다. "이 모든 사례에서 우리는 아리스모
스가 순전히 암기를 통해 자신의 '놀라운 기억력'을 발휘할 수 있다는 것을 사실로 상정해야
한다."

7   D. Bor, J. Bilington, and S. Baron-Cohen(2007), "Savant memory for digits in a case of
synaesthesia and Asperger syndrome is related to hyperactivity in the lateral prefrontal
cortex", *Neurocase* 13, pp. 311~319.

참고문헌

Baddeley, A. D.(2006), *Essentials of human memory*, Hove, East Sussex, UK: Psychology Press.

Barlow, F.(1952), *Mental prodigies: an enquiry into the faculties of arithmetical, chess and musical prodigies, famous memorizers, precocious children and the like, with numerous examples of "lightning" calculations and mental magic*, New York: Philosophical Library.

Baron-Cohen, S., Bor, D., Wheelwright, S., & Ashwin, C.(2007), "Savant Memory in a Man with Colour Form-Number Synaesthesia and Asperger Syndrome", *Journal of Consciousness Studies* 14(9~10), pp. 237~251.

Batchen, G.(2004), *Forget Me Not: photography & remembrance*, New York: Princeton Architectural Press.

Battles, M.(2003), *Library: an unquiet history*, New York: W. W. Norton.

Beam, C. A., Conant, E. F., & Sickles, E. A.(2003), "Association of Volume and Volume-Independent Factors with Accuracy in Screening Mammogram Interpretation", *Journal of the National Cancer Institute* 95, pp. 282~290.

Bell, C. G., & Gemmell, J.(2009), *Total recall: how the E-memory revolution will change everything*, New York: Dutton; 홍성준 역(2010), 『디지털 혁명의 미래: 디지털 기억 혁명은 우리의 미래를 어떻게 바꿀 것인가』, 서울: 청림출판.

Bell, G., & Gemmell, J.(2007, March), "A Digital Life", *Scientific American*, pp. 58~65.

Biederman, I., & Shiffrar, M. M.(1987), "Sexing Day-Old Chicks: A Case Study and Expert Systems Analysis of a Difficult Perceptual-Learning Task", *Journal of Experimental Psychology* 13(4), pp. 640~645.

Birkerts, S.(1994), *The Gutenberg elegies: the fate of reading in an electronic age*, Boston: Faber and Faber.

Bolzoni, L.(2001), *The gallery of memory: literary and iconographic models in the age of the printing press*, Toronto: University of Toronto Press.

Bolzoni, L.(2004), *The web of images: vernacular preaching from its origins to Saint Bernardino of Siena*, Aldershot, Hants, England: Ashgate.

Bor, D., Billington, J., & Baron-Cohen, S.(2007), "Savant memory for digits in a case of synaesthesia and Asperger syndrome is related to hyperactivity in the lateral prefrontal cortex", *Neurocase* 13(5~6), pp. 311~319.

Bourtchouladze, R.(2002), *Memories are made of this: how memory works in humans and animals*, New York: Columbia University Press.

Brady, T. F., Konkle, T., Alvarez, G. A., & Oliva, A.(2008), "Visual Long-Term Memory Has a Massive Storage Capacity for Object Details", PNAS 105(38), pp. 14325~14329.

Brown, A. S.(2004), *The déjà vu experience*, New York: Psychology Press.

Bush, V.(1945.July), "As We May Think", *The Atlantic*.

Buzan, T.(1991), *Use your perfect memory: dramatic new techniques for improving your memory, based on the latest discoveries about the human brain*, New York: Penguin.

Buzan, T., & Buzan, B.(1994), *The mind map book: how to use radiant thinking to maximize your brain's untapped potential*, New York: Dutton; 권봉중 역(2010), 『토니 부잔의 마인드맵 북』, 서울: 비즈니스맵.

Caplan, H.(1954), *Ad C. Herennium: de ratione dicendi(Rhetorica ad Herennium)*, Cambridge, Mass: Harvard University Press.

Carruthers, M.(1998), *The craft of thought: meditation, rhetoric, and the making of images, 400-1200*, New York: Cambridge University Press.

Carruthers, M. J.(1990), *The book of memory: a study of memory in medieval culture*, Cambridge, England: Cambridge University Press.

Carruthers, M. J., & Ziolkowski, J. M.(2002), *The medieval craft of memory: an anthology of texts and pictures*, Philadelphia, Pa.: University of Pennsylvania Press.

Cicero, M. T., May, J. M., & Wisse, J.(2001), *Cicero on the ideal orator*, New York: Oxford University Press.

Clark, A.(2003), *Natural-born cyborgs: minds, technologies, and the future of human intelligence*, Oxford: Oxford University Press.

Cohen, G.(1990), "Why is it Difficult to Put Names to Faces?" *British Journal of Psychology* 81, pp. 287~297.

Coleman, J.(1992), *Ancient and medieval memories: studies in the reconstruction of the past*,

Cambridge, England: Cambridge University Press.

Cooke, E.(2008), *Remember, remember*, London: Viking.

Corkin, S.(2002), "What's New with the Amnesic Patient H.M.", *Nature Reviews Neuroscience* 3, pp. 153~160.

Corsi, P.(1991), *The enchanted loom: chapters in the history of neuroscience*, New York: Oxford University Press.

Cott, J.(2005), *On the sea of memory: a journey from forgetting to remembering*, New York: Random House.

Darnton, R.(1990), "First Steps Toward a History of Reading", In *The kiss of Lamourette: reflections in cultural history*, New York: W. W. Norton.

Doidge, N.(2007), *The brain that changes itself: stories of personal triumph from the frontiers of brain science*, New York: Viking.

Doyle, B.(2000, March), "The Joy of Sexing", *The Atlantic Monthly*, pp. 28~31.

Draaisma, D.(2000), *Metaphors of memory: a history of ideas about the mind*, Cambridge: Cambridge University Press.

Draaisma, D.(2004), *Why life speeds up as you get older: how memory shapes our past*, Cambridge, UK: Cambridge University Press.

Dudai, Y.(1997), "How Big is Human Memory, or on Being Just Useful Enough", *Learning & Memory* 3, pp. 341~365.

Dudai, Y.(2002), *Memory from A to Z: keywords, concepts, and beyond*, Oxford, UK.: Oxford University Press.

Dudai, Y., & Carruthers, M.(2005), "The Janus Face of Mnemosyne", *Nature*, pp. 434, 567.

Dvorak, A.(1936), *Typewriting behavior: psychology applied to teaching and learning typewriting*, New York: American Book Company.

Eco, U.(1995), *The search for the perfect language*, Oxford, UK: Blackwell.

Eichenbaum, H.(2002), *The cognitive neuroscience of memory: an introduction*, Oxford: Oxford University Press.

Ericsson, K.(2003), "Exceptional Memorizers: Made, Not Born", *Trends in Cognitive Science* 7(6), pp. 233~235.

Ericsson, K.(2004), "Deliberate practice and the acquisition and maintenance of expert performance in medicine and related domains", *Academic Medicine* 79(10), pp. 870~881.

Ericsson, K., & Chase, W. G.(1982), "Exceptional Memory", *American Scientist* 70(Nov~Dec), pp. 607~615.

Ericsson, K., & Kintsch, W.(1995), "Long-Term Working Memory", *Psychological Review* 102(2), pp. 211~245.

Ericsson, K. A.(1996), *The road to excellence: the acquisition of expert performance in the arts and sciences, sports, and games*, Mahwah, N. J.: Lawrence Erlbaum Associates.

Ericsson, K. A.(2006), *The Cambridge handbook of expertise and expert performance*, Cambridge: Cambridge University Press.

Ericsson, K., Delaney, P. F., Weaver, G., & Mahadevan, R.(2004), "Uncovering the Structure of a Memorist's Superior 'Basic' Memory Capacity", *Cognitive Psychology* 49, pp. 191~237.

Ericsson, K., Krampe, R. T., & Tesch-Romer, C.(1993), "The Role of Deliberate Practice in the Acquisition of Expert Performance", *Psychological Review* 100(3), pp. 363~406.

Farrand, P., Hussein, F., & Hennessy, E.(2002), "The Efficacy of the 'Mind Map' Study Technique", *Medical Education* 36(5), pp. 426~431.

Fellows, G. S., & Larrowe, M. D.(1888), *"Loisette" exposed(Marcus Dwight Larrowe, alias Silas Holmes, alias Alphonse Loisette)*, New York: G. S. Fellows.

Fischer, S. R.(2001), *A history of writing*, London: Reaktion.

Gandz, S.(1963), "The Robeh or the official memorizer of the Palestinian schools", *Proceedings of the American Academy for Jewish Research* 7, pp. 5~12.

Havelock, E. A.(1963), *Preface to Plato*, Cambridge: Belknap Press, Harvard University Press.

Havelock, E. A.(1986), *The muse learns to write: reflections on orality and literacy from antiquity to the present*, New Haven: Yale University Press.

Hermelin, B.(2001), *Bright splinters of the mind: a personal story of research with autistic savants*, London: J. Kingsley.

Herrmann, D. J.(1992), *Memory improvement: implications for memory theory*, New York: Springer-Verlag.

Hess, F. M.(2008), *Still at Risk: What Students Don't Know*, Even Now, Common Core.

Hilts, P. J.(1996), *Memory's ghost: the nature of memory and the strange tale of Mr. M.*, New York: Simon & Schuster.

Horsey, R.(2002), *The art of chicken sexing*, Cogprints.

Howe, M. J., & Smith, J.(1988), "Calendar calculating in 'idiot savants': how do they do it?" *British Journal of Psychology* 79, pp. 371~386.

Illich, I.(1993), *In the vineyard of the text: a commentary to Hugh's Didascalicon*, Chicago:

University of Chicago Press.

Jaeggi, S. M., Buschkuehl, M., Jonides, J., & Perrig, W. J.(2008), "Improving fluid intelligence with training on working memory", *PNAS* 105(19), pp. 6829~6833.

Johnson, G.(1992), *In the palaces of memory: how we build the worlds inside our heads*, New York: Vintage Books.

Kandel, E. R.(2006), *In search of memory: the emergence of a new science of mind*, New York: W. W. Norton.

Khalfa, J.(1994), *What is intelligence?* Cambridge: Cambridge University Press.

Kliebard, H. M.(2002), *Changing course: American curriculum reform in the 20th century*, New York: Teachers College Press.

Kondo, Y., Suzuki, M., Mugikura, S., Abe, N., Takahashi, S., Iijima, T., & Fujii, T.(2005), "Changes in brain activation associated with use of a memory strategy: a functional MRI study", *NeuroImage* 24, pp. 1154~1163.

Kurland, M., & Lupoff, R. A.(1999), *The complete idiot's guide to improving your memory*, New York: Alpha Books.

LeDoux, J. E.(2002), *Synaptic self: how our brains become who we are*, New York: Viking.

Loftus, E. F., & Loftus, G. R.(1980), "On the Permanence of Stored Information in the Human Brain", *American Psychologist* 35(5), pp. 409~420.

Loisette, A., & North, M. J.(1899), *Assimilative memory or how to attend and never forget*, New York: Funk & Wagnalls.

Lorayne, H., & Lucas, J.(1974), *The memory book*, New York: Stein and Day.

Lord, A. B.(1960), The singer of tales, Cambridge: Harvard University Press.

Luria, A. R.(1987), *The mind of a mnemonist: a little book about a vast memory*, Cambridge, Mass.: Harvard University Press; 박중서 역(2007), 『모든 것을 기억하는 남자: 한 기억술사 의 삶으로 본 기억의 심리학』, 서울: 갈라파고스.

Lyndon, D., & Moore, C. W.(1994), *Chambers for a memory palace*, Cambridge, Mass.: MIT Press.

Maguire, E. A., Gadian, D. G., Johnsrude, I. S., Good, C. D., Ashburner, J., Frackowiak, R. S., & Frith, C. D.(2000), "Navigation-Related Structural Change in the Hippocampi of Taxi Drivers", *PNAS* 97, pp. 84398~84403.

Maguire, E. A., Valentine, E. R., Wilding, J. M., & Kapur, N.(2003), "Routes to Remembering: The Brains Behind Superior Memory", *Nature Neuroscience* 6(1), pp. 90~95.

Man, J.(2002), *Gutenberg: how one man remade the world with words*, New York: John Wiley &

Sons.

Manguel, A.(1996), *A history of reading*, New York: Viking; 정명진 역(2000), 『독서의 역사』, 서울: 세종서적.

Marcus, G. F.(2008), *Kluge: the haphazard construction of the human mind*, Boston: Houghton Mifflin.

Martin, R. D.(1994), *The specialist chick sexer, Melbourne*, Australia: Bernal Pub.

Masters of a dying art get together to sex(2001, February 12), *Wall Street Journal*.

Matussek, P.(2001), "The Renaissance of the Theater of Memory", *Janus* 8, pp. 66~70.

McGaugh, J. L.(2003), *Memory and emotion: the making of lasting memories*, New York: Columbia University Press.

Merritt, J. O.(1979), "None in a Million: Results of Mass Screening for Eidetic Ability", *Behavioral and Brain Sciences* 2, p. 612.

Miller, G. A.(1956), "The Magical Number Seven, Plus or Minus Two: Some Limits on our Capacity for Processing Information", *Psychological Review* 63, pp. 81~97.

Mithen, S. J.(1996), *The prehistory of the mind: a search for the origins of art, religion, and science*, London: Thames and Hudson.

Neisser, U., & Hyman, I. E.(2000), *Memory observed: remembering in natural contexts*, New York: Worth.

Noice, H.(1992), "Elaborative Memory Strategies of Professional Actors", *Applied Cognitive Psychology* 6, pp. 417~427.

Nyberg, L., Sandblom, J., Jones, S., Neely, A. S., Petersson, K. M., Ingvar, M., & Backman, L.(2003), "Neural correlates of training-related memory improvement in adulthood and aging", *PNAS* 100(23), pp. 13728~13733.

Obler, L. K., & Fein, D.(1988), *The Exceptional brain: neuropsychology of talent and special abilities*, New York: Guilford Press.

O'Brien, D.(2000), *Learn to remember: practical techniques and exercises to improve your memory*, San Francisco: Chronicle Books.

Ong, W. J.(1982), *Orality and literacy: the technologizing of the word*, London: Methuen.

Osborne, L.(2003, June 22), "Savant for a day", *New York Times*.

Peek, F., & Anderson, S. W.(1996), *The real rain man, Kim Peek*, Salt Lake City, Utah: Harkness Pub. Consultants.

Petroski, H.(1999), *The book on the bookshelf*, New York: Alfred A. Knopf.

Phelps, P.(n.d.), "Gender Identification of Chicks Prior to Hatch", *Poultryscience.org e-Digest*

2(1).

Pinker, S.(1994), *The language instinct: how the mind creates language*, New York: W. Morrow and Co.

Radcliff-Umstead, D.(1972), "Giulio Camillo's Emblems of Memory", *Yale French Studies* 47, pp. 47~56.

Ramachandran, V. S., & Hubbard, E. M.(2001), "Psychophsyical Investigations into the Neural Basis of Synaesthesia", *Proc. R. Soc. London* 268, pp. 979~983.

Ramachandran, V. S., & Hubbard, E. M.(2003, May), "Hearing colors, tasting shapes", *Scientific American*, pp. 53~59.

Ravennas, P.(1545), *The art of memory, that otherwyse is called the Phenix A boke very behouefull and profytable to all professours of scyences. Grammaryens, rethoryciens dialectyke, legystes, phylosophres [and] theologiens*.

Ravitch, D.(2001), *Left back: a century of battles over school reform*, New York: Simon & Schuster.

Rose, S. P.(1993), *The making of memory: from molecules to mind*, New York: Anchor Books.

Rose, S. P.(2005), *The future of the brain: the promise and perils of tomorrow's neuroscience*, Oxford: Oxford University Press.

Ross, P. E.(2006, August), "The Expert Mind", *Scientific American*, pp. 65~71.

Rossi, P.(2000), *Logic and the art of memory: the quest for a universal language*, Chicago: University of Chicago Press.

Rowland, I. D.(2008), *Giordano Bruno: philosopher/heretic*, New York: Farrar, Straus and Giroux.

Rubin, D. C.(1995), *Memory in oral traditions: the cognitive psychology of epic, ballads, and counting-out rhymes*, New York: Oxford University Press.

Sacks, O. W.(1995), *An anthropologist on Mars: seven paradoxical tales*, New York: Knopf.

Schacter, D. L.(1996), *Searching for memory: the brain, the mind, and the past*, New York: Basic Books.

Schacter, D. L.(2001), *The seven sins of memory: how the mind forgets and remembers*, Boston: Houghton Mifflin.

Schacter, D. L., & Scarry, E.(2000), *Memory, brain, and belief*, Cambridge, Mass.; London: Harvard University Press.

Shakuntala, D.(1977), *Figuring: the joy of numbers*, New York: Harper & Row.

Shenk, D.(2001), *The forgetting: Alzheimer's, portrait of an epidemic*, New York: Doubleday.

Small, G. W.(2002), *The memory bible: an innovative strategy for keeping your brain young*, New York: Hyperion.

Small, G. W., & Vorgan, G.(2006), *The longevity bible: 8 essential strategies for keeping your mind sharp and your body young*, New York: Hyperion.

Small, J. P.(2005), *Wax tablets of the mind: cognitive studies of memory and literacy in classical antiquity*, London: Routledge.

Smith, S. B.(1983), *The great mental calculators: the psychology, methods, and lives of calculating prodigies, past and presentm*, New York: Columbia University Press.

Snowdon, D.(2001), *Aging with grace: what the nun study teaches us about leading longer, healthier, and more meaningful lives*, New York: Bantam.

Spence, J. D.(1984), *The memory palace of Matteo Ricci*, New York: Viking Penguin.

Spillich, G. J.(1979), "Text Processing of Domain-Related Information for Individuals with High and Low Domain Knowledge", *Journal of Verbal Learning and Verbal Behavior* 14, pp. 506~522.

Squire, L. R.(1987), *Memory and brain*, New York: Oxford University Press.

Squire, L. R.(1992), *Encyclopedia of learning and memory*, New York: Macmillan.

Squire, L. R., & Kandel, E. R.(1999), *Memory: from mind to molecules*, New York: Scientific American Library.

Standing, L.(1973), "Learning 10,000 Pictures", *Quarterly Journal of Experimental Psychology* 25, pp. 207~222.

Starkes, J. L., & Ericsson, K. A.(2003), *Expert performance in sports: advances in research on sport expertise*, Champaign, IL: Human Kinetics.

Stefanacci, L., Buffalo, E. A., Schmolck, H., & Squire, L.(2000), "Profound Amnesia After Damage to the Medial Temporal Lobe: A Neuro anatomical and Neuropsychological Profile of Patient E.P.", *Journal of Neuroscience* 20(18), pp. 7024~7036.

Stratton, G. M.(1917), "The Mnemonic Feat of the 'Shass Pollak'", *Psychological Review* 24, pp. 244~247.

Stromeyer, C. F., & Psotka, J.(1970), "The Detailed Texture of Eidetic Images", *Nature* 225, pp. 346~349.

Tammet, D.(2007), *Born on a blue day: inside the extraordinary mind of an autistic savant: amemoir*, New York: Free Press; 배도희 역(2007), 『브레인맨, 천국을 만나다』, 서울: 북하우스.

Tammet, D.(2009), *Embracing the wide sky: a tour across the horizons of the mind*, New York:

Free Press.

Tanaka, S., Michimata, C., Kaminaga, T., Honda, M., & Sadato, N.(2002), "Superior Digit Memory of Abacus Experts", *Neuro Report* 13(17), pp. 2187~2191.

Thompson, C.(2006, November), "A Head for Detail", *Fast Company*, pp. 73~112.

Thompson, C. P., Cowan, T. M., & Frieman, J.(1993). *Memory search by a memorist*, Hillsdale, N. J.: L. Erlbaum Associates.

Treffert, D. A.(1990), *Extraordinary people: understanding savant syndrome*, New York: Ballantine; 이양희 역(2006), 『서번트 신드롬: 위대한 백치천재들 이야기』, 서울: 홍익출판사.

Wagenaar, W. A.(1986), "My Memory: A Study of Autobiographical Memory Over Six Years", *Cognitive Psychology* 18, pp. 225~252.

Walsh, T. A., & Zlatic, T. D.(1981), "Mark Twain and the art of memory", *American Literature* 53(2), pp. 214~231.

Wearing, D.(2005), *Forever today: a memoir of love and amnesia*, London: Doubleday.

Wenger, M. J., & Payne, D. G.(1995), "On the Acquistion of a Mnemonic Skill: Application of Skilled Memory Theory", *Quarterly Journal of Experimental Psychology* 1(3), pp. 194~215.

Wilding, J. M., & Valentine, E. R.(1997), *Superior memory*, Hove, East Sussex, UK: Psychology Press.

Wood, H. H.(2007), *Memory: an anthology*, London: Chatto & Windus.

Yates, F. A.(1966), *The Art of Memory*, Chicago: University of Chicago Press.

부록

『헤렌니우스에게 바치는 수사학』*에 소개된 기억 훈련

| 제3권 16절에서 24절까지 |

16   이제 발견**이 제공하는 생각거리의 보고이자 수사학***을 구성하는 모든 분야의 수호자라고 할 수 있는 기억에 대해 알아보자.

기억이 전적으로 타고나는 것인지 아니면 어느 정도 기술적인 것인지 하는 문제는 나중에 따로 충분히 논의하도록 하겠다. 여기에서는 인간의 기억에서 기술과 방법이 중요하다는 것을 하나의 기정사실로 간주하고 기억의 문제를 다루고자 한다. 기억에는 기술적인 면(다시 말해, 기억술)이 있는 것이 마땅해 보인다. 그렇게 여겨지는 이유는 다른 곳에서 설명하고자 한다. 일단 기억의 종류부터 알아보자.

기억의 종류는 크게 두 가지다. 하나는 타고난 것이고, 다른 하나는 기술의 산물이다. 타고난 기억은 생각과 동시에 태어나는 것으로 우리의

◆   이 책의 저자는 연설가에게 고유한 능력으로 발견, 배치, 표현, 연기, 기억 등 다섯 가지를 들고 있다. 「부록」은 이 가운데 '기억'을 다룬 부분만을 번역했다. 로엡 고전 라이브러리(Loeb Classical Library) 시리즈(하버드대학교출판부)로 출간된 이 책의 라틴어/영어 대역판에는, 비록 괄호 안에 표기되어 있지만 키케로가 저자로 되어 있다. 지금은 작자 미상임이 확실시된다.

◆◆   발견(inventio)은 연설 주제나 논거를 찾아내는 능력 혹은 기술이라고 할 수 있다.

◆◆◆   저자에 따르면 수사학이 다루는 연설의 세부는 서론, 사실 기술, 찬반 구분, 증명, 논박, 결론 등 여섯 부분으로 이루어져 있다. '발견이 제공하는 생각거리의 보고(寶庫)'는 발견의 단계에서 찾아내는 논거나 주제가 기억에 의해 유지되고 보관 을, '수사학을 구성하는 모든 분야를 수호'한다는 표현도 수사학의 각 부분 내지는 분야를 기억으로써 보전하고 공고히 할 수 있다는 의미다.

정신에 내재한 기억이다. 기술적 기억은 훈련과 수련 과정을 통해 강
화된 기억이다. 모든 것에서 그렇듯이 타고난 것은 후천적으로 습득한
배움이나 기술과 늘 경쟁하는데, 타고난 재능은 이 기술로 한층 더 강
화되고 발전한다. 이는 기억의 경우도 마찬가지다. 만일 어떤 사람이
월등한 능력을 타고났다면, 천부적 기억은 종종 기술적 기억에 비견되
고, 기술적 기억은 훈련이라는 방식을 통해 천부적 장점을 유지시키고
발전시킨다. 따라서 천부적 기억은 학습과 규율을 통해 발전시켜야 특
별한 것이 될 수 있고, 다른 한편으로 훈련으로 얻은 기술적 기억은 천
부적인 능력을 필요로 한다. 이 경우에도 (즉, 기억에서도) 다른 기술이
나 학문(artes)에서와 마찬가지로, 재능에 의해 가르침(배움)이, 지침에
의해 천성이 빛나게 되는 것이다. 그러므로 여기에 제시되는 훈련은
천성적으로 좋은 기억력을 타고난 사람에게도 똑같이 유용할 것이다.
왜 그런지는 곧 알게 될 것이다. 물론 타고난 기억이 뛰어난 사람은 도
움이 필요 없을 수도 있다. 물론 우리는 타고난 재능이 부족한 사람을
돕기를 원한다. 이제 기술적 기억에 대해 좀 더 깊이 살펴보자.

기술적 기억은 장소(locus)와 모상(imago)으로 구성된다. 장소*란 자
연적으로 또는 기술적으로 설정해 놓은 작고, 흠잡을 데 없고, 눈에 잘
띄는 그런 장면들로 천부적 기억이 쉽게 파악할 수 있는 것들이다. 집,
기둥 사이의 공간, 구석, 아치 등이 이에 속한다. 모상은 말 그대로 기
억하고자 하는 형체, 흔적, 사물의 모사물 같은 것을 말한다. 예를 들
어 말의 모상, 사자의 모상, 독수리의 모상이 그런 것이다. 기술적 기
억의 핵심은 기억하고자 하는 모상을 특정한 장소 안에 내려놓는 것
이다. 그렇다면 어떤 종류의 장소를 만들고, 어떻게 그 안에 모상을 넣

◆   여기에서 장소란 본문에서 다룬 '기억의 궁전'으로 이해할 수 있다.

고, 또 그것들을 찾을 수 있을까?

17 알파벳 철자를 알고 있는 사람은 다른 사람이 불러주는 것을 받아 적을 수 있고, 또 받아 적은 것을 다른 사람에게 큰 소리로 읽어줄 수 있다. 마찬가지로 기억술을 익힌 사람은 자신이 귀로 들은 것을 특정한 장소에 놓아두고 나중에 떠올려 다른 사람에게 이야기해 줄 수 있다. 장소는 밀랍 서판* 또는 파피루스와 같고, 모상은 글자와 같다. 따라서 모상의 정렬과 배치는 문서와 같고, 모상을 기억해 내는 것은 읽는 것과 같다. 많은 항목을 기억하고자 한다면 장소를 많이 갖추고 나서 그 안에 모상을 많이 배치할 수 있어야 한다. 이때 장소를 반드시 순서대로 기억하고 있는 것이 중요하다. 원하는 장소에서 차 대로 모상을 찾아가고, 또 앞에서든 뒤에서든 어느 방향에서든 장소에 배치해 둔 것들을 순서대로 찾는 것에서 혼란이 없게 하기 위해서다.

18 예를 들어보자. 여러분 앞에 평소에 잘 알고 지내는 많은 사람들이 질서 있게 서 있다고 해 보자. 앞에서, 뒤에서, 혹은 가운데에서부터 시작해 그들의 이름을 말해야 한다고 해도, 별 차이가 없을 것이다. 장소도 마찬가지다. 장소가 질서 있게 배치되어 있다면 결과는 다음과 같을 것이다. 어떤 장소에서 내키는 방향대로 진행하더라도 장소에 심어 놓은 것, 즉 모상으로 연상되는 것들을 차례대로 되뇔 수 있다. 장소를 질서정연하게 정렬하는 것이 중요한 이유다.

선택한 장소는 아주 주의 깊게 숙지해야 한다. 그래야 기억에 오래 남는다. 모상은 글자와 마찬가지로 사용하지 않으면 지워 없어지지만 장소는 밀랍 서판처럼 그대로 남아야 한다. 그리고 장소의 개수를 헷갈리지 않으려면 다섯 번째 장소마다 표시를 해 놓으면 된다. 예를 들어,

---

◆   고대 로마에서 종이 대신 사용한 나무, 돌, 상아 등의 얇은 판으로 밀랍을 채워 넣어 언제든 재활용이 가능했다.

다섯 번째 장소마다 황금 손을 놓아두거나 열 번째 장소마다 이름이
데키무스*인 사람을 놓아두는 것이다.

19 사람이 북적대는 곳보다는 황량한 곳을 선택하는 것이 유리하다. 사람
이 북적거리면 모상의 특징이 흐려지거나 헷갈릴 수 있다. 반대로 장
소가 단순하면 모상의 윤곽이 또렷하게 보인다. 게다가 장소는 형태나
성질이 제각각이어야 한다. 그러면 두드러지고, 눈에 잘 띈다. 어떤 이
가 기둥 사이의 공간만 잔뜩 선택했다고 해보자. 그것들은 서로 모양
이 비슷해서 각 장소에 무엇을 놓아두었는지 잘 분간이 가지 않을 것
이다. 장소는 적당한 크기의 중간 규모여야 한다. 크기가 너무 크면 모
상이 희미해지고, 너무 작으면 모상을 내려놓기가 애매하다. 너무 밝
아도 안 되고 너무 흐릿해도 안 된다. 그림자가 모상을 흐리거나 광채
가 모상을 반짝거리게 해서도 안 된다. 나는 배경 간의 간격도 적절해
야 한다고 생각한다. 대략 서른 걸음 정도가 적당하다. 육안도 그렇지
만 심안의 경우도 대상이 너무 가까이 있거나 너무 멀리 있으면 뚜렷
하게 보이지 않는다.

상대적으로 경험이 풍부한 사람이 다양하고 적당한 장소를 준비하는
것이 유리하지만, 경험이 부족해도 원하는 만큼 손쉽게 많은 장소를
만들 수 있다. 왜냐하면 상상력은 어떤 공간도 감싸 안아, 그 안에서
원하는 대로 장소를 만들고 구축할 수 있다. 이미 만들어 놓은 장소가
마음에 들지 않으면 일정 공간을 상상을 통해 마련한 후 거기에 적절
한 장소들을 가장 유용한 형태로 만들어 배치할 수 있다.

장소에 대해서는 이것으로 충분할 것이다. 이제 모상에 대해 알아보자.

20 모상은 대상을 닮아야 하기 때문에 가능한 한 대상과 같거나 유사해야

◆ '제10의'라는 뜻을 가진다.

한다. 이런 유사성은 크게 두 가지 종류가 있다. 하나는 주제-내용이고, 다른 하나는 단어(말)다. 내용의 유사성은 다루고 있는 내용의 전체적인 인상을 모상으로 나타낼 때 형성된다. 단어의 유사성은 각각의 명사 또는 명칭의 기록이 모상으로 유지될 때 만들어진다.

우리는 종종 내용 전반을 하나의 상징, 즉 하나의 단일 모상으로 에워싼다. 예를 들어 보자. 고발자는 피고가 한 남자를 독살했고, 범행 동기는 상속 문제며, 증인과 연루자가 많다고 분명히 했다. 보다 수월한 변론을 위해 우선 이것을 기억하고자 한다면, 첫 번째 장소에서 전체적인 내용의 모상을 형성할 수 있다. 의문의 그 남자가 아는 사람이라면, 병으로 누워 있는 모습을 떠올릴 수 있다. 모르는 남자라면, 가장 낮은 계급이 아닌 남자를 택해, 바로 떠올릴 수 있게 한다. 그리고 피고를 침대 옆에 놓아두자. 그는 오른손에는 컵을, 왼손에는 알약을 들고 있다. 그리고 넷째 손가락에는 숫양의 음낭이 들려 있다.* 이런 식으로 독살된 남자, 유산, 그리고 증거를 기억할 수 있다. 같은 방식으로 다른 많은 수의 고발을 순서대로 장소에 성공적으로 심어 놓고 장소를 아주 적절하게 배열해 놓음으로써 모상을 조심스럽게 각인시키고, 원할 때마다 언제든 쉽게 성공적으로 떠올릴 수 있다.

21 단어(말)의 유사성을 모상으로 표현하고자 할 때, 우리는 더 많은 수고를 감당해야 할 것이고, 재능을 더 연마해야 할 것이다.

Iam domum itionem reges Atridae parant.
"And now their home-coming the kings, the sons of Atreus, are making ready."

◆ 5장 주3을 참조하라.

"이제 귀국 길을 왕들이, 즉 아트레우스*의 아들들이 준비한다."

이 시구를 기억하려면 첫 번째 장소에 두 손을 머리 위로 올린 채로 마르키우스 렉스 집안 사람들에게 꾸중을 듣고 있는 도미티우스를 떠올려 내려놓을 수 있다.** 이 모상은 "이제 귀국 길을 왕들이"(Iam domum itionem reges)"를 나타낸다. 두 번째 장소에는 비극 「이피게네이아」***에서 아가멤논과 스파르타의 왕 메넬라오스로 분한 아이소푸스와 킴베르****를 심어 놓는다. 이 모상은 "아트레우스의 아들들이 준비한다"(Atridae parant)를 나타낸다. 이런 방식으로 모든 단어를 각각의 모상으로 바꿔 기억할 수 있다. 하지만 이런 모상 정렬은 천부적 기억을 자극하는 묘사에만 성공할 수 있다. 때문에 주어진 시구를 두세 번 훑어본 다음, 단어를 모상으로 전환해야 한다. 이런 식으로 기술이 본성을 보충해준다. (기술과 본성) 어느 것도 그 자체로 충분히 강하지 않기 때문에, 둘 다 서로에게서 떨어져 나오게 되면 덜 확고한 것이 된다. 이에 대해서 굳이 설명하는 일이 번거롭지는 않았다. 왜냐하면 기억에 대한 지침이 장황해질까 봐 걱정한 것은 아니기 때문이다.

일반적으로 어떤 모상은 강하고, 날카롭고, 침잠한 것을 깨우는 데 적절한 반면, 어떤 모상은 너무 약하고 미미해서 잘 기억나지 않는다. 이 차이의 원인을 고려해야만 어떤 모상을 택하고, 어떤 모상을 피해야

---

* 고대 그리스의 도시 미케네의 왕이자 펠롭스와 히포다메이아의 아들. 탄탈로스의 손자뻘이며 티에스테스·피테우스와 형제다. 티에스테스와 그는 배다른 동생 크리시포스를 죽이고 미케네의 왕 에우리스테우스 곁으로 도망쳤는데, 왕이 죽자 아트레우스가 왕위에 올랐다.
** 로엡판 옮긴이 주에 따르면, 이는 저자가 만든 가상의 장면으로, 렉스는 마르키우스 씨족의 가장 뛰어난 가문 이름이고, 도미티우스 역시 유명한 씨족의 이름이다.
*** 그리스 신화에 나오는 인물로 아가멤논과 그의 부인 클리타임네스트라 사이에서 태어난 딸.
**** 아이소푸스는 고대 로마의 대표적인 비극 배우였고, 킴베르 역시 당시 인기 있는 배우 중 하나였을 것으로 추정된다.

하는지 알 수 있다.

22 그리하여 우리에게 저 본성은 무엇이 이루어져야 하는지 가르쳐준다. 우리는 삶 속에서 무엇이든지 사소하고, 익숙하고, 일상적인 것들은 잘 기억하지 못한다. 왜냐하면 정신은 기이하지 않고 놀랍지 않은 것에는 움직이지 않기 때문이다. 반대로 아주 비열하고, 치욕스럽고, 놀랍고, 믿기지 않고, 또는 우스꽝스러운 것들이 기억에 오래 남는 경향이 있다. 그런 이유로 자신의 눈이나 귀에 익숙한 것들은 쉽게 잊는 반면, 어렸을 때 일들은 오래간다. 이는 다른 이유 때문이 아니라, 익숙한 일들은 기억으로부터 쉽게 미끄러져 가고, 뚜렷하고 기이한 일들은 더 오랫동안 정신에 머물기 때문이다. 태양이 동쪽에서 떠서 서쪽으로 지는 것은 매일 반복적으로 일어나는 일이기 때문에 별로 놀라운 일이 아니다. 하지만 일식은 좀처럼 일어나지 않는 경이의 원천이다. 월식도 경이롭지만 일식보다 자주 일어난다. 이렇게 본성은 일상적이고 평범한 일보다는 새롭고 놀라운 일에 더 크게 자극받는다. 기술은 본성을 닮아야 하고, 본성이 원하는 것을 알고, 지시하는 대로 따라야 한다. 발견의 입장에서 볼 때, 본성은 결코 끝이 아니고, 교육은 결코 처음이 아니다. 타고난 능력에서 시작해 훈련으로 정점에 도달한다.

그러므로 우리는 기억에 오래 부착될 수 있는 종류의 모상을 구상해야 한다. 모상은 모상화되는 대상과 가능한 한 유사해야 한다. 모상이 많을 필요는 없다. 다만 모호하지 않고 동적인 것일수록 좋다. 아주 빼어나게 아름답거나 정반대로 아주 추하게 만들 수도 있다. 일부 모상은 왕관을 씌울 수도 있고, 자줏빛 망토를 입힐 수도 있다. 이렇게 하면 대상과 모상의 유사성이 더 두드러져 보인다. 아니면 피로 물들이거나 진흙을 바르거나 빨간색 염료를 칠하거나 해서 모상을 눈에 띄게 만들거나 희극적인 효과를 주어서 기억하기 쉽게 만들 수 있다. 현실적인 것들이 더 쉽게 기억에 남는다. 마찬가지로 상세하게 구상할 수만 있다면 상상으로 만든 것들도 기억하는 데 어려움은 없다. 여하튼 이것은 머릿속으로 모든 장소를 거듭해서 빠르게 훑어가면서 모상을 기억해 내기 위해 아주 중요한 작업이다.

23 나는 기억에 관한 글을 쓴 대다수 그리스인들이 상당히 많은 수의 단어에 상응하는 모상 목록을 만들어 왔다는 것을 알고 있다. 따라서 이미 만들어져 있는 모상을 외워서 익히고자 하는 사람이 있다면 모상을 찾는 수고 없이도 배울 수 있다. 하지만 나는 몇 가지 점에서 그들의 방식에 반대한다. 첫째, 수도 없이 많은 단어들 중에, 1,000개의 단어에 상응하는 모상을 만든다는 것은 우스꽝스러운 발상이다. 무수히 많은 단어의 저장고 속에서 이때는 이 단어를, 저때는 저 단어를 기억해야 하는데, 이 얼마나 변변찮은 가치를 가지는 일인가? 그 다음, 우리는 왜 누군가를 그 열정(industria)으로부터 떼어놓으려 하는가? 즉, 그가 그 무엇도 탐구하지 않도록, 우리가 찾아서 마련한 모든 것을 그에게 건네주려 하느냐 말이다. 어떤 이가 선호하는 것을 다른 사람은 선호하지 않을 수 있다. 종종 어떤 형태가 다른 것을 닮았다고 할 때, 우리는 보편적인 동의를 얻는 데 실패한다. 왜냐하면 사물들은 사람에 따라 다르게 여겨지기 때문이다. 모상도 마찬가지다. 내 눈에는 정교하고 잘 만든 모상이 다른 사람의 눈에는 크게 두드러지지 않을 수 있다. 따라서 모든 사람이 각자 자신에게 맞는 모상을 갖추어 두어야 한다. 마지막으로 적절한 탐구 방법을 가르치고, 좀 더 정확하게 이해시키기 위해 전체가 아니라, 한두 가지 실례를 드는 것은 훈련자의 의무다. 가령, 내가 서론을 구성하는 방법을 논할 때, 탐구의 원리를 보여주지, 서론 1,000개의 사례를 들지 않듯이, 마찬가지로 모상들에 관해서도 그렇게 하는 것이 적합하다.

24 단어 기억을 너무 어렵고 아무 소용이 없는 것으로 치부하거나 내용 기억을 단어 기억보다 더 쉽고 유용한 것으로 간주하면 안 되므로 여기에서는 내가 단어 기억을 인정하는 이유를 덧붙이고자 한다. 나는 고생도 성가심도 없이 쉬운 일들을 하고자 하는 이들은 보다 어려운 일들에 먼저 훈련되어야 한다고 생각한다. 그리고 시구를 기억하기 위해서가 아니라, 단어 기억을 연마하면 내용(사실)에 대한 기억이 더 확고해진다. 이렇게 하면 별 어려움 없이 이 어려운 훈련에서 다른 기억 훈련으로 넘어갈 수 있다. 모든 기예론 훈련은 부단한 노력을 경주하지 않으면 아무 쓸모없다. 특히 근면, 헌신, 수고, 관심을 기울이지 않으면 쓸모없는 것이 기억 이론이다. 먼저 가능한 한 많은 장소를 가지고 있어야 하고, 이 규칙에 잘 따라 매일 모상을 심는 연습을 해야 한다. 어떤 일에 몰두하면 다른 일은 그만큼 소원해지거나 집중력이 떨어지기 마련이지만 기억술은 절대 그럴 일이 없다. 우리는 매 순간 뭔가를 기억하려고 한다. 물론 특별히 중요한 일에 더 관심을 쏟는다. 비록 유용한 능력을 획득하는 일이 고역이라는 것은 잘 알고 있겠지만, 준비가 된 기억은 유용하다. 효과를 직접 체험해 보기만 하면 내 충고에 감사해할 것이다. 당신이 기억 문제를 더 깊이 파고들지 아닐지는 내 관심이 아니다. 내가 당신의 열정을 불신하는 것처럼 보이거나 이 문제에 대해 제대로 짚어 주지 않고 겉핥기식으로 이야기한 것처럼 보일 수 있기 때문이다.

옮긴이의 말

우리는 기억이 중요하다는 것을 알면서도 기억하는 방법을 배운 적이 없다. 아니 누구도 가르쳐 준 적이 없다. 물론 주입식 교육의 대명사인 '암기'가 하나의 방법이라면 방법일 것이다. 하지만 창의성 교육이 부상하면서 암기 위주의 교육을 지양한 지도 오래되었다. 그리고 지금 우리는 언제 어디서든 원하는 정보를 검색할 수 있는 정보화 시대에 살고 있다. 그럼에도 불구하고 어떤 것이 잘 기억나지 않으면 머리가 나빠졌다느니, 건망증이 생겼다느니, 이러다가 치매에 걸리는 것은 아닌지 하며 호들갑을 떤다. 정작 그 어떤 것을 정확히 기억하기 위해 한 번도 집중해서 노력한 적이 없으면서도 말이다.

한때 기억이 지성사를 떠받치는 기둥이었던 때가 있었다. 문자가 없었을 때, 문자를 기록할 종이와 펜이 없었을 때 인간이 의존할 수 있는 것은 기억밖에 없었다. 그러다가 문자와 종이가 발명되고, 궁극적으로 금속활자 인쇄술이 발명되면서 기억은 점차 부차적인 것이 되었고, 20세기 들어서 기억술은 인간의 역사에서 자취를 감추었다.

이 책의 저자는 기억술의 등장, 발전, 쇠락을 이해하기 위해서는 다양한 역사적 상황을 고려해야 하지만 그 가운데 찾아보기의 발명, 20세기 교육 혁명, 그리고 외부 보조 기억 장치의 발전에 주목해야 한다고 말한다. 찾아보기는 오스트리아의 역사학자 이반 일리치가 "중세를 찾아보기 전과 후로 나누어도 이상하지 않다"고 말했을 정도로 인류 역사 발전에 큰 공헌을 한 혁신적인 발명이었다. 찾아보기는 책의 탐색을 가능하게 한다. 찾아보기 발명 전의 책은 띄어쓰기나 구두점 없이 글자를 죽 연이어 쓴 연속 문서였다. 이런 문서는 처음부터 끝까지 읽지 않는 이상 중간에 자신이 원하는 정보를 찾는 것이 불가능했다. 찾아보기는 굳이 책을 통째로 암기하지 않아도 자신이 원하는 정보를 쉽게 찾을 수 있는 주소 역할을 했다.

20세기 교육 혁명은 존 듀이와 체험 학습으로 대변되는 주입식 또는 암기 중심의 교육을 벗어난 창조적 교육론을 말한다. 이 책의 저자도 인정하듯이 단순 암기가 기억 기법의 하나라고 할 때, 그리고 이런 기억술이 한 개인의 인격과 개성을 무시한 것이라고 할 때 그것은 비판받아 마땅하다. 하지만 단순 암기는 원래 기억술이 지향하던 바가 아니었다. 우리 인식에 기억＝암기라는 공식이 자리 잡게 된 것은 마인드맵의 창시자 토니 부잔이 주장하는 대로 명령 불복종을 원칙으로 하는 근대식 군대 조직의 출현과 관련이 있다. 군대에서 암기는 병사들이 다른 데 한눈팔지 않고 오직 명령에만 복종하도록 만들기 위한 하나의 방편이었다. 그 뿐만 아니라 산업혁명 이후 노동 수요가 급증하면서 그 주요 공급처였던 학교에서 암기 교육은 역시 복종적이고 순응적인 노동자를 양성하기 위한 주요 수단이었다.

책을 비롯해 사진기, 녹음기, 비디오, 컴퓨터, 인터넷의 순차적 등장 역시 기억술의 쇠퇴에 결정적인 역할을 했다. 굳이 기억하지 않아도 언제든 원하는 정보를 찾을 수 있는 시대에 기억의 필요성이나 중요성은 줄어들 수밖에 없다. 마이크로소프트사의 연구원으로 인간의 기억을 디지털로 전환하는 작업을 하고 있는 고든 벨이 예측하듯이, 인간의 기억이 전적으로 외부 기억에 의존하거나 아니면 내부 기억(뇌)과 외부 기억이 하나로 융합되는 시대가 도래할지도 모른다.

그러나 기억술의 역사적 쇠퇴에 대해서는 조금 다른 분석이 필요하다. 예를 들어 현대 교육이 신봉하는 창조성을 살펴보자. 속된 말로 기억 없이, 암기 없이 창조적인 작업이 가능할까? 무에서 유를 창조할 수 있을까? 인간은 백지 상태에서 태어나 학습하고, 학습한 것을 기억하고, 이를 통해 다시 새로운 것을 학습하고, 창조하고, 또 기억한다. 즉 창조의 본질, 아니 우선은 기억이다. 현대 교육에서 암기가 불신을 받게 된 것은, 암기 자체의 문제라기보다는 그것이 근대 교육의 기본 이념, 즉 복종적이고 순응적인 인간을 육성하기 위한 수단으로 용의주도하게 사용되었기 때문이다. 근대 교육은 맹목적 암기만을 강요했지 무엇을 암기하고, 왜 암기하고, 또 암기한 것을 계속 기억해야 하는 이유를 설명하지 않았다. 창조성을 강조하는 현대 교육에서도 마찬가지다. 창조성을 강조하면서도 왜 창조적이어야 하는지 그 이유나 목적을 제대로 설명하지 않는다. 심지어 창조성에도 점수나 순위를 매기고 있는 형편이니, 창조성은 고사하고 한 사회의 구성원으로 갖추어야 할 기본적인 자질을 길러 주지 못하는 것은 당연하다 할 것이다.

기억이란 무엇일까? 기억의 본질은 무엇일까? 기억은 어떻게 창조되고, 어떻게 저장되는가? 사실 우리는 기억이 어떻게 생성되고, 저장되고, 떠오르는지, 그 정확한 메커니즘을 알지 못한다. 이 책의 저자 조슈아 포어는 "경험이 기억의 합이고, 지혜가 경험의 합이라고 할 때 좋은 기억력을 가지고 있다는 것은 이 세상뿐만 아니라 자신에 대해서도 더 많은 것을 아는 것"이라고 한다. 물론 많은 것을 알고 있다고 해서 지혜롭다고 말할 수는 없다. 하지만 아는 것을 활용할 능력이 있다면, 더 생산적이고 창조적이고 의미 있는 삶을 살 수 있다. 인간을 추억의 동물이라고 하듯이 내가 가지고 있는 기억, 그리고 내가 살아가는 사회와 공유하는 기억은 '나'를 '나'이게 하는 본질이기도 하다. 실제로 기억이 문명의 중심에 있었던 때 기억술은 윤리 의식 함양을 목표로 하는 인격 형성의 한 방식으로 간주되기도 했다.

이 책은 한 프리랜스 저널리스트가 2005년도 전미 메모리 챔피언 을 취재하러 갔다가 기억술에 매료되어 1년간 세계 정상급 '지력 선수'들에게서 기억 훈련을 받아, 이듬해 전미 메모리 챔피언십에서 우승하는 과정을 그린 책이다. 그 과정에서 저자는 자신이 익힌 기억술의 문화사를 탐색할 뿐만 아니라 기억의 본질에 대해서도 깊이 있게 파고든다. 장소법(또는 여정법), 기억의 궁전, 메이저 시스템, PAO 시스템 등이 책에서 소개하는 고대의 기억술들은 다소 낯선 면이 있다. 그러나 저자가 말하듯 2,500년이라는 긴 시간이 지나는 동안에도 기억술에는 큰 변화가 없었다. 고대의 기억술은 현재 통용되고 있는 수많은 기억 기법의 원형으로 세계적인 지력 선수들에게는 경전과 같다.

1년간의 실험으로 저자가 직접 보여 주었듯이 기억력을 향상시키고,

향상된 기억력으로 더 많은 것을 기억하고, 이것을 실생활에서 창조적
으로 활용할 수 있다면 정말 유익하지 않을까? 한번 떠올려 보라. 나만
의 기억의 궁전을 만들어 책 한 권을 암기한 뒤 원하는 내용을 척척 떠
올리는 자신의 모습을. 상상만으로도 흐뭇하지 않은가.

2016년 4월
류현

ㄱ

가브리엘 가르시아 마르케스Gabriel Garcia Màrquez
215
가이우스 헤렌니우스Gaius Herennius 380
간질 환자 61, 126, 301, 304, 305, 326
감성적인 전략 198
개념 기억 130
『거울 나라의 앨리스』Through the Looking-Glass, and
What Alice Found There 171
경두개 자기 자극술 317
경이로운 천재 302
경험 고리 110
경험 기억 130
경험심리학 44
고기능 자폐증high-functioning autism, HFA 305
고든 벨Gordon Bell 225~229, 231, 373
고차원 인지 처리 과정 317
고트프리트 라이프니츠 384
골턴의 벽 243
공간 기억 9, 73, 146, 151
공간 탐지 74, 76
공감각 65~67, 76, 82, 143, 177, 305, 306, 321,
322, 323, 325, 386, 387
공감각 천재성 시험Test of Genuine-ness for
Synesthesia 323
공감각적 이미지(형상) 66, 305
교육 역개혁 277
교차 곱셈cross multiplication 319
구루 47, 176, 224, 280, 355, 384

구상명사/구체명사 192
구술 전통 193, 194, 205
군터 카르스텐Dr. Gunther Karsten 181, 183, 195,
196, 198, 199, 364, 366~368, 374, 375
귀무가설 323
『극장 구상』The Idea of the Theater 218
근력 운동 41
기술적 기억 149, 150, 399
기억 스포츠 179, 181, 238, 309, 325, 326, 363
기억 훈련 9, 12, 38, 41, 94, 147, 148, 161, 167,
172, 175, 183, 187, 212, 213, 219, 224, 227,
241, 242, 251, 253, 263, 271, 275, 276, 291,
292, 299, 300, 328, 329, 359, 364, 374, 398
기억상실증 60, 122, 129, 131
기억술 9~13, 26, 37~41, 47, 48, 50, 73, 91,
92, 142~144, 146~148, 154, 169~171,
175, 180, 185, 186, 192, 194, 197, 198, 200,
213, 216, 218~224, 235, 237, 239, 258,
270~273, 279, 284, 286~291, 293, 303,
308~310, 318, 321, 322, 324, 329, 333, 340,
346, 350, 365, 369~372, 374, 380~382,
398, 400, 406
『기억술』The Art of Memory 218, 286
기억술사들의 『성경』 148
기억술사들의 비밀 결사 255
기억술사들의 세계 44, 250, 291, 299, 348, 365,
374
기억의 궁전 10~12, 14, 16, 37, 38, 48, 110,
150~152, 154, 159~162, 167, 168, 171,
174, 179, 180, 186, 213, 214, 216, 217, 223,

235, 236, 240, 250, 251, 254, 263, 286, 288, 303, 314, 333, 334, 336, 340, 345, 346, 348, 349, 352, 353, 357, 358, 367, 368, 370, 372, 374, 384
기억의 극장 216~218, 221
기억의 외부화 50, 225
「기억의 천재 푸네스」Funes the Memorious 73, 372
「나의 태피스트리」The Tapestry of Me 35, 42

ㄴ

날지식raw knowledge 277
내관자엽 109, 118, 127, 130, 132
'내일 그리고 내일 그리고 내일' 274
새니얼 호손 295
『노튼 현대 시선』Norton Anthology of Modern Poetry 13, 169, 261
논리적 극단 225
뇌 뢴트겐 촬영법 109
뇌 전뇌엽 절제술 313
눈가리개 경기 32
뉴욕 주 표준 시험 272, 273
능력심리학 275, 276, 278

ㄷ

다독 214, 372, 384
다이안 래비치Diane Ravitch 276
다이애나 메리 앤더슨Diana Marie Anderson 353
다차원 종합 적성 검사 99
단기 기억 98, 102, 107, 116, 128, 130
단순 포진 127, 132, 135, 136
단어 기억 99, 172, 185, 186, 195, 196, 342, 382, 406,
'단편 기능' 천재 302
대뇌 피질 69
대니얼 태멋Daniel Tammet 299, 301~310, 312, 315, 318~326, 328~330, 386, 387
대럴드 트레퍼트 박사Dr. Darold Treffert 302, 316, 317, 329

대리 기억 225, 227, 229
대중운송국 74
대학입학자격시험 45
『대화』 204
W. E. B. 두보이스W. E. B. Du Bois 272
딩이 짓기 102, 108
데이비드 로드릭David Rodrick 95
도미니크 오브라이언Dominic O'Brien 173, 308
돔 드루이즈Dom Deluise 29, 358
동음 이형 이의어 383
두음법 체계 384
두정頭頂 피질 109
디지털 기억 225, 227, 228, 230
디지털 기억 은행 230
『디지털 혁명의 미래: 디지털 기억 혁명은 우리의 미래를 어떻게 바꿀 것인가』Total Recall : How the E-Memory Revolution Will Change Everything 225

ㄹ

라몬 율Ramon Llull 219, 237
라벤나의 피터Peter of Ravenna 147, 197, 213, 224, 260
라이프로깅 226, 227, 231
래리 스콰이어Larry Squire 115, 119, 122, 129
레슬리 렘키Leslie Lemke 300
레아 펄만Rhea Perlman 29, 154, 336
레이먼 매튜스Raemon Matthews 271, 273, 274, 278, 292, 293, 295, 340
레이먼드 킨Raymond Keene 183
레프 S. 비고츠키Lev S. Vygotsky 66
로널드 두어플러Ronald Doerfler 320
로버트 단턴Robert Darnton 214
로버트 우드Robert Wood 191
로버트 S. 우드워스Robert S. Woodworth 276
로열 플러쉬 30
로이 로링 3세Roy Roring III 99
로이스Rawis 189
로잔느 바Roseanne Barr 301

로저 배니스터Roger Bannister 248, 249
로저 베이컨 248
루게릭병 230
루빅큐브 32, 101, 237
루이스 캐럴 171
루이제트 시스템Loisette System 222
루카스 암쉬스Lukas Ams nss 43, 44, 46, 48, 57,
　76, 77~79, 81, 84, 110, 143, 177, 254~256,
　341
루키우스 스키피오Lucius Scipio 148
르네상스 38, 49, 221, 282
리그베다 382
리나 볼조니Lina Bolzoni 218
리보의 법칙 131
리오 캐너Leo Kanner 305, 306
리오넬 키제리츠키Lionel Kieserizky 366

ㅁ

마누테 볼Manute Bol 29, 154
마리우스 푸지아노스키Mariusz Pudzianowski 32
마음의 도서관mental library 213
마이클 잭슨 11, 29, 40, 239
마이클 포스 Michael Posner 242
마인드 스포츠 올림피아드 179
마인드매핑 288, 290, 292
마인드 39, 287, 288, 292, 293
마인드파워 공식 309
마커스 가비 273
마커스 드와이트 래로위Marcus Dwight Larrowe
　221
마크 트웨인 221~224
마크 트웨인 기억 증진기 221, 223
마테오리치 271
마틴 루터 킹 274
만성 소아 관절염 37
만티M nti 301
망각의 곡선 54, 56, 58, 353
망각의 기술 72
매직 넘버 7 96~98, 108, 370

맥베스 274
맬컴 엑스 273
메리 캐루더스Mary Carruthers 149, 289, 290, 382
메모리 그랜드 마스터 8, 36, 43, 44, 46, 364,
　365, 374
메모리 체육관 44
메소드 연기 198
메이저 시스템 235~237, 263, 265, 285, 344
멘사 286
멩겔레Dr. Mengele 336
명시적 기억 129
모리스 스톨Maurice Stoll 269, 336~338, 343~
　345, 347, 348, 350, 352, 354~356, 358
모큐멘터리mockumentary 339
목소리 그림vocal painting 380
몽테뉴 215
무언의 시silent poetry 380
무의식적 기억 현상 129
무작위 점 입체화random dot stereograms 63
무하마드 알리 57~59
뮤즈 289
므네모시네 289
미구엘 나지도르프Miguel Najdorf 380
「미국의 기억술」American Mnemotechny 221
미셸 시프레Michel Siffre 124
「미제라레」Miserare 184, 200
밀레니엄 PAO 238, 336, 344, 385
밀먼 패리Milman Parry 191
밀턴 브래들리Milton Bradley 344

ㅂ

바빌로니아 탈무드 64, 65
방법적 전략 198
백치 서번트idiot savant 329
베르길리우스 149, 195
베이커Baker 베이커baker 역설 82, 359
벤 프리드모어Ben Pridmore 32~35, 115, 176,
　178~181, 199, 239, 240, 254~258, 308,
　309, 319, 320, 336, 337, 339, 350, 355, 356,

363, 364, 369

병아리 성 감별 89~92, 110, 335

보비 피셔Bobby Fischer 109

볼티모어 오리올스 167, 168

불가사의한 기억 300

불후의 게임 366

〈브레인맨〉Brainman 301, 308, 318~320

브렌다 밀 Brenda Milner 127, 128

브루스 밀러Bruce Miller 316

브루스 발머Bruce Balmer 183

비범한 카밀로divine Camillo 216

비블로스 383

비서술적 기억nondeclarative 129, 135, 316

비잔티움의 아리스토파네스Aristophanes of
    Byzantium 206

비잔틴 시스템 240

비키 로지키Vicki Rozyki 226

빅토르 위고 276

빌 체이스Bill Chase 92

빌 클린턴 11, 16, 81, 117, 239, 349, 385

빌렘 A. 바게나르Wilem A. Wagenaar 61, 62

V. S. 라마찬드란V. S. Ramachandran 301, 302,
    387, 389

ㅅ

사람-행동-대상person-action-object 237~239,
    265

사물 기억 185, 186, 195

사이먼 배런-코헨Simon Baron-Cohen 301

사이보그 시대 373

사이비 과학적 주장 291

살비아티 218

〈39계단〉 73

새뮤얼 L. 클레멘스Samuel L. Clemens 222

『생리학적 기억: 절대 잊어버리지 을 순간 기억
    술』Physiological Memory: The Instantaneous Art of
    Never Forgetting 221

생물학적 기억 225

샤를 리셰 329

샤스 폴락Shass Pollak 65

샤이 아줄라이Shai Azoulai 302

샤카 줄루 168

서번트 증후군 302, 310, 315, 316, 324, 329,

서번트savant 305, 308~311, 315~318, 320, 322,
    323, 326~330, 387

서술적 기억 129, 130, 134, 135, 316

성 빅토르 위그Hugh of St. Victor 147, 278

성 아우구스티누스 149, 207

성 암브로스 207

세계 메모리 챔피언 8, 40, 42, 50, 63, 75, 82,
    100, 115, 173, 174, 178~180, 182, 183, 188,
    198, 199, 240, 241, 249, 250, 253, 256, 257,
    270, 308, 309, 321, 326, 361, 362, 364, 365,
    370

세계 체스 챔피언 109

세계가금학회 학술 대회 89

세계메모리스포츠위원회 342

세네카Seneca the Elder 149

세네카Seneca the Younger 381

세르게이 에이젠슈타인 66

센스캠SenseCam 225, 226, 229

소니 리스턴Sonny Liston 57

소크라테스 203~206, 382

솔방울샘 231

숀 해니티Sean Hannity 343

숙련 기억 이론 92

순행성 기억상실증 118

숫자 암기 시험digit span test 102

스모킹 건smoking gun 187

스켑시스의 메트로도루스Metrodorus of Scepsis
    195, 382

스코파스Scopas 25

스콧 해그우드Scott Hagwood 30, 150, 173, 339

스트룹 검사Stroop test 387

스티븐 윌트셔Stephen Wiltshire 379

스티븐 호킹 32

스피드 이벤트 182

시냅스 68

시네아스Cineas 148

시모니데스 9, 10, 25, 26, 37, 48, 146, 147, 169, 170, 194, 216, 380~382
시시포스의 형벌 215
신경 가소성neuroplasticity 75
신경 보철neuroprosthetics 230
신피질 118, 130, 132, 133
실존적 공포 136
실험 시술 127
실험심리학 48
심리적 시간 123, 125
심슨스-인-더-스트랜드Simpson's-in-the-Strand 366
심플리치오 149

ㅇ

아나기그노스코 nagign sko 209
아돌프 안데르센Adolf Anderssen 366
아드리안 데 그루트Adriann de Groot 106, 110
아르스 메모라티바ars memorativa 37
아리스모스Arithmos 387
아스퍼거 증후군 305~307, 386
아치 무어Archie Moore 300
아콩카과 311
아키라 하라구치Akira Haraguchi 179
아킬레우스 190, 381
아테네 클럽 182
안티 올림픽 훈련 41
알란 스나이더Allan Snyder 318
알렉산더 기법 39
알렉산드르 R. 루리야Alexander R. Luria 53, 54, 56, 66, 71~73, 92
알론조 클레먼스Alonzo Clemons 300
알베르투스 마그누스 147
알베르트 아인슈타인 15, 29, 31, 347
알츠하이머 131
알카셀처Alka-Seltzer 58
암묵적 기억 129, 130
암산 월드컵 319
압설자 127
앙드레 더 자이언트Andr the Giant 47

앤디 벨Andi Bell 250, 365
앨폰스 루이제트Alphonse Loisette 221~224
앨프레드 히치콕 73
얀 루이켄Jan Luyken 170
양자택일 이미지 인식 시험 57, 143
양피지 211, 383
양피지 문서 211
얼스우드 수용소의 천재 300
에드 쿡Ed Cooke 8, 36~38, 43, 44, 47, 48, 57~60, 63, 76~81, 84, 85, 110, 111, 123, 125, 126, 141~148, 151~153, 155~160, 167~169, 171, 174~178, 199, 217, 238 ~240, 251~261, 276, 291, 299, 300, 333~336, 338, 340, 344~346, 351, 362, 364~369, 372, 374, 375, 384
에드워드 6세 383
에드워드 손다이크 276
에드워드 시저핸즈Edward Scissorhands 342, 360
에릭 해브록Eric Havelock 189
에린 호프 룰리Erin Hope Luley 343
SF 92, 93, 102, 104, 249
S 53~57, 65~68, 70~73, 76, 77, 85, 92, 98, 143, 150
FTD 316
fMRI 76, 77, 243, 322, 323
엘리 매과이어Eleanor Maguire 74~76
엘리자베스 밸런타인Elizabeth Valentine 75
엘리자베스 F. 로프터스Elizabeth F. Loftus 61
MA 7, 35, 345
MRI 74, 75, 127
여정법journey method 37
역행성 기억상실증 118
연대기적 기억chronological memories 124
『연설가에 대하여』De Oratore 147, 380
『연설교수론』Institutio Oratoria 147
연속 문서 206~209, 383
연합 단계 242
영적 계몽 219
『오디세이아』 189~192
오른쪽 후방 해마 76, 379

오비디우스 213

오케이 플래토OK plateau 243, 246~248, 261, 269

옥스퍼드 마인드 아카데미 44, 177

올랜도 서럴Orlando Surrell 315

올리버 색스Oliver Sacks 330

와일더 펜 드Wilder Penfield 61, 62

외부 기억 212, 225, 227~230, 235, 373

외부 보조 기억 장치 49, 50, 214

외부 자극 181

요하네스 구텐베르크 10, 38, 210, 214

요하임 탈러Joachim Thaler 365

요한 빙켈만 235

울릭 나이서Ulric Neisser 187

워터게이트 사건 185, 186

월드와이드 브레인 클럽 237

월드와이드 브레인 포럼 309, 321, 363

월터 J. 옹Walter J. Ong 192

'위어드 알' 얀코빅'Weird Al' Yankovic 271

윌리엄 딘 하월스William Dean Howells 224

윌리엄 스코빌William B. Scoville 127

윌리엄 제임스 125

유아기에 대한 기억상실증 133

율의 바퀴Llullian wheels 221

음운 저장소 102

음절 기억 196

의미 기억 130

이그제미네이션 홀 176, 182, 199

『이데아의 그늘에 대하여』On the Shadow of Ideas 219

E. D. 허쉬 주니어E. D. Hirsch Jr. 277

이반 일리치 212

이상심리학 54, 56

인간 녹음기 187

인간 카메라 379

인간행동연구소 94, 99

인생 놀이 344

인지 단계 242, 244, 246

인지 스테로이드 230

인지 장애 258

인지적 토대 96

『일리아스』 189~192, 194

일화 기억 130

입 스위 추이 박사Dr. Yip Swee Chooi 150

ㅈ

자기 계발 47, 48, 176, 221

자동화 단계 242, 244~246

자연적인 실험 317

작업 기억 97, 98, 102, 369, 370

작은 레인맨 316

장 자크 루소 190, 274~276

장기 기억 56, 97, 98, 102~104, 107~109, 118, 128, 132, 133

장난감 궁전 95

장소법 37, 150, 271

재능 있는 10퍼센트 271, 273, 340

재능 있는 천재 302

재버워키Jabberwocky 171

저차원 인지 처리 과정 317

전두前頭 피질 109

전문 기억술사 189, 381

전미 메모리 챔피언 7, 13, 14, 29, 30, 35, 39, 41, 42, 44~46, 84, 100, 115, 123, 150, 173, 182, 235, 269~272, 299, 303, 333~335, 339, 341, 342, 345, 351, 352, 355, 356, 362, 363, 365, 371, 374

전일본병아리감별사양성소 90

전자 탐침 61

전측두엽 치매 316

점화 효과 129

정교한 부호화 143

정독 214, 372, 384

정보 미늘 228, 231

정신 수양 275, 276

정신력 향상 훈련 40

정신의 용사 39

제리 사인펠트Jerry Seinfeld 15, 347

「J. 알프레드 프루프록의 연가」The Love Song of J.

Alfred Prufrock 171, 372

제임스 헨리 풀런James Henry Pullen 300

젠 프래스치노Jen Frascino 115~117

조 그린스타인Joe Greenstein 31

조니 론데스Jonny Lowndes 84

조르다노 브루노Giordano Bruno 219~221, 224

조슬린 페니 스몰Jocelyn Penny Small 208

조지 밀러George Miller 96

조지 패커 비더George Packer Bidder 386

조지 플림턴George Plimpton 299

조지 M. 스트래튼George M. Stratton 65

조지프 마이어 라이스 박사Dr. Jeseph Mayer Rice 275

조지프 콘래드 272

조지프 헬러Joseph Heller 123

존 굿맨John Goodman 11, 239

존 듀이 276, 277

존 딘John Dean 186, 187

존 랜디John Landy 249

존 랭던 다운John Langdon Down 329

존 메리트John Merritt 64

존 와일딩John Wilding 75

존 폴리John Foley 151

주관적 직관상 기억 378

주도면밀한 습관 244

주입식 274~276, 279

줄리오 카밀로Giulio Camillo 216~219, 221, 224, 384

지그문트 프로이트 131, 133

지력 10종 경기 13, 182, 183

지력 선수mental athletes 7~9, 35, 37, 48, 75~77, 85, 93, 110, 147, 179, 198, 221, 237, 238, 240, 260, 263, 265, 269, 270, 303, 308, 310, 324, 334, 336, 338, 340, 343~345, 348, 352

지력 운동 41, 44

지식(the Knowledge: 런던 택시 운전 면허 시험) 74

G. S. 펠로우스G. S. Fellows 222

지적 화석 270

ㅊ

찰스 스트로메이어 3세Charles Stromeyer III 63, 64

창조성 증폭 장치 318

천재의 섬 301

철완 아톰 31, 32, 65

철자 시합 45

청킹chunking 102~104

체스 그랜드 마스터 93, 106~108, 170, 183, 335

체스터 산토스Chester Santos 341

초정통파 유대교도ultra-Orthodox Jews 64

추상명사 192

ㅋ

카르마다스Charmadas 148

캡틴 아메리카 254

케니 라이스Kenny Rice 30, 339, 341, 345, 356

K. 안데르스 에릭손K. Anders Ericsson 92~96, 99, 100, 102, 110, 241~249, 252, 300, 323, 371

KL7 78, 160, 255, 365~369, 374

케이티 낸더고팔Katy Nandagopal 100

케임브리지의 윌리엄 퍼킨스William Perkins of Cambridge 197

켄테kente cloth 273

『코란』 282, 382

코린나 드라슐Corinna Draschl 199

콘 에디슨Con Edison 7, 35, 39, 43, 45, 123, 337, 340, 350, 362

콘스탄틴 스타니슬라프스키Konstantin Stanislavski 198

퀸 앤 하우스Queen Anne House 334

퀸틸리아누스 38, 147, 161, 186

크레이튼 카벨로Creighton Carvello 183

크로티투스crotitus 220

클라이브 웨어링Clive Wearing 119

클레멘스 마이어Clemens Mayer 199, 365

키루스 대왕King Cyrus 148

키케로 147, 148, 161, 186, 195, 213, 217, 380, 382, 398

킴 피크Kim Peek 310, 313, 328~ 330, 377
킴퓨터Kimputer 313

ㅌ

타고난 기억 149, 399
타무스Thamus 204, 227
탄나임tannaim 189
탈무드 편집자 65
테드 휴즈Ted Hughes 184
테리 브래드쇼Terry Bradshaw 16, 347, 349
테미스토클레스 38, 161
테살리아 25
테오듈 A. 리보 131
토니 도티노Tony Dottino 340, 341, 355, 357.
토니 부잔Tony Buzan 39, 47, 84, 92, 147, 154,
    172, 176, 177, 180, 183, 184, 271, 280, 281,
    291, 300, 321, 335, 340, 369
토라 189, 208, 209
토마스 아퀴나스 147, 206
토머스 브래드워딘Thomas Bradwardine 196, 197,
    382
토머스 제퍼슨 334
토트 204, 227
트레스 로랑Tres Roring 99
T. 마이클 하티T. Michael Harty 340
TMS 317
T. S. 엘리엇 171, 372
티치아노 218
티투스 플라비우스 요세푸스Titus Flavius Josephus
    382
티파티 스트라이크아웃 342, 353

ㅍ

PAO 시스템 237~240, 260, 265, 336, 344, 345
파올로 로시Paulo Rossi 270
파피루스 206, 270, 383, 400
8단계 프로그램 309
페이시스트라토스 382

포토그래픽 메모리 8, 36, 63~65, 378, 379
폰 구조pawn structures 107
폴 멜러Paul Mellor 340, 350, 352
폴 피츠Paul Fitts 242
폴란드인 탈무드Talmud Pole 65
프란체스코 페트라르카 170
프랑수아 1세 217
프랜시스 골턴 243
프랜시스 예이츠Frances Yates 218, 286, 384
프랭크 로이드 라이트 226
프랭크 시내트라 237, 265
프리드리히 아우구스트 볼프Friedrich August Wolf
    191
프리아모스Priam 381
프톨레마이오스 5세 에피파네스Ptolemy V
    Epiphanes 383
플라톤 204, 205, 218
플리니Pliny the Elder 148, 382
피루스King Pyrrhus 148
립 시드니 경Sir Philip Sydney 383

ㅎ

『하디스』 382
하이퍼폴리글롯hyperpolyglot 301
하피즈hafiz 382
한스 아스퍼거Hans Asperger 306
『헤렌니우스에게 바치는 수사학』Rhetorica ad
    Herennium 147~149, 154, 172, 194, 195,
    258, 260, 286, 287, 381, 397~406
헤르만 에빙하우스 48, 55
헤시오도스 381
헨리 몰래슨Henry Molaison 126
호라티우스 195
호르헤 루이스 보르헤스 73, 216, 372
훈련된 기억trained memory 38, 169